세월호 이후 신학

세월호 이후 신학

우는 자들과 함께 울라

한국문화신학회 엮음

알면서도 행하는 냉소의 시대에
신학적 실재를 묻다

도서출판 모시는사람들

'알면서 행하는 냉소의 시대에 신학적 실재를 묻다'

오늘의 우리는 과거의 기억을 되살리고, 미래의 기대를 앞당겨 현재를 체현하며 살아간다. 따라서 '오늘'이라는 현재는 언제나 기억과 기대가 절단된 채 박제되어 흘러가는 것이 아니라, 어제와 내일 사이에서 끊임없이 역동적으로 현실화 되어간다. 2015년 4월 16일의 우리들은 어느 시점을 살아가고 있을까? 아마 그날을 살아갈 우리들은 2014년 4월 16일을 알면서도, 모르는 척 냉소적으로 살아갈지 모른다. 우리에게는 책임지고 살아가야 할 일상들이 있다는 이유를 가지고 말이다. 혹은 이런 일은 이제 너무나 정치적으로 흘러서, 어느 쪽의 이야기가 사실인지 확인조차 불가능하다고 핑계를 대면서 말이다. 아니면 지금 우리에게는 2014년 4월 16일 이후 당면한 너무나도 긴급한 현안들이 쌓여있다고 합리화하면서 말이다.

끊임없이 아우슈비츠를 기억하면서, 자신들의 잘못을 돌아보는 몸짓을 반복하는 독일인들의 현재를 살아가는 태도는 그래서 우리에게 타산지석이 되지 않을까? 2015년 4월 16일에 1년 전 그날을 흘려보내지 않고, 기억의 힘으로 되살리며 현재로 가져오는 이유는 그날을 어떻게 보내고 만들어 가느냐가 바로 우리의 현재와 미래라고 믿기 때문이다. 그리스도 사건은 2000

년이 넘었지만, 우리가 그 사건을 끊임없이 말하려는 것은 과거 속에 집착하려는 것이 아니라, 그 과거 사건의 '위험한 기억' 속에서 현재의 저항과 미래의 비전을 위한 힘과 용기를 끊임없이 불러일으켜야 할 필요가 있기 때문이다. 과거와 현재와 미래의 상징적 교환작용, 즉 상징의 분절과 실재의 상호대립작용, 이것이 신학의 약함이자 강함이며, 결국 그것이 신학의 본질적 과제이다. 세월호 참사는 '실재의 침입'이다. 대한민국의 상징계에 저항하는 실재의 반란이며, 사고 안에 사건의 침입이고, 4월 16일과 맹골수도는 연대기적 시공 안에 질적인 시공의 침입이다. 그것은 세월호 이후 한국사회의 현실에 침입하는 실재(희생자, 하나님)의 소리이다. 그 두렵고 떨리는 침입에 어떻게 응답하느냐 그것은 살아남은 자, 특히 우리 신학자들의 몫이다.

하나님은 세상의 약한 것들과 천한 것들 그리고 없는 것들을 택하셔서, 세상의 있는 자들을 아무 것도 아닌 것으로 만드신다. 기억하는 것 그리고 그 기억을 통해 현재에 저항하고 미래를 꿈꾸는 것, '돈'으로 상징되는 자본이 지배하고 있는 세상에서 그런 것들은 아무 것도 아닌 것으로 치부되고 지나간다. 오늘 우리가 이렇게 모여 일 년 전의 사건을 다시금 상기하면서, 신학의 실재성을 묻는 것은 바로 그 신학의 약함을 붙들고 꿈꾸는 것만이 신학의 힘이라고 믿기 때문이다.

이 책은 지난 2014년 8월 15일, 10월 7일 그리고 10월 30일 '이 땅의 신학자들'이라는 이름 아닌 이름 아래 모여 광화문에서 기도회를 갖고, 청운동 유족농성장을 방문하고, 광화문에서 대국민호소문과 기자회견을 가졌던 177명의 신학자들에게 보내는 연대의 몸짓이다. 본서를 엮어내기 위해 한국문화신학회는 2014년 가을학기에 3차례의 모임들을 통해 글을 발표하고 토론하여 생각을 공유하는 작업들을 이어왔다. 이 책은 그 결과물이다. 그럼에도 불구하고 이 책은 학회가 만든 것이 아니다. 아무런 대가와 명예 없이 그래서 이름 없이 그 일들에 앞장서 주었던 177명의 신학자들의 몸짓으로 인해 이 책이 나올 수 있었다.

이 책의 기획에 기꺼이 참여해준 문화신학회 회원 및 임원들, 특히 총무로서 본서의 기획 및 편집과정을 도맡아 주었던 박일준 박사님의 노고에 깊은 감사를 전한다. 또한 본서의 기획의도를 듣고 흔쾌히 출판을 맡아준 도서출판 '모시는사람들'에도 깊은 감사를 전한다. 마지막으로 문화신학회의 모임과 토론에 중추적으로 참여했지만, 본인의 글이 비슷한 시기에 출판되는 학회지 특집논문으로 수록되어 이 책에 함께 글을 싣지 못한 김수연 박사님에게 감사와 미안한 마음을 전한다.

2015년 3월
한국문화신학회 회장 전현식

세월호 이후 신학

1부 |
역사의 현재화: 침묵당한 자를 위한 역사 쓰기

세월호 참사, 실재의 침입 그리고 행위의 시민적 주체 ——————— 전현식

세월호 사건은 대한민국의 상징계가 은폐하고 있던 실재가 우리의 현실 속으로 난입한 사건이다.
상징계는 실재의 결여를 은폐하는 구조를 의미한다. 세월호 사건은 바로 이 구조의 문제를
진지하게 성찰할 수 있도록 우리를 '실재계의 사막'으로 인도한다. 그 실재의 사막에서 저자는
국가의 의미, 국민의 안전, 신자본주의적 경제 구조, 삶과 구원의 의미, 교회의 의미 등을
적나라하게 고찰하고자 한다. 알면서 행하는 냉소의 시대, 그리고 이데올로기적 환영이 평범한
삶의 한 복판에서 악을 생산하는 시대에 저자는 지젝을 빌려 '시민적 주체'를 대안으로 제시한다.
그렇다면, 지금까지 우리가 의지해온 신학의 상징계는 세월호 사건을 통해 어떻게 신학의
실재를 마주할 수 있을 것인가? 그것은 십자가에서 무기력하게 죽었지만, 오히려 그 죽음을 통해
무능력한 인간들의 삶과 함께하기로 결단하신 하나님의 성육신, 그 약함과 강함의 생명적 연대에
주체적으로 참여하는데 있다.

아우슈비츠 이후 신학에서 세월호 이후 신학을 보다 ——————— 이정배

저자는 세월호 이후를 다루어가는 정부의 태도 속에서 민주주의의 위협을 감지한다. 유족들의
진상 규명을 위한 호소를 보상금을 받아내기 위한 전략으로 탈바꿈시킨 정부와 미디어의
여론조작이 아우슈비츠 유대인 학살의 조작을 반복하고 있음을 본 것이다. 또한 저자는 유대인의
적극적으로 신학적 정당성을 제공했던 당시 독일교회의 모습 속에서, 세월호 사건 이후 교회의
위험한 몸짓을 간파하고 있다. 이를 저자는 눈먼 국가, 귀먹은 교회 그리고 재갈물린 언론으로
압축하여 표현한다. 아우슈비츠 수용소의 나치 친위대 장교가 장담했던 말, "역사가 어떻게
쓰일지 정하는 것은 우리가 될 것이다"를 떠 올리며, 세월호 침몰 이후 교회와 신학은 어떻게
역사라는 고통을 연대하는 공동체의 관점에서 기록해 나갈것인지 묻는다.

세월호 이후의 신약성서 읽기: 통각의 읽기 ——————— 김학철

전태일 열사의 죽음을 신학적으로 성찰하면서, 한국의 민중 신학과 정치 신학이 태동하였음을
저자는 우리에게 주지시킨다. 그때의 우리는 '그를 잊지 않았다.' 잊지 말아야 할 것을 기억하기
위해 값비싼 향유를 예수에게 바친 여인, 예수는 복음이 전파되는 곳마다 그가 행한 것도
기억하라고 하였다. 잊지 말아야 할 것이 있다. 저자는 이를 기억의 윤리라 한다. 오늘날 '자식
잃은 라헬'들은 책임지지 않으려 하며 단지 위로를 '선물'로 건네려는 이들의 '위로 선물'을
거절한다. 그 고통은 잊히지 않고 기억되어야 한다. 그래야 고통의 트라우마를 헤쳐 나갈 수 있다.
하여 세월호 이후의 성서 읽기가 '통각(痛覺)'의 읽기가 되었음을 밝힌다.

세월호 참사, 실재의 침입
그리고 행위의 시민적 주체

전현식 _연세대학교 신과대학 교수

1. 세월호 사건, 그 이전과 이후 그리고 실재의 침입

2014년 4월 16일은 대한민국의 역사를 그 이전과 이후로 구분하는 카이로스적 시간이 될 것이다. 4월 15일 밤 오후 9시경 탑승자 총 476명을 태우고 인천항을 출발하여 제주도로 향하던 세월호가 그 다음 날 오전 8시 52분경 전남 진도 맹골수도 해상에서 항로를 급히 변경하던 중 배가 좌현으로 기울기 시작했다. 그리고 약 2시간 30분 만에 선수의 일부만 남기고 침몰하면서, 304명의 소중한 생명을 앗아가는 비극적 참사 발생했다. 탑승자 중에는 수학여행을 가던 안산 단원고 2학년 학생 325명과 인솔교사 14명이 포함되어 있었고, 탈출 및 구조 과정에서 그들의 희생이 압도적으로 컸다는 점에서, 국민들에게 큰 슬픔과 충격을 안겨주었다. 우리는 세월호 사고 소식을 처음 접하고 구조될 것이라고 생각했다. 선박 사고 시 인명 구조에 필수적인 골든타임 30분을 훨씬 넘겨 사고현장에 도착했지만, 그래도 기울어져 가는 배위에 해경헬기가 떠 있고, 그 주위에 경비정이 사고초기 탈출한 탑승자들을 구출하는 것을 보고 다른 탑승자들도 구조될 것이라는 희망이 있었다.

절체절명의 그 시간, '가만히 있으라'는 선장과 선원들의 선내 방송을 믿고, 대다수 학생들은 점점 기울어져가는 난간을 함께 부여잡고 선실에서 구조를 애타게 기다리고 있던 그 시간, 정작 선장을 비롯한 선박직 승무원 15명 전원은 승객들을 버리고 제일 먼저 탈출한 충격적 사실이 밝혀지면서 국민들은 분노했다. 세월호가 선수만 남기고 바닷속에 잠겼을 때에도, 에어포켓의 가능성을 시사하며 선실 내에 산소를 주입하고 생존자들에 대한 잠수부들의 구출노력을 들었을 때 우리는 그들의 생환을 간절히 기도하며 한 줄기 희망의 끈을 놓지 않았다. 우리의 기적적인 생환 기대를 저버리고, 선체와 함께 침몰했던 탑승자들은 하나 둘 주검으로 돌아오기 시작했다. 특히 제주도로 수학여행을 떠났던 단원고 학생들의 시신이 수습되기 시작하면서, 자녀들의 비극적 죽음을 당한 부모들의 고통을 헤아리며, 희생자와 유가족에 대한 위로와 애도의 물결이 집단적으로 번지기 시작했다. 그때까지만 해도, 우리 대부분은 세월호 침몰을 불행하고 부주의가 불러 온 선박사고로만 생각하고 있었을 것이다.

그러나 세월호 참사가 사회구조적인 악이 야기한 사건으로 드러나기 시작하면서, 시민들의 집단적 분노와 저항이 일어나기 시작했다. 세월호 참사가 우연적이고 불행한 사고를 넘어 필연적·구조적 사건으로 인식되기 시작한 것이다. 지젝의 말을 빌리면, 세월호 참사는 '실재의 침입'이다. 대한민국의 상징계에 저항하는 실재의 반란이다. 세월호 참사는 사고(事故) 안으로에 사건(事件)의 침입이며, 4월 16일과 맹골수도는 연대기적 시공 안으로 질적인 시공의 침입이다. 2,000년전 예수는 이런 파국적 사건을 다음과 같

이 선포했다: "때가 찼다. 하나님의 나라가 가까이 왔다. 회개하여라. 복음을 믿어라.(막1:15)" 이것은 세월호 이후 대한민국에 침입하는 실재(희생자, 하나님)의 소리이다. 그 두렵고 떨리는 침입에 우리가 어떻게 응답하느냐 그것은 살아남은 자, 우리의 과제이다. 그러나 그것은 그리 쉽지 않다. 그것은 직접적인 것이 아니라 간접적인 것이기 때문이다. 그것은 실재를 분절하는 상징계 안에서 실재의 의미와 진리를 찾아내는 우회로의 해석학적 과정이기 때문이다.

2. 세월호 참사, 악의 평범성과 이데올로기적 환상

세월호 참사는 한국 사회에 다차원적 충격과 상처를 남긴 트라우마적 사건이다. 그 충격과 상처는 개인적-공동체적, 종교심리적, 사회문화적, 정치경제적 차원을 포함하고 있다. 지젝의 말로 풀어 말하면, 상징계 안으로에 '실재의 침입(an irruption of the Real)'[1]이다. 지젝은 라캉의 정신분석학을 차용하여 정신작용의 세 가지 질서, 즉 상상계(the Imaginary Order), 상징계(the Symbolic Order), 실재계(the Order of the Real)를 받아들인다. 상상계는 자아가 인식되는 동일화의 과정으로, 일반적으로 '거울 단계'로 불린다. 어린아이는 거울 속에 비친 자기 이미지를 자신과 동일시하여 자아의 감각을 얻는다. 상징계는 언어에서 법에 이르는 모든 사회구조들을 포괄하며, 우리가 일반적으로 부르는 '현실(reality)'의 좋은 부분들을 말한다. 상징계는 '의미화 사슬'(the signifying chain) 혹은 '기표의 법'(the law of the signifier)에 의해 하나로 묶여 있다. 실재계는 알려질 수 없는 삶의 영역들, 즉 언어에 의해 분절되기 이전의 세계를 말한다. 세계는 직접 알 수 없고 언어의 매개에 의해서 알려진다. 그런데 실재는 묘사할 수 있는 것이 아니므로 상징화에 저항한다. 따라서 실재계와 상징계는 긴밀하게 연결되어 있다.[2]

상호연관된 세 가지 질서들, 특히 상징계와 실재계의 상호 대립적 작용은 세월호 참사의 거짓과 진실을 밝히는 데 도움이 될 것이다. 세월호 참사는 대한민국의 총체적 부실을 드러낸 비극적 사건으로 우리는 세월호 참사의 원인과 진상을 철저히 규명하여 관련 책임자들을 성역 없이 처벌하고 유사한 비극적 사건이 재발하지 않도록 국가적 차원의 근본적인 해결책을 강구해야만 한다. 그런데 세월호 참사의 진실을 어떻게 규명해야 하는가? 그 진실은 밝혀질 수 있는가? 그 진실은 저절로 드러나지도 않고, 직접적으로 알 수 없다. 다시 말해, 세월호 참사는 해석학적 사건이다. 세월호 참사 자체는 우리에게 아무런 의미와 진리를 주지 않는다. 왜냐하면 그 참사 자체, 그 '실재'(the Real)는 '무의미'하고 '무감각'[3]하기 때문이다. 세월호 참사 자체는 보이지 않고 알 수 없는 '실재'의 영역이다. 하지만, 상징계라는 사회체제의 현실(reality) 안에서 의미와 진리를 찾아내는 것이 바로 우리의 해석학적 과제이다. 우리는 세월호 참사의 진실을 직접 알 수 없다. 그것이 해석학적 사건이라는 것은 참사의 의미와 진리는 우리의 상징계 안에서 분절적으로 다르게 해석된다는 의미이다.

현재 우리는 세월호 참사를 바라보는 다양한 시각들을 경험하고 있다. 크게는 사고로 보는 견해와 사건으로 보는 이해가 있다. 전자는 세월호 참사를 비극적이지만 불행한 사고로 보는 순진한 대중들의 익숙한 길들여진 관점이거나 국가의 이데올로기적 장치가 개입된 것이다. 후자는 세월호 참사를 사회구조 안에서 필연적으로 발생할 수밖에 없는 역사적인 해석학적 사건으로 보는 것이다.[4] 후자의 관점에서, 세월호 참사의 근본 원인이 신자유주의 국가 체제의 구조적 문제로 드러나면서 국민들의 희생자와 유가족에 대한 위로와 애도를 넘어서, 국가정책의 오류·혼선과 부재 그리고 국가권력의 무능력·무책임과 비리 부패 등 대한민국 사회와 국가 체제의 구조적 악에 대한 저항과 분노의 물결이 집단적으로 일어나기 시작했다. 세월호 참사를 개인과 사회와 국가를 새롭게 변화시키는 사회역사적 사건으로 기억하자는 "세월호, 잊지 않겠습니다. 미안하다, 얘들아. 절대 잊지 않을게!"[5]라는 시민적 연대가 이루어졌다.

이런 시민적 연대에 응답하여, 박근혜 대통령은 5월 19일 대국민 담화를 통해 눈물을 흘리며 책임을 통감하고 진심으로 사과했다. "세월호 참사의 최종 책임은 대통령 자신에게 있다…진심으로 사과하고 대한민국이 다시 태어나는 계기로 반드시 만들겠다."[6] 그리고 세월호 참사 진상 규명을 위해 특검을 도입하며, 그 원인과 책임을 엄정히 묻고, 국가 체제를 변혁하겠다고 약속했다. 대통령 자신도 세월호 참사의 근원이 국가와 사회체제에 있으며 최종 책임 또한 국가와 사회 지도층에 있음을 공식적으로 인정한 것이다. 그러나 시간이 지나면서, 세월호 참사의 기억과 분노의 물결이 주춤한 사이, 정부는 시민적 연대의 세월호 특별법 제정에 미온적으로 대응하면서, 진상 규명을 오히려 방해하고 있다. 정부는 세월호 참사를 사건에서 사고로, 배상에서 보상의 대상으로 둔갑시키며 정치적·법적 책임을 회피하고 있다. 또한 세월호 참사의 국면을 탈피하기 위해, '경제 살리기'란 이데올로기적 수사를 통해, 세월호 유가족과 시민적 연대를 서민경제의 방해세력으로 몰아가며, 또한 이에 동조하는 개인과 집단 세력이 등장하게 되었다.

희생자와 유가족에 깊은 애도를 표하며 이들의 고통을 함께 나눴던 보통 사람들이 순식간에 세월호 참사의 원인과 진상 규명을 요구하는 유가족들을 보상금에 눈이 먼 탐욕스런 자들로, 이들의 편에 선 시민연대를 불온 세력 내지는 좌파 세력으로 공격했다. 한마디로, 한국 사회는 한나 아렌트가 말하는 '악의 평범성'을 입증하기 시작했다. 악은 광신자나 반사회적 인격 장애자에 의해 행해지는 것이 아니라, 스스로 생각하기보다는 진부한 표현이나 사상에 의존하는 평범한 인간들에 의해 자행된다는 것이다. 악한 행동은 어떤 거창한 이데올로기보다는 국가에 순응하는 평범한 사람들의 우매함에 의해 발생한다. 현재 한국 사회는 기술관료전문가들의 교묘한 이데올로기적 책략에 의해, 평범한 인간이 다른 평범한 인간들에게 개인적·집단적으로 위해를 가하는 악의 평범성의 추한 모습을 경험하고 있다.

어떻게 평범한 사람들이 서로에게 악을 저지를 수 있는가? 여기서 필자는 '악의 평범성'의 근원을 지젝이 말한 '이데올로기적 환영'(ideological illusion) 안에서 발견한다. 그에 의하면, 이데올로기적 환영은 '인식'이 아니라 '행동' 안에 있다.[7] 포스트모던 시대에 이데올로기는 칼 마르크스의 고전적인 인식론적 차원에서 프락시스의 차원으로 옮겨 간다는 것이다. 마르크스의 허위의식의 이데올로기는 "그들은 그것을 모른 채 그것을 행한다"라는 인식론적인 오류로 인한 지식과 행동의 불일치의 문제다. 이데올로기적 비판을 통해 현실의 모순을 가리는 허위위식에서 벗어나면 이데올로기의 문제는 사라진다. 그러나 포스트-이데올로기를 자칭하는 포스트모던 사회에서 페터 슬로터다이크(Peter Sloterdijk)가 제시한 냉소적 이성의 공식은 "그들은 자신들이 행하고 있는 바를 잘 알지만, 여전히 그것을 행한다"로 표현된다. "그들은 자신들이 행동하면서 환영을 쫓고 있다는 것을 알지만, 여전히 그것을 행한다."[8] 그들은 이론적 차원이 아니라 실천적 차원에서 '이데올로기자들'(ideologues)이다[9] 지젝에 의하면, 우리는 사회 현실을 오인하는 것이 아니라,

사회 현실을 구조화하는 이데올로기적 환영을 간과하고 있다. 그는 우리가 간과하는 '무의식적 환영'(unconscious illusion)을 '이데올로기적 환상'(ideological fantasy)이라고 부른다.[10]

　포스트모던 시대 안에서, 악의 평범성은 행동 안에 있는 이데올로기적 환영에 의해 발생한다. 다시 말해, 우리 대부분은 자신의 행동을 알면서도 행한다. 세월호 참사가 불행한 교통사고가 아니라 구조적인 사건이라는 것을 알고, 세월호 유가족들이 보상금(배상금)에 눈이 멀어 세월호 특별법을 요구하는 것이 아니라는 것을 잘 안다. 유가족의 진상 규명 노력을 매도하는 자신들의 행동이 잘못된 환영을 쫓고 있다는 사실도 잘 알고 있다. 그럼에도 불구하고, 그들은 모르는 것처럼 그렇게 행동한다. 한마디로, 잘못된 행동임을 다 알면서도 그런 행동을 한다. 그렇게 함으로써, 평범한 사람들이 다른 평범한 사람들에게 악을 저지른다. 그러나 그런 악의 결과는 아유슈비츠처럼 끔찍한 결과를 가져왔다. 정부와 우리 대부분은 세월호 참사의 근본 원인이 한국 사회 체제의 구조적인 문제임을 이미 알고 있다. 그것을 알면서도 아닌 것처럼 행동하여 진실 규명을 실질적으로 방해하고 추상적인 책임을 거론할 뿐, 구체적인 책임을 회피하고 있다. 이미 자신들의 행동이 옳지 않음을 다 알고 있다. 우리가 놓치는 것은 자신의 행동이 사회 현실을 구조화하는 이데올로기적 환영이다. 우리는 자신의 행위 안에 이데올로기적 환영을 간과하는 이데올로기적 환상에 잡혀 있다. 그렇다면, 세월호 참사의 진실을 어떻게 규명해야 하는가? 어떻게 '잘못된 것을 알면서도 행하는 자신의 행동'에서 벗어날 수 있을까? 어떻게 우리는 이데올로기적 환상을 깨뜨릴 수 있는가?

3. 실재계, 상징계, 이데올로기의 삼원적 구조

필자는 세월호 참사에 직면하여, '알면서도 행하는 냉소적 주체'인 우리의 이데올로기적 환상을 깨뜨릴 수 있는 방법을 지젝의 이데올로기 구조의 작동방식 안에서 발견한다. 현재 포스트모던적인 냉소적 주체들은 소위 '탈이데올로기'를 말하고 있지만, 지젝은 우리가 여전히 이데올로기적 사회 안에 살고 있다고 말하면서, 실재계·상징계와 이데올로기의 삼원적 체계 안에서 이데올로기의 작동 방식을 설명한다.

앞에서 보았듯이, 상징계는 우리의 삶의 '현실'을 구성하는 모든 정치경제, 사회문화, 교육 및 종교 체제 전반을 의미한다. 그러므로 우리는 태어날 때부터 상징계에 등록되며 이 안에서 살아간다. 라캉은 소쉬르의 구조주의에 기초하여 상징계는 '기표의 법'에 의해 통합되어 있어, 어떤 의미에서 우리는 상징계에 갇혀 있다고 보았다. 언어학자 소쉬르에 의하면, 기호(sign)를 구성하는 기표(signifier; 소리, 이미지)와 기의(signified; 개념, 의미)의 관계는 자의적이며, 언어는 관계적·변별적 시스템으로, 폐쇄된 독립적 체계이다.[11] 라캉은 소쉬르의 기표와 기의의 관계를 심리적 증상과 억압된 욕망의 관계로 이해하면서, "무의식은 언어처럼 구조화되어 있다고 보았다."[12] 그러므로 언어는 인간의 생각과 경험을 반영하는 것이 아니라 구성하며, 따라서 세계를 중립적인 위치에서 보는 것이 아니라 분절적으로 구성한다. 따라서 상징계는 실재계를 수없이 절단 분절하여 구성하고, 동시에 실재계는 이런 상징화에 저항하면서, 서로 긴밀하게 얽혀 있다.

상징계는 실재를 완전히 봉합하지 못하므로 상징계에서 배제된 실재의 부분이 남는데, 이것이 근원적 대립(antagonism)을 만들어 낸다. 이 실재의 잉여 부분이 유령 같은 보충물로 돌아와 상징계의 현실에 들러붙는데, 이데올로기는 바로 유령 같은 보충물의 핵심으로 대립의 심연을 채우고 상징계의 균열된 틈을 메운다. 따라서 상징계의 현실과 이데올로기는 상호 함축적이다. 이와같이 사회 현실이 구성적 대립으로 구조화되어 있음을 인정한다면, 이를 은폐하는 이데올로기는 존재한다.[13] '실재의 대립은 상징계의 존재론적 상수이다.'[14] 즉 실재는 대립(antagonism)의 실재(정신/물질, 문화/자연, 남성/여성, 백인/유색인, 가진자/못가진자, 선/악)이고, 대립의 실재를 완전히 봉합하지 못하는 상징계는 구성적 대립이다. 그런데 앞에서 필자는 세월호 참사는 대한민국의 '상징계 안에 실재의 침입'이며 실재는 상징화에 저항한다고 말했다. 그렇다면, 우선 다음과 같은 질문을 묻는다. 우리는 어떻게 실재에 도달하는가? 우선 상징화 이전의 실재의 직접성의 경험이 있다. 그것은 아래와 같이 팔라니의 소설 『질식』에서 마미가 산을 이해하는 방식에서 드러난다.

> 짧은 섬광 속에서 마미는 벌목 더미, 스키 리조트, 산사태, 관리된 야생, 판구조 지형, 국지기후, 비 그늘(산으로 막혀 강수량이 적은 분지), 음양의 조화 등과는 무관한 산을 보았다. 그녀는 언어라는 틀 없이, 관념의 연상 없이, 산과 관련하여 알고 있던 지식의 렌즈를 거치지 않은 상태의 산을 본 것이다. 그 찰나의 섬광 속에서 그녀가 본 것은 '산'이 아니었다고 할 수 있다. 그것은 자연의 원천이다.[그것은 자연자원도 아니었다.] 그것은 아무런 이름도 갖고 있지 않다.[15]

마미가 경험한 산의 실재의 직접성은 상징계의 언어를 통한 다른 것들과의 분절과 차이 이전, 주객 분열 이전, 다른 존재들과의 구별이 없는 사물의 충만성(the fullness of things)의 경험이다. 그래서 말할 수 없다. 산은 아무런 구별된 이름이 없다. 우리는 실재를 분절하여 그것으로 말할 수 없고 무엇으로 이름할 수도 없다(道可道非常道 名可名非常名, 道德經 1장). 실재는 언제나 그것을 분절하여 구성하려는 상징화에 저항한다. 사물의 충만성으로서 실재의 직접성의 경험은 세월호 참사의 진상을 규명하고 불의에 저항하는 데 어떤 도움을 줄까? 마미가 산의 직접성을 경험하듯이, 우리가 세월호 참사의 직접성을 경험한다는 것은 무엇을 의미하는가? 실재의 충만성의 경험은 실재를 분절하는 모든 상징화에 저항한다. 그러나 상징화 과정 이전의 이런 사물의 충만성의 경험은 어떤 의미에서 주체의 부재를 의미하는 것이 아닌가? 행위의 주체가 부재한다면 누가 세월호 참사의 진실을 규명하는가? 상징계의 사회 현실 안에 실재의 침입이란 무슨 의미가 있는가?

여기서 필자는 실재를 파악하는 다른 방식에 주목한다. 그것은 실재를 상징계 안에서 이해하는 것이다. 다시 말해, 상징계가 봉합하지 못한 실재의 부분을 주목하는 것이다. 이 실재의 부분은 상징계가 실재를 분절하여 구성하고 남은 '잉여'(surplus)를 말한다. 즉, 상징화의 과정 안에서 배제된 실재의 잉여다. '상징화에 저항하는 실재의 잉여는 상징계 안의 실패나 공백으로만 나타난다.'[16] 여기서 우리는 실재를 상징화되지 못한 실제의 잉여로서 상징계에 침입하여 저항하는 '증상'(symptom)으로 보게 된다.[17] 실재는 상징계 이전에 존재하지만, 그 실재 자체는 무의미하다. 우리는 실재의 잉여를 상징화에 저항하여 상징계에 침입하는 증상으로 이해할 때, 그 의미와 진리에 도달한다.

희생자 304명과 함께 침몰된 세월호는 대한민국의 사회적 질병의 증상이다. 우리가 세월호 참사를 대한민국의 사회 현실에 침입하는 실재의 잉여 증상으로 이해할 때, 그 의미와 진리를 발견하게 될 것이다. 증상으로서 상징계로 되돌아오는 실재의 잉여는 상징계의 균열을 의미한다. 심리적 증상이 억압된 욕망을 드러내듯, 세월호 참사는 대한민국의 사회적 증상으로 신자유주의의 끝없는 이기적 욕망을 드러내며, 그 정치경제 지배 체제의 균열과 붕괴를 의미한다. 그 균열과 붕괴의 근본 원인과 책임들이 서서히 드러나고 있다. 민주사회를 위한 변호사 모임(민변)은 세월호 참사의 10대 원인들을 아래와 같이 제시했다.

> 무분별한 규제완화로 사라진 안전장치, 바다를 덮친 민영화의 위험, 정부의 재난 대응 역량 부재, 원칙 없는 정부 조직 개편, 안전 관리 능력이 없는 무능한 감독기관, 컨트롤타워 역할을 하지 못한 청와대와 대통령, 해경의 손놓은 초동 대응, 해경의 외부 지원 거부 및 배제 의혹, 돈벌이를 위한 해운사의 위험한 선박운항, 교육 및 안전훈련 부재와 선원들의 무책임[18]

세월호의 침몰은 대한민국 상징계의 대타자(개별 주체가 경험하는 상징 질서 내지는 상징 질서를 대표하는 다른 주체를 의미함), 신자유주의 국가 체제의 붕괴다. 포스트모던 상황 안에서 대타자는 이미 소멸되고 있다. 세월호 침몰은 현재 한국 사회구조의 미래적 붕괴의 비극적 확인이다. 실재의 잉여로서 끊임없이 상징계의 현실에 되돌아와 달라붙는 증상, 그것을 은폐하는 이데올로기적 유령 그리고 상징계 이전의 실재의 충만성, 그들은 어떻게 관계되어 있는가?

위에서 민변이 언급한 '참사의 10대 원인들'은 대한민국의 상징계가 봉합하지 못하는 실재의 잉여들이다. 그들이 유령 같은 보충물로 돌아와 대한민국의 상징계의 균열된 현실의 틈을 메우고 있다. 이데올로기는 바로 이런 유령 같은 보충물의 토대로 이것을 은폐한다. 동시에 상징계의 대타자인 검찰도 침몰의 주요 원인들(중개축으로 인한 선박복원성 저하, 화물과적, 고박불량, 조타과실을 인한 급변침)[19]을 밝혔다. 하지만 민변은 검찰이 제시한 원인들은 청해진 해운과 세월호 선장·선원의 처벌에 집중된 것이라며 과학적 검증에 기초한 근본 원인들에 대한 재검토의 필요성을 주장하고 있다. 검찰이 밝힌 원인들은 세월호 참사의 부분은 될 수 있지만, 세월호 참사의 국가적 차원의 구조적 문제를 드러내지 못한다.

즉 세월호 참사에 대한 검찰의 대응은 한국 사회의 구조적 균열을 부분의 기능적 장애로 축소하려는 이데올로기적 환영이다. 검찰도 그것이 구조적 문제임을 알면서도 아닌 것처럼 행동하는 이데올로기적 환상에 잡혀 있다. 세월호 참사의 실재는 한국의 사법 체계가 밝히지 못하는 실재의 잉여들, 즉 민변이 밝힌 10대 원인들을 통해 드러나야 한다. 근본적으로 대한민국의 상징계의 대타자인 검찰은 상징계에서 이미 배제되어 실재의 잉여로 돌아와 자신들에 저항하는 세월호 참사의 진실을 결코 밝힐 수가 없다. 그래서 세월호 특별법 제정을 통해 수사권과 기소권이 보장된 독립된 진상 조사 기구가 필요한 것이다. 우리는 참사의 원인·책임·해결책을 명확히 제시하여, 대한민국의 균열된 현재 상징계를 새로운 상징계로 바꿔야 한다. 그래야 대한민국의 미래가 있다.

4. 상징계의 자동인형, 냉소적 주체에서 행위의 시민적 주체로

우리의 이데올로기적 환영이 지식에 있든 행동에 있든, 우리 모두는 그것을 간과하는 이데올로기적 환상에 사로잡혀 있다. 어떤 사람들은 몰라서 행동한다. 하지만 우리 대부분은 알면서도 행동한다. 우리 대부분이 자신의 행동을 알면서 행동함으로써, 세월호 참사에서 악의 평범성을 잘 보여주었다. 세월호 참사의 실체에 대한 해석도 사고와 사건으로 크게 나뉜다. 세월호 참사의 근원과 책임에 대한 이해도 민변과 검찰이 다르다. 그 원인들도 다양하다. 한마디로 이데올로기적 장치가 작동하여 실재의 잉여로서 돌아오는 증상, 원인, 책임과 해결책을 은폐한다. 우리가 어떻게 이런 이데올로기적 환상으로 부터 벗어나 그 증상에 정직하게 대면할 수 있을까? 그래서 대한민국의 상징계의 현실에 저항해서 그것을 변화시킬 수 있을까? 앞에서 보았듯이, 상징계를 통합하는 '의미화의 사슬'이 독립적·폐쇄적이라면 상징계의 감옥에 갇히게 되고, 아니면 그것이 유동적·자의적이라면 상징계는 고정적이거나 영원하지 않다. 따라서 상징계의 현실은 변할 수 있다.

문제는 상징계의 현실의 균열을 은폐하는 이데올로기적 환상을 어떻게 벗어나느냐이다. 우선 우리는 이데올로기적 구조를 파악하고, 상징계 안에서 그 작동 방식을 깨닫는 것이다. 포스트모던적 탈이데올로기의 허구성을 인식하는 것이다. 실재의 대립, 실재계와 상징계의 근본적 대립, 그리고 상징계의 현실의 구성적 대립을 인정해야 한다. 실재계와 상징계 안에 상상계의 조화는 없다. 이것은 이데올로기적 신비화이다. 사실 상상계의 동일화의 과정은 통합의 과정처럼 보이지만, 아이의 자기 감각과 자신이 동일시한 통일성의 이미지 사이에 불일치가 언제가 존재한다. 따라서 상상계는 '끊임없는 자기 찾기'의 영역으로, 라캉은 현대사회를 자신에 강박되어 스스로가 세계를 접수하는 상상계의 절정으로 부정적으로 보았다.[20] 상징계의 현실 안에서 구성적 대립을 상호보완적 균형으로 이해하는 포스트모던적 뉴에이지 접근은 이런 이데올로기적 신비화의 대표적 예이다.

또한 우리는 이데올로기적 비판의 필요성과 정당성을 인정해야 한다. 세월호 참사의 현실 안에서 우리가 지식이나 행동 안에 위치한 이데올로기적 환영을 경험하며, 이데올로기적 구조 안에서 그 작동 방식을 이해한다면, 세월호 참사의 진실을 은폐하려는 이데올로기 비판은 필연적이다. 그렇지 않고 우리는 세월호 참사를 발생시킨 우리의 상징계의 현실을 변화시킬 수 없다. 여기서 필자는 루이 알튀세의 '이데올로기적 국가장치'와 파스칼의 '신에 대한 내기'에서 드러난 '믿음의 객관성'을 연결시키는 지젝의 통찰에 주목한다. '이데올로기적 국가장치'란 이데올로기에 의해 작동되는 국가 제도들(교육, 교회, 사법, 가족, 정치, 경제 제도등)로서 상징계의 현실 안에서 자신의 역할을 성실히 수행하는 훈련된 국민들을 만들기 위해 국가는 억압적 국가장치(군대, 경찰, 감옥 등)를 요청할 수 있다.[21] 한마디로 '이데올로기적 국가장치'는 상징계의 대타자이다.

여기서 지젝은 '이데올로기적 국가장치'가 어떻게 이데올로기에 대한 믿음을 창출하는지 '믿음의 객관성'을 가지고 설명한다. 믿음의 객관성은 파스칼의 "주체는 관습을 따라 알지 못하고 믿는다"는 '믿음 이전의 믿음'[22]으로 티베트의 마니차(經桶, 회전식 기도통)처럼 행동 안에서 구체화되는 외적인 믿음을 말한다. "주체는 믿지 않고, 사물 자체가 그들을 위해 믿는다."[23] 이데올로기적 국가장치는 무의식적으로 작동하는 '믿음 이전의 믿음'으로 자동화된 믿음이다. 우리는 상징계의 국가 체제에 참여함으로써, 그것에 대한 믿음을 만들어 내고 강화시킨다. 이데올로기적 국가장치의 매커니즘은 우리가 대타자의 담론을 그대로 반복하는 '상징계의 자동인형'에 다름 아님을 말해 준다. 국가 제도들의 이데올로기적 매커니즘은 세월호 참사의 진실을 밝히는 것이 왜 어려운 일인지를 잘 드러내준다.

그렇다면 우리가 어떻게 세월호 참사의 진실을 밝힐 수 있을까? 어떻게 우리가 이데올로기적 국가장치에 저항할 수 있을까? 지젝은 '시민적 주체의 광기'를 언급한다. 이것이 포스트모던 주체의 상징계의 자동인형을 거부하는 길이다. 또한 그것은 포스트모던 주체의 다른 모습인 알면서도 행동하는 냉소적 주체의 자기모순을 극복하는 길이다. 지젝은 포스트모던 사회를 한 위험의 감소가 다른 위험을 발생시키는 '자기재귀적인 올가미'에 걸려 있는 제조된 '위험 사회'[24]로 보면서, 탈근대성의 핵심을 '재귀성(reflexivity)'과 '불투명성'(opaqueness, '우리의 행동의 궁극적 결과에 대한 철저한 불확실성')으로 아래와 같이 설명한다.

> 이런 불투명성은 단순히 복합성의 문제가 아니라 재귀성의 문제이다…이것은 우리가 어떤 초월적 지구적 힘(운명, 역사적 필연, 시장)의 꼭두각시이기 때문이 아니다. 오히려 그것은 '아무도 책임이 없으며' 실을 끌어당기는 그런 힘, '타자의 타자'가 없기 때문이다. 그것은 우리 사회가 철저하게 '재귀적'이라서 우리가 의존할 확고한 토대를 제공하는 자연이나 전통이 없기 때문이다.[25]

철저하게 재귀적인 현대사회는 우리가 의존할 상징계의 사회 체제가 붕괴한 철저히 주관적인 세계이다. 더 이상 대타자가 존재하지 않는 사회, '상징적 효력'이 상실된 공동체가 부재한 사회이다. 대타자의 권위의 붕괴는 주체에 무한한 자유를 허용하지만, 동시에 그 무한한 자유가 주체에 부담으로 돌아와 타자의 귀환, 즉 규제에 대한 욕망을 야기시킨다. 이것은 탈근대성의 역설로 대타자의 붕괴는 타자들의 귀환을 재촉한다. 사실, 자유는 제약 안에서 가능하며, 이런 제약의 틀의 결여는 부담으로 작용하여, 제약없는 선택의 자유는 선택에 대한 의무로 변한다. 대타자의 붕괴는 타자들의 귀환뿐만 아니라, '타자의 타자,' 즉 실재 안의 타자에 집착하게 만든다. 실재 안의 타자란 실제로 사회를 조정하고 통제하는 어떤 조직이나 사람을 의미한다. 포스트모던 주체란 실제로 대타자의 권위를 부정하지만, 인정하는 것처럼 행동하는 '냉소적 주체'이다. 또한 대타자의 붕괴로 무한한 자유를 부담으로 느껴 '타자의 타자'의 권위에 의존하는 '믿음의 주체'이다. 따라서 포스트모던 주체는 '냉소와 믿음의 역설적 존재'이다.[26]

탈근대성의 핵심인 '재귀성'과 '불투명성'은 세월호 참사의 진실을 밝히는 것이 왜 어려운 것인지를 잘 입증한다. 대타자의 부재와 붕괴다. 세월호 참사를 예방하고 구조할 대타자는 이미 존재하지 않았다. 당연히 참사의 진실을 밝히고 책임질 대타자도 없다. 아무도 이 비극적 참사에 대해 책임이 없다. 책임을 지려고도 하지 않는다. 한국 사회는 포스트모던적 '재귀적 올가미'에 걸려 있다. 또한 포스트모던적 냉소와 믿음의 역설적 주체는 세월호 참사에 무관심한 중립적 관찰자 혹은 불행한 사고로 축소 위장하려는 국가 권력과 집단 세력(타자의 타자)에 동조하는 우리들의 이데올로기적 환상을 잘 보여준다. 세월호 참사 안에서 악의 평범성이 왜 작동하게 되었는지를 짐작할 수 있게 해 준다.

포스트모던 주체의 모습들, 즉 상징계의 자동인형도 냉소적 주체도 세월호 참사에 일차적 책임이 있는 상징계의 현실, 특히 균열된 국가 체제에 적극적으로 저항할 수 없다. 전자는 대타자의 권위에 자동적으로 복종하며, 후자는 알면서도 행동하는 이데올로기적 환영에 잡혀 있다. 이데올로기적 환영의 목적은 기본적으로 자신의 기득권의 유지에 있다. 냉소적 주체는 대타자의 권위를 부정하며, 동시에 '타자의 타자'의 권위에 의존한다. 필자는 현재 한국 사회에서 '타자의 타자'는 신자유주의 체제이며 이를 주도하는 기술 관료 전문가 집단이라고 본다. 한국 사회의 포스트모던의 특징인 국가(대타자) 권위의 붕괴 이후, 신자유주의 체제의 힘은 막강히 유지된다. 신자유주의체제와 이를 통제하는 전문가 집단이 사실 세월호 참사의 근원이면서도 이들은 책임을 지지 않는다.[27] 실재 안의 타자로서 실제적으로 힘을 행사하면서도 '타자의 타자'로서 대타자인 국가의 배후에 있기 때문이다. 우리 사회 구조의 재귀성과 불투명성이 이를 입증한다. 포스트모던 주체들이 대타자의 붕괴 이후에 자신들의 기득권 유지에 필요한 '타자의 타자'로서 의존하는 것이 바로 신자유주의 체제이다.

　그렇다면, 포스트모던 주체의 딜레마를 극복하고 우리의 상징계의 현실에 저항할 주체는 누구인가? 세월호 참사의 진실 규명을 위해 투쟁하는 유가족들과 시민적 연대에 적극적으로 동참할 주체들은 누구인가? 지젝은 상징계의 자동인형인 객관적 주체와 냉소적인 주관적 주체를 거부하고 '시민적 주체'를 제시한다. 시민적 주체란 행위를 통해 현재의 상징계, 즉 그 안에서 자신의 역할을 완전히 거부하고 행위 안에서 새로이 태어나는 주체를 말한다.

　　행위(act)는 능동적인 개입(행동action)과 달리 그 담지자(행위자)를 극단적으로 변형시킨다. 행위는 내가 '달성하는' 어떤 것이 아니다. 행위 이후에 나는 문자 그대로 '이전과 같지 않다.' 이런 의미에서 주체는 행위를 '달성하는'것이 아니라 행위를 '겪는다'('그것을 통과한다')고 말할 수 있다. 행위 속에서 주체는 사라지고, 그런 뒤 (아닐 수도 있지만) 다시 태어난다. 즉 행위는 주체의 일시적인 사라짐, 즉 소거를 포함한다.[28]

시민적 주체의 행위는 자신을 세계로부터 완전히 단절시키는 '광기의 행위'이다. 상징계에 대한 절대적 부정 이후 이전의 주체는 사라지고 다시 태어나는 주체이다. 지젝은 그 주체를 '공백'으로 보았고 '사라지는 매개자'로 불렀다.[29] 자신을 상징계에 종속시키는 과정을 '주체화'(subjectivization)라고 부르며 상징계의 자동인형을 거부하기 위해 그 주체화에 저항하라고 촉구한다.[30] 그 폭발적 저항의 힘은 어디에서 오는 것일까? 그는 그것을 '시민적 주체의 정상성'을 위해 필요한 상징계에 저항하는 '시민적 주체의 광기[31]로 보았다. 지금 대한민국은 상징계 안에서 자신의 역할을 철저히 거부하고, 그 사회구조에 대한 저항의 행위 안에서 자신은 사라지고 새로운 상징계를 불러오는 매개자, 그런 혁명적 변화를 불러오는 시민적 주체의 광기가 필요한 때이다. 그것은 상징계로부터 배제되는, 죽음(상징적 죽음)을 각오한 행위이다. 예수의 하나님나라의 선포는 우리에게 행위하는 시민적 주체의 광기를 요구하는 것이 아닐까? 십자가 이후 부활이 가능한 것처럼 말이다. 그럴 때, 새로운 대한민국이 등장하고 새로운 시민적 주체가 태어날 것이다. 그 안에 대한민국의 현재의 변화와 미래의 희망이 있다.

5. 나오는 말

4 · 16 참사는 그 이전과 이후를 나누는 카이로스적 사건이다. 세월호 사건은 한국 사회의 현실 안에 실재의 침입이다. 그 파국적 참사는 대한민국 상징계의 현실의 균열과 붕괴를 가리킨다. 그 참사는 상징계로부터 배제된 실재의 잉여로서 우리의 삶의 현실에 되돌아와 한국 사회의 균열을 고발하고, 신자유주의적 사회구조에 저항하며, 새로운 상징 질서를 요구한다. 그

러나 상징계에서 배제된 실재의 잉여가 상징계의 균열된 현실에 증상으로 되돌아와 달라붙고 이것을 이데올로기가 은폐하듯, 대한민국의 상징계를 대표하는 대타자인 국가권력은 대한민국의 구조적 질병을 알리며 사회적 증상으로 되돌아온 세월호 참사의 진실을 이데올로기적 장치로 은폐하고 있다. 또한 일부 국민들은 자신의 기득권의 유지를 위해 국가권력의 권위에 순응하고 동조한다. 이것이 바로 세월호 참사의 진실 규명이 어려운 이유이다. 그러나 어떤 진통과 아픔이 있다 하더라도 세월호 참사의 진실을 밝힐 때에만, 대한민국의 변화와 희망이 있다. 참사의 근본 원인인 국가권력 구조는 그 진실을 밝히는 데 한계가 있을 수밖에 없다. 그래서 기소권과 수사권이 보장된 특별진상조사기구의 설치를 주장하는 유가족과 시민적 연대의 요구는 필요하며 또한 정당하다. 세월호 참사에 우리가 어떻게 대응하느냐, 진실·중립·허위의 어느 편에 서느냐는 우리의 성숙한 시민의식에 달려 있다. 시민적 주체의 행위가 그 대답이 될 것이다. 그 행위란 상징계의 현실로부터 배제되는 죽음(상징적 죽음)을 각오한 행위이다. 예수의 하나님나라의 선포는 우리에게 행위하는 시민적 주체의 죽음을 각오한 불의에 대한 저항과 투쟁을 요구하는 것이 아닐까? 자신을 버리고 이 세상에 내려오신 하나님, 예수의 십자가와 부활은 현재의 죽음을 통해 미래의 새로운 삶이 열리는 진리를 선포한다. 세월호 이전의 대한민국의 상징 질서는 죽고 세월호 이후 새로운 대한민국의 탄생, 이 길만이 우리 사회의 미래와 희망이다.

아우슈비츠 '이후(以後)' 신학에서
세월호 '이후(以後)' 신학을 보다
- 두 '以後' 신학의 같음과 다름

이정배 _ 감리교신학대학교 종교철학과 교수

1. 들어가는 글

해방 이후 급진적 근대화를 겪는 동안 대한민국은 수없는 사건·사고들을 경험했고 급기야 사고 공화국이란 별칭을 얻었다. 2014년 4월 16일에 있었던 세월호 참사는 여러 면에서 그 정점을 찍은 것으로서, 한국 사회의 총체적 부실을 알리는 준엄한 지표이자 징표였다. 이로부터 백성들은 급격한 삶의 방향 전환 없이 우리 사회의 유지·존속이 불가능하다는 실상을 직시했다. 더욱이 희생자들의 죽음을 실시간으로 목도했던 유족들로서는 정부의 무능에 대한 한탄을 넘어 국가의 존재 자체를 의심할 수밖에 없었다. 진도 팽목항의 실상을 〈다이빙벨〉 영상으로 접한 우리는 몸부림치며 울분을 토하는 유족들을 5.18 광주에서처럼 정부가 폭도로 몰아갈 수도 있었음을 알게 되었다. 지금까지도 밝혀지지 못한 사실(fact)로 인해 세월호 참사에 관한 수없는 유언비어가 난무했으나, 정작 정부가 한 일은 진상조사가 아니라 공론화를 억제하려는 공권력 강화였고 이념 논쟁을 야기하는 일이었다. 그로 인해 소통의 장이었던 카톡에 대한 불신이 커졌고, 결과적으로 피의 대가로 세워진 민주적 가치가 크게 훼손되었다. 이를 두고 일부 언론에서 과거 독일식 나치 망령이 이 땅에 서서히 드리워지는 것 같다는 염려를 토로하였다.[1] 따라서 4·16 참사가 결코 사고가 아닌 사건이라 여기는 이들 중에서 이를 광주의 5·18사건과 같다고 단언하기도 한다.[2] 보편적으로 알려진 객관적 정황상, 세월호 참사는 정치적으로 계획된 사건으로서 죄 없는 약자들을 희생양 삼은 학살이자 타살일 수 있다고 믿고 싶은 것이다.[3]

'설마'라는 말을 떠올리며 이렇듯 불온한 생각을 지우려 했으나 유족들의 기막힌 한을 풀고자 하는 염원을 갖고 시작된 세월호 특별법의 입안 과정에서 정부가 보여준 파렴치한 정치적 공세는 그 '혹시'를 '역시'로 믿게 했다. 법과 공권력에 대한 신뢰를 앗아간 정부, 진도 바닷속에서 건진 소중한 증거마저 은폐 축소시키려 했던 검찰 조직에게 세월호 특별법을 맡길 수 없는 것은 명명백백한 일이었다.[4] 세월호 참사가 정말 사고였다면 정부는 법의 저항을 무릅쓰고서라도 유족들이 원하는 특별법 제정을 성사시켜야만 했다. 본 참사가 유례없이 특별했던 것만큼 법정신 역시 달리 적용될 수 있음을 다수 법조인들이 선포했고 외국 사례도 충분히 제시되었음에도, 정부는 애완견으로 전락된 공영방송과 허접스런 종편을 통해 국민 여론을 분산시켰고 진실을 덮는 길을 선택했다. 이미 국회는 올해 초 유족들의 뜻과 상관없이 보상 기준을 마련했던 바, 이는 보상을 앞세워 진실을 덮으려는 악한 의도의 표출이라 할 것이다. 최근 세월호 진실 규명 예산이 과도하게 책정되었다는 것을 빌미로 정부가 파견 공무원을 철수시킨 것도 험난한 앞날을 예견케 한다.

2. 세월호 참사로 밝혀진 이 땅의 정치와 경제의 허상

이런 절망적 상황에서 우리는 다음 몇 가지 사실을 좀 더 주목하고자 한다. 첫째, 다소 위험한 추정이겠으나 민심이 늘상 유언비어의 형식으로 표현된 전례에 근거, 세월호 참사를 타살이자 학살로 볼 수 있는 정치적 개연성을 판단해야 할 것이며, 둘째, 경제를 최고 가치로 설파한 전직 장로 대통령 탓에 이후 백성들 모두가 경제의 노예가 되었던 정황을 말해야 할 것이고, 마지막 셋째, 이 땅의 종교들 역시 번영(성장)신학에 눈 어두워 정의의 감각을 잃어버렸던 점을 적시할 필요가 있겠다. 첫 번째 주제는 세월호 참사가 지난 대선의 부정 의혹을 덮고자 국정원이 개입하여 일어난 사건이란 것이다. 우여곡절 끝에 밝혀졌듯 세월호가 국정원 소유라는 확신이 이런 추정과 의혹을 뒷받침했다. 지금도 거리에서는 지난 대선의 불법성을 폭로하는 의식(ritual)이 진행되고 있고, 관계자들을 검찰에 고발한 상태이다. 세월호 참사가 불법적 대선개입설의 차단을 위한 방편이란 의혹이 유언비어이기를 바라나 사실(fact) 자체를 거의 은폐시킨 탓에 궁금증이 수그러들지 않았다. 4월 16일 당일 밤, 기상 탓으로 일체 다른 선박 출항이 금지되었을 때 왜 세월호만 홀로 인천항을 떠날 수 있었는지, 도대체 왜 선상 직원들이 그날따라 평소와 다른 사람들로 대체되었는지, 그리고 어찌해서 선장을 비롯한 뱃사람들을 해경이 먼저 구해 그들을 빼돌렸는지, 도대체 어떻게 평형수를 빼낼 만큼 과적한 불법에 눈을 감을 수 있었는지 등등 밝혀져야 할 일이 산적하다. 이러한 사실이 밝혀질 수 없다면, 세상이 의심하듯 대통령 구하려 세상의 약자를 희생시켰다는 엄청난 의혹으로부터 정부는 결코 자유로울 수 없다. 정부가 자신을 향한 비난을 어처구니없게 청해진 그룹의 유병언에게 돌렸으나 시신 조작이란 의혹만 키웠고, 그에 놀아나던 백성들마저 등을 돌렸으니, 이제 그들은 세월호 특별법 저지만이 자신들 살 길이라 여길 것이다. 여야 정치인들이 이런 정부의 거짓에 온몸으로 저항하지 못한 것은 그간 정경유착의 관행, 즉 불법 묵인 대가로 정치자금을 받았기 때문일 것이다. 세월호 참사로 인해 관(官)피아의 실상이 밝혀진 것은 참으로 유감스러우나 우리의 미래를 위해 불행 중 다행이다. 이쯤에서 부패의 사슬이 끊어져야 약자들의 삶이 존속되고 우리의 조국, 이 땅의 미래가 지속될 수 있는 까닭이다.

다음으로 우리는 MB정부 시절 극대화된 천민 자본주의 실상을 말해야 할 것이다. 이제서야 언론이 수 조원의 나랏빚을 남긴 그의 자원외교의 거짓과 허상을 밝히기 시작했으니 그나마 다행이다. 4대강 개발을 비롯한 국가 기간산업을 상대로 잇속을 챙기고자 했던 지난 정부는 우리 백성 전체를 경제적 동물로 만들고 말았다. 압축성장의 화신처럼 추앙된 그를 백성들, 특히 이 땅의 교회들이 대통령으로 세웠고, 그 대통령은 백성들이 황금송아지를 숭상케 했다. 그가 대통령으로 재임하던 시절 영국의 국영방송(BBC)은 제반 지수를 종합하여 대한민국을 OECD 국가 중 욕망지수가 가장 높은 나라로 지목하였다. 자살률과 불행지수 역시 덩달아 최고의 나라라는 불명예가 이 땅 사람들의 몫이 된 것이다. 이런 경제적 시각은 급기야 박근혜 정부의 통일 대박론으로 이어졌고 남쪽을 넘어 북쪽 지역마저 인간 아닌 돈의 세상으로 만들고자 했다. 하지만 자본주의는 누군가의 희생을 자양분 삼는 것으로서 한 명의 부를 위해 99명을 희생양 삼아야 유지·존속 될 수 있는 체제이다.[5] 새로운 가난한 자(new poor)로 전락한 자연의 희생 역시 의당 전제될 수밖에 없을 것이다. 이 점에서 통일 대박론 역시 북한의 자원을 빌려 남한을 살찌우겠다는 자본주의 발상으로서, 오히려 한반도 평화를 깨트리는 위험한 발상일 수 있겠다. 주지하듯 이 땅 대기업의 실상은 비정규직의 고통과 눈물 위에 세워진 겉만 화려한 모래성과 같다. 한 시인은 임금의 절반밖에 받지 못하고 권리 역시 절반밖에 누릴 수 없는, 그럼에도 언제든 해고 1순위 대기자인 비정규직 노동자를 반인반수(半人半獸)의 괴물로 언표한 바 있다.[6] 어느덧 이 땅이 반인반수의 공화국이 되어 버린 것이다. 지금 우리 사회에는 기업의 유지 · 존속을 위해 죽을 수도 없는 가련한 재벌 총수와 자신의 해고를 죽음으로써 저항하는 노동자들이 슬프게도 함께 공존하고 있다. 이런 기이한 현상 속에서 당장 기업이 이기는 듯 보이겠으나 자리리타(自利利他) 정신의 실종으로 양자가 함께 공멸할 것이 확실하다. 정치권과 결탁된 국정원 소유임이 분명해 보이는 청해진 해운의 세월호 운영 방식에서 우리는 이런 현실을 압축시킨 '인간 없는 경제'의 실상을 접했고, 이를 묵인한 국가의 운명 역시도 세월호처럼 침몰할 것을 예감하며 염려할 수밖에 없다. 승객 안전을 책임질 선장을 비정규직으로 대치했고, 사람을 돈으로 본 탓에 배를 고쳐 좌석 수를 늘렸으며, 급기야 평형수마저 줄여 화물을 과적했으니 이런 세월호의 운명은 경제 동물로 전락한 인간의 최후 모습이자, 그를 추동한 국가가 처할 '가까운 미래'가 될 것이 명확하다.

3. 세월호 참사로 드러난 이 땅 기독교의 자화상

그렇다면 종교, 특히 우리가 속한 기독교의 자화상은 어떠했는가? 우리 사회가 이 지경이 되도록 한국 교회는 국가의 성장신화를 신(神)의 이름으로 축복했고, 자본주의적 욕망을 종교적으로 정당화하는 일에 앞장섰다. 대형 교회를 꿈꾸던 성직자들이 성도들의 헌금을 축복이란 이름의 면죄부와 교환했고, 그것으로 모자라 은행 빚으로 성전을 건축했으나 지금 경매 대상이 된 교회가 부지기수란다. 신권주의라는 망발을 앞세워 교회를 사사화(私事化)하고 세습했으며, 그런 부(富)를 통해 자신들 존재이유를 잊은 영적 치매에 빠져 있는 것이다. 어렵게 제작·상영된 〈쿼바디스〉 영화를 통해 우리는 한국 교회의 이런 타락상을 여실히 알게 되었다. '주여 어디로 가십니까?'를 세상이 교회에게 묻고 있다. 그럼에도 이런 대형 교회들 다수는 신의 이름으로 종북/좌빨의 프레임을 확산시켰으며, 종교간 갈등을 넘어 이념 충돌을 부추기는 집단으로 변질되고 말았다. 소위 근본주의라는 이데올로기가 교회의 자기합리화를 위한 방편이 되었던 탓이다. 더구나 금번 세월호 참사 역시 구원파라는 기독교 집단과 깊이 연루된 까닭에, '추락하는 기독교엔 날개가 없다'는 말이 회자되었다. 빌어(기도)먹지 않고 벌어먹는(경제활동)[7] 종교가 된 것이다. 구원파라 하여 기독교 내 이단집단으로 폄하하지만 실상 다수 한국 교회가 구원파와 다를 것이 없다. 하느님 신앙 대신 돈에 대한 신뢰를 앞세움에 차이가 없기 때문이다.

이런 이유로 한국 기독교는 뭇 생명들을 진도 앞 바다에 수장시킨 채 부활절을 맞이해야만 했다. 자폐와 치매에 걸린 한국 교회가 걸머진 슬픈 운명이었다. 세월호 참사로 부활을 노래할 수 없는 종교가 된 것이다. 그럼에도 다수 한국 교회는 세월호의 아픔을 부활 메시지와 연계시켜 생각할 힘을 갖지 못했다. 그리스도의 부활을, 304명을 죽음으로 몰아간 이 땅의 구조적 모순의 빛에서 읽을 능력이 없었기 때문이다. 정치(현실)와 무관한 영적 기관으로 자신을 자리매김한 탓일 것이다. 영적 기관인 교회가 정부의 애완견 역할에 충실했고 경제적 욕망에 세례를 준 것이 고작이었다. 그래서 교회는 세월호 유족들은 물론 이 땅의 사람들에게 위로와 희망의 메시지를 선포할 수 없었다. 부활의 메시지를 세월호 참사의 구조적 문제와 직접적으로 관계시켜 설교한 교회 수가 극히 적었고, 특히 대형 교회의 경우 거의 전무했다.[8] 세월호 특별법을 지지하는 기독교인들 서명수가 불교나 천주교에 비해 현격히 적었던 것은 정확히 이런 현실의 반영일 것이다. 더욱 불행한 것은 상당수의 기독교인 유족들조차 교회를 등졌고, 자신들 신앙에 회의하고 있다는 사실이다.[9] 교회가 약자들 편에 끝까지 서 있지 못했고, 가해자들의 시각에서 유족들을 바라본 탓에 그들은 교회, 기독교의 민낯을 보았다고 슬퍼했다. 간신히 교회에 남아 있는 이들 역시도 그 공간이 좋아서가 아니라 자식들과의 해후를 보장하는 오로지 천국신앙 때문이었다. 그러나 과연 이런 식의 하느님 나라가 존재하는지, 기독교의 역할이 이렇듯 죽음 이후를 말하는 것으로 족한지, 나아가 산자와 죽은 자의 소통의 진실이 어떤 것인지를 신학자들은 더욱 정직하게 설명해야 할 것이다.[10] 여하튼 이런 이유로 세월호 참사와 더불어 기독교 역시도 국가와 더불어 침몰했다고 보아야 옳을 듯싶다. 국가가 돈과 권력에 눈멀었듯이, 교회 역시 약자들의 절규를 들을 수 없었던 탓이다. 눈먼 국가에 귀먹은 교회 그리고 자갈 물린 언론이 세월호 참사의 공범들이다.[11]

4. 이 땅에 공동체는 존재했는가?[12]

이상과 같이 우리는 세월호 참사로 모든 것을 잃었다. 국가에 대한 신뢰는 물론 우리 자신 나아가 기독교 신앙마저 뿌리째 흔들렸다. 의도적(?)이었든지 아니면 준비 없음으로 구하지 못한 것이든 간에 세월호 참사는 국가가 더 이상 국가가 아니었음을 여실히 증명했다. 정규/비정규직 노동자들 역시 한울타리 안에 머물 수 없는 나라가 되어 버렸고, 교회 역시도 우는 이들과 함께 울고 슬퍼하는 그런 공동체가 결코 아니었고 그를 원하지도 않았다. 슬퍼하는 이 곁에 머물고자 하는 이들을 소위 '일베' 집단을 내세워 방해하고 그들의 악행을 방조한 것이 이 땅의 공권력이었고, 번영신학에 함몰된 다수 성직자들이었으며, 자신들 악행을 감추려했던 관피아, 정피아들이었기 때문이다. 따라서 세월호 참사 이전과 이후가 확연히 달라야 한다는 소리가 드높다. 이런 사건을 시대의 징표로 갖고서도 전혀 다른 삶을 꿈꾸지 않고 다른 정치를 말할 수 없으며, 다른 기독교, 전혀 새로운 종교를 세우지 못한다면 한류를 뽐내며 OECD 가입국을 자랑하던 대한민국이 정말 순식간에 세월호 운명처럼 실종될 것이라 염려하기 시작한 것이다. 이런 이유로 우선 기독교 학자들 간에 '세월호 이후(以後) 신학'에 대한 논의가 봇물 터졌고, 3천억으로 지어진 교회, 그를 부럽게 쳐다보는 목회자들, 약자들을 침몰시킨 무능하고 사악한 정부를 향해 '아니오'를 말하기 시작했으며, 자신들 삶 역시 되돌아보며 신학 자체를 전혀 새롭게 구성하려는 노력들이 생겨났다.[13] 지난 세기 흑백 투쟁의 와중에서 킹 목사가 했던 말, '우리 시대의 불행은 악한 자들의 아우성이 아니라 소위 선한 이들의 침묵' 곧 악의 평범성이라는 것을 깊이 새기면서 말이다.

이에 필자는 세월호 이후 신학을 구상하면서 유대인 대학살을 경험한 독일 신학자들이 아우슈비츠 경험 이후 신학을 어찌 달리 정초했는지를 살피고, 그에 근거하여 '세월호 이후 신학'의 가능성을 조심스럽게 드러낼 생각이다. 유대인 대학살을 위해 독일 백성을 선동한 나치 정권의 나라가 더 이상 국가일 수 없었듯이, 세월호 학살을 야기한 우리 정부(국가)도 이미 그 정당성을 잃었다 본 때문이다. 세월호 학생들을 구조하지 않은 국가는 백성들이 부여한 법적 강제력을 집행할 수 없다는 말이다. 이에 기독교 신학은 이들 위법성을 신학적으로 판단할 필요가 있다.[14] 기독교적 정의의 차원에서 법의 공권력을 사적 기득권으로 축소시킨 국가적 범죄에 저항하라는 것이다. 이는 법(국가)을 향한 정의(종교)의 심판이기도 할 것이다.

일찍이 아감벤은 인간 역사 속 최대의 비극인 아우슈비츠란 말을 '사람이 없는 공간'이라 정의했다.[15] 인간을 삶 자체로부터 분리시켜 철저하게 비인간으로 만든 전대미문의 장소란 것이다. 세월호 참사 역시 인간 없는 장소였다는 점에서 크게 다르지 않다. 당시 유대인 수용소의 대명사인 아우슈비츠에서 일어났던 일이 상상을 초월한 엄청난 일이었기에 증언 자체가 어려웠듯이, 세월호 비극 역시 사실 자체가 은폐됨으로써 엄청난 유언비어가 만들어진 것이다. 이처럼 아우슈비츠가 언어가 단절된 공간이었던 것처럼, 이곳 정부 역시 세월호 참사를 사람 없는 공간으로 만들고자 하였다. 이로써 증언 자체를 불가능하게 만드는 것이 참사 이후 그들의 존재이유가 된 것이다. 그렇기에 세월호 특별법 제정에 즈음한 우리가 두려워하는 것은 아우슈비츠 수용소 내 나치 친위대의 다음과 자신감이다; "전쟁이 어찌 끝날지언정 너희들에 대한 전쟁에서 이긴 것은 우리다. 너희 중 누구도 살아남아서 증언하지 못할 것이다. 하지만 설령 누가 살아남을지라도 세상이 그의 말을 믿지 않을 것이다. 아마도 의심과 토론, 역사가들의 조사가 있을지라도 확실한 증거는 밝혀지지 않을 것이다. 왜냐하면 우리는 너희들과 함께 증거를 죄다 없애 버릴 것이기 때문이다. 수용소 역사가 어떻게 쓰일지를 정하는 것은 우리가 될 것이다."[16]

현실을 돌아보면 아우슈비츠나 세월호는 지금 우리들의 삶에서 예외가 아니라 일상이 되고 있다.[17] 제2, 제3의 수용소와 참사가 우리들 일상을 지배할 수 있다는 말이다. 이런 정황에서 우리는 우리들 실존, 곧 존재 이유를 재고할 필요가 있다. 그것은 우리가 다시 '말하는 자'가 되는 것, 주체보다 앞선 우리의 언어인 모국어를 갖고서 기억을 지우려는 이들에 대해 또렷이 증언하는 존재가 되는 일일 것이다.[18] 일찍이 다석(多夕) 유영모는 한글을 하늘이 우리민족에서 준 천문(天文)이라 했고, 그것을 성령의 존재성이라 여겼다. 그렇다면 옳게 증언하는 것이 다시 사람 되는 길일 것이며, 신학적으로 성령의 활동이라 말할 수 있겠다. 물론 아우슈비츠 이후와 세월호 이후 신학 간에 여러 정황에서 유사점만 있는 것이 아닌 까닭에 양자 간 차이점도 부각시켜야 마땅하다. 이 글에서는 '아우슈비츠 이후 신학'을 모색한 독일 신학의 틀을 사용하여 세월호 신학의 가능성을 탐색하는데 중점을 둘 생각이다. 차이점 역시 그 방향성이나마 언급할 것이다.

5. 아우슈비츠 '이후' 신학에서 세월호 '이후' 신학을 보다

주지하듯 유대인 대학살을 상징하는 아우슈비츠 사건 이후 독일 신학계는 크게 흔들렸다. 오랜 시간에 걸쳐 나치 정권은 자신들 독일 민족의 정치적 입지와 경제 활성화를 이유로 '아리안 조항'을 통해 유대 종족을 특별 관리했고, 당시 다수 독일(루터) 교회는 그런 나치 정권에 협력하며 유대인 차별을 묵인하였다. 이렇듯 독일 교회의 나치 예속을 지켜보며 유대인 약자들 편에서 나치에 정치적 저항을 하던 소수 신학자(고백교회)들이 있긴 했으나,[19] 다수 독일 교회는 유대인 6백만 명을 희생시킨 아우슈비츠 대학살의 공범이었다. 이 과정에서 아우슈비츠는 어떤 윤리도 작동할 수 없는 장소, 어느 신학도 무력해진 한마디로 '비인간화된 공간'이 되었다. 이는 아브라함과 야곱, 이삭의 하느님 나아가 어떤 형태하의 형이상학적 필연성으로서의 신의 죽음을 뜻했다.

이에 대한 탈출구로서 정치신학이 등장했다. 권력에 종속된 부르주아적 기독교의 치명적 한계를 인정하여 자신들 신학 전통을 급전회시킨 것이다. 즉 신학방법론과 역사/사회 방법론을 병치시켰고 교회, 사회 그리고 국가를 나눌 수 없는 다차원적인 하느님 영역으로 재인식한 것이다.[20] 이를 토대로 신학은 신(神) 죽음의 선포와 더불어 하느님을 죽게 만든 체제와의 싸움을 위해 대리자인 예수를 앞세웠고, 그를 정치적 인물로 재구성했다. 신(神) 죽음 신학의 포문을 연 신학자가 바로 본회퍼였으며, 이후 여성신학자 D. 죌레는 『대리자(Stellvertreter)』[21]를 통해 정치신학으로서의 아우슈비츠 이후 신학을 구체화시켰다. 바로 이와 비슷한 경험이 이미 1970년대 이 땅에서도 존재했고, 세월호 참사로 인해 다시 재현되고 있다. 정치신학의 일환으로 등장한 민중 신학이 그 구체적인 반증이 될 것이다. 다시 말해 아우슈비츠가 소진되지 않고 여전히 이 땅에서 거듭 반복되고 있는 탓에 생겨난 것이 민중 신학이란 말이다.

주지하듯 70년대 극악한 노동 현실에서 착취당하는 노동자의 현실을 알리기 위해 분신한 전태일의 죽음을 한국 신학계는 예수의 죽음이라 고백했으며, 그 사건을 계기로 민중예수론이 태동된 것이다. 심지어 텍스트와 상황을 역전시켜 현 상황 속의 노동자를 예수라 보고 성서 속 예수를 오늘의 예수를 이해하는 전거라 여기는 신학적 전회를 이뤄낸 결과이다.[22] 그런데 지금 전태일 죽음 꼭 40년 만에 세월호 대참사(학살)를 다시 겪으면서 이 땅의 신학자들은 단원고 희생자들을 다시금 죄 없는 예수의 죽음이라 칭했고,

세월호를 제국에 희생당한 십자가 사건으로 독해하고 있다. 성서 속 마리아의 찬가(讚歌)를 통해 예수의 현존과 그가 일굴 엄청난 미래를 자신의 삶으로 품으며 자신도 그렇게 살고자했던 마리아가 아들 예수의 고통스런 십자가 처형을 목도하는 장면을 떠올릴 때, 그 모습이 세월호 희생자의 어머니들과 정확히 중첩된다. 안산의 어머니들 역시도 자식을 낳고 힘겨운 중에도 나름의 찬가(讚歌)를 썼을 터인 바, 이 땅의 총체적 부실과 무능 심지어 학살이라 불릴 만큼 의문투성이의 사건으로 인해 턱밑까지 차오는 물을 피하려 애쓰다 죽어간 자식들을 실시간 지켜보아야 했으니, 두 어머니들의 고통과 절망과 삶이 너무도 크게 닮아 있다.

그렇기에 지금 이 땅의 신학과 신학자들은 다시 새로운 문제에 직면 · 봉착하고 있다. 아우슈비츠 이후 정치신학을 근거 지은 예수, 곧 이 땅의 민중들이 거듭 죽고 지속적으로 살해되는 현실에서 세월호 이후 신학의 새로운 근거가 필요해진 것이다. 사실(fact)을 덮고자 하는 이들로 인해 기억이 지워졌고, 교회들 스스로도 슬픔을 잊을 때가 되었다 했기에 참사는 거듭되었으며, 이 땅의 예수들인 민중은 더욱 무력해졌다. 이처럼 뭇 예수들의 죽음이 반복, 예견되는 현실에서, 더구나 이웃 종교인들, 이 땅의 선한 벗들이 오히려 유족들의 진정한 '곁'이 되는 현실에서 신학은 다시금 교리를 넘어설 필요가 있다. 전통적 교리는 물론 서구적 신학의 틀로 오늘의 현실을 재단할 수 없다는 것이다. 이 점에서 필자는 기독론보다 성령론이 세월호 이후 신학을 위한 해석학적 틀거지가 될 수 있다고 생각한다. 성서가 말하듯 탄식하는 이들을 위해 대신 탄식하며, 그들을 기억하며 위로하고 세상 악에 맞서도록 용기를 주는 성령을 통해 더욱 보편적으로 하느님과 예수를 말할 수 있다고 믿기 때문이다. 따라서 신학 자체도 자기 변증에 안주하기보다 근본에서부터 달라져야 마땅하다. 전통적인 삼위일체 틀거지로 기독교적 고유성을 거듭 변증하는 이론 신학에 만족할 수도, 머물 수도 없다는 말이다. 이미 세월호 유족들, 그 중 다수 기독교인들이 교회를 떠났고 십자가를 버린 까닭이다. 세월호 참사를 겪으며 세상은 최선을 타락시켜 최악을 만든 기독교의 민낯을 경험했고 그 실상을 조롱했다. 오히려 이웃종교인들, 아니 평범한 시민들이 세월호 유족들에게 더 많이 이웃이 되었고, 슬픈 이들을 끝까지 애도했던 것을 생각한다면 말이다. 더구나 나뭇가지 흔들거림을 통해 바람의 존재를 알 수 있듯이 성령이 수행적 진리를 요구하는 바, 성육신의 신비를 재현시킨 사마리아인들이 바로 이웃종교인이자 시민들이었음을 중히 인식해야 할 것이다. 바로 여기에 세월호 이후 신학이 결코 아우슈비츠 이후의 독일 정치신학과 같을 수는 없는 이유가 있다. 세월호 참사가 기독교 단일 문화권인 독일의 경우와 달리 다(多)문화, 다(多)종교적 토양에서 일어난 때문이다. 이렇듯 성육신의 신비가 다차원적으로 경험된 세월호 참사 현실은 향후 기독교 신학을 성령론적으로 더욱 보편적·수행적 차원에서 새롭게 구성토록 할 것이다.

6. 아우슈비츠 '이후' 기독론의 10개 명제와
세월호 '이후' 신학, 기독론에서 성령론에로

이런 문제의식을 토대로 이 글에서는 아우슈비츠를 경험했던 독일 그리스도교 내 새로운 신학 형성 작업을 살필 것이다. 즉 가톨릭과 개신교 내 핵심 신학자들이 모여 새로운 신학, 기독론을 만들고자 했던 소위 『아우슈비츠 '이후'(以後) 신학』(Christologie nach Auschwiz)[23]의 내용 중 일부를 발췌, 소개하고 이어서 세월호 이후 신학과의 연관성을 모색할 생각이다. 위의 책은 이들 신학자 중 특히 가톨릭 신학자 피터스(R. R. Peters)가 책 제목이 말하는 '이후' 주제에 관한 자신의 입장(명제)을 발표했고, 그에 대해 신/구교 학자들이 각각의 신학적 의견을 개진, 첨가하는 방식으로 '아우슈비츠 이후 신학'의 교집합을 모색하려 한 것이다. 물론 이 과정에서 신학의 모범답안 같은 것이 제시되지는 않았으나, 다뤄져야 할 기독론 주제들이 새롭게 적시된 것만큼은 분명하다. 이 글에서 필자는 위의 책 서두에 제시된 기독론 명제 10개를 요약 정리하고, 이를 세월호 참사의 실상과 견주어 개인적 의견을 참가하는 방식으로 양자 간의 유사성을 정리할 것이다.[24] 이런 과정을 통해 우리들 역시 세월호 참사(학살) '이후(以後)' 신학에 대한 기본적인 명제를 생각할 수 있고, 어찌 달라져야 할 것인지를 질문할 수 있으며, 나아가 양자 간의 변별된 모습 역시 찾을 수 있기를 바란다.

우선 첫 명제로 가톨릭 신학자 피터스는 기억(과거) 속에 묻힐 뻔했던 아우슈비츠 진실(facts)을 『밤(Die Nacht)』이란 소설을 통해 세상에 알린 E. 비젤의 말을 되살려 내었다. 유대인을 사지로 내몰았던 아리안 조약을 토대로 히틀러 정권과 그에 동조한 독일 그리스도 교회가 아우슈비츠에서 유대인 대학살, 곧 민족 말살정책을 시도했으나, 그 곳에서 정작 죽은 것은 기독교였다는 역설이다. 당시 히틀러 정권은 예수 십자가 처형의 원인을 유대인에게 돌렸고, 그로써 유대인 말살 정책에 동조할 것을 기독교인들에게 요구했으며, 그들이 부응했었기에 비젤의 말은 뼈아픈 지적이었다. 따라서 두 번째 명제는 아우슈비츠 이후 신학이 반(反)유대주의를 벗고 그에 용서를 구할 뿐 아니라 기독교 전통 속의 유대적 요소를 적극 인정하고, 오히려 그것이 우리들 기원이자 출처인 것을 숙지할 것을 요구했다. 이는 헬라적인 실체론적 신학과의 절연을 뜻한다. 셋째 명제는 지금껏 유대인을 배제시킨 서구 기독론에 대한 사망 선고였다. 기독론이 반(反)유대주의를 부추긴 정치신학적 원리였다는 것에 대한 인정이라 할 것이다. 주지하듯 헬라적인 실체성 개념을 빌려 형성된 기독론은 유대인들에게 어떤 사상적 여백을 허용치 않았던 것이다. 그리스도 예수가 모든 것을 완성·성취했기에 이스라엘 민족과의 앞선 신적 계약을 원인 무효화한 탓이다. 넷째 명제는 그렇기에 이후 기독론은 이스라엘 하느님을 거부할 수 없고 오히려 그를 더욱 명확히 증언할 과제를 지녔다. 이스라엘 하느님의 의중을 기독론 속에서 찾고자 한 것이다. 유대적 경험을 옳게 반영할 때 비로소 기독론의 본질이 드러날 것이라 확신했다. 따라서 다섯 번째 명제는 기독론과 유대적 하느님 경험 간의 연속성을 더욱 구체화시켰다. 이스라엘의 하느님은 본래 작은 자, 약자들과 함께하는 소위 '아래로의 연대'를 선호하는 분이란 것이다. 이런 하느님의 경향성을 철저화한 것이 바로 기독론이라 했다. 하지만 신의 형상을 금한 유대적 종교성 탓에 양자 간의 차이 역시 분명하다. 하느님이 바로 이렇듯 작고 가난한 인간이 되었다는 것이 성육신인 까닭이다. 그럼에도 여섯 번째 명제는 다시금 유대적 사유 형식의 중요성을 강조한다. 추상적 사유 틀로서가 아니라 신/인간의 교감을 강조하는 유대적 종교성을 재(再)의미화하기 위해서이다. 따라서 전통으로 수용된 '양성 기독론', 즉 우시아란 희랍적 개념 대신 '변증적 역설'이란 새로운 사유 틀을 전면에 내세웠다. 이를 통해 신/인 양자를 동일시하는 희랍적 사유는 물론 둘을 분리시키는 유대적 사유 역시 넘고자 했다. 이로써 그리스도를 하느님 아들로 보는 견해가 아우슈비츠 이후 기독론 속에서 중시되었다. 일곱 번째 명제는 이런 유대적 종교성의 중시에도 불구하고 인간 사유 역시 중단될 수 없음을 강조했다. 설령 아우슈비츠와 같은 대재난이 다시 반복된다 할지라도 믿음을 앞세워 사유가 억압될 수 없다는 것이다. 이는 결국 아우슈비츠 이후 기독론이 인습적 신앙으로 후퇴 내지 화석화될 수 없음을 적시한다. 여덟 번째 명제는 이 점을 좀 더 부각시켰다. 철학의 중요성을 재차 강조한 것이다. 하지만 여기서 말하는 사유, 곧 철학은 유대적 지평에서 샘솟은 '메시아적 지혜'라 할 것이다. 이를 대표하는 인물로서 베냐민, 아도르노, 레비나스, 데리다 같은 유대 사상가들이 거명된다. 이들은 주로 정의를 목적으로 하는 정치신학의 주창자들로서 좌파적 성향을 지녔다. 그렇기에 이들 신학은 정당성을 강요하는 일체 체계를 넘어 '오는 메시아' 혹은 '도래하는 정의'를 선포한 것이다. 정의를 위해 체제 밖 사유를, 달리 표현하면 신적 강제력을 요구했던 것이다.[25] 그럼에도 아홉 번째 명제는 앞의 명제를 상대화시킨다. 아우슈비츠 비극은 메시아적 사유의 절정인 기독론을 갖고서도 충분히 해명될 수 없을 정도로 비극적이란 것이다. 하느님 자신이 아우슈비츠에서 십자가에 달렸고 '사람 없는 공간'에서 비인간화된 탓이다.[26] 따라서 아우슈비츠 비극을 기독론으로 답하려 말고 오히려 이 사건이 지속적으로 언급될 여지 및 공간으로 기독론을 활용할 것을 요구했다. 역사적 고통이 완결되지 않았음을 기억하는 것이 바로 신학적 사유의 핵심이란 것이다.[27] 마지막 열 번째 명제는 아우슈비츠 이후 신학이 더 이상 이론신학이 아닌 실천신학이어야 할 것을 강조했다. 대재난 앞에서 지속적으로 실천적 부름 앞에 응답하는 것이 소위 '이후' 신학의 향방이란 것이다.

그렇다면 이상과 같은 아우슈비츠 이후 신학, 즉 기독론이 소위 세월호 이후 신학을 모색하는 우리에게 어떤 시사점을 줄 수 있겠는가? 필자는 앞서 세월호 이후 신학이 기독론을 넘어 성령론에로 정위될 것을 주장한 바 있다. 동아시아 종교들이 살아 있는 비기독교적 국가에서 일어났고, 일반 시민들의 헌신도가 남달랐으며, 세월호 희생자들 각자가 자신들 종교의식 (ritual)으로 장례를 마쳤던 까닭이며, 궁극적으로는 고통에 대한 위로뿐 아니라 지속적 기억을 성령의 역할이라 생각한 때문이다. 우선 유대인을 학살했던 아우슈비츠 사건으로 오히려 기독교가 죽었듯이 세월호 참사로 이 땅의 기독교가 너무도 하찮은 종교로 전락해 버렸다. 기독교가 죽었다는 비젤의 말은 유대인을 적대시했던 원리로서의 기독론 해체를 뜻하는 것으로, 어느덧 다수 종교가 되어 이웃종교를 배타하며 기득권에 안주한 이 땅의 기독교적 실상을 보여준다. 무엇보다 주류가 된 기독교가 세월호 유족들의 억울함을 풀어줄 것이라 기대했으나 정작 다수 교회들이 정부와 공조하여 기억을 지우는 일에 앞장선 것은 기독교의 민낯을 보여준 아픈 일이었다. 이렇듯 아우슈비츠 이후 신학의 첫 명제는 이제 가해자를 위한 신학에서 피해자의 신학에로, 강자에서 약자를 위한 신학적 전회를 명시했다. 기독교의 죽음을 통해 이 땅의 뭇 약자들 그리고 이웃종교들이 다시금 소생될 수 있었던 것이다. 따라서 두 번째 명제는 무관심의 세계화가 자본주의의 실상인 정황에서 가난한 자, 뭇 예외자들과의 공속(共屬) 관계가 세월호 이후 신학의 골자임이 확인되었다. 동시에 유대교가 기독교의 뿌리였듯이 기독교 이해의 전거로서 우리들 경우 유불선 종교문화를 숙지할 필요가 생겨났다.[28] 독일의 경우 참사의 당사자들이 유대인이었다면 우리의 경우 한국인이었고 그중 소수만이 기독교인이었기 때문이다. 이런 이유로 세월호 이후 신학은 이 땅의 예외자들은 물론 민족과 기독론의 관계를 성찰해야 할 것이다. 셋째 명제와 연관 속에서 세월호 이후 신학은 이 땅에 만연된 천민(賤民) 자본주의와의 투쟁은 물론 기독론의 배타성 주장을 철폐해야 옳다. 이 땅에 기독교가 존재할 이유가 있다면 오로지 과거 로마서가 말하듯 타락한 제국(자본)의 힘에 종속·희생된 세월호 희생자들을 죄 없는 억울한 이의 죽음이라 여기며 그런 죽음을 자초한 천민 자본주의와의 투쟁을 주도하는 일이다. 이를 위해 기독교는 유아독존적 절대성을 벗는 데 필요한 자신의 재구성을 위해 해체를 선결 과제로 삼아야 마땅하다. 넷째 명제 역시 동일한 관점을 반복, 제시했다. 유대적 경험을 옳게 반영하여 이스라엘의 하느님을 적실하게 드러내는 일이 아우슈비츠 이후 신학의 본질이었듯, 세월호 이후 신학 역시 이 땅의 민중성과 종교성위에 세울 것을 요구한 것이다. 이스라엘의 하느님은 약자의 신이며 그 존재는 우리 전통 속에서도 찾을 수 있다는 말이다. 고통 받은 이들, 가난한 약자들과 함께하는 것이 기독교의 정통성을 드러내는 일이며 이런 하느님 신비는 다양한 문화 속에서 밝혀질 수 있는 까닭이다.[29] 다섯째 명제는 그럼에도 유대교와 기독교의 차이를 명시했다. 전자가 신의 형상화를 금한 유대적 정서 탓에 성육신을 말하지 못한 반면 후자는 하느님이 낮고 천한 인간의 몸을 입고 강생했다고 믿었기 때문이다. 그러나 이런 차이는 이전처럼 기독교적 절대성을 목적으로 하지 않았고 오히려 더욱 온전하고 철저히 약자 편에 서려는 철저성의 차원에서 언급되었다. 이로써 세월호 이후 신학의 급진성이 보장될 수 있었다. 세월호 아이들의 죽음이 하느님의 죽음이자 예수의 죽음과 다를 수 없게 된 것이다. 이제 우리에겐 그들의 이름을 기억하며 고통에 동참하는 일만이 남아 있다. 하느님 부재의 시대에 그들의 탄식과 고통의 소리를 듣는 것이 이 시대의 성령 체험이 된 것이다. 성령 체험이란 공감하는 힘(Homo Empatipicus)[30]이란 말과 다르지 않을 터, 이것은 하늘이 심어준 인간 각자 속의 신적 씨앗(바탈)의 힘에서 비롯된다. 일회적 행위로서가 아니라 지속적으로 약자들을 기억하고 그들 탄식 소리에 마음을 합하는 일이야말로 세월호 이후 신학의 본질일 것이다. 주지하듯 여섯째 명제에서는 종래의 희랍적 사유를 벗기고 유대적 사유 틀로 그리스도를 재조명하였다. '우시아' 개념을 사용하여 언표된 양성 기독론의 모호함 대신 '변증적 역설'이란 말을 사용하여 '하느님 아들'이란 표현을 선호한 것이다. 변증적 역설에 바탕을 둔 아들 됨의 사유는 이 땅의 유교적 사유와 일정 부분 닮았다.[31] 유교문화권에서 자식은 부모의 미래이자 내세라 해도 과하지 않다. 자식의 죽음은 부모에겐 자신의 모든 것을 잃는 행위일 것이다. 세월호 참사로 인해 부모는 정말 아이들과 함께 죽었다. 살아도 산 것이 아닌 삶을 살아 내고 있을 뿐이다. 그럴수록 그들이 원한 것은 자신들 일상을 바쳐 자식들 죽은 이유를 밝히는 일뿐이었다. 물론 변증적 역설로서의 유대적 사유는 이런 유교의 사유 틀과 다를 수도 있겠다. 하지만 세월호 이후 신학이 추상을 넘어 신의 죽음을 여실히 말하려면 성령론적으로 확대되어야 마땅하다. 아버지 안에서 아들의 죽음을 말하는 삼위일체 방식으로 아버지의 생존을 증거하는 것은 세월호 참사 한가운데서 여전히 사변일 수밖에 없다. 신(神)은 하늘 씨앗으로 생리(生理)를 자각하여 유족들의 '곁'에 있는 사람들 얼굴을 통해 드러날 뿐이다.[32] 일곱째 명제는 어떤 고통일지라도 사유를 그칠 수 없는 인간의 실존을 강조했다. 어떤 상황에서도 인습화된 교리로 도피하지 말고 신앙과 사유를 대립적으로 생각하지 말라는 것이다. 주지하듯 세월호 유족들 중에는 감당키 어려운 고통 탓에 천국(내세) 신앙으로 도피하는 이들이 적지 않았다. 현실의 한(恨)을 내세가 치유할 것이라 설득당해 현실고통을 잠재우려 한 것이다. 이는 심정적으로 이해되나 약이 아닌 독이 될 처방이다. 따라서 세월호 이후 교회는 믿음의 장으로서만이 아니라 배움과 학습의 장으로 거듭날 일이다. 믿음을 앞세워 사유를 억압하지 말고 생각의 힘을 키워 불의한 현실과 마주할 수 있게 하는 것이 교회 공동체의 존재이유일 것이다.[33] 여덟 번째 명제는 아우슈비츠의 고통은 심지어 기독론의 재구성을 통해서도 온전히 이해·설명될 수 없음을 역설했다. 그럼에도 불구하고 메시아 지혜를 신봉하는 베냐민 같은 유대 사상가들의 도움이 적지 않았다. 기억의 한 형식으로서 역사는 고통을 결코 완결된 것으로 만들지 않기에 기억 속에서 역사는 신학이 될 수 있다 한 까닭이다. 이런 유대적 지혜가 세월호 이후 신학에도 여전히 소중할 수 있겠다. 하지만 동양종교들의 지혜 역시 고통과 기억의 문제에 대해 일리(一理)가 없지 않다. 인간 본질에 속하는 지정의(知情意)를 각기 과학, 종교, 철학(윤리)으로 나눠 발전시킨 서구와 달리 하나로 품었던 유교적 지혜 역시 할 수 있는 역할이 있다. 공감할 수 있는 힘[仁]이 사람들 각자의 바탕(본향)로서 내재되어 있다는 성령론적 사유는 대참사에 맞설 주체로서 다중(多衆)의 의미를 살려낼 수 있기 때문이다.[34] 민중 혹은 대중과 변별되는 다중, 곧 자신이 부분이자 전체임을 자각하는 '씨알 주체'들의 대듦과 맞섬의 힘에 터해 세상의 달라짐을 기대해도 좋다. 아홉 번째 명제는 다시금 논리(이론)의 한계, 즉 기독론을 정답이라 믿지 말고 그를 기억을 위한 방편으로 삼으라 했다. 이는 세월호 이후를 사는 우리들에게 시제로 대단히 중요하다. 기억하려는 자와 그것을 지우려는 자들 간의 진리 싸움이 이 땅에서 치열하게 벌어질 것이기 때문이다. 이 점에서 신학의 과제는 논리 체계를 만드는 데 있지 않고 역사 속에서 기억의 공간을 확보하는 일에 있다. 기독론조차 기억을 위한 공간으로 유의미할 뿐이다. '사람 없던 공간', 그곳의 증언을 청취할 수 있기 위해 진실 싸움의 승리를 위해 기독론의 성령론적 지평 확대가 필요한 것이다. 마지막 열 번째로 아우슈비츠 이후 신학은 실천성을 강조했다. 이제 신학이 존재한다면 고통의 현장에서 그리스도와 동시성을 살아내는 정행(正行)의 신학뿐이란 것이다. 기독교 초기 그토록 급진적 기독교가 왜 이렇듯 왜소해졌는가를 깊이 성찰하면서 말이다. 기독교의 민낯을 본 세월호 유족들은 기독교인들에게 말이 아닌 행동으로 기독교인 됨을 증명할 것을 수 차례 요구했다. 세월호 대참사와 더불어 종교개혁 500년을 앞둔 이 땅의 개신교는 사적(私的) 칭의(稱義)만이 아닌 정의(正義)를 실행하는 수행적 차원의 기독교(Performative Truth), 곧 지행합일의 가치관으로 거듭날 수 있어야 할 것이다. 우리는 이를 '참여적 속죄론' 혹은 '자속적 대속론'이라 달리 명할 수 있다.[35]

7. 짧은 마무리

이상에서 우리는 두 '이후(以後)' 신학 간의 유사점과 차이를 생각해 보았다. 같은 점은 이들 모두 국가에 의해 야기된 참사 내지 학살로서 반인륜적인 사건이었던 바, 신학 함에 있어 이전(以前)과 이후(以後)를 나눌 수 있을 만큼 큰 영향을 미쳤다는 점이다. 하지만 이 글에서 필자가 특히 주목했던 것은 세월호 참사를 바라보는 기독교의 시각이 옛 독일이나 이 땅 한국에서 별반 다르지 않았다는 아픈 사실이었고, 오히려 다종교 상황에서 일어난 사건으로서 이웃종교인들의 역할이 컸다는 점이다. 물론 과거 독일에서 기독교가 히틀러 망령에 취해 유대인 학살의 앞잡이 역할을 했기에 비교 자체가 불온한 일이겠으나, 결과적으로 교회의 침묵과 방조가 세월호의 악행을 완성시켰던 점에서 양자 간 비교가 결코 불가능하지 않았다. 더구나 기독교 유가족들의 자기 신앙에 대한 배신감이 극에 달한 정황에서 이곳, 이 땅의 기독교는 독일 교회 이상으로 죄책 고백이 필요할 것이다. 주지하듯 이 땅 세월호 참사의 희생자는 기독교인뿐 아니라 이웃종교인들 역시 다수였고, 죽음 이후 여러 종교에서 자신들 방식으로 이별(영결)식을 거행했기에, 그리고 또한 유족들을 돕는 일에 소수의 기독교인들과 다수의 시민, 이웃종교인들이 함께했기에, 세월호 '이후(以後)' 신학은 기독교만의 전유물이 될 수는 없었다. 다문화, 다종교 상황에서 특정 종교를 뛰어넘어 국가의 총체적 무능과 부실 하에 발생했고, 그리하여 다수 종교들과 국가(정부)가 대치된 사건이었기에 세월호 '이후' 신학은 의당 아우슈비츠의 그것과 같을 수만은 없었던 것이다. 이점에서 아우슈비츠 이후 신학이 신(神) 죽음과 동시에 기독론을 근간으로 정초되었다면, 필자는 세월호 '이후' 신학을 성령론에 터해 더욱 보편적으로, 즉 이웃종교인들과 선한 이웃들을 포괄하지 않을 수 없었다. 정의(稱義)론을 정의(正義)의 차원에서 확대해석했고 그 선상에서 화해론 역시 참여적 속죄론의 이름하에 재정의되었다. 동시에 그들 신학이 다시금 유대적 사유로 돌아갔듯 우리 역시도 아시아의 종교적 전통과 관계할 필요가 있었고, 유대적 지혜가 소중한 만큼 동양적 지혜 역시 세월호 이후 시대에 적합할 수 있다고 역설했다. 그럼에도 불구하고 두 이후 신학은 철저하게 수행적 진리관에서 일치했으며 신앙과 사유 한편만이 아닌 양자의 종합을 요구했다. 이 점에서 필자는 지정의(知情意)를 각기 철학, 종교 그리고 도덕(윤리)으로 세분하여 발전시킨 서구 학문보다 이 모두를 품고 종교와 철학을 아우른 아시아적인 전일적 사유 역시 세월호 이후 신학에 도움이 될 것이라 판단하였다. 그럼에도 메시아적 지혜 속에 내재된 '역설적 변증법'은 일관적 서사(敍事)를 지닌 아시아적 사유와 중첩될 수 없기에, 두 '이후 신학' 간의 철저성 문제는 여전히 논의의 대상이 될 것이다.[36]

세월호 이후의
신약성서 읽기*
– 통각(痛覺)의 읽기

김학철 _연세대학교 학부대학 교수

1. 기억과 윤리

1) "부탁이 있네. 나를, 지금 이 순간의 나를 영원히 잊지 말아주게"

1970년 11월 13일 만 22살의 한 청년이 근로기준법은 노동자들의 인권을 보호하지 못하는 무능한 법이라고 고발한다. 그는 뜻을 같이 하는 이들과 함께 근로기준법 화형식을 하기로 결의하고, 현수막 등을 준비하여 평화시장 앞에서 노동환경 개선을 요구하는 피켓 시위를 벌인다. 경찰은 그 불온한 시위를 제지한다. 근로기준법만큼이나 인권을 보호하지 못하는 '집회와 시위에 관한 법'의 연약함이 적나라하게 드러나는 그 현장에서 젊은이는

* 이 글은 새롭게 쓴 부분도 있지만 이전의 내 글, 「너무 쉽게, 그리고 너무 가볍게」, 『이제 여기 그 너머』(2014, 겨울), 78-84쪽과 〈가이드 포스트〉 2015년 4, 5월호의 원고를 수정하기도 하였다. 또 「마태복음의 폭력과 마태공동체-마태공동체의 폭력의 트라우마 헤쳐 나가기」, 『한국기독교신학논총』 62(2009)쪽, 79-103쪽을 고치고 덧대었다.

외치기 시작했다. "근로기준법을 준수하라! 우리는 기계가 아니다!" 그날 오후 1시 30분경, 그는 석유와 휘발유를 몸에 붓는다. 그리고 다시 외친다. "근로기준법을 준수하라!" "우리는 기계가 아니다! 일요일은 쉬게 하라!" "노동자를 혹사하지 말라!" 이때 누군가가 그의 몸에 불을 붙인다. 불길이 순식간에 청년의 전신에 타올랐다. 몇 마디 구호가 채 다 끝나기 전에 그는 쓰러졌다. 3분, 그 시간 동안 그의 몸은 불타올랐고 누구도 그의 몸에 손을 대지 못했다. 이때 누군가가 근로기준법 책을 불타는 청년의 몸에 던졌다. 근로기준법 책은 청년의 몸과 함께 탔고, 근로기준법의 화형식도 그렇게 이루어졌다. 남긴 유서의 일부는 이러하다.

사랑하는 친우(親友)여, 받아 읽어 주게.

친우여, 나를 아는 모든 나여.

나를 모르는 모든 나여.

부탁이 있네. 나를, 지금 이 순간의 나를 영원히 잊지 말아 주게.

그리고 바라네. 그대들 소중한 추억의 서재에 간직하여 주게.

뇌성 번개가 이 작은 육신을 태우고 꺾어 버린다고 해도,

하늘이 나에게만 꺼져 내려온다 해도,

그대 소중한 추억에 간직된 나는 조금도 두렵지 않을 걸세.

그리고 만약 또 두려움이 남는다면 나는 나를 영원히 버릴 걸세.

그대들이 아는, 그대 영역의 일부인 나,

그대들의 앉은 좌석에 보이지 않게 참석했네.

미안하네. 용서하게. 테이블 중간에 나의 좌석을 마련하여 주게.

이 젊은이의 죽음 앞에 신학은 무엇을 해야 하는가? 성서학은 무엇을 해야 하는가? 그로부터 5년 후 신학에 내려진 이 물음에 대해 신학자들이 답하기 시작했다. 연세대에서 각각 신학과 역사를 가르치던 김찬국과 김동길의 출소를 기념하여 3.1절 예배를 할 때, 성서학자 안병무는 성서에서 '민중'(오클로스), 곧 '아무것도 아닌 것들'을 새삼스럽게 발견했다. 구원자 예수가 바로 민중의 아들이며, 그 자신이 민중이다. 같은 해 서남동도 '민중의 신학'을 발표한다. 그는 갈릴리의 예수 이야기와 평화시장의 전태일 이야기, 이 두 이야기의 강이 합류한다고 주장했다. 히브리 민중의 아들 예수가 십자가형을 받으러 가는 거룩한 자발적 자기 죽임의 물줄기가, 2,000년의 시간적 간격과 팔레스타인과 대한민국 사이의 공간적 거리를 뛰어 넘어 평화시장의 재단사의 삶에서 폭발하듯 터져 나왔다고 그렇게 증언했다. 합류하여 폭발하듯 내리치는 강의 줄기는 맴돌이질하는 신학의 건곡(乾谷, wadi)에 신학이 무엇을 해야 하는지는 아프고 격하게 깨우쳤다. 이후 전개된 '민중 신학'은 수많은 이들이 겪어 온 고통에 대해 신학의 응답이었다.

2) "잊지 않겠습니다"

2014년 4월 16일 오전 8시 48분 경 전라남도 진도군 조도면 부근 해상에서 청해진해운 소속의 인천발 제주행 연안 여객선 세월호가 전복되어 침몰하기 시작했다. 2014년 4월 18일에 세월호는 완전히 침몰한다. 2014년 10월 28일 현재 이 사고로 탑승인원 476명 중 295명이 사망하고 9명이 실종되었다. 2014년 11월 11일 정부는 수색 및 인양 작업을 종료한다고 발표하였다. 총 209일이라는 긴 기간의 작업에도 불구하고 그 결과는 참담했다.

이것은 단순한 교통사고가 아닌가? 수많은 대형 사고가 일어나는 오늘날

이 사건 '이후의 신학'을 말하는 게 가당키나 한가? 이런 질문에 답하기는 어렵지 않다. 전태일 사건이 한 개인의 불만과 억울함을 호소하다 그저 제 분에 못 이겨 죽은 사건이라고 하지 않는, 아니 그렇게 부르지 못하는 것처럼 세월호 사건 역시 우발적인 사건으로 돌리지 못한다. 아니, 그렇게 할 수가 없다. 모순된 구조와 억압의 역사에서 전태일이 민중을 바라보라고, 그들의 고통을 돌아보라고, 나아가 인간이 무엇인지를 성찰하라고 강력히 촉구하듯, 그래서 '전태일'이 시대의 상징이 되었듯, 그렇게 세월호 사건은 이 어둡고 죄 많은 시대의 상징이 되었다.

타인의 생명에 앞선 '나'의 탐욕, 선장까지 비정규직으로 고용하는 효율과 경제성에 대한 맹신, 폐기 처분되어야 하는 배를 수입하여 불법으로 확장하여 사용하고자 하는 업계 '누이'와, 불필요한 규제를 혁파해야 한다는 혹은 눈이 슬쩍 감기는 때가 있는 관료 '매부'의 유착, 눈앞에 죽어가는 이들을 구조하지 못하는 너무나 끔찍한 정부 기관의 무능, 자기 소관이 아니라는 책임 회피, 그 와중에 배와 함께하면서 승객들을 구조해야 하는 선장과 선원 15명의 무책임한 탈출, 사회적 소수자인 '이단'과 그곳의 '지도자'에게 모든 책임을 돌리면서 벌이는 방송 매체의 온갖 가십성의 자극적인 '신상 털기'와 그 '지도자'의 죽음, 비난을 모면하기 위한 '눈물'과 위로, 그리고 더 비극적으로는 이 사건을 자기 진영의 이익을 위해 사용하려는 이들과 이 사건의 올바른 해결을 위한 노력을 모두 '상대 진영의 공격'으로 환원하고자 하는 시도, 양 진영의 갈등 때문에 뒤로 밀리게 된 진상 조사 및 해결, 그리고 진영 또 '보상' 논란을 키워서 문제의 본질을 비켜나가려는 시도들.

이 사건에서 우리가 목도하는 이 시대의 정치, 사회, 종교, 문화의 구조적 '죄와 악'과 그 안에서 발생하는 개인들의 탐욕, 무지, 무능, 비도덕, 위선, 공격성, 무책임 등은 우리가 사는 시대의 어두운 속성들이다. 그런데 이 사건을 더욱 '비극적'으로 만드는 것은 죽음의 배에 갇혀 생사를 오고가면서도 채 피어 보지도 못한 꽃들이 서로를 돌보고, 살피며, 자신의 사랑을 전하는 데에 있다. 지독한 어둠에 반짝이는 그 꽃들의 빛! 그래서 누군가 그랬는지도 모르게 "잊지 않겠습니다"라는 말이 돌기 시작했다. 그리고 바로 이 말은 전태일의 "지금 이 순간의 나를 영원히 잊지 말아주게"와 공명한다. 그렇다. 우리는 기억해야 할 것이 있고, 그것을 기억해 주어야 한다.

3) "사람들이 이 여자를 기억하게 될 것이다"

예수는 십자가형을 받을 때가 다가온 것을 알고 마지막 저녁을 제자들과 함께 한다(막 14:3-9). 그것은 자발적 희생으로 나아가는 길이었지만, 동시에 지배 권력자들의 음험한 음모가 진행된 결과이기도 하였다. 유대인 지도자들, 특별히 대제사장과 서기관들로 지목된(8:31; 10:33) 그들은 갈릴리에서는 물론, 예수가 예루살렘과 성전에서 벌인 언행을 그대로 놓아둘 수 없었다. 예수가 성전에서 환전상들을 내쫓고, 제기(祭器)를 들고 다니지 못하게 하며, 강도의 소굴이라고 비판한 것은(11:15-19) 대제사장들의 권위 근거 자체를 부정한 언행이었다. 당시 법률 전문가들인 서기관들 역시 예수의 지혜와 권위 앞에 자신들의 무력함이 드러나는 것을 더 이상 참을 수 없었다. 예수가 그의 주 활동지인 갈릴리가 아니라 자신들의 활동 터전이었던 예루살렘에 올라와 있기에, 그 때는 예수를 해하기에 좋은 때였다. 더군다나 그가 올라온 시기는 유월절과 무교절 축제 기간이었다. 두 절기 모두 이집트의 종살이에서 탈출한 히브리인들의 해방 기념 절기였다. 많은 유대인들이 그 절기에 예루살렘으로 왔다. 수많은 사람들, 그리고 억압하는 이민족으로부터 쟁취한 해방을 기념하는 절기의 흥분이 합쳐지면 언제라도 대규모 봉기가 일어날 수 있었다. 로마는 이를 경계했고, 유대인 지도자들은 예수를 죽이기 위해 로마의 경계심을 이용할 줄 알았다.

음모가 비밀리에 진행되는 동안 예수는 예루살렘에서 멀지 않은 곳 베다니에서 피부병으로 고생하던 환자 시몬의 집에서 사람들과 함께 밥상을 나눈다. 만찬이 무르익을 무렵 그 때 한 여인이 매우 값진 순수한 나드 향유한 옥합을 가지고 예수에게로 온다. 옥합은 긴 목에 손잡이가 없는 반투명의 병이었다. 그 병은 안에 들은 액체를 붓도록 만들어지지 않는다. 사람들은 그 병을 깨드리어 그 안에 있는 것이 나오도록 하였다. 나드는 식물의 뿌리로 만든 향기로운 기름으로 고가(高價)였다. 옥합과 나드 향유의 가치가 삼백 데나리온에 해당한다고 하니, 노동자의 일 년 연봉에 가깝다. 잔치의 절정에 주빈(主賓)에게 기쁨과 존경과 환영을 뜻하는 의미로 머리에 향유를 붓는 관습이 있었다. 그러나 몇 사람이 여인의 행위를 보고 화를 내었고, 이렇게 이 여인을 비난했다. "어찌하여 향유를 이렇게 허비하는가? 이 향유를 삼백 데나리온 이상에 팔아서, 그 돈을 가난한 사람들에게 줄 수 있었겠다!" (14:4-5) 제자들이 냈던 그 화는 예수를 향해 오던 어린아이들을 가로 막고 제자들이 내던 '화'였고(10:14), 제자들끼리 서로 권력 다툼을 할 때 서로에게 냈던 그 '화'(10:41)였다. 다시 말해 예수의 속마음을 모르고 자기들의 어긋난 기준에 부합하지 않을 때 내던 감정이었다. 제자들은 여인의 행동을 바라보면 자선을 강조하는 거룩한 시편을 떠올렸는지 모른다. "가난하고 힘없는 사람을 돌보는 사람은 복이 있다. 재난이 닥칠 때에 주님께서 그를 구해 주신다."(시편 41:1) 그러면서 여인이 가난한 자를 먹이던 예수를 오해하고 있다고 여겼을 지도 모르겠다. 그러나 예수는 일부 제자들의 '화'에 반대한다. 여인은 도리어 예수에게 '아름다운 일'을 했다는 것이다.

가난한 이들에게 복을 선언하고 하나님의 나라가 그들의 것이라고 외쳤던 예수가, 노동자 일 년 연봉을 가난한 자들에 대한 자선보다 저녁 식사 자리에서 자신에게 쏟아 붓는 행위가 아름답다고 주장하는 것은 그의 삶과 주장에 배치되는 듯이 보일 수 있다. 그러나 그러한 이해는 예수의 본뜻에 도달하지 못한 것이다. 예수는 가난한 자들에 대한 자선과 자신의 죽음에 대한 예비를 양자택일로 볼 필요가 없다고 말한다. 가난한 자들은 늘 함께 있다. 언제든지 하려고만 하면 그들을 도울 수 있다. 가난한 자들에 대한 도움은 능력의 문제가 아니라 의지의 문제다. 도리어 지금 시급하고 중요한 것은 예수에게 할 일이다. 예수는 지금 '상징'이 되어 간다. 로마 지배 체제의 폭력이 로마 총독 빌라도와 유대인 지도자들, 그리고 그들에게 선동된 군중들을 통해, 갈릴리에서 예루살렘까지 하나님의 마음과 민중의 염원을 담아 한 길을 걸어오던 예수에게 덮친다. 예수는 죽임을 당하고 말 것이다. 그러니 이 죽음 혹은 죽임 당함은 반드시 기억되어야 한다. 기억하고자 한다고 기억할 수 있는 게 아니다. 기억될 수 있어야 한다. 예수에게 나아온 이 여인은 할 수 있는 최대한의 '낭비'를 통해 예수의 죽음을 기억하려고 한다. 예수가 걸어간 길, 곧 복음이 이곳저곳 전파될 때마다 예수의 죽음/ 죽임 당함을 힘써 기억해야 한다. 할 수 있는 모든 '낭비'는, 이 죽음/ 죽임 당함을 기억하기 위한 노력이다. 예수는 예언한다. 아니, 부탁한다. 나의 복음의 길과 그로 말미암아 닥쳐온 죽음을 정성을 다해 준비한 이 여인이 한 일을 기억해 달라고. 예수의 죽음은 특별해 보이지 않는 갈릴리 촌놈의 한낱 허황된 꿈의 종말이 아니다. 그의 죽음은 하나님의 나라를 이루기 위한 죽음이다. 이 여인은 그러한 죽음을 향해 가는 예수에게 예(禮)를 다한다. 그러니 이 여인의 한 일은 복음과 함께 기억될 것이고, 기억되어야 한다.

그저 우발적인 해프닝이 아니라 역사와 구조가 만든 죄와 악이 빚어낸 참극이 있다. 이 참극은 어떤 때는 개인에게, 어떤 때는 집단에게 일어난다. 어떤 때는 주체적이고 자발적으로 그 죽음, 아니 죽임 당함의 길을 간다. 또 다른 때는 죄와 악이 응축되어 천진한 이들에게 들이 닥친다. 이 때 기억의 윤리(倫理)가 있다. 그 죽임 당한 어린양들은 기억되어야 한다. 그들의 죽임 당함은 '낭비'의 예(禮)를 다해 소중히 다루어져야 한다. 바로 그러한 예(禮)의 행동이 죽임 당한 이들과 함께 기억될 때, 그 죽음은 헛되지 않게 된다. 이 기억의 윤리를 상실하면 우리는 인간됨에서 지극히 멀어지고 만다. 진실은 '낭비'를 무릅쓰고 인양되어야 하고, 그렇게 기억되어야 한다.

2. 씻어낼 수 없는 손들

세월호에는 수학여행을 가던 단원고 학생들이 타고 있었고, 그들을 인솔하던 교감 선생은 극적으로 자기의 목숨을 건졌다. 그러나 그는 구조된 후 4월 18일 오후 4시 5분경 전남 진도군 진도 실내체육관 인근 야산 소나무에 목을 매 숨진 채로 발견되었다. 그는 유서에서 자신의 책임을 말한다. "내게 모든 책임을 지게 해 달라. 내가 수학여행을 추진했다." 단원고 학생들에게 일어난 참사의 모든 책임을 자신이 지게 해 달라는 그의 호소의 근거는 자신이 '수학여행을 추진'했기 때문이란다. 그가 수학여행을 추진한 것이 무슨 잘못이란 말인가. 그러나 그는 "200명의 생사를 알 수 없는 데 혼자 살기에 힘이 벅차다"면서 "내 몸뚱이를 불살라 침몰 지역에 뿌려 달라. 시신을 찾지 못하는 녀석들과 함께 저승에서도 선생을 할까?"라고 유언을 남겼다.

그렇게 그는 선생의 책임과 선생 된 사람의 윤리(倫理)를 비통하게 우리에게 깨우쳤다. 털끝만한 책임이라도 있으면 다 죽음으로 자신의 윤리를 보이라는 주문은 아니다. 그러나 참사에 마땅한 책임이 있는 기관과 사람들이 책임을 회피하고, '희생양'을 만들기에 나서는 것을 보고 우리는 다시 한 번 신약성서와 우리 자신에게 '책임'이 무엇인지 묻지 않을 수 없다.

예수의 죽음에도 책임자가 없을 리 없다. 빌라도는 높은 칭호를 가진 사람이 아니었다. 1961년에 발굴된 비문에서 그가 가진 공식 명칭은 '유대의 부대장'(praefectus Iudaeae)이었다. 그것은 통칭 500~1,000명의 예비군대를 이끄는 '부대장' 정도를 지칭할 때 쓰는 칭호였다. 로마가 그 정도 직위를 주어 유대인을 다스리게 한 것은 그 지역이 가진 상대적 미미함을 의미할 수도 있고, 빌라도를 후원하던 세자누스(Sejanus)가 가진 능력의 한계였을 수 있다. 직위명이 어떻게 되었건 간에 그가 유대 땅에서 행사했던 영향력은 막강했다. 그러나 그의 힘은 왕의 권세에 해당했으나, 그의 품행은 야만인에 가까웠다. 탐욕과 옹고집, 잔인함으로 유명했고, 그러한 인성(人性)을 갖고 한 일은 유대인들을 상대로 한 도둑질과 억압이었다.

자신보다 높은 지위와 강한 힘을 가진 이들이 자기를 내려다보는 그 시선으로 빌라도는 유대인들을 깔보았다. 유대인들의 종교적 관습과 열정 따위는 미개한 이들의 어리석은 신앙처럼 보였다. 그는 예루살렘에 입성할 때 로마 황제의 형상이 새겨진 깃발을 앞세웠다. 유일신 신앙에 형상 금지의 십계명을 지키고 있던 유대인들은 이에 저항하였다. 그러나 자신들의 종교를 존중해 달라는 유대인들의 간청에 대한 빌라도의 반응은 단호한 처단이었다. 유대인 역사가 요세푸스(Josephus)에 따르면 군중들을 해산하려고 로마 군사들이 칼을 빼들자 유대인들은 목을 내밀며 차라리 죽을지언정 황제의 깃발을 치워달라고 엎드렸다고 한다. 결국 황제의 깃발이 치워졌지만 빌라도는 이후에도 이러저러한 기회 때마다 유대인들의 신앙을 경멸과 조롱의 대상으로 여겼다. 한 번은 예루살렘 수로(水路)를 건설하기 위해 예루살렘의 금고를 털었다. 당연히 유대인들의 불같은 시위가 이어졌고, 빌라도를 에워싸고 소리를 질러댔다. 빌라도는 군중 속에 로마 군사들을 잠복시켜 놓았다가 항의하는 유대인들을 때리고 죽이도록 하였다. 요컨대, 유대인들의 정당한 요청에 대한 그의 대답은 주로 폭력이었다.

예수 그리스도가 빌라도에게 재판을 받으러 간 시각은 금요일 이른 오전이었다. 로마 관리들은 새벽에 업무를 시작하여 점심 정도에 하루 일과를 마치는 게 보통이었다. 빌라도 앞에 선 한 갈릴리 청년, 이름도 들어보지 못한 나사렛 출신의 흔하디 흔한 '요수아'라는 이름을 가진 청년은 스스로를 왕으로 불렀다는 혐의로 고발되었다. 유대인 지도자들은 예수가 자칭 왕이라고 해서 로마의 지배를 정면으로 부정했으며, 갈릴리와 유대에서 이미 소동을 일으킨 적이 있다고 죄목을 열거했다. 그들은 얼마 전 예수 그리스도가 성전에서 벌인 행동을 구체적으로 지목했을지 모른다. 때는 유월절, 곧 히브리인들이 이집트에서 탈출한 사건을 기념하는 유대인들의 해방절이었고, 로마의 지배를 받고 있던 유대인들이 예수의 선동에 따라 현 지배 체제를 향해 폭동을 충분히 일으킬 수 있다고 유대인 지도자들은 빌라도에게 말을 덧붙였을 것이다. 고발 내용은 로마인 총독이라면 민감하게 반응할 수밖에 없는 사안이었다. 그러나 빌라도는 유대인 지도자들의 고발 내용에 진실만이 있다고 생각하지 않았던 듯하다. 그렇게 위험한 인물이라면 진즉 자신이 알았을 것이 분명하다. 빌라도는 주후 36년 한 사마리아 출신의 거짓 예언자의 미심쩍은 행동을 보고받고는 곧바로 그를 제거한 적이 있을 만큼 폭동이나 반(反)로마 행동에는 재빠르게 반응하였다. 그런 그가 몰랐던 인물 정도라면 그가 보기에 예수라는 인물의 혐의는 미미한 것이다.

사정이 이러함에도, 평소 빌라도가 보인 잔악함을 미루어보면 나사렛 촌구석 출신의 시골뜨기 젊은이 재판에 그가 신중히 임했을 리 없다. 아마 평소 같으면 그런 정도의 인물은 만나지도 않은 채 유대인 지도자들이 원하는 대로 하라고 했을지 모른다. 그런데 마태복음은 예수에 대한 고발이 유대인 지도자들의 시기임을 알았던 빌라도에게 일어난 특별한 일을 우리에게 전해준다. 그의 아내는 꿈을 통해 빌라도 앞에 있는 사람이 누구인지 알았다. 따라서 빌라도의 아내는, 예수가 의인이며, 그에 대해 잘못된 판결을 한다면 빌라도가 신의 뜻을 정면으로 거스르는 일이 될 것이라고 간절하게 알려준다. 그래서 빌라도는 나름 애를 쓴다. 유대 혁명 운동을 하던 바라바라는 소문난 죄수 대신에 예수를 놓아주기를 원한 듯이 마태복음은 보도한다. 그러나 유대인 지도자들과 그에 선동된 사람들은 바라바가 아니라 예수가 십자가, 곧 로마에 반역한 사람들에게 주는 형벌에 처해져야 한다고 주장하였다.

빌라도는 유대인들의 강력한 요구에 다시 한 번 직면했다. 또 민란이 일어날 징조도 위협적으로 느꼈다. 역사가들이 보도하는 빌라도라면 자신의 뜻을 관철하기 위해 또 다른 폭력을 썼을 것이다. 그러나 그는 쉬운 편을 택한다. 무죄한 사람 하나를 죽이는 편이 무수한 사람들을 죽이는 것보다 간편했다. 예수라는 나사렛 촌놈의 목숨이 무에 그리 중요하단 말인가. 자신의 부인이 전해준 꿈 이야기만이 다소 찜찜할 뿐인데, 어차피 살인의 의도와 진행은 저 유대인들의 주장 아래 시행되는 것 아닌가. 빌라도는 무리 앞에서 손을 씻는다. "나는 이 사람의 피에 대하여 책임이 없으니, 여러분이 알아서 하시오." 이로써 그는 자신의 양심을 만족시켰고, 혹시 자신에게 쏟아질지 모르는 신의 분노도 그들의 몫으로 돌렸다.

그 후로 2,000년이 흐른 오늘날 매주일 수십억의 기독교인들은 사도신경을 통해 본디오 빌라도가 예수에게 고난을 주었고, 그가 예수를 십자가에 못 박아 죽였다고 외우며, 그를 고발한다. 손을 씻은 그를, 유대인들의 성화와 위협에 못이긴 그를, 그래도 예수를 살려주고 싶어했던 그를. 빌라도는 무리들 앞에서 손을 씻었지만, 그리고 유대인들의 입으로 직접 "그 사람의 피를 우리와 우리 자손에게 돌리시오"라고 하는 말을 들었지만, 후대는 예수의 고난과 죽음의 최종 책임이 그에게 있다고 적시(摘示)한다. 왜 그러한가? 그에게 사형 판결권이 있기 때문이다. 권한이 있는 사람에게 책임 또한 있다. 빌라도는 그 당시 그 무리 앞에서는 손을 씻고 자신의 무죄함을 주장할 수 있었지만, 하나님과 역사 앞에서 그는 결코 씻어 내지 못한 피 묻은 손을 가진 사람이다.

세월호 참사에서 우리는 씻어 낼 수 없는 손들을 똑똑히 목도한다. 그 손들은 각기 "나는 이 사람의 피에 대하여 책임이 없으니, 여러분이 알아서 하시오"라고 외치는 듯하다. 그들은 이제 좀 더 중요한 일, 가령 '가난한 자를 돌보는' 경제 살리기에 나서야 하는지 모른다. 세월호 참사로 경제 회생의 발목이 잡혀서는 안 된다고 강하게 믿으면서, 또 '죽음'에 대한 예를 다하려 삼백 데나리온이나 하는 옥합을 깨뜨리는 어리석은 행동에 버럭버럭 '화'를 내면서, 그 손들은 씻길 수 없는 죄를 씻어 내려 할 것이다. 또 그 손들은 기억하자는 목소리를 불온하고 어리석은 것으로 만들지 모른다.

3. 거절된 위로, 위로 받은 자의 몫

기독교는 인간의 죄와 하나님의 용서에 관해 유독 다른 종교보다 많이 말한다. 따라서 적지 않은 기독교인들은 자신들의 죄와 그에 대한 하나님의 용서를 신앙의 기본 틀로 삼는 경우가 많다. 그래서 용서는 자연스레 기독교인들이 행해야 할 윤리적 책무가 된다. 예수도 용서의 중요성에 관해 말한다. 그러나 통속적 기독교에서 '용서'만큼이나 쉽게, 그리고 가볍게 이루어지는 것도 없다. '위로'도 마찬가지다. 고통의 상황에서 우리는 하나님의 이름으로 '위로'를 건넨다. 하나님의 이름으로 건네진 위로를 전해 받고도, 위로를 받지 않으려 하면 불신앙으로 호도된다. 그러나 위로를 받는 게 그렇게 쉬운 일은 아니다. 세월호 사건의 유족들은 전 국민의 '위로'를 받았다. 진심을 다한 위로를 전한 많은 사람들의 위로의 진정성을 유족들이 모르지 않을 것이다. 그러나 '이제 위로를 받았으면'이라는 말을 꺼내기 시작하는 순간 문제가 발생한다. 위로는 무슨 선물처럼 정성껏 주면 그것을 받은 이들이 포장을 풀고, 그것이 바로 효과를 발휘하는 것은 아니다. 위로를 그렇게 '위로 선물'로 생각하는 순간, 선물을 받은 것처럼 행동하지 않는 유족들은 볼썽사나운 사람들이 되고 만다. 진정한 위로를 건네면서도 결국 위로의 최종 몫은 위로 받을 자에게 남겨두어야 한다.

신약성서에서 '위로'라는 단어가 나오는 곳은 예수의 탄생 이야기에서다 (마 2:18). 연인들을 위한 날이 되어 버린 크리스마스의 달콤한 분위기에 묻혀 버린 이야기를 하나 꺼내려 한다. 크리스마스가 돌아올 때마다 잊힌 이들의 이야기다. 통곡의 이야기다. 이야기의 시작은 헤롯 대왕으로부터다. 헤롯은 로마로부터 '유대인의 왕'이라는 칭호를 받아 효과적으로 팔레스타인의 반란을 잠재우고 긴 세월 통치를 했다. 그러나 그는 유대 땅 서남부의 이두매 출신으로 혈통을 중요하게 여기는 유대인들이 보기에는 '반쪽짜리 유대인'이었다. 이것은 그에게 평생 콤플렉스가 되었다. 그는 완전한 유대인으로 보이기 위해 예루살렘 성전을 대규모로 건축하는 등 유대인들의 환심을 사려 하는 동시에, 무자비한 폭력 진압을 병행했다. 달콤한 당근과 무시무시한 채찍이 동반될 때 통치의 효과가 커진다는 것을 헤롯은 잘 알고 있었다. 그는 권력과 관련해서는 아무도 믿지 않았는데, 심지어 그의 아들들이라도 반역을 꾸민다는 판단이 들면 서슴없이 공식적으로, 또 비공식적으로 죽여 버렸다. 그런 그에게 동방으로부터 동방박사들이 와서 '유대인의 왕으로 태어난 사람이 어디에 있느냐?'고 물었으니 헤롯 대왕이 이 말을 듣고 크게 '당황'한 것은 물론이고, 그와 함께 예루살렘 사람들도 '당황'하게 되었다 (마 2:3). 유대인의 왕 헤롯이 버젓이 살아 있는데, 다른 유대인의 왕이 태어나 현재 헤롯 대왕의 통치 지역에 있으니 헤롯 대왕이 무엇을 할지는 불을 보듯 뻔하다.

동방박사들은 자신의 지식과 유대인 대제사장들, 율법 교사, 그리고 별의 인도를 받아 드디어 탄생한 예수를 만난다. 그러나 헤롯 왕의 기대와는 달리 그들은 왕에게 돌아가지 않는다. 그들의 꿈에 헤롯에게 돌아가지 말라는 지시를 받았기 때문이다. 그들은 올 때와는 다른 길을 택하여 자기 나라로 돌아갔다. 꿈은 또다시 태어난 아기 예수를 보호한다. 주님의 천사가 꿈에 요셉에게 나타나서 이집트로 피신하라고 알려준다. 요셉은 지체 없이 일어나 아기와 아내를 데리고 이집트로 피신하여 헤롯이 죽을 때까지 거기서 살았다. 그러나 문제는 그렇게 해서 끝난 게 아니었다.

'유대인의 왕'을 찾아 경배하고, 이후 돌아와 자기에게 그가 누구인지, 어디에 있는지를 알려달라고 당부한 동방박사들에게 소식이 없자 헤롯은 더 이상 기다리는 것이 의미가 없다고 판단했다. 헤롯은 사람을 보내어 베들레헴과 그 가까운 온 지역에 사는 두 살짜리로부터 그 아래의 사내아이를 모조리 죽여 버렸다. 대학살인데, 누가 봐도 무고한 아이들이 당한 대학살이다. 우리는 복잡한 생각을 하게 된다. 구세주의 탄생이 가져온 어린 아기 학살이라니. 구원자가 죽음을, 그것도 무고한 아기들의 대량 학살을 가져오다니 이것이 구원의 역사란 말인가.

이 학살은 구약에 기록된 이야기를 독자들에게 떠오르게 한다. 야곱 가족이 기근으로 이집트로 내려가서 살다가 노예가 되고, 마침내 당시 파라오가 반란의 시도를 잠재우고자 히브리인들의 아기를 대량 학살했던 그 이야기. 그런데 베들레헴 아기들의 살해를 기록한 마태는 이집트 대량 학살이 아니라 예레미야 31장 15절을 인용한다. 그것은 전쟁에 패하여 고향에서 강제로 외국으로 끌려가던 유대인들을 향한 탄식이다. "울부짖으며, 크게 슬피 우는 소리다. 라헬이 자식들을 잃고 우는데, 자식들이 없어졌으므로, 위로를 받으려 하지 않았다(마 2:18)". 대량 학살이 일어나던 베들레헴은 성서에서 라헬의 무덤이 있던 곳으로 알려져 있다(창 35:27; 삼상 17:12; 룻 1:2; 미5:2 등. 현재 베들레헴에는 '라헬의 무덤'이 있어서 그곳을 방문하는 이들이 적지 않다.). 마태는 베들레헴 대학살 때 그곳의 어머니들이 우는 울음과, 나라가 망해 자식들이 사라지는 것을 두고 통곡하는 라헬의 울음을 엮어 한(恨)의 역사를 만든다. 그런데 주목할 점이 있다. 그것은 바로 라헬이 위로를 거절했다는 것이다.

자식을 잃고 고통 받는 어머니들에게 실상할 수 있는 위로란 없다. 다른 자식을 낳는다 해도 그것이 잃은 자식에 대한 위로가 될 수 없다. 그런 의미에서 욥이 자식을 잃고 두 배의 달하는 자식을 얻었다 한들 욥의 가슴 속에 새겨진 고통이 가실 리 없다. 자식을 잃은 부모의 심정을 달랠 길이 없어 함부로 위로를 건네려는 사람도 없다. 그런데 바로 어떤 위로도 소용없는 현장이 구원자 예수의 탄생 이야기에 속해 있다.

구원자의 탄생, 그리고 이어지는 구원 역사가 결코 낭만적이지 않으리라는 것은 우리가 직감할 수 있으나, 그것이 얼마나 큰 눈물과 질곡의 과정인지는 쉽게 체감할 수 없을 수 있다. 베들레헴 아기의 대학살은 우리에게 도달한 구원 사건이 어떤 슬픔과 통곡을 배경으로 하는지를 알려준다. 그 때 살해당한 아기들을 위해, 그 아기들을 잃은 어버이들을 향해 조심스레 구원의 역사에서 그들이 담당한 몫이 무엇인지를 물어볼 수밖에 없다.

자식들을 잃고 우는데, 쉽사리 위로를 받으려 하지 않는 것이 인지상정이다. "위로를 받으라"고 명령하지 말아야 한다. 우리의 위로가 '위로 선물'처럼 효력을 발휘하리라고도 생각해서는 안 된다. 위로는 학살당한 이들이 구원 역사에서 비극적으로 제몫을 다한 데에서 찾아지듯, 세월호 참사에서 죽임 당한 사람들이 우리의 역사에서 비극적이지만 그들의 몫이 정당히 매겨질 때 있는 것이다. 그것이 역사에서 기억될 때 위로는 가능해질지 모른다.

4. 통각(痛覺)의 신약성서 읽기

외상적 사건을 겪은 개인이나 공동체는 그 충격을 반복적으로 떠올리게 되고, 의도적 노력 없이도 과거의 고통스런 사건으로 되돌아가게 된다. 이는 정신분석학에서 '트라우마 후 스트레스 장애'(post-trauma stress disorder)로 명명된다. 이 장애의 가장 중요한 특징은 '반복'이다. 이 반복은 지극히 고통스러운 것이지만 동시에 생존과 치유의 실마리가 되기도 한다. 프로이트는 '공포'와 '불안'을 구분하는데, 공포는 트라우마가 발생하는 사건으로 한 주체나 공동체는 그 사건의 충격이나 자극을 충분히 받아들이지 못하고, 그 사건의 여파를 다 소화시키지 못한 채 남겨 두게 된다. 이 소화되지 않은 잉여물이 바로 트라우마의 주요 원인이 되는데, '불안'은 그로 말미암아 형성되는 것으로, 이는 그 고통스런 사건을 반복함으로써 미처 소화하지 못한 자극을 사후에 제어하고 통제하려는 시도이다. 따라서 '불안'이나 '반복'은 트라우마의 잉여물의 결과이자 생존과 치유의 시발점이라는 양가성을 띤다.

한편, 트라우마의 치료에 관련하여 정신분석학은 다채로운 관계망과 경험 속에서 자아를 새롭게 보려고 노력하는 시도, 구체적으로 말하면 현재와 과거의 관계에 대해 좀 더 폭넓은 이해를 가지고 심리치료 과정에서 발견되는 통찰을 활용하려는 내담자의 반복적인 시도를 '헤쳐 나가기'(working through)로 이름붙이고 이에 주목한다. 정신분석학의 개념을 역사학에 원용하려는 현대 역사가들도 이 개념을 중요하게 다룬다. 특히 '헤쳐 나가기'는 '행동화'(acting out)와 대비되는데, 행동화가 '트라우마를 경험한 개인이 그 어두운 기억의 무게에 질식되어 과거의 희생자 상태를 벗어나지 못한 미성숙한 단계'를 가리키는 반면, '헤쳐 나가기'는 트라우마와 정면으로 대면하고, 좀 더 적극적으로 트라우마로부터 건강한 탈출을 시도하는 것이다. 곧 '헤쳐 나가기'는 자신의 치유를 방해하거나 치료에 저항하고 또 억압의 형태로 남아 있으려는 갖가지 기제들을 성찰하여 해체시키고, 치료 과정에서 얻은 통찰들을 지속적으로 활용하려는 의식적이고 지속적인 노력이다.

복음서는 사실 유대-로마 전쟁 기간 또는 이후 얼마 지나지 않아 기록된 '전쟁 문학'으로, 예수의 일생을 폭력 당함으로 시작하여 폭력 당하여 죽는 줄거리를 가지면서도, 동시에 그것을 이겨나가는 승리를 말한다. 전쟁 이후

복음서를 기록한 저자들과 그들이 속한 공동체는 신앙을 형성해 가면서 전쟁의 폭력을 신앙의 세계에서 이겨 나가야 했다. 따라서 복음서는 신앙공동체의 트라우마가 재현되는 '반복'의 공간이자 동시에 그것을 치유하기 위한 '헤쳐 나가기'의 이야기 공간이라 할 수 있다. 복음서 저자는 예수 이야기를 기록하면서, 곧 그에게 전수된 전승이라는 공동체의 기억을 기록하고 편집하면서 트라우마에 대항한 헤쳐 나가기는 자연스럽게 시도되었다고 말할 수 있다. 폭력을 당하고, 보복적 폭력의 유혹에 놓여 있던 신앙공동체의 '헤쳐 나가기'의 고투는 비폭력과 용서, 그리고 고난의 감내 등을 다룬 예수의 말씀 전승을 붙들고, 그것을 곱씹으면서 이루어진다. 가령, 마태의 예수는 '너희 원수'를 사랑하고 '너희를 박해'하는 사람을 위해 기도하라고 가르치면서 제자들에게 "하늘에 계신 '너희 아버지'의 완전하심"에 주목하라고 한다(5:43-44). 하나님은 악한 사람에게나 선한 사람에게나, 의로운 사람에게나 불의한 사람에게나 모두 똑같이 생존에 필요한 해와 비를 허락한다. 예수는 바로 그러한 분이 "하늘에게 계신 '너희' 아버지"라고 말한다. 이는 마태공동체 구성원들이 폭력의 희생자가 아니라 신적 가족으로 자신의 정체성을 새롭게 하라는 요청이다. 역사나 과거의 희생자로 스스로를 간주하여 생의 활기를 소진하거나, 생성하고 소멸하는 온갖 땅의 가변적 현실에 휩쓸리지 말고, 영원하고 완전한 궁극적 실재에 가족으로 참여하라는 가르침이다. 주류 사회로부터의 소외나 배척의 경험 안에 갇히기보다는 하늘가족이라는 천상의 정체성을 갖고서 새롭게 삶을 조형해 나가려는 마태공동체의 분투의 계기가 여기서 마련된다.

　마태공동체가 이 땅에 중재하고자 했던 '하늘나라'는 트라우마를 헤쳐 나가기 위해 마태공동체가 기존 질서와는 달리 새롭게 내세운 상징 세계이다.

'하늘나라'는 마태공동체가 새로운 정체성과 함께 참다운 보상과 명예를 발견하고자 하는 상징적 공간이었다. '하늘나라'는 마태공동체의 박해받음을 '의(義)'를 위한 박해로 여기게 해주었고, 예수 때문에 당하는 모욕과 비방을 도리어 기뻐하게 하고, 고통을 보상해 줄 복의 공간으로 이해되었다. 나아가 하나님의 구원사의 맥락에서 하늘나라는 마태공동체 구성원들을 예전 박해받은 예언자들과 의인에게 연결한다(5:10-12). 이로써 마태공동체는 역사와 불의의 희생자가 아니라 신적 가족의 일원으로서 '하늘나라'라는 상징 세계를 선포하고, 행동하는 변혁적 증언자이자 행동가로서 거듭나기를 소망했다. 트라우마를 입은 마태공동체가 예수의 비폭력과 원수 사랑에 관한 전승을 저버리지 않고 끝까지 고수하며, 하늘나라라는 새로운 상징 세계 속에서 삶의 역동성과 변혁성을 잃지 않으려 한 것은 놀라운 일이라고 평가할 수 있다.

세월호 이후에 고통과 아픔은 우리에게 여러 경로를 통해 절절히 전해졌다. 세월호라는 죽음의 공간에서 고통당하던 사람들, 서로를 보살피고 격려하며 삶의 희망을 놓치지 않으려 했던 사람들, 그중에서도 사랑의 말을 전하던 아직 살 날이 많았던 우리의 '어린 것들'이 남긴 여러 이야기들은 우리의 눈에 눈물 렌즈를 끼워 넣었다. 이후 우리는 그 눈물 렌즈를 끼고 신약성서를 읽는다. 우리는 그 눈물 렌즈를 통해 '기억해 달라'는 요청을 신약성서와 함께 읽고, 책임이 무엇인지를 신약 본문을 통해 찾으며, 고통에 처한 많은 이들에게 전할 위로를 예수 이야기에서 발견한다. 우리는 우리의 아픔을 신약성서에 전달하고, 신약의 본문은 우리에게 2,000여년 전 아픔의 사연을 들려준다. 그것은 통각(痛覺)의 읽기다. 세월호 사건 이후 신약성서를 그렇게 읽는다.

2부

냉소적 근대와 따뜻한 교회를 향한 열망

세월호 참사, 국가, 그리고 책임과 돌봄의 윤리 ——————————— 곽호철

저자는 세월호 침몰 사건을 민변의 기록을 바탕으로 학살 vs. 교통사고식 이분법으로 진단하는 관점들을 지양하고, 그 사건에 기여한 복잡한 원인들을 다중적으로 살펴보고자 한다. 이 사건을 통해 분명하게 드러나는 것은 복잡한 요인들이 함께 공모해 빚어냈을 참사를 어느 특정 시각이나 요인으로 환원하여 문제의 근본 원인을 도출해 내는 사고방식 자체가 세월호 침몰 사건에 이르게 하는 근원적인 요인일 가능성이 크다는 사실이다. 이런 참사의 반복을 가져오지 않기 위해서, 저자는 이제 신념 윤리에서 책임 윤리로의 사유전환이 요청된다고 주장한다. 이 책임의 윤리를 가장 실제적으로 구현해야 할 기관이 국가이지만, 이 사건 이후 국가기관은 책임을 지기보다 오히려 자신의 신념에 기반하여 자기편과 적을 구분하고 악마화시키는 일에 더 열중하고 있다. 책임의 윤리는 판단을 강요하는 정의의 윤리보다는 돌봄의 윤리로 나아가야 한다.

세월호 참사 이후 민낯을 드러낸 한국 개신교의 두 갈래 ——————————— 김경호

저자는 세월호 침몰 이후 개신교 각계에서 벌어졌던 다양한 활동들을 치밀하게 보고하고 있다. 개신교의 다양한 활동들을 보고하는 것은 개신교만이 참다운 활동을 했다거나 정의로웠다는 식의 선전을 도모하기 위함이 전혀 아니다. 오히려 고통의 현장 한 복판에서 하나님이 여전히 개신교인들을 통해 활동하고 계심을 확증하기 위함이다. 저자는 개신교가 정치적으로 획일적인 입장 속에서 움직인 것이 아니라, 민주이념과 보수이념의 양 극단을 모두 다 포함하며 움직이는 복잡한 지체임을 증언한다. 이 다양한 개신교 내 움직임들을 포착하면서, 저자는 묻는다, 하나님은 어디에서 무엇을 하고 계시는지를?

세월호 참사, 국가,
그리고 책임과 돌봄의 윤리

곽호철 _계명대학교 교양교육대학 교수

　세월호 참사가 일어난 지 199일 만인 2014년 10월 31일에 세월호 특별법
이 최종 합의되기까지 어려움이 많았다. 우여곡절 끝에 합의를 이루게 되
었지만 새누리당이 세월호 특별 조사위원회 구성을 두고 세금도둑이라고
흠집을 내고, 파견 공무원 문제로 갈등을 일으키는 것을 보며 정치와 권력
에 대해 심각한 질문을 던지게 된다. 종종 연로하신 목사님들로부터 '정치
에 관심을 끄라'는 단호한 말을 듣게 된다. 반면 종교계 지도자들은 대통령
이 종교지도자들을 초청하여 오찬을 가질 때, 만사를 제치고 달려가기도 한
다. 문화체육관광부 장관을 역임한 한 연예인이 정치에 관한 발언을 자주하
는 후배 연예인들에게 "정치 얘기 하려면 연예인 그만둬라!"라고 했다. 정치
가 무엇이기에 말조차 하지 말라고 여기저기서 충고를 하고, 다른 한편에서
는 권력의 부름에 기꺼이 나서는가?
　세월호 참사와 후속 사건들을 겪으면서 더 답답함을 느끼게 되는 것이 정
치 문제이다. 국가는 정의를 바탕으로 체제를 유지해야 하고, 시민들은 정
의의 틀에서 대우를 받아야 한다. 하지만 세월호 참사에 관한 가슴 아픈 이

야기를 들어 보면 정의는 찾아보기 어렵다. 오히려 그 이야기를 들을 때마다 심장은 더 가쁘게 뛰고 긴 호흡을 내뱉지 않으면 견디기가 어렵다. 고등학생 자녀를 둔 한 신학자는 세월호에 관련된 기사, 아이들의 이야기나 동영상을 아직까지도 볼 수 없다고 한다. 그 이야기를 견뎌 낼 수 없기 때문이다. 온 국민이 고통스러워했고 아파했던 일인데 정치적으로 속 시원하게 해결이 이뤄지지 않고 있다. 정치가 국민의 고통과 아픔을 해결해 줘야 하는데 현실 정치는 국민들을 더 숨 막히게 한다. 몰리 이빈스(Molly Ivins)가 말한 것처럼 현실 정치는 혼돈과 불가분의 관계라고 할 수 있다. "민주주의는 깔끔할 수도, 정돈된 것일 수도, 조용한 것일 수도 없습니다. 민주주의에는 어느 정도 혼란이라는 양념이 들어갈 수밖에 없습니다."[1] 그러나 민주주의 정치가 아무리 혼돈을 기본 전제로 깔고 있다고 하더라도 세월호 참사라는 심각한 문제에서 더 분명한 해결책이 나오지 않는 것은 납득할 수가 없다. 책임을 지겠다는 사람도 없고 책임지고 해결하는 자세도 보이지 않는다. 더 나아가서 기독교인으로서 윤리적인 삶을 살고 싶고, 정치의 영역에서도 윤리적인 정치가 많아지고 윤리적 정치가 이루어지면 좋겠는데, 한국 사회의 현 상황에서 기대하기 어려운 형편이다. 이 글은 세월호 참사의 원인을 살펴보고, 그것을 분석하여, 제대로 작동하지 못하고 있는 한국정치가 나아가야 할 방향을 책임과 돌봄의 윤리 틀에서 제시하려고 한다.

1. 세월호 참사의 원인

세월호 참사 문제를 해결하기 위해서는 그 원인을 분명하게 분석해야 한다. 우선 세월호 참사에 대한 서로 대치되는 입장을 살펴보자. 세월호 참사를 사고라기보다는 국가권력의 민중 유기의 문제로 접근하는 사람들이 있다. 문영찬은 세월호 참사를 학살로 규정하며 국가가 그들을 '못 구한 것이 아니라 안 구한 것'이라고 비판한다.[2] 다시 말해서 이번 사건에 관한 한 국가권력이 '인민의 생명은 안중에도 없는' 반민중적 세력이라고 본다.[3] 다른 한 극단에서는 세월호 참사를 교통사고의 하나로 이야기하기도 한다.[4] 사회구조적인 차원의 폭력이라고 보지 않고 우연히 일어난 사건으로 간주하는 것이다. 국가 시스템과 무관하게 벌어진 개인 간의 사고 혹은 사적인 사고로 규정한다. 이들은 정권 퇴진 구호를 앞세우고 세월호 참사에 접근하는 사람들을 견제하며, 세월호 희생자들이 다른 정치적인 의도로 악용되고 있다고 의심을 품기도 한다.

세월호 참사는 앞서 언급된 두 측면을 모두 포괄한다. 필연성과 우연성, 사적 영역과 공적 영역의 교차점에서 벌어진 일이다. 세월호 참사는 여객선 운행 중에 예기치 않게 일어난 일이어서 교통사고이기도 하고, 동시에 "그대로 있으라"는 말 한마디가 숨통을 틀어막은 무책임한 언어에 의한 학살이기도 하다. 그러나 교통사고나 학살로 접근을 해서는 세월호 참사의 구체적 원인을 제대로 살펴보기가 어렵다. 현재 활용할 수 있는 가장 체계적인 조사 자료는 지난 10월 10일에 배포된 감사원의 "세월호 침몰사고 대응 및 연안 여객선 안전관리·감독 실태" 결과 최종 발표 보도자료와 민주사회를 위한 변호사 모임(민변)이 발간한 『416세월호 민변의 기록』이다. 감사원과 민변의 자료를 바탕으로 세월호 참사의 원인을 살펴보겠다.

우선 세월호는 도입 및 운항관리에서부터 문제가 많았다. 청해진 해운은 선박계약서를 허위로 작성해서 세월호 증선을 인가받았다. 평균운송수입률, 재화중량톤수 등을 조작하여 증축을 해서 여객 정원(921명)과 중량 톤수

(3,794톤)를 늘렸다. 여러 가지 기준에 미치지 못하는데도 해당 항로에 면허를 부여받은 것은 특혜였다.[5] 세월호 복원성 검사 등의 선박검사가 부실하게 수행되었다. 선원들은 '세월호는 복원력이 없는 배'라는 진술을 했다.[6] 비상탈출용 미끄럼틀도 무자격 업체에서 정비하고 검사했는데 인정되었고, 도면과 다르게 증축되었는데도 묵인되었고, 복원성 계산서와 손상 복원성도 부당하게 승인되었다. 출항 전 안전점검도 형식적으로 시행되었으며, 해경 관리들이 세월호 운항관리규정을 향응을 받고 부당하게 승인했다.[7] 도입 및 운항관리에서부터 심각한 문제가 있었던 것이다.

사고 후 구조 활동에서도 많은 문제가 노출되었다. 원칙적으로 세월호 항로구역에는 200톤 이상의 해경 중형함 1척 이상이 배치되어야 하는데도 불법 외국 어선 특별단속에 서해해경청 소속 중형함을 모두 동원했기 때문에, 구조 인력과 통신장비 등이 부족한 100톤급 123정이 현장지휘함으로 지정되어 현장 대응에 한계가 발생했다. 연안경비정인 123정은 해경 승선 인원이 10명에 불과한 함정으로 상황보고·지휘시달 등을 위한 문자 상황 전파 시스템, 현장 영상송신장비 등이 탑재되어 있지 않아서 사고 대응 능력이 취약하다. 해상 관제 또한 소홀하게 취급해서 사고 사실을 조기에 인지하기 어려웠다.[8] 이원화된 해상 교통관제 시스템으로 진도 VTS와 제주 VTS의 유기적 연락 체계가 결여되어 있었기 때문에, 선박사고의 골든타임인 사고 직후 30분을 허비하게 되었다.[9] 구조본부의 소극적이고 부적절한 상황지휘도 구조 활동을 비효율적으로 진행되게 했다. 구조본부가 적절한 지시를 하지 못해 구조대원들은 경비함이 있었는데도 팽목항에서 어선을 타고 움직였고, 구조본부에서 상황보고도 제대로 받지 않았다. 구조 팀 또한 현장 구조 활동 당시 부적절하게 대처했고, 구난업체를 선정할 때도 해경 간부가 부당

하게 개입했다.[10]

해경은 기울어진 채 침몰하는 배의 선수로 접근해 조타실에 있던 선원들을 우선 구조했다. 모든 여객선의 경우 승객들이 승선/하선하는 출입구는 선미 쪽에 있음에도, 해경은 선미로 가지 않고 선장실과 조타실로 연결된 출구가 있는 선수 쪽에서 선원들을 먼저 구조했다. 세월호의 침몰 과정에서 가장 큰 문제는 배가 기울고 있음에도 불구하고 승객들에게 단 한 번의 퇴선 명령과 퇴선 조치를 하지 않았다는 점이다. 배가 침몰하는 경우의 상식적인 탈출 방법은 구명조끼를 착용한 채 선실에서 빠져나와 사방이 트인 갑판이나 선상으로 올라가는 것이다. 하지만 세월호는 선체가 점점 기울어 다시 복원되기 어려운 상황에서도 승객들에게 그저 "가만히 있으라"는 선내 방송만 반복했을 뿐이다.[11]

해경이 우왕좌왕했던 이유 중의 하나는 해경 수뇌부의 구성에서 찾을 수 있다. 해경 수뇌부는 그동안 해난구조 전문가가 아닌 사람들이 청장 등 고위직을 맡아 왔다. 해경이 경찰청에서 분리된 1996년 이후 재직한 13명의 해양경찰청장 가운데 해경 출신은 2명뿐이다. 또한 해경 고위 간부 중 함정 근무 경력이 없는 비율은 경무관 이상 고위 간부 14명 중에 50%에 달하며, 세월호 참사 당시 책임자인 김석균 해경청장도 함정 근무 경력이 없다.[12] 해난 구조 경험이 없는 해경 수뇌부 구성이 세월호 참사의 한 이유이다. 더불어 해경은 외청 독립 이후 수사 인력을 늘리는 데 집중해서 증가인원 중 8.7퍼센트만 구조전담 인력이며, 해경 수사와 정보 담당 인력이 구조 인력의 3배가 넘는다.[13] 기본 조직 구성에서 해경은 구조에 강조점을 두지 않은 것을 볼 수가 있다.

세월호 참사 이후 비난의 초점이 된 것은 개정된 수난구호법이다. 수난구호법이 2012년에 개정된 후, 해경은 비용 절감을 이유로 해난 구조 업무를 민간에 위탁하기 시작했다.[14] 수난구호법 제26조에 의하면 한국해양구조협회의 설립 목적은 '해수면에서의 수색구조·구난에 관한 기술·제도·문화 등의 연구·개발·홍보 및 교육훈련, 행정기관이 위탁하는 업무의 수행과 해양 구조·구난 업계의 건전한 발전 및 해양 구조·구난 관계 종사자의 기술향상을 위하여'라고 되어 있다.[15] 수난구호법이 해양 구조와 구난의 건전한 발전과 기술 향상을 앞세우고 있지만, 실상 그 핵심은 '행정기관에서 위탁하는 업무의 수행, 즉 구조업무의 민영화'라고 볼 수 있다.[16] 현행 수난구조법에 의하면 해난 사고가 발생했을 때, 사고 책임 선주가 사고 초기에 직접 구난 구조 업체를 선정하고 계약을 맺어야 한다. 해난 사고 발생 시 가장 중요한 시간이 초기 골든타임인데, 이 시간에 구난 구조 업체를 민간 책임 선주에 맡기게 되면, 국가의 구조 업무가 시장논리로 진행되는 것이 된다. 실제로 세월호 구조 과정에서 민간 업체인 언딘이 구조 업무를 담당했고, 구조 활동에서 신속하고 효과적인 역할을 할 수가 없었다. 민변은 이에 대해서 "해경은 사고 초기부터 현장에서 선박사고에 대한 철저한 구조 매뉴얼과 정확한 현장 정보를 바탕으로 신속한 구조 인력 투입과 활동이 이루어지도록 지휘해야 했다. 그럼에도 구난 구조 업무의 민영화에 따라 사고 초기 골든타임을 놓치고 우왕좌왕하며 시간을 낭비하는 결과를 초래했다"고 언급하며, 개정된 수난구호법이 세월호 참사에 미친 중대한 영향력을 지적한다.[17] 사고 후 구조 활동은 체계의 문제부터 실제 구조 활동에 이르기까지 총체적인 문제점을 드러냈다.

재난 대응에서도 심각한 문제점을 드러냈다. 중앙재난안전대책본부(중대본)이 설치되고 운영되었지만 상황 보고, 언론 브리핑 등이 정확하게 이뤄지지 못했다. 재난 대응 시스템 정비도 제대로 갖춰지지 못해서 인력 이동, 매뉴얼 작성 및 정비, 교육 훈련 등이 이뤄지지 않았다. 박근혜 정부는 '재난 및 안전관리기본법'을 개정해서 안전행정부가 재난 관리를 총괄하고 조정하도록 했다. 그러나 국가적인 재난을 총괄할 중대본이 신속하게 의사 결정을 할 수 있는 권한과 전문성을 갖춰야 하는데, 중대본이 안전행정부에 소속되어 있기 때문에 다른 부처와의 조율 등을 하느라 신속한 지휘가 불가능했다. 각 부처를 총괄해서 구조를 하기 위해서는 행정부의 중심인 청와대의 역할이 필요함에도 불구하고, 안전행정부 소속이기 때문에 구조를 하는 데 어려움이 많았다. 중대본 지휘부에 임명된 사람들을 보면 중대본에 재난 전문가가 얼마나 부족한지를 알 수 있다. 중대본 지휘부뿐만 아니라 안전행정부 "안전관리본부 소속 134명의 공무원 중 재난 안전 분야와 연관이 전혀 없는 공무원이 55명으로 전체의 40퍼센트가 넘었다"고 한다.[19]

감사원 보도자료와 민주사회를 위한 변호사모임의 자료를 통해서 보면 세월호 참사는 단순하게 우연히 발생한 교통사고라고 볼 수 없다. 지난 11월 11일 징역 36년형이 구형된 세월호 선장 이준석 씨에게만 운전과실을 묻기에는 너무나도 많은 안전장치들이 해체되어 있었기 때문이다. 반대로 세월호 참사가 학살이라고 보기도 어렵다. 유대인 대학살이나 테러의 경우처럼 특정한 사람들을 대상으로 해서 제거할 계획 같은 것도 없었을 뿐만 아니라, 선사·선원·해경·해수부 등으로부터 고의성이나 계획성을 발견할 수 없기 때문이다. 고의성이나 계획성은 없더라도, 정부의 책임이 면제되는 것은 아니다. 선박의 도입 및 운항 관리, 사고 후 구조 활동, 재난 대응에 있어서 전문성을 찾아볼 수 없다. 전문가들이 분명히 있었음에도 불구하고 제대로 활용되지 못했고, 그 전문가들도 자신의 책임을 다하지 못한 점들을 분명히 찾아볼 수 있다.

2. 신자유주의만의 문제?

세월호 참사를 두고 신자유주의가 그 근본적인 원인이라고 지적하는 입장들이 많은 호응을 얻고 있다. 해외 학자 1,074명이 세월호 참사에 대해 성명을 발표했는데 '신자유주의 규제 완화와 민주적 책임 결여가 근본문제'라고 밝혔다.[20] 신자유주의는 탈규제화, 금융자유화, 민영화(사유화)를 그 특징으로 한다. 한병철은 선장이 아니라 신자유주의가 살인자라고 규정하며, 선장이 1년 계약직이기 때문에 책임감이 부족했다고 주장한다.[21] 같은 맥락에서 신자유주의를 타깃으로 삼아 이를 극복하면 모든 문제가 해결될 것처럼 주장한다. "세월호는 결코 체제의 이물질이 아니다. 생명을 잡아먹는 신자유주의의 야수적 원리를 고스란히 배태한 날카로운 파편이다. 대한민국이 곧 세월호임을, 신자유주의가 원흉임을 지시하는 결정적인 기표다. 신자유주의가 지속되는 한 세월호는 계속된다."[22]

기본적으로 신자유주의가 세월호 참사의 배경인 것은 분명하다. 그러나 다른 나라들의 해양 사고와 우리나라 다른 통계들을 좀 더 유심히 관찰해보면 신자유주의만으로 뭉뚱그릴 문제가 아님을 알 수 있다. 세월호 참사가 전적으로 신자유주의의 문제라면 대한민국보다 더 먼저 혹은 더 깊숙하게 신자유주의를 받아들인 나라에서도 이런 참사가 발생해야 한다. 그러나 영국과 미국 혹은 일본에서는 세월호 참사와 같은 일들이 벌어지지 않고 있다. 신자유주의만의 문제는 아닌 것이다. 다른 통계들을 보자. 탑승자의 직군별 생존자와 사망자 수가 드러난 표를 통해서 볼 수 있듯이 선박직 승무원들(선장, 1·2·3등 항해사 4명, 조타수 3명, 기관장·기관사 3명, 조기장·조기수4명)은 모두 살아남은 반면, 서비스직 승무원들은 1/3 정도만 생존했다.

〈표1〉 탑승자의 직군별 생존자와 사망자 수[23]

	총수	단원고학생	교사	선박직 승무원	서비스직 승무원	일반승객
탑승자	476명	325명	14명	15명	14명	108명
구조자	172명	75명	2명	15명	5명	75명
사망·실종	304명	250명	12명	0명	9명	33명
생존율	36%	23%	14%	100%	36%	70%

이 통계를 보면 선박직 승무원에 대한 분노가 더 깊어질 수 있다. 실제로 지난 재판에서 검찰은 세월호 선장에게 사형을 구형했고, 법원은 36년 형을 선고했다. 그러나 세월호 참사가 선장의 오판과 무책임으로 인해서 더 고통스러운 방향으로 진행된 것은 분명하지만, 선장을 처벌한다고 해서 해결될 문제는 아니다. 우석훈은 이렇게 이야기한다. "너무 뻔한 질문이지만, 세월호의 선장을 비롯한 승무원들에게 법정 최고형 혹은 특별법을 제정해서 그 이상의 처벌을 내리면, 기업의 안전성은 높아질까? 냉정하게 말하자면 그들이 처벌받는 것과, 잘 관리되지 않거나 혹은 관리하고 싶어도 관리할 능력이 되지 않는 기업들의 안전성 향상은 상관이 없다. 물론 이런 사건을 계기로 현장 관리자의 의식을 환기시키고 조금은 더 신속하고 책임 있는 행위를 하도록 유도할 수는 있지만 단기적인 효과만 가질 것이다. 무엇보다 그것 자체가 사고의 확률을 현저히 줄여 주지는 않는다."[24]

하나 더 생각할 것은 탑승객을 구하려다가 죽은 승무원들 중에는 비정규직 혹은 계약직 직원들도 있다는 점이다. 더불어 자기 살겠다고 도망친 선박직 승무원들 가운데는 정규직도 많았다. 정규직은 더 책임감을 갖고 비정규직은 책임감을 덜 갖는 것처럼 생각할 수 있는데, 그렇지 않음을 볼 수 있다. 세월호 참사를 대할 때 정규직/비정규직 구도와는 다른 차원으로 문제를 살펴봐야 하는 것이다.

　신자유주의의 특징인 탈규제화 혹은 규제 완화도 주의 깊게 볼 필요가 있다. 최근 완화된 선박 관련 규제에서 보면 선장의 보고, 인증 심사 시 내부 심사 면제, 컨테이너 현장검사 대신 서류 제출 등 안전과 관련해서 심각한 문제가 되는 사안들이 있다. 선장이 선박의 안전관리 체계 부적합 보고의 의무를 면제 받은 것(2013년6월 시행), 선박 최초 인증 심사 때 내부 심사를 면제 받은 것(2013년 6월 시행), 그리고 컨테이너 현장 안전검사 대신 서류로 제출하는 것(2014년 1월 시행) 등이 그것이다.[25] 특별히 규제 완화 가운데서 관심을 가져야 할 부분은 관리 감독을 받아야 할 대상이 주체가 되었다는 점이다. 민변에 따르면, "선장은 안전관리 체제를 개선하기 위해, 매년 인증 심사 시행 전에 부적합 사항 보고와 선박 내부 심사를 해야 했다. 하지만 선장의 부적합 사항 보고와 내부 심사를 면제하고, 이를 선박회사 안전 관리자의 점검으로 대체했다. 관리 감독을 받아야 할 주체에게 관리권과 감독권이 주어진 것이다."[26] 특별히 이 부분이 세월호 참사에서 큰 문제가 되었다. 규제 완화의 경우에도 기술의 진보에 따른 규제 완화와 관리 감독 대상과 주체가 동일시되는 규제 완화는 구분되어야 한다. 기술의 진보에 따른 규제 완화는 발달된 기술이 해결할 수 있는 한도 내에서 추진해야 하지만, 감독 대상과 주체가 동일시되는 규제는 주체가 스스로의 편익을 위해서 감독을 소홀히 할 여지가 많고 비용을 더 들여야 하는 안전 부분을 등한시할 가능성이 높기 때문에 허용해서는 안 된다. 아래의 표는 2009년부터 시작된 규제 완화와 맞물려서 해상 조난 사고가 많아졌다고 생각하게 되는 통계이다. 그러나 통계청이 자료에서 밝혔듯이 2009년부터 조난사고가 급증한 이유는 이전에 포함되지 않았던 사고들이 통계에 합산되었기 때문이다. 그리고 규제 완화가 가장 중요한 요인이라면 해상 조난 사고는 계속 증가해야 하지만 2013년에는 급격하게 줄어든 것을 볼 때, 직접적인 요인으로 간주하기 어려운 부분이 있다.

<표2> 해상 조난사고 현황[단위 : 척, 명][27]

		2006	2007	2008	2009	2010	2011	2012	2013
선박	발생	845	978	767	1,921	1,627	1,750	1,632	1,052
	구조	794	909	735	1,875	1,569	1,680	1,570	1,014
	(구조율,%)	94	92.9	95.8	97.6	96.4	96	96.2	96.4
	구조실패	51	69	32	46	58	70	62	38
인명	발생	4,873	5,530	4,976	11,037	9,997	9,503	11,302	7,963
	구조	4,769	5,460	4,927	10,940	9,844	9,418	11,217	7,896
	(구조율,%)	97.9	98.7	99	99.1	98.5	99.1	99.2	99.2
	구조실패	104	70	49	97	153	85	85	67

〈표2〉에서 볼 수 있듯이 2009년 이후로 해상 조난 사고가 줄어들고 있고, 구조율에서 유의미한 차이를 발견하기가 어렵다. 다시 말해서 규제 완화가 해상 조난 사고를 지속시키는 유일한 요소는 아니라는 점이다. 다만 해양 사고의 경우 아래 표에 나타난 대로 발생 원인에서 볼 수 있듯이 정비 불량과 운항 부주의가 가장 많은 부분을 차지하고 있다.

<표3> 여객선 해양사고 현황[28]

		2013년	2012년	2011년	2010년	2009년	2008년	2007년
발생원인	정비 불량	3	7	5	2	5	5	3
	운항부주의	5	11	5	3	5	7	10
	기상악화	1	1	1	1			
	화기취급부주의	1					1	1
	적재불량			1				
	관리소홀		2	1		1		
	기타	2	6+1		2		1	
사고선박 수		12	28	13	8	11	14	14
구조인원		1204	3237	1199	1836	1083	689	460

〈표3〉을 통해 정비와 운항에 초점을 맞춰 잘못 완화된 규제를 바로잡으면 해양사고를 사전에 방지할 수 있을 것으로 보인다. 같은 맥락에서 감사원의 감사 결과와 통계를 통해서 보면 세월호 참사를 관리 감독을 철저히 하면 해결될 수 있을 것처럼 보인다. 그러나 우리가 느끼는 아픔에 비해서 해결책은 너무도 쉽고 간단하다. 세월호 참사를 통해서 수많은 사람들이 촛불 시위를 하며 온라인과 오프라인 모임을 통해 세월호 참사 재발 방지를 외쳤는데 실상 감사원에서 내놓은 대책은 여객선 안전 운항과 해경의 수색·구조 훈련의 강화이다. 이런 대책은 세월호 참사를 심각하게 받아들이고 물질주의와 인명 경시 풍조를 넘어서는 새로운 세대의 탄생을 꿈꾸는 이들에게는 한편으로는 허망하고 다른 한편으로는 불만족스럽다. 특별히 윤리적으로 다른 삶을 살아야 한다고 생각하고 그런 인식을 국가와 혹은 정치 공동체에 불어 넣고 싶은 열정이 있을 경우 더욱 답답하다.

한편에서는 신자유주의로 몰아세워서 신자유주의를 타파하고 새로운 정치 형태를 꿈꾸며 완전히 다른 사회를 그려내고 제시할 욕망이 꿈틀거린다. 세월호 참사를 대하는 정부와 여당의 태도가 너무도 비협조적이고 일방적이기 때문에 이 욕망은 더 강렬해진다. 그러나 앞서 언급했듯이 민주주의는 혼란이라는 양념을 통해서 성장하고 구성된다. 오히려 이 혼란을 없애려는 욕망이 더 큰 문제일 수 있다. 한쪽에서는 교통사고로 규정하고 다른 한쪽에서는 학살로 규정해서 이 혼란을 제거하려고 한다. 파커 파머는 이 욕망의 실현이 가져올 파국에 대해서 히틀러를 언급하며 설명한다. 히틀러는 독일인의 마음에 드리운 집단적 그림자를 해방시키는 데 필요한 희생양을 찾았고 그들이 유대인들이었다. 나치는 유대인들을 학살하는 데서 "최종적인 해결을 찾았다. 만일 당신이 원하는 것이 긴장의 종식이라면 파시즘은 당신을 위한 것이다. 그러나 우리의 문제에 최종적 해결책을 결정하는 날은 많은 존재가 죽기 시작하는 날이라는 것을 이해하라. 많은 사람이 주의를 주었듯이 당신과 나 그리고 인류가 그 존재에 포함될 것이다."[29] 정치가 하나의 신념으로 거기에 저항하는 시민들을 희생양으로 삼으려 할 때, 폭력의 악순환은 브레이크를 파열시키며 파국으로 치닫게 될 것이다. 세월호 참사를 통해서 우리는 좀 더 현실적이고 구체화되는 정치를 요청해야 한다.

3. 신념 윤리에서 책임 윤리로

그 첫 번째 단추가 신념 윤리에서 책임 윤리로의 전환이다. 국가경영과 정치에 있어서 신념 윤리만으로는 부족하며 책임윤리가 요청된다. 신념의 정치는 이념의 정치로 이해될 수 있다. 이념의 정치는 안타깝게도 한 정치 구성원들을 나누어서 다른 한쪽을 희생양으로 삼기 쉽다. 적어도 주류 이념을 따르지 않는 사람들을 불순한 사람들도 채색하기 쉽다. 이 신념 윤리만으로는 정치공동체 구성원들을 아우르는 책임 윤리를 구현하기 어렵다. 그러나 우리나라의 현실에서 국가는 이념을 앞세워서 한쪽, 특히 약자들을 무시하거나 배척하는 방향을 추구해 왔다.

세월호 사건을 통해서 더욱 선명하게 드러난 것은 재난은 가난한 자들을 우선적으로 선택한다는 현실이다. 질병이 가난한 자들을 우선적으로 선택한다는 것은 이미 잘 알려져 있는 사실이다. 재난도 그렇다. 재난도 가난한 자들이 더 자주 그리고 더 심하게 피해를 입는 것을 보게 된다. 미국에서 허리케인 카트리나가 뉴올리언즈의 가난한 자들을 고통의 심연으로 몰아넣었듯이, 대한민국에서 세월호는 가난한 안산 지역의 단원고 학생들과 유족들을 고통의 무저갱으로 몰아넣었다. 역설적으로 이 가난한 자들이 기댈 유일한 곳이 국가이다.

샤츠슈나이더(E. E. Schattschneider)에 의하면 "사람들이 정부의 가치를 높게 평가하는 이유는 정부가 전지전능하기 때문이 아니라 이 세계가 살아가기에 위험한 장소이기 때문이다. … 사적 영역과 공적 영역 간의 가장 중요한 차이는, 사적 갈등에서는 강자들이 승리하는 반면 공적 영역에서는 약자들이 자기방어를 위해 세력을 규합한다는 것이다."[30] 국가는 사적 영역이 아닌 곳에서 약자들이 자신들을 지키고 자신들의 뜻을 이루어갈 수 있다는 것이다. 약자들은 국가를 통해 자신들을 보호할 수 있어야 한다. 그러나 앞서 세월호 참사의 원인을 살펴보는 단락에서 보았듯이 국가는 오히려 살아가기 위험한 장소에서 가난하고 힘없는 자들이 살아남기 어려운 방향으로 제도와 행정 지도를 해 가고 있다. 더 위험한 것은 국가공동체의 구성원들을 보호하는 데 책임을 다하기보다는, 오히려 신념에 의지해서 희생자들과 다른 약자들을 무시하거나 배척하고 있다. 실제로 세월호 희생자 유족들은 불순한 사람들로 채색되거나 이기적인 사람들로 매도당하기도 했다.

국가는 약자들을 보호할 수 있는 유일한 인간 공동체이다. 그 이유는 국가가 강제력, 특별히 정당화된 강제력을 지닌 유일한 집단이기 때문이다. 막스 베버에 의하면 국가란 "그것이 고유하게 지니고 있는 특수한 수단을 준거로 정의될 수밖에 없는데, 그 수단이란 곧 물리적 폭력/강권력"이며, "정당한 물리적 폭력/강권력의 독점을 (성공적으로) 관철시킨 유일한 인간 공동체"이다."[31] 다시 말해서 정당한 물리적 폭력에 기반을 두고 있는 공동체가 국가이며, 그 점에서 다른 사회적 관계나 집단과 차이가 있다. 이 물리적 강권력을 통해서 구성원인 약자를 보호해야 하는데, 그 강권력을 약자를 배척하는 데 사용하는 것에 문제가 있다.

　대한민국에서 정당화된 물리적 강권력을 잘못 사용하고 있는 이유는 국가를 신념 윤리에만 기반하여 운용하고 있기 때문이다. 현 정부 수반의 트레이드마크는 '원칙과 소신'이다. 그러나 그 원칙과 소신이 어떤 정치적 결과물을 내고 있는가? 자기 혼자만의 논리에 빠져 있다. 이것이 신념 윤리의 함정이다. 거기에서 해결책은 나오기가 어렵다. 오히려 신념을 접을 때 해결책이 나올 수 있다. 이철희는 이렇게 얘기한다. "가끔 원칙 고수는 무능을 숨기는 좋은 커버로 기능한다. 정치에서 협상이나 타협은 어렵고, 대결이나 비판은 쉽다. 협상이나 타협을 위해서는 자기 진영을 설득해야 하고, 상대방의 동의를 끌어내야 하기 때문에 정교한 기술이 요구된다. 때문에 감히 시도하기 어려운 정치 방식이다."[32] 현 정부의 '원칙과 소신'에는 약자들을 보호하는 책임 윤리가 빠져 있다.

　신념을 가지고 있는 것은 좋은 삶의 태도이다. 신념 윤리를 따르는 사람들은 선한 것이 선한 것을 만들고 악한 것은 악을 불러 온다고 생각하고 자신의 원칙에 충실하려고 한다. 그러나 베버는 "인간의 행위와 관련해 보면 선한 것이 선한 것을 낳고, 악한 것이 악한 것을 낳는다는 것은 사실이 아니다. 차라리 그 반대인 경우가 더 많다. 이를 인식하지 못하는 자는 실로 정치적 유아에 불과하다."[33] 신념 윤리를 가지고 있는 것이 잘못된 것이 아니라, 정치에는 맞지 않다는 것이다. 가장 큰 이유는 정당한 폭력을 국가가 행사하기 때문에 신념만으로는 부족하다. 오히려 신념 윤리를 추구하는 사람들에 대해서 베버는 '소박하고 순수하게 사람들 사이에서 형제애나 도모하고 그저 자신의 일상적 임무에 열심히 몰두했더라면 더 좋았을 것'이라고 얘기한다.[34] 신념 윤리는 자발적 결사체에서는 적합하다. 그러나 그 신념을 현실의 영역에 적용시키려고 할 때는 다른 접근 방법을 택해야 한다. 베버에 의하면, "자신의 영혼 또는 타인의 영혼을 구제하고자 하는 자는, 이를 정치라는 방법으로 달성하고자 해서는 안 된다. 정치는 그것과는 전혀 다른 과업을 갖고 있는데, 이는 폭력/강권력이라는 수단을 통해서만 완수될 수 있기 때문이다."[35] 정치의 영역에서는 폭력이라는 수단을 사용하기 때문에 원칙과 소신 같은 신념에만 의지해서는 안 된다는 것이다.

원칙과 소신은 삶에서 중요한 가치이지만, 현실 정치에서는 책임과 결과가 더 중요하다. 책임을 무시하고 원칙과 소신을 내세울 경우 자신과 자신의 입장은 방어할 수 있겠지만, 자신을 지키는 대신 스러져 가는 무수한 사람들이 있음을 기억해야 한다. 세월호 대응 과정에서 우리는 관료주의의 민낯을 보았다. 실제로 사건을 처리하며 책임지는 자세가 아니라, 외형상 어떻게 대응했는지를 보여주는 전시적인 행정의 전형을 만났다. 책임과 결과, 혹은 효과적인 대처가 아니라 "할 것은 했다"라고 자위하는 태도들을 만났다. 체계적인 재난 구조 시스템을 기대했는데 국민을 위한다는 말의 성찬만 공허하게 떠돌았다.

대통령의 뜻과 의지를 믿어 달라는 말은 현실로 드러나야 하지만 그렇지 못했다. 안전에 관련된 예산은 줄어들고, 재난 전문가는 정작 필요한 중요한 자리를 맡지 못하고, 안전 관련 부서는 뒷전으로 밀리거나 해체되었다. 뜻과 의지가 중요한 것이 아니라, 행정으로 구체화되는 현실이 중요하다.

문제는 원칙과 신념을 앞세운 이념 논쟁을 지속하면서 세월호 사건을 다루고 이념 논쟁을 넘어서려는 태도를 보이지 않는다는 데 있다. 조선시대의 역사를 통해서 볼 때도 이념 논쟁은 정치 공동체 구성원에게 공익을 가져다주지 못했다. 이념을 도구로 삼는 신념의 틀을 넘어 책임의 틀로의 전환이 필요하다. 특별히 국가가 그 다수의 구성원에 대한 책임의 자세를 회복해야 한다. 국가는 약자에게 공익을 제공해야 한다. 약자에게 책임을 지는 자세가 세월호 이후에 국가가 가져야 할 태도이다. 이념의 순수성이 아니라 국민의 안전을 보장하는 행정이 좀 더 책임 있게 구현되도록 해야 한다. 도입 및 운항 관리, 사고 후 구조 활동, 그리고 재난 대응에 있어서 효과적인 행정 지도와 조직 구성을 해야 한다. 신설되어 운용중인 국민안전처가 재난 콘트롤타워 역할을 효과적으로 해낼 수 있도록, 특별히 약자들을 보호하는 일에 집중할 수 있도록 책임적 시스템 구축에 매진해야 한다.

4. 정의 윤리에서 돌봄 윤리로

세월호 참사를 겪으면서 우리는 정치와 재난에 대처하는 새로운 패러다임의 필요성을 느낀다. 그것은 책임 윤리보다도 더 근원적으로 요청되는 돌봄의 윤리이다. 이 돌봄의 윤리가 현재 사회에서는 정의의 윤리보다 더 앞서야 한다. 왜 정의의 윤리는 현 사회에서 제대로 그 역할을 못하고 있는가?

사회계약론에 근거한 논의들은 정의 윤리를 앞세운다. 롤즈의 차등의 법칙을 통해서, 사회적 약자들인 사회의 최소 수혜자가 최대의 이익을 얻도록 사회 구조가 형성된다면 사회적 약자들은 보호를 받을 수 있고, 건강한 정치 공동체를 구성할 수 있을 것이다. 그러나 현실은 최소 수혜자가 최대의 이익을 얻도록 구성되지 못하고 있다. 사회적 약자들은 늘 고통의 최전선에 있어야 하고, 사회의 변동에 따라 심하게 부침하며 살아가고 있다. 세월호 사건에서도 넉넉하지 않은 학교의 학생들이 수학여행을 떠났다가 재난을 당해서 수몰되었다. 사회가 건강하게 유지되고 있다면 정의의 체계가 작동하는 데 큰 문제가 없다. 그러나 한 사회의 건강성이 위협을 당하거나 심각한 도전을 받고 있을 때, 이 정의의 구조는 심각한 도전을 받는다.

경제 침체나 쇠퇴가 오래 지속되면 대부분의 사회에서 민주적인 가치들-기회균등, 다양성의 관용, 계층 상승, 공정함의 추구 등-이 거의 증진되지 않았고, 많은 경우에 퇴보하는 증상을 보였다. 아무리 부유하다고 해도 시민들이 경제적으로 진보하고 있다고 느끼지 못하면 사회는 경직되고 불관용으로 후퇴하는 것을 막을 수가 없다고 벤자민 프랭클린은 말한다.[36] 민주주의적인 가치들의 퇴보와 더불어 가난한 자들에 대한 관심도 줄어든다. 지금 우리가 처한 현실은 가난한 자들에 대한 관심이 줄어들고 사회의 구조적 안전장치들이 심각하게 도전을 받고 있는 시기이다. 이런 시기에는 이상적인 정의론에 의해 요청되는 상호협력적인 시민들을 상정하기가 어렵다.

정의의 구조가 가능하기 위해서는 상호 협력할 수 있는 시민들이 있어야한다. 그러나 현실 사회구조에서는 상호 협력할 수 있는 시민들도 있지만, 도움을 받아야만 하는 시민들도 존재한다. 롤즈는 "질서 정연한 사회의 시민들은 삶의 전 영역에 걸쳐서 완전히 협력하는 사회의 구성원들이다"라고 주장한다.[37] 그러나 실상 시민들은 현실에서 완전히 협력할 수 있는 조건과 능력을 갖추지 못한 채 살아간다. 혹은 구조적으로 더 영향력 있는 사람들과 그에 종속되어 있는 사람들 사이에서 완전히 협력하는 체제보다는 누군가는 돌봄이 필요한 것이 보다 현실적이고 실제적인 삶의 이해이다.

특히 세월호 사건의 경우가 그렇다. 세월호에는 생존에 필요한 분명한 지식과 경험을 가진 많은 사람들이 있었다. 동시에 세월호에는 배의 운항, 위기 대처 방법, 구조 요청 방법 등을 전혀 알지 못하는 다수의 사람들이 있었다. 그들은 도움을 받아야만 하는 시민들이다. 상호 협력할 수 있는 동등한 조건의 시민들이 아니다. 이론적이고 이상화된 구조에서는 상호 협력할 수 있는 시민들을 상정할 수 있지만, 현실은 누군가는 도움을 받고 누군가는 도움을 주는 사회이고, 더 나아가서 처음부터 끝까지 돌봄이 필요한 사람들이 있고, 어떤 사람들은 시종일관 돌봄을 베풀어야 하는 사람들이 존재한다. 누스바움이 지적한 대로 "우리가 인간으로서 갖게 되는 상호성은 대칭적 호혜성의 시기가 있지만, 극단적인 비대칭의 시기도 있는 것도 분명하며, 이 비대칭의 시기가 정의로운 제도를 세울 때 고민해야 하는 우리 삶의 일부이다."[38] 호혜적인 관계로 살아가는 것이 중요하지만, 극단적인 비대칭의 시기, 다시 말해서 절대적인 도움을 받는 시기가 우리 삶에서는 참 많이 있다.

영국에서 있었던 더들리와 스티븐슨 재판을 생각해 보자. 난파된 배에서 살아남은 네 명의 사람이 구명보트를 타고 있다가 허기에 못 이겨 바닷물을 마시고 병이 들어 앓고 있는 리차드 파커를 죽여서 잡아먹었다. 그 세 사람이 구조되자 그들은 어쩔 수 없었다고 자신들의 살해를 정당화했다. 그들이 병이 들어 앓고 있는 파커를 죽여서 잡아먹은 것은 정당화될 수 있는가? 어쩔 수 없는 상황이라고 하며 정당화하는 사람들도 있다. 그러나 만약 파커가 그들의 친형제라면 어떻게 했을까? 그들이 모두 가족공동체의 일원이었다면 과연 병들어 있는 파커를 살해해서 잡아먹을 수 있었을까? 이미 오래 전에 토크빌이 지적한 것처럼 공동체를 중요하게 여기지 않는 사람은 "나머지 동료 시민에게 가까이 있지만 보지 않는다. 그는 그들과 접촉하지만 느끼지 않는다. 그는 오직 자기 안에서 또 오로지 자기를 위해서만 존재한다."[39] 자기를 위해서만 존재하는 사람들이다 보니, 그들은 파커를 타자로 규정하고 반인륜적 행위를 저지를 수 있었다. 만약 세월호의 선박직 승무원들이 승객들을 자신들의 친척이나 형제자매로 여겼다면 이런 일이 벌어졌을까? 해경

구조대원들이 승객들을 가족처럼 여겼다면 멀찌감치 바라보며 관조할 수 있었을까? 불가능한 일이다. 자신이 속한 공동체의 구성원으로 여기지 않았기 때문에 그렇게 차갑고 비정한 결정을 내릴 수 있었다.

우리 사회는 세월호 이후로 차가운 사회를 넘어서서 따뜻한 사회로의 전환이 필요하다. 조혜정 교수는 따뜻한 근대론을 주장하면서 이렇게 말한다. "이는 그간의 '경제 합리적' 인간관을 관계와 상호의존을 통한 인간관으로 바꾸어 사유해야 함을 뜻한다. 집중적 권력과 배제의 논리로 움직이는 경쟁 사회로부터 포용과 소통의 원리가 주도하는 '따뜻한 근대'로의 방향 선회, 돌봄 노동의 회복은 사회 구성원들이 측은지심에 대한 감각을 잃어버리기 전에 이루어야 할 과제이다."[40] 따뜻한 사회에 바탕을 둔 돌봄이 우리 사회의 근원적 가치가 되어야 한다. 합리적이고 계산적인 정의보다 앞서야 하는 것이 돌봄의 가치이다.

돌봄의 가치와 윤리를 위해서는 우리가 가지고 있는 합리적 인간관을 넘어서야 한다. 에바 키테이는 "인간이라는 것은 합리성과는 거의 연관이 없고, 모든 것은 우리 세계와 세계 안에 있는 것들과의 관계에 달려 있다"고 주장한다.[41] 관계 중심의 인간 이해가 인간의 본질을 직시하는 것임을 강조하고 있다. 합리성으로 세계를 모두 설명할 수 있다면, 그리고 합리성으로 인간을 완벽하게 기술해 낼 수 있다면 좋겠지만, 합리성으로 세계와 인간을 포괄할 수 없다. 합리성에 앞서서 인간은 관계로 구성된다. 합리성은 거시적 구조와 체제를 설명하고 이해하는 데 도움을 주긴 하지만, 인간의 본질을 드러내는 데는 부족하다. 인간은 돌봄으로부터 시작해서 돌봄으로 인생을 마치는 구조 속에서 살아가기 때문이다.

돌봄은 인간에게 가장 필수적인 요소이다. 돌봄 없이 성장할 수 있는 사람은 없다. 자립하면 돌봄이 필요없다고 생각할 수 있다. 그러나 아무리 능력이 있는 사람이라고 해도 돌봄 없이 살아갈 수 없다. 그들도 성년이 되기까지는 부모와 다른 사람들에게 돌봄을 받고 자라났다. 육체적인 불능이나 불편 상태에 빠지면 역시 돌봄이 필요하다. 그래서 마르다 누스바움은 "모든 사회에서 모든 사람들은 돌봄을 필요로 한다"고 말한다.[42] 돌봄이 사회의 뼈대이고 인간의 존재의 핵심이다.

돌봄 윤리의 좀 더 구체적인 요소들은 무엇인가? 트론토는 세려성(attentiveness), 책임성(responsibility), 유능성(competence), 그리고 반응성(responsiveness) 등의 네 가지를 돌봄 윤리 요소들로 언급한다. 세려성은 타자들의 필요를 이해하는 자세이고, 책임성은 정치적 의무와는 다르게 다른 사람들을 위해 해야 할 것이 무엇인지를 좀 더 유연하고 폭넓게 이해하는 것을 의미하고, 유능성은 돌봄의 질과 관련되며, 반응성은 우리가 그들을 이해하는 것보다 그들이 자신들이 원하는 것을 생각하는 방식으로 타자들의 필요를 이해하는 것을 말한다.[43]

세월호 피해자 유족들과의 관계에서 돌봄의 윤리는 우리가 어떻게 그들과 접촉해야 하는지를 분명하게 가르쳐준다. 우선 세려성은 그들이 필요로 하는 것이 무엇인지 세심하게 배려하는 자세가 필요함을 알려준다. 약자들의 필요와 타자들의 필요를 우리는 세심하게 배려하며 듣고 있는가? 실상 그렇지 않음을 보고 듣는다. 여전히 정치권은 상처받은 자들과 약자들을 이념 논쟁과 이해득실의 계산대 위에 올려놓는다. 책임성은 좀 더 폭넓은 차원에서, 그리고 이념을 넘어서는 유연한 차원에서 약자들을 위해서 해야 할 일들이 무엇인지 고려할 것을 요청한다. 고통당하고 있는 사람들을 그들의 고통과 아픔에 집중하여 대하지 못하고 자신의 이념과 입장에서 바라보려고 하기 때문에 세월호 참사 원인 규명은 점점 더 미궁으로 빠져들어 가고 있다. 그들의 고통과 아픔에 집중해서 그 치유를 위해서 무엇을 할 수 있을지를 함께 논의해야 한다. 유능성은 세월호 피해자들과 그 유족들을 돌봄에 있어서 그 질적 차원을 강조한다. 언론의 집중 보도와 전 국민적인 관심과 같은 폭넓은 돌봄도 중요하지만, 실제적으로 그들에게 주어지는 돌봄의 질적 차원이 중요하다. 그들이 얼마나 많은 돌봄의 기회를 가졌는지를 묻기보다, 그들에게 얼마나 도움이 되는 돌봄을 받았는지를 살펴보는 것이 중요하다. 마지막으로 반응성은 그들의 입장에서 필요한 돌봄이 어떤 것인지를 파악하고 거기에 맞춰서 돌봄을 제공하는 것이다. 세월호 유족들의 마음을 아프게 했던 일이 단원고 학생들의 특례 입학과 보상 문제이다. 그들의 요청이 없었음에도 불구하고 정치권에서 설레발을 떨며 추진했고, 세월호 유족들에게는 씻을 수 없는 고통을 안겨주었던 문제이다. 돌봄이 필요한 세월호 유족들의 입장에서 그들의 필요가 무엇인지를 먼저 알고 그 바탕에서 돌봄을 추구해 가는 일이 필요하다. 이러한 돌봄의 윤리는 세월호 피해자 유족들에게 지금도 가해지고 있는 유무형의 고통과 압력을 치유하고 해소할 수 있는 좋은 방법이다.

돌봄 윤리를 정치 공동체 차원에서는 어떻게 바라볼 수 있을까? 돌봄 윤리가 정치 구성원들에게 깊이 뿌리 내릴 때, 파편화되어 가고 있는 정치 공동체의 폭력과 재난의 문제를 해결하는 데 도움을 줄 수 있을 것이다. 돌봄을 제공할 권력과 능력을 가진 사람들은 돌봄을 제공하고, 돌봄을 필요로 하는 사람들은 그 돌봄을 통해서 한 정치 공동체 내에서 소외나 차별을 경험하지 않고 삶을 영위할 수 있게 된다. 우리는 평등을 요청하고 평등의 세상을 구현하기 위해 힘쓰지만, 인간은 삶의 조건과 능력에 있어서 평등하지 않다. 평등한 사회를 위해서는 돌봄이 필수불가결하다. 세월호 사건에서 선박직 직원들이 돌봄의 윤리를 통해 해양사고에 대해 무방비상태였던 승객들, 특별히 단원고 학생들을 돌봐주었다면 어떻게 되었을까? 우리는 지금 세월호 참사에 비통해 하는 대신 세월호 영웅들을 기리고 있지 않을까?

5. 맺는 글

세월호 참사는 국가가 어떤 역할을 해야 하는지 우리에게 심각하게 질문한다. 국가는 무책임했기 때문에 선박의 도입, 운항, 구조, 재난 관리에 이르기까지 총체적인 난맥상을 보였다. 사기업과 달리 국가 구성원들의 건강과 안전을 지켜야 할 국가가 규제를 완화하며 시민들의 안전을 담보하는 구조를 스스로 해체시켜 버렸다. 국가는 이제 신념 윤리에 바탕을 둔 진정성 논쟁에서 벗어나 실제적으로 구성원들의 안전을 지키고 보호하는 책임의 윤리를 구현하는 정치 공동체가 되어야 한다. 책임의 윤리보다 더 본질적인 것으로 돌봄의 윤리를 바탕으로 국가는 공동체의 구조를 만들어 가야 한다. 인간은 본질적으로 돌봄을 필요로 하는 존재이며, 평등을 추구하지만 조건과 능력에 있어서 불평등하기 때문에 돌봄은 평등을 추구하는 데 있어서 좀더 능력 있는 사람들과 집단에게 필수적으로 요청된다. 국가는 돌봄의 윤리를 토대로 시민들, 특히 약자들을 보호해야 하며 파편화되고 서로 무관심한 개인의 총체로서의 국가가 아니라 상호의존적인 시민들이 공공선을 목표로 하나의 공동체를 만들어 가는 정치체로서 자리매김해 나가야 할 것이다.

세월호 참사 이후 민낯을 드러낸
한국 개신교의 두 갈래

김경호 _들꽃향린교회 담임목사

1. 들어가는 글

"왜 우리 아이들이 그렇게 물에 잠겨야 했는가?"

이 단순한 질문의 해답을 찾는 길은 험난하고 멀기만 하다. 정부와 보수 언론은 유가족들을 죽은 자식을 팔아 한 몫 챙기려는 파렴치한인 양 몰아세웠고, 진상 규명을 요구하는 유가족의 뒷면에 소위 '좌빨'이라 불리는 반국가 세력이 있다는 듯 여론 몰이를 했다. '이제 지겨우니 그만 좀 하라', '당신들 때문에 경제가 돌아가지 않는다'라는 악의적인 주장이 유포되기도 했다.

이에 물러서지 않고 진실을 요구하는 유가족들의 행보에 시민사회단체, 종교계뿐 아니라 수많은 시민이 함께했다. 희생자들의 죽음에 가슴 아파하며 세월호의 진실을 요구하는 시민들의 참여가 수 개월간 줄을 이었고, 이런 움직임은 해외에 흩어져 있는 교포들에게까지 번져 나갔다. 이 글에서는 세월호 참사 이후 시민사회단체가 어떻게 움직였는지 정리하고, 이어서 개신교의 각 단체 및 교단별 대응을 살피려 한다. 또한 이런 교회의 활동에 관

한 신학적 성찰과 전망을 제시하고 공유하려 한다.[1]

2. 세월호 이후 유가족과 시민사회단체의 움직임

세월호 참사 이후 유가족과 시민사회단체는 세월호 특별법 제정을 위한 서명운동, 안산과 서울, 전국 각 지역에서의 자발적인 촛불집회, 광화문 광장과 청와대, 국회에서의 유가족 단식 농성, 팽목항으로 떠나는 '기다림의 버스' 행사 개최 유가족이 찾아가는 전국 국민 간담회 등의 활동을 펼쳤다.[2]

세월호 참사 이후 첫 번째 움직임은 자발적인 시민들의 문화제와 세월호 특별법 서명운동이었다. 2014년 5월 6일 안산 분향소에서 유가족들이 시작했고, 5월 22일 발족한 '세월호 참사 국민대책회의(이하 국민대책회의)'가 22일 결합하여 '세월호 특별법' 서명운동으로 진행된다. 구체적으로 '세월호 참사 진상 규명, 책임자 처벌, 안전 사회 건설을 위한 서명'으로 진행되었고, 본격적으로 서명이 진행된 6월 이후 7월 15일까지 350만 명이, 최종적으로 600만 명이 서명운동에 참여했다. 서명용지는 7월 15일 국회에 전달됐다.

5월부터 시민들의 자발적인 추모 문화제가 각 지역에서 시작됐다. 거기에는 '가만히 있지 않겠다'는 청소년들도 참여했다. 5월 9일에는 경기도 안산의 청소년들이 침묵 행진을 한 뒤 문화제를 열었고, 여기에는 학생과 교사를 포함한 시민 등 3천여 명이 동참했다. 다음 날인 10일에는 경기도 의정부 지역 10여 개 고등학교 학생들이 침묵 행진을 벌였다. 이런 자발적인 청소년들의 움직임에 교육부는 전국 17개 시·도교육청에 학교·학생 안정화 방안으로 '유언비어 유포 금지'를 명기한 공문을 내려 보냈다. 서울의 일부 교육지청에선 고위 관계자가 관내 경찰서에 전화를 걸어 학생들의 동

향을 파악한 사실이 확인되기도 했다.[3]

각 지역에서 촛불을 들며 진상을 요구하는 목소리는 해외로까지 이어졌다. 미주지역, 유럽, 동남아시아 등에서 교민들을 중심으로 세월호 참사의 진상 규명을 요구하는 집회가 곳곳에서 열렸다. 특별히 일부 미국 교민들은 5월 11일자 뉴욕 타임즈에 진상 규명을 요구하는 전면 광고를 게재하기도 했다. 여성들의 정보교환 사이트인 '미시USA'에서 약 16만 달러(약 1억6400만 원)를 모금해 성사됐다.

참사 100일째이던 7월 24일 서울광장에서 열린 추모 문화제에는 3,000여 명의 시민이 참여했다. 이날 단원고 학생의 유가족 300여 명은 희생된 딸과 아들의 이름표를 가슴에 붙이고 안산에서 문화제가 열리는 서울 광장까지 1박 2일간 행진해 왔다.

한편, 세월호 유가족 대책위는 7월 12일 국회 본관 앞에서 '수사권과 기소권을 포함하는 세월호 특별법'의 제정을 촉구하며 농성을 시작했다. 유가족 대표자 5명은 7월 14일부터 광화문광장에서 단식을 시작했다. 국민대책회의는 7월 18일부터 동조단식에 들어갔다.

참사 100일이 지난 7월 24일까지 특별법은 제정되지 않았고, 광화문광장의 단식 농성은 장기화되었다. 광화문 단식 농성에는 종교인(개신교, 불교, 원불교, 천주교 등)과 예술인(영화인, 만화가, 작가 등), 언론인들을 포함해 시민들이 함께해 동조단식이 이어졌다. 유가족인 유민이 아빠 김영오씨는 45일 차인 8월 28일까지 단식을 이어갔다. 김영오씨의 단식이 40여 일에 가까워지자, 국민대책회의가 조직한 세월호 특별법 국민 동조단식이 전국 방방곡곡으로 확산된다. 8월 28일 집계에 따르면 성남, 인천, 제주강정마을, 광화문광장 등 전국 25개 지역에서 동조단식(5,000명 참여)이 진행되었으며, 온라인 동조단식에는 27,000명이 참여했다.[4] 추석에 즈음하여 청운동과 광화문 농성장에는 국민들의 지지 방문과 동조단식이 줄을 이었다.

그러나 광장에는 극우주의적 흐름이 자신의 민낯을 드러내기도 했다. 7월에는 대한민국 어버이연합, 엄마 부대, 탈북 여성회 등 보수단체가 단식 농성장에서 기자회견을 하거나 난동을 부리는 일이 발생했다. 추석 직전인 9월 6일에는 '일간베스트' 회원들과 자유대학생연합 소속 회원들이 소위 '폭식' 행사를 하며 단식농성을 조롱했다. '세월호 특별법'에 반대하는 여론을 형성하려는 시도도 급격하게 늘어난다. 추석 이후 세월호 특별법을 둘러싼 국민 여론은 기소권과 수사권 부여 문제에서 팽팽하게 갈렸다.

한편, 국민대책회의는 유가족뿐 아니라 실종자 가족을 위한 활동을 벌였다. '기다림의 버스'가 그것이다. '기다림의 버스'는 "마지막 한 사람이 돌아올 때까지, 함께 기다리겠습니다"라는 연대의 문구를 걸고, 6월 5일부터 매주 금요일 서울 대한문에서 팽목항을 향했다. 그리고 그곳에서 실종자들의 귀환을 바라는 문화제와 행진 등을 진행했다. 10월 3일에는 전국에서 천여 명이 함께 모여 세월호 실종자의 철저한 수색 촉구하며 '팽목항에서 부르는 이름: 어서 돌아오세요' 행사를 개최했다. 12월부터는 출발 요일을 토요일로 바꾸고, 12월 6일에 세월호의 조속한 인양을 촉구하면서 다시 '기다림은 끝나지 않았다'는 팽목항 전국 집중 문화제를 개최했다.

또한 유가족들은 직접 국민들을 만나 진실을 알리기 시작했다. 유가족들에 대한 오해와 음해가 날이 갈수록 심해지던 시기였다. 9월부터 시작된 '세월호 유가족과 함께하는 국민 간담회'는 대학교, 마을 모임, 종교 단체 등을 가리지 않고 광범위하게 펼쳐졌으며, 유가족들은 전국 방방곡곡으로 달려가 자신들의 이야기를 전했다. 9월부터 11월 18일까지 진행된 국민 간담회는 약 300회에 이르고 국민간담회에 참여한 시민들은 1만 2천명으로 추산된다.

청와대 앞에서의 유가족 농성은 11월 5일 마무리됐다. 이틀 후인 11월 7일 마침내 '4·16 세월호 참사 진상 규명 및 안전사회 건설 등을 위한 특별법'이 국회를 통과했다. 그러나 이 법은 여전히 미흡한 특별법이다. 이법이 통과된 후 국민 대책회의는 '국민의 감시와 참여로 미완의 특별법 제대로 작동하게 할 것'이라는 입장을 밝혔다.

3. 세월호 참사 이후 개신교의 움직임

1) 교단별 움직임

세월호 참사가 일어난 초기, 각 교단은 추모 기도회, 모금운동, 현장 봉사활동 등을 펼치며 진보와 보수 할 것 없이 세월호 문제에 깊은 관심을 보였다. 대한예수교장로회 합동(이하 예장 합동)과 대한예수교장로회 통합(이하 예장 통합), 기독교대한감리회(이하 감리교) 등은 5월 7일 기독교대한감리회 본부에 모여 '(가칭)세월호 참사 치유와 회복을 위한 한국교회연합'을 출범하기로 했다. 이들은 5월 9일과 14일에는 각각 안산제일교회와 서울에서 '세월호 참사 치유와 회복을 위한 한국교회 연합기도회'를 열고 5월 18일을 '한국교회 애도주일'로 선포했다.[5] 이들은 또한 공동 성명을 발표해 세월호 참사 피해자들을 위로하고 한국 교회 및 사회 지도자들의 책임을 묻고 각성을 촉구했다. 아울러 철저한 진상조사와 재발 방지, 건강한 정신문화 정착을 위한 대책 마련도 정부에 요청할 계획이라고 밝혔다.

세월호 참사 피해자의 치유와 회복을 위한 모금 운동도 병행되었다. 이는 예장 통합과 합동, 기감, 기독교대한성결교회(이하 기성), 대한기독교침례회 (이하 기침) 등의 교단장이 참여하는 한국교회교단장협의회가 주관했다. 당시 모임을 주도했던 한국교회희망봉사단 회장 김삼환 목사는 "세월호 피해자의 치유를 위해 한국 교회 전체가 나서야 한다"며 더 많은 교단과 교회의 동참을 호소했다. 김 목사는 "세월호 참사의 슬픔을 회복하는 데에는 한국 교회가 앞장서서 나누고 섬기고 베풀며 힘을 모으는 일이 중요하다"고 강조했다.

개신교 안에서의 이런 움직임은 구조 과정에서의 문제가 드러나고 유가족들이 진상 규명을 요구하기 시작하면서 교단별로 다른 양상을 보이기 시작했다. 진상 규명 요구를 중심으로 보수와 진보는 갈라섰다. 보수교계의 세월호 유가족 관련 계획들은 실행으로 옮겨지지 않았고, 처음에는 함께 요구했던 진상 규명은 '불순한 의도를 가진 것'으로 폄하하기 시작했다. 게다가 김삼환, 오정현, 전광훈, 조광작, 이찬수, 최성규 목사 등은 세월호에 대한 문제 발언으로 비난을 샀다.[6] 이들의 발언은 시민들의 추모의 정서에 반하는 것을 넘어 망언에 가까운 것이었다.

5월 19일 박근혜 대통령은 대국민 담화를 발표해 해양경찰청 해체 및 안전행정부와 해양수산부 재난 구조 기능 통합 일원화 등을 골자로 한 대책을 내놓았다. 이를 기점으로 개신교의 보수 측은 적극적으로 정치적인 행보를 보인다. 특히 명성교회 김삼환 목사는 '세월호 참사 위로와 회복을 위한 한국교회위원회'라는 그럴듯한 이름으로 조직을 만들어 6월 1일 명성교회에서 대대적인 기도회를 열고 박근혜 대통령을 초청해 그를 단에 세움으로써 면죄부를 주는 역할을 기꺼이 감당했다.[7] 그는 '나라가 침몰하려고 하니 하나님께서 … 이 꽃다운 애들을 침몰시키면서 국민들에게 기회를 준 것'이라며 누구의 책임을 묻지 말고 온 나라가 반성해야 한다고 주장했다. 한국교회연합(대표회장 한영훈 목사)은 '이번 대통령의 사과는 국민의 생명과 안전을 책임져야 하는 최종 책임자로서 국민이 겪은 고통에 진심으로 사과하고 재발 방지를 약속하는 결단의 표현이기에 이를 환영하는 바'라면서 환영의 뜻을 발표했다.[8]

이에 반해 한국기독교교회협의회(이하 한국교회협) 정의평화위원회는 논평을 발표해 "우리는 세월호 참사와 관련한 박근혜 대통령의 대국민 담화에서 확실한 진상을 규명하려는 노력의 흔적을 발견하지 못했다"고 지적하면서, "이번 참사의 희생자와 유가족에 대한 진정한 위로와 사과는 한 점의 의혹도 남기지 않는 진상 규명에 있다"고 강조했다. 한국교회협 인권센터도 논평을 발표해 '진정으로 지금 필요한 것은 어설픈 정부 기구의 개편이 아니라 감추어진 진실을 파헤치고 청와대와 대통령 자신을 포함한 책임자들의 책임을 묻고 이에 조응하는 새로운 대안을 만드는 것'이라고 했다.

한국교회협을 비롯한 개신교의 진보적인 계열과 복음주의권 일부는 특별법 제정과 진상 규명에 목소리를 냈다. 세월호 청문회를 통해 이미 일부 기록들이 지워지거나 훼손되는 과정이 드러나고, 이런 은폐 과정에 정부가 개입했을 것이라는 의혹이 커지면서 진상 규명에 대한 요구는 갈수록 높아져 갔다. 개신교 진보 계열은 유가족 및 시민사회단체와 함께 거리로 나왔다. 사과와 추모, 또한 국가 개혁도 투명한 진상 규명이 선행되어야한다고 주장했다. 반면 보수 기독교 계열은 진상 규명을 요구하는 가족과 시민을 사회를 혼란시키는 자로, 나아가 종북세력으로 몰아갔다.

다음에서는 유가족 및 시민사회단체와 함께한 한국 개신교 진보 계열의 대응을 단체, 교단 별로 살펴보겠다.

한국기독교교회협의회(NCCK)

한국교회협은 세월호 희생자를 추모하고 생존자들이 무사귀환하기를 바라는 한국 교회 공동기도주간(4월 21일~5월 11일)을 선포했다. 교회협은 4월 29일에 YMCA, 민변과의 연석회의에서 진상조사가 우선되어야 한다는 데에 초점을 맞추고 민변의 진상조사에 협력하며 YMCA와는 공동의 기도회 등을 갖기로 하였다. 그리고 다음날 진상 규명이 속히 이루어져야 한다는 내용의 '세월호 참사를 바라보는 한국기독교교회협의회 입장'을 발표했다.

참사 45여 일 후인 5월 29일 '세월호 참사 진상 규명 촉구와 한국 교회의 자성을 요구하는 목회자 1000인 선언'을 발표했다. 이번 선언에는 박형규, 이해동, 유경재, 김상근 목사 등 민주화운동에 몸 담았던 교계 원로들이 동참했다. 이후 8월에는 세월호 특별법의 올바른 제정을 촉구하는 성명과 박근혜 대통령에게 보내는 서신을 보내기도 했다.

또한 6월 2일 회원교회 총무회의를 통하여 교회협 차원의 세월호 참사 관련 대책 활동을 위한 TFT 구성하기로 결정하였다. 그 후 '세월호 참사 철저한 진상 규명, 책임자 처벌, 안전한 나라 건설을 위한 특별법 제정 촉구 천만인 서명'을 교단장, 총무, TFT 위원 등 광화문 희망광장에서 서명하고 홍보 활동을 펼쳤다(6월 20일).

교회협은 8월 7일에 '세월호 참사 대책위원회'를 출범했다. 세월호 참사 대책위원회는 유가족의 청운동 노숙 농성 5일차가 되던 8월 26일부 11월 4일까지 총 44차례에 걸쳐 매일 저녁 현장에서 기도회를 기독교 단체들이 돌아가면서 주관하는 형식으로 진행했다. 교회협 세월호 참사 대책위원회는 2014년 성탄절에 '세월호의 아픔을 함께 하는 이 땅의 신학자들'이 펴낸 책, 『곁에 머물다-그 봄을 기억하는 사람들의 겨울편지』의 출판을 후원하기도

했다.[9]

한국기독교장로회(기장)

기장은 총회 차원에서 교단 전체가 세월호 대책에 적극 참여했다. 기장은 4월 16일 참사 발생 당일, 총회장 명의의 위로서신을 전국 교회에 발송하고 전국 교회와 세계 교회에 기도를 요청하는 공문을 보냈다.[10] 당일 저녁부터 안산희망교회 김은호 목사를 중심으로 무사 귀환을 기도하는 촛불문화제를 안산 지역에서 시작하였다. 5월 9일부터 세월호 참사 추모기도주일로 정하고 진상 규명을 위해 기도했다.

한편 한신대학교 신학생들은 5월 15일부터 삭발 단식 농성을 시작해 열흘간 광화문 청계광장 소라탑 앞에서 농성하였다.[11]

기장 전국 목회자들은 5월 20일 향린교회에서 '세월호 진상 규명을 위한 비상시국기도회'를 열었다. 400여 명의 참석자들은 '세월호 진상을 규명하고, 총체적 부패와 무능의 박근혜 정권은 총사퇴하라!'는 내용의 시국성명서를 발표하고 을지로에서 광화문과 시청앞까지 거리 행진을 벌였다. 이 기도회는 같은 날 대한문 앞에서 교회협이 주관한 시국기도회까지 이어졌다. 5월 30일에는 한신대학교 교수단이 '박근혜정권 총사퇴하라'는 성명서를 발표했다.

한편 개신교 보수 목사들의 세월호에 대한 망언이 계속되자 기장 총회는 이들을 향해 "세월호 참사 관련 망언을 일삼는 거짓 목사들은 당장 회개하고, 한국 교회를 미혹하지 말라!"는 총회 차원의 논평을 발표한다(6월 2일).[12]

기장 전북노회에서는 노회의 교회와 사회 위원회 위원장인 이윤상 목사를 파송하여 가족과 밀착하여 가족을 상담하고 돕는 활동을 펼치게 한다.

이 목사는 100일째부터 가족들과 함께 광화문 청운동 등에서 유가족이 노숙을 마칠 때까지 수 개월을 함께 노숙하며 유가족 지원 활동을 펼친다. 이와 더불어 가족들의 농성 기간에 서울교회 배안용 목사는 가족들의 모든 빨래를 세탁 지원하고 섬돌향린교회는 명절에 식사 지원을 감당했다.

총회는 특별법 제정을 위한 투쟁에도 앞장섰다. 여야가 한참 특별법 제정을 위한 논의를 진행할 때, 총회장을 비롯한 총회 임원과 목회자들이 참여하는 릴레이 금식기도단을 8월 4일~8월 16일까지 광화문에서 노숙하며 운영한다. 그리고 한신대 신학생들이, 세월호 특별법 관련 여야 합의를 규탄하며 박영선 원내대표 지역구 사무실에서 8월 8일부터 8월 12일까지 5일간 점거 농성을 실시했다. 또한 기장은 두 번째 특별법 제정 염원을 특별기도주간(8월 11일~17일)을 선포한다. 그리고 한신대 신학생들이 세월호 특별법 제정 촉구를 위한 자전거 국토 종주를 8월 25일~8월 29일까지 진행하여 전국 자전거 순례를 진행했다. 한편 방인성 · 김홍술 두 목사의 40일 금식이 끝난 후 기장 생명선교연대가 릴레이 방식으로 40일의 단식을 이어갔다.

특별히 기장은 제99회 총회 기간이던 2014년 9월 24일, 고난 받는 이웃과 함께하는 수요 연합 예배를 열고 이 자리에 세월호 유가족을 초청했다.[13] 이 예배에서 시인이기도 한 총회장 황용대 목사는 가족들에게 자작시를 전달했고 윤광호 목사는 추모를 위한 자작곡을 발표해 가족들을 위로했다.

유가족들은 노란 리본 목걸이를 예배 참가자에게 걸어주며 "우리 아이들을 잊지 말아 달라"고 당부했다. 이날 예배를 인도한 김경호 목사는 "아이들은 그냥 죽어서 아무 말이 없는 게 아니다"라며, "이 어린 생명들은 한국 사회 가장 부패한 곳에 우뚝 서서, '그냥 가면 안 된다고, 그냥 묻어 둘 수 없다'고 외치며 우리 사회 가장 부끄러운 부분을 만인 앞에 들춰 내고 있다"고 말했다.

이날 예배에 참석한 세월호 유가족 중 몇 명의 개신교인들은 자신의 출석 교회 목사가 대체로 특별법 제정에 소극적이라고 밝혔다. 한 유가족은 "관심이 없거나, 심지어 특별법 제정에 나서지 말라는 목사도 있었다"면서, 교단 차원의 위로에 감사의 마음을 전했다. 이날 예배에 참석한 세월호 유가족 박은희 씨(고 유예은 양의 어머니)의 증언 중 일부를 옮겨본다.

> 저희 유가족은 162일째 4월 16일을 맞고 있습니다. … 저희가 162일째 4월 16일이라고 말하는 데에는 아직도 그때와 상황이 변하지 않았기 때문입니다. 저희가 아직 4월 16일을 이야기하는 것은 지금도 여전히 언론이 저희가 말하는 것과는 다른 이야기를 전하며 저희를 진도에서와 같이 고립시키고 있습니다. 저희는 많은 분들 앞에 서는 것이 사실 정말 무섭고 떨립니다. 저는 모든 종교 지도자들이 정말 아픈 마음으로 같이 회개해야 한다고 생각합니다. 나라가 나라의 역할을 못할 때, 그들을 혼낼 수 있는 사명을 가진 사람들은 목사님들이 아닐까 생각합니다. 저희가 원하는 것은 큰 게 아닙니다. 왜 그런 어처구니없는 구조를 했는지, 이후에 왜 그런 진실을 끊임없이 은폐했는지 알고 싶습니다. 저희 가족이 원하는 것은 수사권, 기소권을 넘어 '정말 잘못했다'. '마땅히 책임을 지고 벌을 받겠다'는 진심어린 고백입니다. 그런 정상적인 일들이 일어나도록 도와주십시오.

기독교대한감리회(감리교)

감리교는 초기에 안산지역에서 화정교회 박인환 목사를 중심으로 하여 4월 17일에 안산지역감리교연합기도회를 갖는 것을 시발점으로, 안산지역 5

개 지방이 월~금 오후 8시 기도회를 주관했다. 또한 4월 17일부터 2개월간 안산합동분향소에 부스를 설치하여 상황실을 운영했다.

감리교 본부는 4월 17일 전국 교회에 목회 서신을 발송하고 기도주간을 선포했다. 4월 18일에 재빠르게 '세월호 침몰 사고 감리교 대책위원회'를 결성했다. 6월까지는 박계화 경기연회 감독이 감독회장 직무대행으로, 6월부터는 전용재 감독회장이 복귀하여 상임 본부장이 되고, 박인환 목사 외 안산지역 5개 지방 감리사가 상임본부장이 되어 안산지역 피해자들을 치유하는 활동과 진상 규명을 동시에 추진하는 방향으로 활동했다.[14]

감리교 대책위원회는 4월 21일 최호칠 목사를 단장으로 의료 구호 팀을 구성하여 진도 체육관과 팽목항 실종자 가족들을 위한 의료 지원 활동을 펼치는 한편, 4월 30일부터는 팽목항에 기도실을 설치하여 운영했다. 5월 3일에는 세월호 참사 유가족의 심리적 회복 방안을 모색하는 '세월호 참사 치유와 회복을 위한 세미나'를 개최했다. 성광감리교회에서 열린 세미나에는 안산 지역 목회자와 평신도 등 200여 명이 참석했다. 8월 15일에는 안산 명성교회에서 연세대학교 상담·코칭 지원센터, 군자종합사회복지관과 함께 심리 상담 및 마을 공동체 회복을 위한 활동을 위한 힐링 센터 '0416 쉼과 힘'을 개관하기도 했다.

한편 감리교신학대학교 도시빈민선교회·사람됨의 신학연구회 학생 8명은 5월 8일 오후 2시 25분께 세종대왕상 위에 올랐다. 이들은 '유가족 요구안을 전면 수용하고 무능정부 박근혜는 퇴진하라'는 제목의 성명서를 광화문광장에 뿌리고 '유가족을 우롱하는 박근혜는 물러가라'라고 쓰인 플래카드를 내걸고 구호를 외쳤다. 이들은 곧바로 경찰들에게 전원 연행되어 동대문서에 수감되었다. 학생들은 경찰버스에 끌려가면서도 "아이들을 살려내라", "침묵 투쟁으로 아무것도 할 수 없다, 일어나십시오"라고 외쳤고 이는 기독교계에 진상 규명 운동이 본격적으로 거리로 나오게 되는 계기가 되기도 하였다.[15]

5월 19일에는 감리교시국대책위원회가 '감리교비상시국기도회'를 열었다. 목회자 평신도 등 300여 명은 대한문광장에 모여 촛불집회를 진행한 뒤, 광화문을 거쳐 청와대로 향하다 경찰과 대치하기도 했다. 이날 참석자들은 '감리교시국선언문'을 발표하고 "오늘의 아픔을 가슴에 새기고 다시는 이 땅에 죽음의 세력이 나서지 못하도록 우리의 길이 되신 예수를 살아 내겠다"고 다짐하면서 "진실을 은폐하고 자본의 논리에 휘둘려 수많은 생명을 죽음으로 몰아넣은 박근혜 정권에게 끝까지 책임을 묻고 억울함과 슬픔으로 가득한 유가족들의 편이 되어, 진실을 규명하고 책임자를 처벌하라는 유가족들의 요구가 관철될 수 있도록 최선을 다해 연대하겠다"고 밝혔다.[16]

10월 30일에 광림교회에서 열린 제31회 기독교대한감리회 총회 기간에 세월호 유가족을 위한 기도회를 열고 총회 명의의 성명서를 발표했다. 이 성명서에서는 "세월호 사건의 진실을 규명하기 위해 '특별법'을 제정해 달라는 유가족과 국민들의 요구에 정부와 정치권이 진지하게 응답할 것"을 요구했다.

대한예수교장로회 통합측

예장 통합 측 총회[17]는 주로 가족의 치유와 교단소속 희생자 가족을 돕는 방향으로 활동하였다. 예장 총회는 4월 17일 상황 파악 및 긴급 봉사활동을 위해 진도 현장(실내체육관, 팽목항)을 방문하여, 현지 땅끝 노회 사회봉사부를 통해 사고 현장의 상황을 파악하고, 생필품 구입과 천막 설치 및 구호활동을 시작하였다. 이튿날 총회장과 부총회장이 팽목항 현지를 방문하여 안산 제일교회 실종자 가족을 방문하고 위로하고 총회장 목회 서신을 발송했다. 그리고 4월 21일에는 총회 세월호 참사 극복 지원본부를 조직했다. 22일에는 총회가 주관하여 안산지역연합기도회를 주관했다. 5월 9일에는 한국교회연합이 주관하는 세월호 참사 위로와 회복을 위한 한국교회연합기도회를 개최했다.

5월 12일에는 안산지역 목회자와의 간담회를, 5월 12일과 17일에는 총회 세월호 참사 극복 지원대책 안산지역 본부주관으로 정신적 외상 치유 세미나를 진행했다. 이 세미나는 참사 후의 외상 및 스트레스 장애에 대한 접근법을 주제로 했으며, 안산지역 목회자, 교회학교 교사, 학교 교사 및 학부모와 지역 주민 175명이 참석했다.

5월 13일은 총회 인권위원회와 사회문제위원회는 세월호 참사 진실 규명 촉구를 위한 특별 강연회를 개최하였다. 이 강연회에서 '정부의 세월호 참사 대응에 대한 성찰'이란 주제로 '구원파와 세월호 참사', '세월호 구조에 국가는 없었다', '언론 관점에서 본 세월호 참사' 등의 발제로 진행되었다. 7월 4일(금)에는 세월호 참사 희생자 유가족(교단소속)을 초청하여 위로하고 간담회를 갖고 교단 소속 희생자 11명의 유가족 생계비 지원 및 담당 목회자를 위로하는 행사를 가졌다.

총회장인 김동엽 목사 등 임원단은 7월 23일에서 24일까지 세월호 참사 희생자 유가족 특별법 제정을 위한 단식 농성장과 진도 현장 실종자 가족을 위로 방문하였다. 또한 특별법 제정을 위한 천만인 서명에 참여하여 41,507명의 서명을 취합했고, 8월 7일에는 세월호 진상 규명 특별법 제정 촉구를 위한 기도회를 광화문 유가족 단식 농성장에서 개최했다.

8월 11일부터 30일까지 호남신학대학교 생명과 정의의 도보 순례단'은 총회의 후원으로 진도 팽목항에서 안산 화랑 유원지까지 '4.16 특별법 제정촉구를 위한 생명과 정의의 도보 순례'를 했다

그 밖에 총회는 추모 촛불기도회, 세월호 전국 순회 차량 임대료 및 운영비 후원, 유가족과 함께하는 기도회 후원, NCCK 세월호대책위 활동 후원, 진도군교회연합회장 고(故)문명수 목사 위문 및 조의, 세월호 실종자 가족을 위한 팽목항 컨테이너 구입 후원을 진행하였다.

기독교 대한성공회

대한성공회는 정의평화사제단 주관으로 2014년 9월 29일부터 10월 18일까지 총 20일간 '세월호 참사를 기억하며 걷는 생명평화도보순례'를 진행했다.[18] 당시 순례 거리는 진도 팽목항에서 서울 광화문까지 총 552km에 달했다.[19]

성공회 사제단은 세월호 희생자 및 실종자 애도, 세월호 유가족들이 제안한 특별법 제정과 진실 규명을 위한 연대, 근세기 이 땅의 분열의 아픔을 되새기고 용서와 화해의 마음을 모아 역사적 진실을 마주할 수 있는 내적 용기와 통합의 힘을 회복하고 교회의 복음적 가치(생명, 평화)를 회복하는 교회 갱신운동을 위해 기도하는 마음으로 순례를 진행하였다. 긴 여정에는 김현호, 박순진, 최석진 신부와 프란시스 수도회 형제들이 처음부터 종주하였고 지역의 사제들이 부분 참가했다.

성공회 정의평화사제단은 순례를 마치며 광화문 광장에서 "우리의 발걸음은 영원히 지워지지 않을 미안한 마음을 담았다"는 성명을 발표했다. 이들은 "4.16 이후 너 나 할 것 없이 미안하다고 했던 그 마음이 식어 가는 것

에 대한 안타까움에 더욱 미안했다"며, "전 국민이 미안해하던 자리에 의심과 외면, 그리고 분열의 마음이 채워지는 현실을 애도하며 걸었다"고 말했다. 사제단은 '망각은 노예의 길이요, 기억은 구원의 신비'라는 아우슈비츠 수용소의 말처럼 기억함으로 진실을 보자며 잊지 않고 끝까지 기억한다면 언젠가 진실을 보게 될 것이라는 믿음으로 걸었다고 했다.

2) 교계 단체들이 지킨 현장

많은 개신교 단체들이 세월호 유가족 및 시민단체와 함께 현장에서 활동했다. 고난 받는 이들과 함께 하는 모임, 기독교사회선교연대회의, 목회자 정의평화협의회, 민주쟁취기독교행동, 세월호 참사를 기억하는 기독인 모임, 예수살기, 촛불교회, 평신도시국대책회의, 세월호의 아픔에 함께하는 기독여성연대 등의 단체들이 광화문 광장, 청운동 사무소 앞, 여의도 국회, 안산 등 유가족이 있는 곳에서 기도회와 단식농성을 이어 갔다. 후에는 개신교 대학의 교수단과 학자들까지도 이에 합류해 기도회를 열기도 했다. 교계 단체의 현장 기도회는 참사 초기에는 '위로와 추모'가 핵심이었지만, 5월에 접어들며 세월호 유가족과 함께 진상 규명 및 세월호 특별법을 요구하는 목소리로 변화해 갔다.[20]

촛불교회는 참사 직후, 세월호 희생자 추모와 실종자 무사 생환을 기원하는 기도회로 가졌다. 촛불교회는 참사 다음날인 4월 17일 제201차 기도회를 마치고 별도의 추모시간을 가졌고 202차 기도회인 4월 24일부터는 세월호 추모기도회로 모였다. 이후 5월 15일 열린 제205차 촛불기도회부터는 전체 기독교계가 함께 참여했고 이후 국회, 청운동 사무소, 광화문 광장 등 유가족들이 농성을 벌이는 현장을 찾아가 촛불 예배를 이어갔다.

희생자들의 무사귀환과 희생자들을 추모하는 자발적인 촛불집회가 안산을 비롯하여 서울과 전국 각지에서 열리던 당시, 서울에서는 '세월호 참사 서울시민 촛불 원탁회의'를 구성하여 매일 촛불을 진행했는데, 초기에는 그동안 촛불예배를 드러온 최헌국 목사를 중심으로 촛불교회, 예수살기, 진보연대 산하의 여성연대 등이 참가했다.

민주쟁취 기독교 행동[21]은 예장 총회의 지원을 받아 장창원 목사를 중심으로 전국을 순례하며 세월호에 관한 추모와 홍보를 하고 진상 규명을 위한 서명을 받았다.

한편 개신교 내 여성단체들은 6월 2일 기독교회관에 모여 세월호 사건에 대해 힘을 합하기로 뜻을 모았다. 기독여민회 등 10개 단체는 '세월호의 아픔에 함께하는 기독여성연대'를 구성하기로 했다. 이들은 6월 말까지 '세월호 진상 규명을 위한 천만인 서명운동'에 참여하였고 11월 20일에는 세월호 아픔에 함께 하는 기독여성 토론회를 개최했다.[22]

복음주의권도 '세월호 참사를 기억하는 기독인모임'을 결성하여 매주 기도회를 진행했다.[23] 세월호 참사를 기억하는 기독인 모임은 기독교윤리실천운동, 교회개혁실천연대 등 총 18개 단체가 함께했다. 이 단체들은 5월 15일부터 11월 10일까지 총 15차례에 걸쳐 매주 월요일에 기도회를 열었다. 또한 10월 17일 팽목항을 방문해 세월호 실종자 가족 위로 예배를 드렸고, 7월 9일부터 11월 7일까지 광화문 이순신동상 앞에서 1인 시위를 펼쳤다.

각계에서 기도회와 연대 동조 단식을 이어 가던 개신교 각 교단 및 단체들은 9월 1일 광화문에서 세월호 특별법 제정 염원 5대 종단 연합기도회를 개최했다. 개신교, 불교, 원불교, 천도교, 천주교의 5대 종단이 연합하여 각자 종교의 방식으로 희생자들을 추모하고 진상 규명을 촉구했다.[24]

9월 15일에서 16일 광화문 광장에서 304인 기독인 철야 기도회를 개최했다.[25] 에큐메니칼 교단과 복음주의 교단이 연대한 이 기도회는 약 400여 명의 목회자와 평신도가 참가했고, 희생된 304인 이름이 적힌 명찰을 가슴에 걸고 그들을 위해 밤샘 기도회를 했다. 이날은 에큐메니칼 단체들과 복음주의 단체들이 모두 함께 모여 서로 다른 교단 목사들이 설교를 하고 기도를 하는 등 한국 개신교 교회 전체 교파가 모여 연대하는 기도의 밤으로 평가된다. 이 연대는 세월호 활동을 정리하는 안산에서의 12월 25일에는 세월호 가족과 함께하는 연합 성탄 예배까지 이어졌다.

3) 현장을 향한 목회자와 교인들

〈방인성 · 김홍술 목사의 40일 단식〉

단원고 유민이 아버지 김영오 씨의 단식 일수가 길어지자 이를 우려한 방인성 목사는 그만 단식을 중단하실 것을 권유했다. 그러나 유가족들은 김영오 씨가 단식을 중단하더라도 가족들이 이어서 40일 단식을 하겠다는 결의를 밝혔다. 이에 방인성 목사는 유가족들 대신 자신이 40일 단식을 이어가겠다고 밝힌 뒤, 김영오 씨가 단식 40일째를 맞이한 8월 27일, 김영오 씨와 함께 단식에 돌입했다. 이틀 전인 8월 25일부터는 김홍술 목사가 동조단식을 하던 차였다. 두 목사는 각각 40일, 42일의 긴 단식을 했고, 10월 5일 '세월호 특별법 제정을 위한 40일 단식 해단 및 안전한 사회를 촉구하는 기독인 연합 예배'로 단식을 마무리했다.[26]

많은 개신교인들이 두 목사의 생명을 건 단식을 지지하기 위해 광화문 광장을 찾았다. 이 단식은 기장의 생명선교연대가 40일간의 릴레이 형식으로 이어갔고, 계속 각 교단별 단체별 릴레이 단식으로 개신교계가 광화문을 지키게 되는 계기가 되었다.

〈문명수 목사〉

성결교 소속인 문명수 목사는 세월호 침몰 사고 직후 전남 진도 팽목항과 실내체육관을 오가며 봉사활동을 해 왔는데, 도중에 쓰러져 치료를 받다가 10월 3일 세상을 떠났다. 병원 치료를 받아온 지 150여 일 만이다. 문 목사는 세월호 참사 다음 날인 4월 17일부터 밤낮없이 실종자 가족을 위해 일하던 중 쓰러졌다. 진도군청은 문 목사의 살신성인 정신을 기리고자 정부에 의사상자 지정을 신청한 상태다.[27]

문명수 목사는 80여 개 진도 교회들이 회원으로 있는 진도군교회연합회(진교연) 회장이다. 진교연은 세월호가 침몰한 다음 날인 4월 17일부터 진도 팽목항과 체육관에 부스를 차리고 실종자 가족들에게 식품과 각종 생필품을 지급했다. 연합회 회장으로서 문 목사도 체육관과 팽목항을 오가며 기도나 도움이 필요한 곳은 어디든지 달려갔다.

4. 평가와 전망

긴 싸움 끝에 세월호 특별법은 제정되었지만, 여전히 진상 규명은 낙관할 수 없다. 이를 반증하듯, 참사 1년이 다 되어 가지만 아직도 유가족들은 세월호 인양과 진상 규명을 요구하며 안산에서 팽목항까지 도보 순례를 하고 있다. 그에 앞서 1월 26일 시작한 도보 순례는 한달여 만인 2월 14일 팽목항에서 마무리됐다.

1월 1일 출범한 '세월호 참사 특별조사위원회의'는 조사 대상자 등에 대해 출석 요구권, 동행 명령 요구권을 갖고 있지만, 애초 요구했던 수사권과 기소권은 갖고 있지 않다. 또한 새누리당은 특위의 개최 자체를 지연시키며 시간 끌기를 계속하고 있다. 벌써 진상을 은폐하고 증거를 훼손하고 은폐한 흔적들이 여기저기 보이는 판에 참된 진상이 밝혀지는 것은 좀 더 오랜 세월이 지나야 가능할지도 모른다는 생각이 확산되고 있다. 비관적으로 전망한다면, 지금 정권 아래서는 불가능할지도 모르겠다. 긴 호흡이 필요할 때이다.

1) 하나님은 무엇을 하셨나?

세월호 사건을 보면서 '하나님은 무엇을 하셨나?' 하는 신학적 질문을 할 수 있다. 이 사건은 하나님을 전통적인 전능의 신, 초월한 신으로만 볼 수 없게 만들었다. 권력에 희생된 이들 앞에서, '왜?'라는 질문에 대면하면서 그리스도인들은 하나님의 부재를 경험하기도 한다. 오랜 시간 진보 신학은 "하나님은 고통 받고 눈물 흘리는 이들 가운데 계신다"고 외쳤다. 어쩌면 이는 외침으로 끝나는 무엇이었을지 모른다. 고통에 답을 찾을 수 없는 이들이 '하나님이 계신 곳'을 찾을 때 기어이 답을 주고자 했던 신학자들의 외침이었는지도 모른다. 그러나 우리와 별로 다르지 않고 무력한 하나님을 과연 계속 하나님으로 고백할 수 있는가 하는 신학적 문제가 여전히 뒤따른다.

그러나 동시에, 그 절망만이 넘실대는 폐허에서 하나님을 발견하게끔 하는 한 줄기 빛 또한 함께 우는 사람들에게서 나온다. 우리는 결국 희망은 사람에게 있다는 것을, 그리스도는 결국 사람을 통해 말씀하신다는 것을 안다. 하나님은 그냥 눈물만 흘리고 계시지 않았다. 지금 울고 있고, 지금 피 흘리고 있다는 것은 그래서 누군가의 도움이 필요하다는 것이다. 하나님은 눈물을 흘리며 울고 계시기만 하지는 않는다. 그분은 함께 우는 누군가의 손을 잡아 주고 계시다. 하나님께서 우는 자들의 손을 잡아 주신다는 것은 우리 모두를 연대의 장으로 이끌어 나온다. 그것은 자체로 큰 성과이다. 나의 아픔이고 나의 눈물인데 거기에 누군가 함께 울어 주는 주체가 있고, 함께 아파하는 주체가 있다면, 아픔을 통해 이웃을 발견하고 새로운 차원의 하나님을 만나는 것이다.

나는 운동의 성과를 결과의 전리품으로만 셈할 수는 없다고 본다. 그 결과가 이루어지는 것은 좀 더 긴 세월이 걸릴지 모르지만, 세월호 사건으로 6백만 명이 서명에 참여하고, 10개월간 투쟁하는 가운데 수많은 인파가 흘린 눈물들은 약함을 고리로 하여 우리가 새롭게 발견한 것들이다. 세월호 사건 이후 시민들이 보여준 지지와 투쟁은 비록 지금 확실한 운동의 성과나 결과물로 나타나지는 않았지만, 그 어느 때보다도 광범위한 국민적 연대를 만들어 냈고 국민들의 마음이 하나를 이루었던 사건이었다. 우리는 그 속에서 새로운 하나님을 만났다.

2) 조직적 연대체와 지도력의 한계

개신교는 그동안 수많은 성명서와 집회, 단식, 그리고 거의 각 교단마다 팽목항에서 광화문까지 또는 안산까지 순례를 하면서 세월호 사건을 기억하려고 애썼다. 그러나 항상 개신교의 이미지는 아무것도 하지 않는 몇몇 대형교회 인사들의 몰지각한 망언 속에 묻혀 버리고 만다.

필자는 이런 이유가 개신교의 활동이 분산되어 있기 때문이라고 생각한다. 지금은 과거와 같이 한국의 민주화와 통일 운동을 감당해 온 한국기독교교회협의회(NCCK)가 적극적으로 사회문제에 개입할 수 있는 구조가 아니다. 과거는 독일 등 서구 교회의 지원이 물적 토대가 되기에 교회가 예언자적 역할을 수행하기 위해서는 정부와 껄끄러운 긴장 관계도 감수했다. 그러나 지금은 그 안에 다양한 교단들이 들어와 있고, 또한 소속 교단이 유일한 물적 토대가 되어야 하는 형편이다. 게다가 현장에 나와서 연대하는 주체에는 교회협 소속이 아닌 복음주의 단체들도 상당히 늘어났다. 어렵게 예언자적 역할을 감당하는 단체들은 모두 소규모의 영세한 모임들이다. 마음껏 자기 일들을 펼쳐 갈 여건이 되질 못한다. 서로 눈치보며 함께 연대해야만 그나마 일이 될 수 있다. 어떤 면에서는 이런 점이 연대를 잘 이루어 갈 수 있는 조건이기도 하지만, 동시에 연대가 힘든 이유이기도 하다.

세월호 사건이 이렇게 장기화되고 오랫동안 해결이 되지 않으리라고 생각하지 못했다. 초기부터 무게를 실어서 우는 자와 함께하기를 원하는 교회들이 연대하는 틀이 필요했다. 각 단체나 교단에 의해서 진행되는 산만한 대응보다는 조금 더 통일되고 규모 있는 연합체를 형성하여 조직적으로 움직였다면 훨씬 효과 있는 대응이 되었으리라 생각한다.

이는 한 가지 예만 보더라도 분명하다. 거의 모든 교단이 팽목항에서 광화문 또는 안산까지의 순례 행진을 하였다. 좀 더 조직적으로 큰 규모의 순례단을 구성하여 언론에 알리기도 하고, 각 지역 교회들과 간담회를 가지면서 순례했다면 세월호 사건을 시민들에게 각인시키는 계기가 되고, 또한 한국 교회를 갱신하는 목적도 동시에 이루는 좋은 사례가 되었으리라 생각한다. 그러나 각 교단이 소규모로 각각 다른 일정으로 순례를 진행했기에 그것을 알고 기억하는 사람은 오직 순례에 참여한 사람들 외에는 없는 편이다. 결론적으로, 이런 것은 각 단체나 교단을 아우를 수 있는 연대체가 부재하기 때문이다. 대응 초기에 각 교단이나 단체들의 어른들을 중심으로 단일한 연대체를 구성하고 좀 더 조직적으로 대응하지 못한 것이 아쉬운 점이다.

3) 한국 교회가 서 있어야 할 자리는 어떤 곳인가?

세월호의 아픔은 한국 교회의 각자가 서 있는 분명한 자리를 보여주었다. 그들이 취한 태도에 따라 필자는 세 가지 부류로 나누어 보았다.

첫 번째는 우는 자와 함께한 교회들의 움직임이다. '세월호'라는 큰 슬픔은 한국 교회에도 묵직한 질문을 던졌다. 지난 10개월 여 동안, 기도회와 단식 농성, 성명서 발표 등으로 세월호 유가족과 함께했던 개신교 단체 및 교단은 '그리스도인이 마땅히 서 있어야 할 삶의 자리는 어디인가?'라는 근원적인 질문에 행동으로 답을 했다. 그들은 아파하는 이들과 함께 울었다. 비록 교단과 단체, 진영으로 흩어져 움직였을지라도 이들은 그리스도인의 삶의 자리를 분명히 알고 있었다. 그들은 "우는 자와 함께 울라"(로마 12:15)는 말씀을 이루기 위해 고난의 자리에 동참해 함께 행동하는 모습을 보여주었다.

두 번째는 우는 자를 보며 '우리의 가슴을 치자'고 말하는 교회이다. 크리스천들이 사회적 문제가 터지면 늘 그렇게 숨어 버리듯이 우는 자를 보며, '내 탓이오'를 외치며 느닷없이 자기 가슴을 치며 회개하자는 사람들이다. 한국기독교 원로목사회와 한국범죄예방국민운동본부는 5월 15일 한국교회 100주년 기념관에서 '회초리 기도회'를 열고 세월호 참사와 한국 교회의 영적 침체가 원로 목회자들의 잘못 때문이라고 했다. 원로목사회 대표회장 최복규 목사는 "철저하게 죽음을 각오하고 '하나님 제가 먼저 죽겠습니다'라는 각오 없이는 이 나라를 절대 바로 세울 수 없다"면서 스스로 종아리를 걷고 회초리를 내리치며 참회했다. 회초리 기도회는 경남 창원, 대구 등 전국 16개 시·도를 돌며 진행될 예정이라고 밝혔다.[28] 영적으로 깨어 있지 않은 우리의 탓이며, 그러니 타인을 탓할 게 아니다. 세상이 문제가 아니라 나의 생각과 시선이 문제라는 메시지는 깨달음이나 영성의 본질일지 모른다. 그러나 한편, 이런 움직임의 곁에는 국가나 권력에 복종하라는 암묵적 메시지가 깔려 있기도 하다.

세 번째는 우는 자들에게 등을 돌린 교회이다. 세월호 사건 초기에 터져 나온 대형교회 목사들의 문제 발언은 시민들의 추모의 정서와는 다른 망언에 가까운 것으로 비난을 샀다. 이들의 발언들은 자연스런 인간의 마음을 역행하는 것이었고 일반 시민들이 기독교에 대해 등을 돌리게 하는 요인이 되어 버렸다. 책임을 진다는 것은 무엇인가? 그 참담한 말을 내뱉은 후 그들의 행보는 어떠했는가? 그들은 자신에게 회초리를 친 후, 무엇을 하였는가? 그러나 그들의 회초리는 퍼포먼스에 불과했다. 또한 시민들의 추도 분위기에 망언을 일삼으며 시민들을 좌경, 빨갱이로 몰아가는 사람들을 도대체 신앙인이라고 불러야 할까? 아니면 '광기의 극우주의자들'이라고 말해야 할까, 그들은 세월호 유가족의 광화문 단식 농성장 건너편에서 찬송가를 불렀다. 그들에게 '신앙인'이라는 정체성을 부여하기는 어렵지만 현재 그들의 모습이 이 시대 교회의 썩은 모습을 적나라하게 드러내고 있음을 부정하기는 어렵다. 신학자 정경일은 말한다.

고통의 현장에서 희생자와 맺는 관계에 따라 우리는 가해자가 될 수도 있고 방관자가 될 수도 있고 구원자가 될 수도 있다. '선한 사마리아인 비유'에서 … 예수가 묻는 것은 '누가 당신의 이웃인가?'가 아니라 '누가 고통 받는 이의 이웃이 되어 주었는가?'이다. 세월호는 묻는다. 오늘 누가 희생자들의 이웃이 되어 함께 울고 있는가?[29]

5. 나가는 말

참사 앞에서 사람들은 물었다. '국가란 무엇인가?' 그리고 참사 이후 교회의 움직임들 속에서 신앙인들은 다시 묻는다. '교회란 무엇인가?' 교회에는 오직 '말'이 난무한다. 가슴을 치자고 말하지만, 눈물 흘리던 수많은 교인들은 예배당 문을 나서는 순간 눈물을 잊는다. '미안합니다', '우리 탓이다'라며 가슴을 친 후, 삶은 아무것도 변하지 않는다. 그리스도교의 깊은 진리는 '말씀이 육신이 되어 우리 안에 거하신 것'이다. 그리스도교는 말의 종교가 아니라 육신의 종교다.

헤셸은 "예언이란 하나님이 인간의 아픔을 표현하라고 빌려주신 말이며, 마치 하나님의 가슴으로부터 쏟아져 나와 인간의 가슴으로 뚫고 들어가려는 듯 강요하고 경고하고 앞으로 밀어붙이는 언어이다. 그것은 하나의 삶의 양식이며 하나님과 인간이 서로 만나는 접촉점이다. 하나님은 예언자의 말을 통하여 자신의 분노를 표출하신다"라고 한다.[30] 우리는 예언을 통해 하나님과 인간이 서로 만나는 접촉점을 갖게 된다. 역사적으로 교회를 교회답게한 것은 무엇인가? 사회의 부조리함에 부조리하다 말하는 것. 그것이 예언자적 교회가 아닌가?

모두가 '잊지 않겠다'고, '기억하겠다'고 했지만, 그 기억을 지우고자 하는 사람들과의 힘겨운 싸움은 세월호 사건의 제2라운드가 될 것이다. 어렵게 여야합의로 시작한 특위는 아직 첫걸음마조차도 하지 못하고 있는 상태이다. 권력자들은 몇 달만 넘기면 되리라 여기며, 다른 뉴스와 관심거리로 서서히 세월호를 망각의 늪에 빠뜨릴 것이다. 세월호 사건을 음모론으로 보는 시각도 있다. 그것은 국정원 선거개입을 잊게 하기 위해 일으킨 사건이라는 설이다. 권력자들이 흔하게 쓰는 수법이기도 하다. 그러기에 반드시 진상이 규명되어야 한다. 욕심이 잉태하여 죄를 낳고 죄가 장성하여 사망을 낳는 악순환이 벌어지게 해서는 안 된다.

그들은 망각을 요구하고 '이제 그만 잊자'고 한다. 하지만 성서는 역사적 사건을 기억하기 위한 책이다. 그들은 절기를 만들어 역사 속의 사건을 기억하고자 했으며, 예배를 통해 그 기억들을 재연했다. 그리고 그것을 기록하여 마음 판에 새기며 현재화하는 말씀이 성서이다. 기억하자. 그리스도교의 핵심은 '기억'이 아닌가? 예수의 죽음과 부활을 기억하고, 그분의 삶을 기억하면서 그것을 현재로 살아 내는 것이 아닌가? 오늘의 다양한 사건들이 계속 회전되고 무의미와 소멸의 위기 속으로 사라져 버리지만 성서의 사건과 예수 사건은 오늘의 사건들이 소멸해 가는 속도를 넘어서서 언제나 기억해야 할 것을 그 자리에 존재하게 하는 힘으로 작용한다. 잊혀지지 않는 말씀은 계시가 되기 때문이다.

3부 |
고통의 정치화와 그 책략들

유족들의 시위를 종북 세력으로 설정하는 정치 지향성의 분석:
인간적 고통 앞에서 중립을 지킬 수는 없습니다 ─────────── 김혜경

    저자는 "인간적 고통 앞에서 중립을 지킬 수는 없었습니다"고 언급한 교종의 시각과 유족들의
시위를 종북 세력으로 설정하는 이들의 시각을 대비시키면서, 고통당하는 이들과 연대한다는
의미로 단 리본을 정치적 편향으로 규정하는 정치적 관점이 어떻게 제기되고 있는지를 면밀히
검토한다. 그들의 관점에서 '중립'이란 상대방의 편을 들지 않는 입장을 의미하며, 따라서
정치적으로 같은 이데올로기를 공유하지 않는 모든 세력은 '종북'으로 규정된다. 이러한 이념의
기제들이 작동하면서, 참사의 책임 문제는 전혀 고려되지 않는다. 핵심적인 문제는 이러한
이념적 기제들이 용산 참사로부터 계속 작동하고 있으면서, 문제의 근원을 전혀 치유하거나
교정하지 않는다는 것이다.

세월호 참사 언론 보도에 대한 기독교 문화 윤리적 비판 ─────────── 송용섭

    저자는 세월호 참사 보도에 드러난 문제점들을 찰스 테일러와 노암 촘스키의 이론을 바탕으로
분석하고 비판하고자 한다. 테일러는 현대 사회는 불안을 먹이 삼아 개인주의와 도구적 이성과
온건한 독재가 작동하는 사회로 규정한다. 촘스키는 더 나아가 정부와 기업이 언론을 통해
노동자의 정신을 통제하고, 순간적 소비생활의 감각적 즐거움을 통해 개인적 쾌락에 몰입하도록
조종함을 밝혀 주었다. 세월호 참사 보도는 테일러와 촘스키가 밝혀준 정부와 언론의 밀착관계가
바로 그러했음을 보여주고 있다고 저자는 주장한다. 이 언론의 권력지향성을 극복하기 위해서
시민사회의 자발적 행동과 네트워크 구성을 통한 민주적 여론의 형성과 반영을 위한 대안들을
모색해야 할 때임을 저자는 역설한다.

유족들의 시위를 종북세력으로 설정하는 정치 지향성의 분석
- "인간적 고통 앞에서 중립을 지킬 수는 없었습니다!"

김혜경 _대구가톨릭대학교 인성교육원 교수

1. 들어가는 말: 세월호 참사 이후 가톨릭교회의 대응

2014년 8월 14 - 18일 프란치스코 교종은 대전에서 열린 제6회 아시아 청년 대회와 시복식, 두 가지를 목적으로 삼고 한국을 방문하였다. 아시아 청년대회와 같은 대륙별 청년대회는 물론 '윤지충 바오로와 동료 순교자 123위 시복식'(8월 16일 광화문에서 거행)과 같은 행사에 교종이 직접 참석하는 것은 처음 있는 일이었다. 그리고 그의 방문 여정에서 조용히 계속해서 그분과 함께한 사람들이 있었다. 바로 세월호 유가족들이었다.

프란치스코 교종의 한국 방문은 2013년 브라질 리우에서 개최한 세계청년대회에서 돌아오는 비행기 안에서부터 나온 말이었다. 그 자리에서 교종은 2014년 여름, 한국의 대전에서 개최 예정인 아시아 청년대회 소식을 접했고, 대전교구장 유흥식 주교의 구두 초청이 이어졌다. 그리고 2013년 성탄을 즈음하여, 한국 천주교 주교회의는 정식으로 초대장을 발송하였다. 이에 바티칸에서는 초대에 응하겠다고 했으나, 이후 교종의 건강상의 이유로 과연 오실 수 있을까 하는 의구심이 외신을 통해 조심스럽게 흘러나왔고, 그런 중에 세월호 참사가 터졌다.

세월호 참사는 교종으로 하여금 한국 방문을 확정 짓는 계기가 되었고, 이후 교종의 한국 방문과 관련하여 실무자들이 본격적으로 오가며 방문의 목적을 구체화시켜 나갔다. 그중 6월 21-27일까지 교황청 정의평화평의회 사무총장 몬시뇰 마리오 토소 대주교가 한국을 방문하여 한국의 사회 상황을 둘러보고, 교구별 정의평화위원회 실무자들과 당시 사회적 이슈가 되고 있던 문제와 연관이 있는 여러 단체들의 목소리를 듣고, 지역을 돌며 오늘날 보편교회가 지향하는 사회정의와 프란치스코 교종의 회칙『복음의 기쁨』에서 드러나는 교종의 사목적 방향에 대해 강연을 하고 돌아갔다.

8월 12일, 프란치스코 교종 방한준비위원회 위원장인 강우일 주교는 시복식 장소인 광화문광장에서 농성 중이던 세월호 희생자 가족에 대한 강제퇴거 반대 입장을 밝히면서 "눈물을 흘리는 사람들을 내쫓고 사랑의 성사인 미사를 거행할 수는 없다"고 이유를 분명히 했다. 이것은 앞서 기고한 〈세월호 참사에 대한 그리스도인의 성찰〉(강우일 주교, 5월 16일)과 명동성당에서 열린 교종방한준비위원회 발대식 미사 강론(6월 20일)에서 "프란치스코 교종의 방한은 잔치나 축제가 아니라, 고통으로 힘들어하는 이들, 억압과 미움으로 대결하는 이들, 분쟁과 폭력에 희생되어 눈물 흘리는 이들을 위로하고 격려한다는 데 지향이 있다"고 천명한 것과 같은 맥락에 있는 것이었다. 나아가 세월호 참사에 대하여 주교회의 차원에서 내놓은 〈세월호 참사 국정조사 파행과 특별법 제정에 대한 한국천주교주교회의 정의평화위원회의 입장〉(한국천주교주교회의 정의평화위원회, 2014.7.14.), 정의평화위원회 제작 영상 〈

세월호는 우리 모두의 십자가입니다〉(2014.10.21.) 등과도 같은 맥락에 있는 것으로서 "국회는 광화문광장에서 단식 농성 중인 세월호 희생자 가족의 염원대로 철저한 진상 조사와 규명이 이뤄지도록 세월호 특별법 통과를 위해 최선을 다해 달라"(강우일 주교, 6.20)는 요청의 연장선상에 있는 것이기도 했다.

가톨릭교회의 고위 성직자들의 계속된 이런 움직임은 교회 전체 차원에서 세월호 진상을 알려나가는 데 더욱 힘을 모으는 원동력이 되었다. 10월 13일 서울 정동 프란치스코 교육회관에서 각 교구 정의평화위원회와 남녀 수도회, 천주교정의구현전국연합, 정의평화민주가톨릭행동 등 교회 내 사제와 수도자, 평신도를 망라한 단체들이 〈세월호 진상 규명을 위한 천주교 연석회의〉를 개최한 것이 대표적인 사례이다.[1] 이후 연석회의의 결과들은 각계에서 다양한 형태의 행동으로 드러났다.

매주 월요일 쌍용차노조들을 위해 서울광장에서 집전되던 미사는 동시에 세월호 참사 특별법 통과 기원미사로 이어졌고, 청계광장과 광화문광장은 물론 안산과 팽목항에서 유가족들과 함께하는 수많은 남녀 수도자들과 평신도들이 행동하는 '가톨릭 정신'을 구현시켜 나갔다. 지금도 그들의 '행동'은 계속해서 여러 형태로 이어지고 있다.

2. 교종에게 정치적 중립을 요구하는 사회

세월호 참사 이후 가톨릭교회의 대응은 큰 틀에서 언급한 바와 같이 교구와 수도회, 평신도와 사제단을 초월하여 범교회적으로 진행되었다. 교종에서부터 교회 실무자들의 움직임은 온전히 "라마에서 소리가 들린다. 울음소리와 애끓는 통곡 소리. 라헬이 자식들을 잃고 운다. 자식들이 없으니 위로도 마다한다"(예레 31,15; 마태 2,18)는 심정의 세월호 유가족들에게 맞추어져 있었다. 그러나 여기에 대해 교종은 '정치적 중립'이라는 이름으로 유가족들을 향한 위로의 행보를 제지하는 목소리를 들었고, 교회 실무자들 역시 '종북세력'으로 몰려 억울한 곤욕을 치르기도 했다. 이에 본고는 세월호 유가족들의 시위까지 종북세력으로 설정하는 우리 사회의 정치 지향성에 대해 논의를 개진하고자 한다.

2014년 8월 18일, 프란치스코 교종은 4박 5일간의 방한 일정을 마치고 로마로 돌아가는 귀국편 항공기 안에서 기자들과 회견을 가졌다. 그 자리에서 교종은 이런 말을 했다. "(세월호 추모) 리본을 유족에게서 받아 달았는데 반나절쯤 지나자 어떤 사람이 내게 와서 '중립을 지켜야 하니 그것을 떼는 것이 좋지 않겠느냐'고 물었습니다." 한 기자가 어떻게 대답을 하셨냐고 묻자, 교종은 "인간적 고통 앞에서 중립을 지킬 수는 없습니다."고 말해 주었다고 했다. 교종의 이 말은 외신을 통해서 전 세계로 전해졌고, 세월호 참사가 한국 정치와 모호한 연관성이 있으리라는 추측과 함께 일부에서 은근히 새어나오고 있던 프란치스코 교종의 '빨갱이'성(性) 논란은 종적을 감추었다.

교종은 이날 기자회견에서 "인간적인 고통 앞에 서면 마음이 시키는 대로 행동하게 됩니다"며, "어떤 이들은 그것을 두고 '정치적인 이유로 그렇게 한다'고 생각할 것입니다"고 하였다. 이어서 "하지만 희생자의 아버지, 어머니, 형제, 자매를 생각하면 그 고통이 표현할 수 없을 정도로 클 것"이라며 "제가 하는 위로의 말이 죽은 이들에게 새 생명을 줄 수는 없지만 희생자 가족을 위로함으로써 연대할 수는 있습니다"라고 말했다. 프란치스코 교종은 앞서 언급했듯이 방한 내내 기회 될 때마다 세월호 유가족들을 만났고, 세월호 사건을 추모하는 노란 리본을 달고 로마로 향하는 귀국길에 올랐다.

본고는 이런 그분의 경험을 통해 두 가지를 통찰해 보고자 한다. 하나는 노란 리본을 가슴에 다는 것이 왜 사고로 죽은 동족의 영복이나 무사귀환을 기원하는 의미가 아니라 정치적인 중립을 훼손하는 도구가 되는지에 대한 것이고, 다른 하나는 누가 종교지도자인 교종에게 '정치'라는 말로 행동에 제재를 가하려고 하는지, 그리고 그 근거는 어디에 있는지에 대해서 살펴보려는 것이다. 이를 통해 사회의 발전을 저해하고 한국 민주주의가 고강도 민주주의로 나아가지 못하도록 발목을 잡는 이데올로기 논쟁을 비판적으로 성찰해 보고자 한다.

20세기의 저명한 신학자 로마노 과르디니(Romano Guardini, 1885-1968)는 "한 시대를 제대로 평가하는 유일한 방식은 그 시대가 인간 삶의 충만함이라는 진정한 대의에 어느 정도 도달했는지를 묻는 것이다"[2]라고 하였다. 정치와 관련한 문제를 신학자의 입장에서 논의함에 있어 분명한 한계를 인식하기에 이를 정치철학적으로 분석하기보다는, 세월호 참사에서도 여지없이 드러나는 이데올로기 논쟁을 통해 우리 사회의 모든 이슈들에 색깔을 입히려는 정치 풍토에 대한 신학적인 소회를 밝히는 것임을 미리 밝혀 둔다.

3. 유족들의 시위와 그것을 바라보는 눈

세월호 참사는 선박이 침몰한 '사고'(accident)에서 국가가 국민을 구조하지 않은 '사건'(événement)이 된,[3] 그래서 온 국민에게 엄청난 충격을 안겨준 대참사였다.

정부는 사고 신고를 접수한 후, 대책을 세운다는 구실로 하루를 허비했고, 사고 초기 해경 역시 태만한 대응 자세를 보여주었다. 경찰청, 소방본부, 해군 해난구조대(SSU)와 특수전전단(UDT), 미 해군, 민간 잠수사 등 모든 외부 지원은 거부되거나 배제되었다. 해군의 통영함은 끝내 구조작업에 투입되지 않았고, 다이빙벨은 논란 끝에 뒤늦게 투입되었지만 구조에는 실패했다.[4] 그러는 사이에 4일이라는 황금 같은 시간은 흘러갔고, 결국 시신 수습에 인력을 동원하기 시작했다.[5]

이런 모든 황당한 과정과 결과를 보며 유가족과 시민들은 분노했고, 그 이유를 물었다. 배 안에서 아이들이 죽어 가는 장면을 생중계해주는 부지런함은 보이면서도, 왜 그들을 구하지는 못했는지에 대해 항의했다. 토마스 아퀴나스는 (국가) 권위가 자연법의 근본 원리를 심각하게 또는 반복적으로 침해한다면 그 권위에 대한 저항은 정당하다는 것을 "정의의 질서가 요구하는 한 인간은 복종할 의무가 있다."[6]는 말로 대신하였다. 이는 자연법, 곧 천부적이고 보편적인 인권이야말로 저항권의 기초가 된다는 말이다.

이들의 항의에 대해 한국천주교주교회의 정의평화위원회 위원장 이용훈 주교 역시 이렇게 옹호했다.

> 가족을 잃은 이들이 죽음의 진상을 밝혀 달라고 애타게 호소하고 다니는 사회는 분명 정상이 아닙니다. 그것은 그들에 앞서 국민의 안전을 최우선으로 삼고 인간 존엄을 모든 국정가치의 최고에 두어야 마땅한 국가가 책임져야 할 몫입니다.[7]

그럼에도 불구하고 정부의 사고 처리는 여전히 '진행 중'인 가운데 참사에 대한 다양한 해석이 제기되는 와중에 여론 지도층이라고 할 수 있는 일부 언론과 권력자들 사이에서 오히려 상식 밖의 발언과 행동들이 나오기 시작했다.[8] 팩트는 갈수록 줄어들고 '선택된' 사실들만 호도되기 시작했고, 사실은 '왜곡'되고 진상 규명 요구는 '불순한 유족'들의 반정부 시위로 매도되어 갔다. 이에 유가족들은 진상 규명을 호소하며 시민단체와 연대하여 정부를 상대로 직접적인 시위를 하기 시작했다. 그러자 그들의 시위에 불편함을 느낀 부류들 사이에서 '세월호 참사'에 대한 '다른' 주장들이 나오기 시작했다.

그 첫 번째가 세월호 참사는 우리 사회의 안전 불감증이 빚어낸 사건이라며 문제를 왜곡하는 것이었다. 굳이 '왜곡'이라고 부른 이유는 불감증의 주체가 없기 때문이다. 그날 세월호에 오른 일반 승객들과 학생 승객들이 안전 불감증의 당사자인지, 정규직과 비정규직으로 일하던 세월호 승무원들인지, 세월호 선주인 청해진 해운인지, 청해진 해운에 규제완화를 해 준 전(前) 정권인지, 아니면 최초의 사고 소식을 들은 해경인지 아무런 언급이 없다. '안전' 문제를 부각시켜 국민 모두에게 '내 탓이오'를 강요하는 사이에 실제 안전 불감증의 주체는 슬그머니 구조(혹은 책임) 일선에서 모습을 감추는 것이다. 그러나 알다시피 안전 문제는 사고가 일어나기 전의 구조적인 문제로서 사고가 일어날 수밖에 없는 많은 상황들과 관련이 있는 것이지, 사고가 일어난 후에 유가족들이 요구하는 사건의 진상 규명이나 책임자 처벌, 앞으로 유사 사건의 재발을 위한 대책 마련 등의 문제와는 무관한 것이다. 물론 이런 대형 참사를 통해 개인의 안전 문제를 성찰해 볼 수는 있을 것이다.[9]

그렇다고 이러한 성찰이 참사의 진상 규명과 책임자 처벌 등과 같은 사후에 반드시 필요한 과정들의 논점을 희석하거나 호도해서는 안 됩니다. 오늘의 참담함에 부지불식 일조했다는 국민 모두의 자발적이고도 겸허한 숙고는 참사의 분명한 책임과 죄과를 묻는 것과는 엄연히 구별되는 영역이기 때문입니다. 국민에 앞서 오히려 뼈아픈 자성과 환골탈태를 다짐해야 하는 것은 정부입니다.[10]

두 번째 부류는 '비용 계산' 방식이었다. KBS의 김시곤 당시 보도국장은 "세월호 사고는 300명이 한꺼번에 죽어서 많아 보이지만, 연간 교통사고로 죽는 사람 수를 생각하면 그리 많은 건 아니다"라는 취지의 발언을 하였다.[11] 각 개인의 규율에 관심을 두는 것이 아니라 (그 개인들로 구성된) '인구' 전체에 관심을 두면서, 문제가 되는 행위 또는 현상을 '있을 수 있는 일'이라고 간주하고 사회가 그것을 어느 정도까지 용인할 수 있는지 비용 계산을 하는 것이었다.[12] 경제적인 성장 제일주의를 최우선 가치로 하는 가운데 공리주의적인 원칙이 생명을 담보로 작동하는 무서운 사고방식이다. 이것은 포스트모더니즘 시대에서부터 간파된 바 있는 "급속한 인구 팽창, 지속적인 과학과 기술의 발전, 그리고 그에 따른 고향 상실의 증대로 특징지어지는 시대에 대중들은 실제로 공리주의적 범주의 의미에서 보면 '남아돌아가 쓸모 없게' 된다"는 논리와 같은 맥락에 있는 것이다.[13] 오늘날과 같이 자본과 권력이 한편이 되어 통치를 하는 형태는 단순히 경제적인 구조만으로는 설명하기 어려운 새로운 차원의 통치성을 내포하고 있다는 것을 입증해 주는 대목이 아닐 수 없다. (잉여) 인구에 대한 적극적인 배제를 자본과 권력이 공조하여 자행하고 있다는 것이다.[14]

세 번째 부류는 '국가를 분열시킨다', '갈등을 조장한다', 더 나아가서는 (2014년) 7월 선거를 앞두고 '정치적으로 이용하려고 한다'는 등으로 매도하는 가운데 '종북주의'가 부상하기 시작하였다. 약자가 된 유족들의 '알 권리'를 위한 시위는 국론 분열 행위가 되고, 분열의 영역을 정부에 대한 저항이 되어 '폭력'으로 간주되었다. 일부는 사회 불안을 조장하는 반정부 세력이 되고, 일부는 그들의 배후가 누구인지를 추궁 받기에 이르렀다. 사건의 진상에 대한 규명 노력은 사라지고 편향적인 이데올로기가 판을 치면서 본질과는 전혀 상관없는 사생활까지 파헤쳐지고 인신공격이 시작되었다. 자식을 잃어 무너진 가슴에 이중 삼중의 비수를 내리 꽂는 사이에 세월호 사건에서 가장 큰 문제가 되는 '정치의 부재'와 집권세력의 책임은 슬그머니 자취를 감추었다. 이런 상황에서 약자가 된 희생자들의 상황을 알리는 설교나 연설, 집회나 각종 사적인 모임까지 반국가적 행위로 간주되고, 유가족들의 입장을 옹호하는 사람들은 모두 빨갱이, 종북주의자로 낙인찍히고 말았다.

4. 한국 사회에 만연한 편향적 이데올로기

우리 사회의 분열을 끊임없이 조성하는 편향적 이데올로기는 정치가 투명하게 이루어지지 않던 과거 군사독재 시절의 유산 중 하나라고 할 수 있다. 장막 속에서 이루어진 한국정치의 어두운 유산이 지금까지 권력의 중심을 쥐고 흔드는 탓이라는 생각이 든다. 물론 그 뿌리는 우리의 민족적인 트라우마가 된 식민주의와 한국 전쟁일 것이다.

'민주주의(자유민주주의)'와 '공산주의(인민민주주의)' 가운데서 한국 민주주의의 정체성은 전쟁을 경험한 한국인들 안에 무의식적으로 내재된 공산주의에 대한 위협과 공포심을 토대로 국가의 안전과 평화, 사회 질서를 최우선 과제로 삼으면서 국가주의의 형태를 띠게 된 것으로 분석된다. 거기에 유교 국가인 조선의 강력한 중앙집권적 관료주의 전통의 영향이 더해지면서 이런 대립적 이념들이 점차 민족을 좌우에서 남북으로 분할하고, 이제 사회 내부로 그 분열의 영역을 확장하고 있는 것이다.

이런 이데올로기적인 양상은 분열·대립 신자유주의 체제 속에서 움직이는 자본주의의 발전과 폐해에 대한 태도에도 적용되어, 발전을 지지하는 보수주의와 폐해를 말하는 진보주의를 마치 민주주의와 공산주의를 가르는 것과 같은 잣대로 나누는 것이다. 자본주의와 반자본주의를 이데올로기화하여 '민주주의=자본주의=보수주의' 대(對) '공산주의=진보주의'로 구분하는 것이다. 그러다 보니 자본주의를 지지하는 자본주의적 보수주의는 민주주의의 지킴이를 자처하고, 자본주의의 폐해와 편중된 분배문제를 거론하는 진보주의는 반자본적인 공산주의(혹은 종북주의)로 규정되는 것이다.

이런 형태의 민주주의는 일종의 전체주의의 성격을 띠기 때문에 과거 군부독재 시절의 폐해들이 얼마든지 다시 고개를 들 수 있는 좋은 토양이 된다. 그 속에서 국민을 우민으로 만드는 통치 체제는 (자유)민주주의=자본주의라는 망토를 입고, 존재하지 않는 유토피아를 제시하는 것이다. 세월호 사건은 바로 이 점을 극명하게 보여주었다. 자본주의와 보수주의가 결탁하여 제시한 유토피아는 사회적 불평등과 양극화의 사회구조를 조성했고, 그로 인해 많은 사회적인 문제들이 마르코프 연쇄(Markov chain)[15]처럼 일어났다. "사회·경제적 양극화 문제, 교육·주택문제 및 (강남·강북 간의) 지역 문제, 그리고 (경제·정치·문화의) 중앙집중화 문제 등을 심화시키기도 하고, 기업화된 일부 거대 언론의 여론시장 독점, 기업화·관료화 되어가는 종교집단(교회), 대학의 지식과 권력 독점화 현상, 그리고 일상적·개인적 차원에서 일류지향적이고 출세 지향적인 가치의 절대화와 그에 따른 생존경쟁의 과

열화 현상"[16] 등이 대표적인 것이고, 그 근저에는 '물신화되고, 기계화되고, 수학화되고, 무감각해진 삶'[17]이 존재하는 것이다.

그렇다면 한국정치에서 드러나는 보수주의와 진보주의는 무엇을 지향하는가? 한마디로 한국의 보수주의(保守主義, conservatism)는 '이념형 보수'로 기실 국가주의와 같은 개념으로 인식되는 것 같다. 그가 관심을 가지는 것은 사회질서 유지와 국가 안전보장일 뿐, 그 밖의 것은 의미가 없다. 혹여 의미가 있다고 해도 그것이 결정적으로 중요하지는 않다. 그들에게 각종 사회 현안으로 떠오르는 복지문제나 사회정의 및 각종 인권과 관련한 문제는 국가가 반드시 해야 할 일은 아니다. 개인의 자유와 인권을 국가의 권위보다 앞세우는 정치인이나 사회 인사에 대해서 국가관을 의심하지만, 온갖 비리에 연루되었어도 국가안보를 중시하는 사람이면 모든 관용이 베풀어진다.[18] 그들에게 '우리'라는 범주는 '말 잘 듣는 국민', '세금 잘 내는 국민'일 때만 가능하고, 개인의 자유와 개성을 중시한다거나 정부 정책에 이견을 제시하는 자는 그가 아무리 민주주의와 자유주의를 표방한다고 할지라도 결코 '우리'가 될 수 없을뿐더러 오히려 '빨간 물'이 든 종북주의자가 된다.

그들이 잘 쓰는 '중립'이라는 말도 정치에서 있을 수 있는 말은 아니라고 판단된다. 매 순간 자신의 신념과 철학에 따라 끊임없이 선택을 해야 하는 정치인에게 중립이 가능할지 의구심이 들기 때문이다.[19] 중립을 가장 많이 입에 올리는 보수주의는 중립을 어떻게 실천하고 있는지 궁금하다. 왜냐하면 한국정치에서 중립은 보수주의가 자신과 다른 견해를 제거하기 위한 구실이나 상대방을 회유하기 위한 수단으로만 존재할 뿐, 실재하지도 실재할 수도 없는 개념이라는 생각이 들기 때문이다. 자신과 다른 의견에 대해서는 '중립'이라는 말로 침묵을 강요하면서도 정작 그들 자신은 일베건 국정원 직원이건 군인이건 상관없이 모두 '정치'에 동원하는 꼼꼼한 '정치적인 행보'를 보여 왔기 때문이다.

그렇다면 진보주의(進步主義, Progressivism)는 어떤가? 진보주의 본래의 지향대로 유산계급에 우호적이고 무산계급에 적대적인 지배 계급의 국가주의에 반대하는가, 아니면 참된 민주주의와 국가안보를 명분으로 개인의 자유와 인권과 노동권을 제약하는 데 반대하는 자유주의의 성격을 띠고 있는가? 현실은 전자도 후자도 아닌 어중간한 입장에서 분열된 모습으로 자신의 무능함을 아낌없이 보여주고 있다. 현실적으로 지배계급이 마련한 기존의 정치·경제·사회 체제의 변혁을 통해 새로움을 추구하는 것도, 보수주의가 표방하는 기존의 사회 질서나 경제적인 자유보다 자유와 평등과 같은 보편적인 가치를 옹호하는 것도 아닌 것처럼 보인다. 사회주의나 공산주의에 의지하는 좌파 정치 단체로 간주되어 그들이 하는 일거수일투족이 감시 대상이 되는 경우가 더 많아 보이기 때문이다. 그들이 하는 모든 행동 양식은 '종북' 혹은 '좌빨'(좌익 빨갱이)로 간주되기에 건설적이고 발전적인 논의가 이루어질 리 만무다. 진보주의가 세월호 유가족과 함께 외치는 진상 규명, 노란 리본, 세월호 촛불, 대통령 책임, 실종자 가족, 잊지 않겠습니다, 행동 하겠습니다 등의 구호도 모두 종북적인 언사가 되는 것은 현재의 정치 지형에서는 어쩌면 당연한 귀결일 것이다.

한편 종북주의(從北主義) 담론은 분단의 현실 속에서 탄생한 한국적인 특성을 지닌 이념 지형의 하나다.[20] 현재 회자되고 있는 종북주의는 소위 집권 여당에 반대하는 모든 세력들에 '마녀사냥'을 하고 시민사회의 다양한 의견을 사장시키는 칼잡이로 활용되고 있다. 특정 정당과는 무관하게 여당이나 보수(혹은 지배) 세력에 맹목적인 지지를 보내지 않거나 그들에게 고개 숙이지 않는 모든 인사는 노동조합의 일원이건 종교인이건 세월호 참사 희생자의 유가족이건 모두 종북세력의 하나가 되어 버리고, 그 배후를 추궁 받는다. 그리고 그 배후에는 이미 그들이 정한 '북한'이 있다. 여기에서 북한은 실제 한반도의 북쪽에 있는 국가건, 상상력이 만들어낸 특정 '괴뢰의 집단' 이건 그건 중요하지가 않다. 마녀사냥을 위한 가상의 '그곳'은 보수주의의 사유체계 속에서 쉽게 만들어지기도 하고 쉽게 사라지기도 하는 신기루와 같은 세계일 뿐이다.

세계적으로 냉전이 종식된 지도 이미 20여 년이 지나고 있는 시점이지만, 한국의 정치계는 국가주의 국가론을 앞세워 변함없이 현실적 혹은 가상적 위협에 대한 대중의 공포심을 자극하여 사회 내부의 무질서와 범죄, 외부 침략의 위협에서 국민의 생명과 안전을 지킨다며 이념의 순수성을 내세우고 있다. 그리고 그것을 토대로 숱한 비리와 부정에도 불구하고 계속해서 이념형 보수 세력이 정권을 이어가는 가운데 세월호 참사가 터진 것이다.

세월호 참사가 일어난 지 며칠 지나지 않아 여느 때처럼 대다수 국민들이 실종자들의 무사귀환을 애타게 원하고 있을 때, 정치권 등 보수 진영 일각에서 '종북·색깔론' 등의 발언이 나오기 시작했다. 발언의 포문은 서승만 피플뉴스 편집장이 열었다. 그는 4월 19일 자신의 페이스북에서 실종자 학생 어머니의 인터뷰로 소개된 기사에 대해 가짜 학부모의 인터뷰라면서 "민주주의? 인권? 웃기는 소리다. 대통령은 곧 국가다. 수천만 명을 죽여서라도 이런 질서를 바로잡아야 한다"고 폭언을 퍼부었고, 그 뒤를 이어 한기호 새누리당 최고위원도 4월 20일자 자신의 페이스북에서 정부의 미숙한 대응을 비판하는 국민들을 두고 "드디어 북한에서 선동의 입을 열었다. 이제부터는 북괴의 지령에 놀아나는 좌파 단체와 좌파 사이버 테러리스트들이 정부 전복 작전을 전개할 것"이라고 하였다.[21] 데일리저널의 정재학 편집위원도 '세월호 침몰'과 관련하여 "북한의 소행일수 있다"고 주장하고 나섰다가, 지방선거를 앞두고 또 다시 근거 없는 북풍몰이가 시작된 것 아니냐는 누리꾼들의 지적에 슬그머니 꼬리를 내렸다.[22]

한국 사회에 만연한 이런 편향적 이데올로기는 세월호 참사라는 국가적인 재난 상황에서도 예의 자신의 편견과 이익에 사로잡혀 천박한 정치 풍토를 드러내는 동력이 되었다. 사건을 있는 그대로 바라보고 그 문제를 올바로 해결하는 노력과 향후 재발 방지를 위한 노력은 어디에도 없고, 사건을 은폐하려는 갖은 수단만 난무했다. 진실을 은폐하려는 정부와 그 왜곡을 앵무새처럼 그대로 퍼나르는 언론의 동조가 거듭되는 가운데, 우편향적인 정치권과 지배문화는 스스로를 기만하며 역사와 민족에게 계속해서 범죄를 저지르고 있는 것이다.

5. 우편향의 지배 문화

소스타인 베블런(Thorstein Bunde Veblen, 1857-1929)은 저서 『유한계급론』(The Theory of the Leisure Class)에서 진보주의와 보수주의를 이념보다는 사유 습성과 생활 방식, 제도의 변화에 대응하는 정신적인 태도를 가리키는 말이라고 정의하였다. 그에 따르면 진보주의는 생활환경의 변화가 요구하는 새로운 사유 습성과 생활 방식, 그에 따르는 제도의 조정 필요성을 능동적으로 받아들이고 실천하려는 정신적인 태도로서, 그런 환경에 강하게 노출된 사람일수록 새로운 사고방식과 생활양식과 제도의 조정 필요성을 신속하게 받아들인다고 하였다. 그러나 반대로 보수주의는 새로운 사유 습성을 거부하고 변화에 저항하려는 정신적 태도를 가리키는 것으로서, 기존의 지배적 사유 습성과 생활양식을 그대로 따르려고 한다는 것이다. 변화를 두려워하는 인간의 기본적이고 보편적인 속성에 순응하는 것으로서, 보수주의의 핵심은 "존재하는 것은 무엇이든 옳다."는 말로 요약할 수 있다고 하였다.[23] 한마디로 사유 습성과 제도의 변화가 삶에 큰 영향을 미치지 않는 계층은 보수주의에 머물지만, 그것이 삶에 영향을 미치는 계층은 진보주의의 경향을 띤다는 것이다. 이것을 단적으로 보여주는 것이 유한계급(有閑階級, leisure class), 곧 생산적인 노동을 하지 않고 다른 사람의 생산적 노동이 창출한 것을 약탈하고 활용하는 계급이 주로 보수주의에 속하고, 그 외 중산층 이하에 속하는 계층이 진보주의의 성격을 갖고 있다는 것이다.

그런데 이런 형태의 보수주의는 유한계급과는 전혀 상관없는 하위 소득 계층의 민중들 안에서도 드러나고 있다. 이것은 한국을 비롯한 대부분의 민주주의(정확하게는 자본주의) 국가들에서 나타나는 공통점이기도 하다. 유한계급은 흔히 보수주의의 몸통으로 간주된다. 마르크스가 말한 부르주아, 자본가 계급을 포함한 문명의 모든 시대를 지배한 계급을 일컫는다고 할 수 있다. 유한계급은 부유하기 때문에 혁신을 거부하지만 가난한 사람들은 너무나 가난해서 혁신을 생각할 여유가 없어서 보수적이라는 것이다. 풍족한 사람들은 현재 상황에 불만이 없어서 보수적인 반면에, 가난한 사람들은 내일을 생각할 여유가 없어서 보수적이라는 논리는 생활환경 변화에 적당한 압력을 느끼고 학습하고 사유할 여유가 있는 중산층에서 가장 뚜렷한 진보주의 성향이 표출되는 것과도 관련이 있는 것이다.[24] 유한계급과 가난한 사람들 간의 삶의 양극화가 이렇게 동질의 사유양식을 형성하는 이면에는 국가가 기업화됨으로써 모두를 위한 공화국이 아니라 재벌의 독재를 후원하는 형태로 변질되었기 때문이다.

이런 상황에서 한국 민주주의의 특징인 보수 편향적인 정당 체제와 지배 문화는 계급 간 불평등 구조를 심화시키고 다양한 형태의 양극화를 가져왔다. 빈부 간은 물론 세대 간, 성별 간에 존재하는 여러 형태의 불평등 구조 속에서 갈수록 양극화 현상은 뚜렷해진다. 여기에는 보수 기득권의 정치적 폭력도 한몫을 하였다. 내편이 아니면 먹던 밥그릇까지 빼앗는 잔인하고 비열한 형태의 '때리기'를 한 덕분에 출세를 하려면 '그 줄'에 서야 한다는 논리가 형성되는 것이다. 진보를 지향하던 사람들의 심부에까지 파고드는 이런 논리가 암암리에 확산되는 가운데 '주권 세력 앞에 선 벌거벗은 생명'[25]들의 탄식이 도처에서 새어나오는 것이다. 이로써 "주권자는 법질서의 외부와 내부에 동시에 존재한다"는 명제가 성립되는 것이다.[26]

'분단국가'라는 한국의 국가적인 현실이 보수 정당으로 하여금 국민들의 무의식에 남겨진 '내재된 공포'를 권력을 위한 수단으로 활용하도록 했고, 권력의 집중화와 관료적인 국가 기구의 설립을 추진하는 데도 일조하였다. 이것은 이후 민주화 시대를 거치면서 언론까지 깊이 결탁하여 언론이 여론 시장을 장악함으로써 의견의 자유로움, 정신적 사유의 자유로움이 제약되고 정치는 언론의 보도에 따라 움직이는 이상한 형태로 변질되었다. 민주주의가 기득권의 헤게모니 구조로부터 자유롭게 사회 공동체의 여러 문제들을 다룰 수 없는 지경에까지 이르게 된 것이다.[27] 이런 허약한 보수주의 정치가 세력을 확장하는 가운데 한국의 민주주의는 계속해서 저급한 수준[28]에 머물고 마는 것이다.

이런 정치 풍토 속에서 세월호 참사가 터졌다. 지금이라도 집권 세력은 국민의 생명을 무참히 내팽개친 책임을 느끼고, 재난 안전 시스템을 정비하며, 정부 관료 조직의 부정부패를 일소해야 함에도 불구하고 유가족들의 요구에 침묵으로만 일관하고 있다. 국가경영을 올바로 할 것을 촉구하는 것이 국민으로서 당연한 권리지만, 억압 당하고 국민의 생명을 외면한 권력의 전횡은 계속해서 묵인되고 있다. 이런 상황에서 세월호 참사의 원인이자 적폐(積弊)로 제기되었던 문제들은 여전히 해결되지 않은 채 남아 있다. 그러나 더 큰 문제는 이런 세월호 참사의 원인인 적폐들이 용산참사에서부터 이어져 온 각종 사회적인 문제들과 하청 노동자에 집중된 최근의 대형 사고들 속에서 그대로 투영되고 있다는 점이다. 세월호 참사의 진상 규명이 반드시 되야 하는 중대한 이유 중의 하나인 것이다. 그러나 바로 이런 적폐들 때문에 일각에서는 세월호 참사의 진상이 올바로 규명되지 않으리라는 예측도 이미 오래전에 나왔다. 베테랑투데이의 칼럼니스트 마이클 슈림프톤(Michael Shrimpton)은 사고가 일어난 지 며칠이 지난 4월 21일자 뉴스에서 이렇게 말했다.[29]

냄새가 난다. 한 가지 확신할 수 있는 것은 세월호 사건에 대한 철저한 조사는 없으리라는 것이다.

6. 장막 속의 한국정치

유대인으로서 나치의 전체주의를 경험한 한나 아렌트는 포스트모던 시대에 우리에게 공동체 의식을 일깨워 줄 '공통의 공포'는 과연 무엇인가를 묻고, 그것은 '사유하지 않음'이라고 단언하였다. 그녀는 전체주의가 생겨난 원인을 인간이 '사유하지 않음'으로써 실질적으로 '정치적 행위 능력을 상실'한 결과라고 하였다.[30] 한나 아렌트가 바라본 전체주의적 지배의 본질은 인간에게서 인간성을 완전히 박탈하고 인간의 무용성을 증명함으로써 인간이 스스로 인간을 배제하려는 태도라고 보았다. 인간의 본성 자체를 변형시키는데 전체주의적 이데올로기만한 것이 없다는 뜻이다.[31]

이런 점에서 '종북'으로 찍으면 된다는 정치적인 이데올로기와 '경제 살리기'면 다 된다는 수구 세력의 사유 체계는 그 자체로 이미 전체주의적인 요인들을 함축하고 있다고 할 수 있다. 국가주의 정치 집단이 오랫동안 집권 세력으로 있으면서 전체주의적인 성향을 띠게 되고, 민주화 이후의 제도권 야당이 여러 형태로 분열되는 양상을 보이면서 냉전 반공주의가 보수의 길로 접어들고 성장 이데올로기로 구현되었다고 보는 것이다.[32]

정치와 경제가 발전하고 과학과 기술이 요구되는 것은 인간의 고유한 실존에 봉사하기 위해서다. 정치의 가장 우선적인 목적이자 모든 발전이 궁극적으로 지향해야 하는 방향이다. 따라서 정치는 공동의 선(善)을 달성하기 위해 협력해야지 특정 개인의 선을 위해 봉사하는 집단으로 전락해서는 안 되고, 구성원 각자의 온전한 성장을 이루기 위해 존재해야 한다. 그러나 안타깝게도 지금까지 우리가 경험한 한국의 정치는 '국가'라는 숭고한 이름을 내세워 권력의 이중적인 모습을 보여주는 데만 성실했다.

7. '권력'이라는 이름의 두 얼굴

세월호 참사가 일어나고 가장 먼저 정치권 내부에서, 그리고 국민으로부터 터져 나온 반응은 '정부의 무능과 무책임'을 질타하고 분노하는 것이었다. 동시에 '자본의 탐욕, 규제완화, 민영화, 비정규직 문제'가 세월호 참사를 낳은 구조적인 원인들로 지목되는 가운데, '도대체 국가란 무엇인가?', '국가가 정말 필요한가?' 하는 회의적인 질문이 쏟아졌다.[33]

최원은 세월호 특집 「세월호 참사가 던진 질문, 국가란 무엇인가」라는 논문에서 우리의 국가를 이렇게 평했다.

> 세월호 참사를 통해 사람들은 '이것이 국가인가?'라고 물으며 공공성을 내동댕이친 국가의 무책임을 규탄했다. 그러나 이러한 참사는 어떤 특정 개인이나 관료집단(그것을 관피아라 부르든 해피아라 부르든 적폐라고 부르든 간에)의 책임 방기의 문제를 넘어서는 것으로, 신자유주의 하에서 국가가 필연적으로 취하게 되는 형태에서 비롯된 것이다. 국가가 자신이 책임져야 할 공공영역을 하나하나 쪼개서 민영화시키고 그것을 기업들의 이윤추구의 장으로 탈바꿈시킨 후에 그렇게 텅 빈 국가가 실제로 할 수 있는 일이라곤 아무것도 없는 것이 당연하지 않은가? 국가가 할 수 있는 유일한 것은 단지 사람들을 죽도록 방치하는 것뿐이다. 세월호 참사에서 구조 인원이 제로였다는 사실, 그리고 유민아빠가 40일 넘게 단식을 하면서 목숨이 경각에 달해도 그대로 방치하고 있다는 것, 심지어 대통령에 대한 단순한 면담 요구조차 무시하고 있다는 것이야말로 이러한 신자유주의적 통치성의 본질을 상징적으로 우리 앞에 드러낸다. 아무것도 하지 않는 것, 그것이 국가가 유일하게 할 수 있는 것이 되었다.[34]

조르조 아감벤은 저서 『호모 사케르: 주권 권력과 벌거벗은 생명』에서 고대 로마 법체계에서 드러나는 생명의 분류 중 하나인 '호모 사케르'라는 개념을 가져와 국가권력을 설명하였다. 호모 사케르는 고정된 생명의 분류법이 아니다. 시대의 폭력적인 정치와 삶에 노출된 채 살아가는 인간, 모든 법적인 보호가 박탈당한 인간, 그래서 벌거벗은 생명(인간)을 '호모 사케르'라고 했다. 생명권력(bio-pouvoir)은 언제든지 정상적인 시민들을 폭력의 대상, 법적 공동체에서 배제되는 대상으로 만들 수 있는 폭력적 속성을 갖고 있다. 그래서 아감벤은 "오늘날의 정치와 과학은 모두 '생명'의 지배와 장악을 기본적인 목표로 삼고 있다. 부르주아 민주주의라는 형식적인 정치가 아니라 법과 정치를 중심으로 생명-정치를 사유해야 한다."[35]고 주장하였다.

세월호 참사에서도 우리는 눈앞에서 국가(권력)가 무슨 짓을 했는지 똑똑히 보았다. 제주도 수학여행의 기대와 즐거움으로 충만한 우리 아이들이 바닷물 속으로 휩쓸려 가도록 방치하면서 극단적으로 정치적-법적 공동체에서 배제시키는 모습을 보여 주었다.[36] 국가(권력)가 국민의 생명을 관리하고 안전을 책임져 주는 것처럼 보이지만 한순간에 폭력을 자행하며 국민의 대척점에 설 수 있다는 것을 깊이 깨닫게 해 주었다. 아감벤이 말한 생명권력의 폭력적인 속성과 권위적인 생명 정치의 문제를 가감 없이 드러낸 것이다.

그런데도 국가(권력)는 우리에게 여전히 '전능한 자'로 군림하고 있다. 이것이야말로 '전능한 자의 무기력'이 아니겠는가![37] 그리고 그 무능을 감추고자 '가상의 적'을 만들어 쓰러질 때까지 공격하는 끈질김을 보여주고 있다. 여기에 대해 최원은 현 국가(혹은 정부)를 이렇게 일갈하였다.

신자유주의 하에서 국가(권력)는 오히려 자신의 무기력함을 감추기 위해 가상의 적을 만들고 그 적을 공격하는 일에 몰두한다. 사실 박근혜 정부가 세월호 참사 이전까지 (그리고 그 이후에도 여전히) 행한 유일한 실천이 무엇인가? '종북몰이'가 아니었던가?[38]

　우리는 어떤 국가를 원하는가? '민주주의'라는 기본 취지에 걸맞게 국민 한 사람 한 사람을 수단이 아니라 목적으로 대하는 국가, 국민을 국민이기에 앞서 인간으로 존중하는 국가를 원할 것이다. 부당한 특권과 반칙을 용납하거나 방관하지 않으며 선량한 시민 한 사람이라도 절망 속에 내버려두지 않는 국가를 바랄 것이다. 그러기 위해서는 '먼저 인간이고 그 다음에 국민이어야 한다.', '법에 대한 존경심보다는 먼저 정의에 대한 존경심을 기르는' 시민이 되어야 한다. 이것이 소로(Henry David Thoreau, 1817-1862)가 말한 '국가'라는 것이다. 그는 국가도 얼마든지 악을 저지를 수 있기에 '가장 좋은 정부는 가장 적게 다스리는 정부'라고 믿었다. 그래서 그는 악을 저지르는 국가에 대처하는 시민의 특별한 삶의 방식을 보여주고자 하였다. 소로는 정부가 뛰어난 지능과 정직성이 아니라 강력한 물리력으로 무장하고 인간의 지성과 양심이 아니라 감각을 상대하려 한다고 개탄하며, '시민의 불복종'은 자유주의자가 악을 저지르는 국가에 저항하는 특별한 방법이라고 하였다.[39] 어쩌면 지금 우리 사회가 이것을 보여주어야 할 때가 아닌가 생각한다.
　개인의 자유와 국가 권력이 갖는 모순적인 관계에서 권력이 비대해질 때, 행정 당국의 굼뜬 대응과 개선에 대한 관료주의의 저항이 생겨나고 거기에서 각종 부정과 부패가 양산되기란 쉬운 일이다. 이런 상황에서도 과연 개인은 계속해서 국가를 막연하게 숭배해야 하는가에 대해 근원적인 물음이 제기되는 것이다.

8. 나가는 말

세월호 참사가 일어난 지 일 년이다. 아직도 유가족과 시민사회는 참사의 진상 규명을 호소하고 있는 가운데 정치권은 계속해서 전체주의적이고 이념적인 정치 행태만 보여주고 있다.

진실을 규명해야 하는 이유는 상처 입은 사람들과 앞으로 유사한 상처를 입을 수도 있는 수많은 사람들을 위한 실재적인 치유의 기초 단계이기 때문이고, 국가 권력의 폭력적인 전횡이 두 번 다시 일어나서는 안 되기 때문이다. 세월호 참사를 전후로 경주 마우나 리조트 체육관 천정 붕괴 사고, 판교 환풍구 사고 등 유사한 참사들이 계속해서 일어나는 것을 보기 때문이다.

이 글은 아직도 해결되지 않은 세월호 참사에 대한 진상 규명 노력을 우리 사회의 모든 이슈들을 끌어들이는 종북주의와 연관 짓는 정치 풍토에 대한 소고였다. 우리의 이런 정치 풍토는 세월호 참사 특별위원회의 특검 수준의 독립적 수사권과 기소권을 보장해 달라는 4.16 특별법제정 요구도 보상금과 각종 특혜를 노린다는 것으로 왜곡했고, 그것도 모자라 종북세력으로 몰아 배후와 사생활까지 파헤쳐졌다.

보수 언론이 앞장서서 왜곡시킨 여론몰이의 결과는 유가족들을 고립시켰고, 그것은 세월호 사건을 빨리 잊도록 하는 한편 사회 내부에 '피로현상'을 확산시키는 동력이 되었다. 이것은 저급한 우리의 이념형 정치가 걸어가는 전형적인 노선이기도 하다. 먼저 '낙인찍기'나 '들춰내기'를 통해 여론과 분리시킨 다음, 종북세력으로 몰아 그들 내부를 균열시키는 것이다. 그러면 그들 내부는 두 동강, 세 동강으로 나뉘어 각기 고립화의 길을 걷게 된다. 그 과정에서 일이 잘 안 되면 각종 유언비어도 난무한다. 보상금과 특혜를 바란다는 소문은 국민의 혈세를 지켜야 한다는 '애국심'을 충동질하고, 시위하는 유가족들은 애국심 없는 반국가적인 인물로 간주되어 '국민'의 범주에서 제외되는 것이다.

세월호 사건은 유가족들의 시위를 종북세력으로 모는 정치 이데올로기를 통해 자본주의가 탄생시킨 '근본악'의 민낯을 아낌없이 보여주었다. 경제발전이면 모든 것이 가능하다는 전체주의식 믿음이 얼마나 엄청난 허상인지를 깨닫게 해 주었다. 그것이 물질만능을 부추기는 사회체제, 올바른 가치관이 부재한 사회문화를 만들고, 세월호 참사가 일어날 수밖에 없는 상황을 초래하였다는 것도 알게 해 주었다.

자본주의와 결탁한 보수적이고 전체주의적인 한국정치의 현주소는 자신이 누구를 위해, 무엇을 해야 하는지조차 모르고 헤매면서, 그 무능함을 감추기 위해 유가족들의 아픈 눈물에서까지 '색깔'을 찾는 외눈박이 괴물 키클롭스(Cyclops)가 되어 가고 있는 것이다.

세월호 참사 언론 보도에 대한
기독교 문화 윤리적 비판

송용섭 _영남신학대학교 신학과 교수

1. 들어가며

대한민국은 불안하다. 2014년 4월 16일 세월호 참사 이후, 배 안에 있던
300여 명의 청소년들을 단 한 명도 구해 내지 못한 정부의 무능력과 무기력
을 경험한 한국 사회는 극심한 불안감에 떨고 있다.[1] 뿐만 아니라, 세월호
참사 이후 한국 사회는 안전 불감증과 관료주의, 그리고 사회 전반적인 이
기주의와 무책임성에 대한 비판은 있었지만 변화는 없었다. 이에 따라, 참
사 이후로도 사회 대부분의 영역에서 국민의 생명과 안전을 위협하는 사건
과 사고가 연이어 발생하여,[2] "이 나라를 떠나고 싶다"는 말이 한동안 한국
사회의 유행어처럼 번졌다. 특히, 2014년 10월의 어느 설문조사에 의하면
대한민국 남녀 직장인 "2명중 1명 꼴(54.7%)로 '평소 진지하게 이민을 고민해
본 적이 있다'"는 대답을 할 정도였다.[3]

2002년 월드컵을 유치하고 4강에 올라가면서 한동안 '할 수 있다'는 긍정
적 자신감과 열정이 넘치던 역동적 한국 사회가 어쩌다 이렇게 무기력하고

무책임하며 극도의 불안감에 빠진 사회로 전락하고 말았는지 개탄스럽기만 하다. 무엇보다 세월호 참사는 감추어져 있던 한국 사회의 구조적이고 본질적인 병폐를 드러낸 대표적 사건으로 여겨지고 있으며, 특히 참사 보도 과정에서 한국 언론 역시 비판받아 마땅한 문제점들을 여실히 드러내고 말았다.

이 글은 세월호 참사를 통해 드러난 불안한 한국 사회의 근본적 문제가 무엇에 기인하며, 언론은 이에 어떻게 일조하였는지 그리고 이를 방지하기 위한 대안은 무엇인지 논할 것이다. 이를 위하여, "세월호 참사 보도를 통해 드러난 한국 언론의 정치적 기능과 이에 따른 사회적 문제점은 무엇인가?"와, "불안한 한국 사회에서 언론은 어떻게 변화해야 하고 어떤 방향으로 나아가야만 하는가?"를 질문하고, 세월호 참사 보도 내용들을 찰스 테일러와 노암 촘스키의 이론을 이용하여 비판적으로 분석하고 신학적 성찰을 더함으로써, 기독교 문화 윤리적 대안을 제시하려 한다

2. 언론의 선전 기능과 세월호 보도

1) 언론의 선전 기능

세월호 참사 이후, 한국 사회는 전반적으로 불안에서 벗어나지 못하고 있다. 세월호 참사 이후 6개월이 지난 2014년 12월 29일 안전정책조정회의에서 국민안전처가 발표한 자료에 의하면, "우리 사회가 전반적으로 '안전하다'(안전도)고 느끼는 국민은 올해 하반기(14년 7월~12월) 평균 21.0%로 나타났다."[4] 국민 중 약 80%는 한국 사회가 불안하다고 여기는 것이다. 이는 세월호 참사 이후 2014년 5월 조사에서 약 84%의 국민들이 불안감을 느꼈던 것

보다는 다소 개선된 상태이나, 6개월간의 국가의 후속 조치에도 불구하고 대한민국은 여전히 '불안사회'인 것이다.[5]

이러한 불안의 여파로 인하여, 2014년 10월 한국 교통연구원의 설문조사에 따르면, 세월호 참사 이후 국민의 "70.6%가 가족의 안전과 행복에 대한 인생관이 변화하였으며…, 또한 70.5%의 국민이 정부의 정책이 성장보다는 안전을 더 중요시해야 한다는 의견을 보였다"고 한다.[6] 그런데, 「미래정책 FOCUS」에 따르면 국민은 "안전개선을 바라면서도 무상복지처럼 대가 지불이 없는 '무상안전'을 바라는 것"으로 나타났다고 한다.[7] 해당 보고서는 이러한 결과를 국민 정서 측면에서 분석하여, '나는 피해 당하지 않을 것이라고 여기는 무사안일주의,' '사회적 안전비용 지출에 대한 불신,' '안전문제를 국가의 책무로 돌리는 주인의식의 부재'에 기인한 것으로 분석하고 있다.[8]

그렇다면, 한국인의 사회에 대한 극도의 '불안'의 확대와 역설적이게도 '무상 안전'으로 함축되는 안전에 대한 소극성 및 비참여성은 어떻게 설명할 수 있을까? 세월호 참사 이후 대처 방안에 대한 한국인의 정서적 측면의 조사와 분석은 오히려 현상적 분석에 불과한 듯하다. 왜냐하면, '불안'이라는 요소는 한국뿐만 아니라 현대사회 일반을 이해하는 '근원적' 키워드 중의 하나이이기 때문이다.

특별히, 『불안한 현대사회』[9]에서 찰스 테일러는 현대 사회가 경험하는 불안의 근원적 세 요소를 '개인주의,' '도구적 이성,' '온건한 독재'라고 주장한다. 테일러에 따르면, 현대사회는 개인주의가 확대된 결과 자신에게 집중하게 됨으로써 삶이 협소해지며 갈수록 의미를 상실하고 '타인의 삶이나 사회에 무관심'하게 되었다.[10]

또한 도구적 이성[11]이 삶과 사회를 지배하게 된 것이 불안의 원인이 되었다. 과거의 전통과 행동 양태들과 사물들은 이제 내재적 질서나 신적 의지에 근거하지 않고 도구적 이성이라는 새로운 척도에 따라 재구성되게 되었는데, 이때 인간 주위의 피조물들 역시 고유의 의미를 상실하고 인간의 기획에 사용되는 수단과 도구로 취급당하게 되었다.[12]

마지막 요소로서, 불안은 이 두 가지 요소가 결합되어 나타난 것이다. 이렇게 자신 속에 갇혀 있는 개인들로 구성된 사회에서는 현 정부가 자신들을 만족시키는 수단을 생산해 내고 분배시키는 한, 정치에 적극적으로 참여하려 하지 않고 '차라리 집안에 머무르면서 개인 생활의 만족을 즐기기를 선호'하는데, 이는 "새로운 현대판 독재가 출현할 수 있는 가능성을 낳는다."[13] 이러한 현대의 정부는 '주기적인 선거를 치르며 민주주의적인 형식'을 가질 수도 있으나 실제로는 국민들이 별로 통제할 수 없는 '거대한' 권력을 지닌 '온건한' 형태의 독재가 되는 것이다.[14]

테일러는 토크빌의 말을 빌려 이에 대한 유일한 대응 방법은 정부 활동에 대한 다양한 참여와 자발적 단체들에 대한 참여를 높이 평가하는 '활기 넘치는 정치 문화 풍토의 조성'뿐이라고 주장하지만, 이에 배치되는 개인주의적 행동으로 시민들의 참여가 줄어들고 정치의 측면 조직들이 약화되면 개인은 '곧 거대한 적 국가 앞에 홀로 남게 되며, 정확히 말해서 무기력함을 느끼게 된다. 이렇게 되면 시민들은 더욱 더 의욕을 상실하게 되기 때문에 온건한 독재의 악순환이 따르게 마련'이라고 주장한다.[15]

이러한 테일러의 분석을 한국 사회에 적용해 보면, 세월호 참사 이후 한국 사회의 불안 확대와 안전에 대한 역설적인 소극성 및 비참여성이라는 문제는, 최근에 한국에서 실시된 조사들의 현상적인 분석들보다 더욱 본질적인 지표임을 알 수 있다. 오히려 세월호 참사와 그 이후 일련의 사회 정서적 반응들은 테일러가 주장한 현대사회의 세 가지 불안 요인들이 병리적으로 극대화된 결과라 할 수 있다. 즉 세월호 참사 이후 더욱 증폭된 한국 사회의 불안과 사회 전반적인 무책임성은, 테일러의 주장처럼 근대화 이후 '한국 사회가 내가 아닌 타인의 삶에 대해 얼마나 무관심해왔는지,' '타인과 주변 환경들을 얼마나 개인의 이익을 위한 수단과 도구로 사용해 왔는지,' '거대한 관료주의적 한국 정부의 행태가 어떠했으며 그러한 거대 권력 앞에서 개인이 얼마나 무기력해질 수밖에 없는지'를, 반복적이고 더욱 충격적으로 경험한 결과에 기인한 것이라 볼 수 있다.

노암 촘스키의 현대사회에 대한 문제 의식 역시 테일러의 주장과 크게 다르지 않다. 다만 촘스키는 현대사회에 대한 문제 의식을 좀 더 구체적이고 비판적으로 언론의 정치적 기능에 초점 맞추어 드러내고 있다. 『촘스키, 누가 무엇으로 세상을 지배하는가』에서 촘스키는 민주주의 국가에서 벌어지는 권력층의 지배 수단으로서의 언론의 선전 기능과 근대 민주주의 주류 이론의 한계를 비판한다. 촘스키에 따르면, 민주주의 사회에서 '폭력적 수단으로 노동자를 억압할 수 없게 되자 기업주들은 선전으로 방향을 선회'하였다.[16] 그들은 파업을 분쇄하기 위하여 과학적 방법을 사용하여, '노동자의 정신을 통제하는 수단을 동원'하였고,[17] 언론과 영화와 뉴스 등의 모든 수단을 동원하여 대중의 의식을 통제하려 하였다.[18]

동시에, 정부와 기업은 "'순간적으로 유행하는 소비재 같은 천박한 것'에 집착하는 인생관"을 노동자에게 주입하고 장시간 노동을 수용하도록 만들었으며, '타인에 대한 연민, 타인과의 연대 등과 같은 위험한 생각을 잊게' 만들고, 인간의 가치를 완전히 망각하도록 만들었다.[19] 촘스키에 따르면, 20세기 들어 민주주의 국가의 주된 사상에서 대중은 정치에 대한 '참여자'가 아니라, 눈앞의 이익에 몰두하는 '방관자'여야 했다.[20] 이러한 대중은 일정한 시간 간격에 따라 투표권을 행사하여 지도자를 선택함으로써 자신의 권리를 그에게 양도하고, 이후에는 자신에게 '주어진 일에 열중하고 벌어들인 돈으로 소비하고 텔레비전을 시청하며 요리나 하면서 지내야'하지 '국가를 성가시게 굴어서는' 안 되는 것이다.[21]

『노암 촘스키의 미디어 컨트롤』에서 촘스키는 이러한 통제된 민주주의 사회에 대해 재설명한다. 그는 민주주의 사회란 '대중들이 사회 문제를 해결하는 데 참여하지 말아야 하고, 소수가 정보 제공 수단을 엄격히 통제하는 사회'라는 개념이, 우리가 보기엔 이상한 민주주의 개념처럼 보이겠지만, 실상은 '오늘날 이 같은 민주주의 개념이 주류'라는 점이 문제라고 주장한다.[22] 촘스키에 따르면, 선전 산업에 종사하는 사람들은, 즉 언론 분야의 종사자들은 허수아비가 아니며, '그들은 진지하고 치밀하게 접근한다. 그들은 자신들에게 올바른 가치를 대중에게 주입하려' 애쓰고 있다.[23] 선전 산업 종사자들은 문제를 일으킬지도 모르는 어설픈 대중 조직을 결성하려 애쓰는 대신, 대중이 텔레비전 앞에 앉아 상품을 더 많이 구매하거나 텔레비전 화면속의 중산층처럼 살고 싶게 하는 개인 등으로 살아가도록 부추긴다는 것이다.[24] 즉 테일러와 마찬가지로 촘스키 역시 민주주의의 형식을 지닌 거대 권력으로서의 정부의 '온건한' 형태의 독재를 경고했지만, 그는 이것이 언론의 선전 기능을 통한 대중의 정신 통제를 통해 이루어짐을 분석하고 이를 비판하였다.

특별히 촘스키는 에드워드 허먼과 함께 저술한 『여론 조작』[25]에서 언론의 '선전 모델(Propaganda Model)'을 제시하였다. 촘스키는 선전 모델에서 언론이 특정 '이익집단을 위해 봉사하고 선전하는 기능을 수행'하는 것으로 보이며, 이들 이익집단은 내면화된 선전 시스템을 통해서 언론을 통제함으로써 대중의 여론을 이끌려 애쓴다고 통찰력 있는 분석을 제시하였다.[26] 그는, 대중에게 메시지와 기호를 지속적으로 전달하여 "사회의 제도적 구조 속으로 그들을 통합시키는 것이 언론의 기능이다. 그런데 부가 편중되어 있고 계층의 이해가 충돌하는 세계에서 이 같은 기능을 수행하려면 체계적인 선전이 필요하다"고 주장하였다.[27]

촘스키에 따르면 관료가 권력의 핵심을 쥐고 있는 국가에서는 언론을 독점하고 공식 검열하기 때문에, 언론은 명백히 '지배 엘리트층의 목표에 충실할 수밖에 없다.'[28] 그러나 언론의 사적 소유가 보장되고 공식적 검열을 받지 않으며 스스로가 언론의 자유를 표방할 경우에는 엘리트층과 대중 사이의 심각한 자원 불평등뿐만 아니라 이들에 대한 언론의 비판이 제한적이며 이들이 언론 시스템을 통해 일반 대중에게 어떠한 영향을 미치는지 등은 명확히 밝혀지지 않았다.[29]

촘스키의 선전 모델은 이러한 측면에 초점을 맞추어 "돈과 권력이 뉴스 보도를 여과하고 반대 의견을 무시하며, 정부와 우세한 사적 이익집단이 자기들이 하고 싶은 말을 대중에게 전달하도록 만드는 경로를 추적한다."[30] 촘스키는 뉴스를 '여과'하는 장치들로 다섯 가지 항목을 분류하는데, (1)대규모 언론의 소유권, (2)광고, (3)뉴스 정보원, (4)'강력한 비난(flak)'과 외압, (5)통제 메커니즘으로서의 '반공주의'가 그것이다.[31] 이 요소들의 상호작용과 보강으로, 정부와 기업은 자신의 주장을 대중에 전달하여 여론을 이끌게 된다.

이러한 다섯 가지 여과장치에 대해 좀 더 상술하면 다음과 같다. 첫째, 최상위층에 속한 대형 언론사들이 '뉴스 의제를 결정하고' 상당수의 뉴스를 '하위층 언론과 대중에게 공급'한다.[32] 거대 언론사들은 소유주들과 그들과 유대관계를 맺고 있는 소수의 재계 세력들에 의해 운영되며, '정부의 허가와 특허를 필요'로 하므로 정부의 통제를 받거나 지원을 받기 위해 정부에 의존하기도 한다.[33] 둘째, 언론은 광고를 기반으로 이윤을 창출하고 다른 언론과의 생존경쟁에 뛰어들게 된다. 따라서 광고주는 후원자를 잡기 위해 경쟁하는 언론들이 자신의 요구를 최대한 충족시키는 프로그램을 제작할 때 이를 구매함으로써 언론에 영향력을 행사한다.[34] 셋째, 매일 일정량의 기사를 내보내야 하는 언론은 가치 있는 정보를 방대한 양으로 공급해 주는 정부와 기업의 정보원과 협력관계를 유지한다.[35] 피시먼의 지적대로, 언론은 사회적 지위와 인정을 받는 관료의 주장을 '사실로 쉽게 받아'들이며 '믿을 만하고 적절한 지식으로 인정'하여, '관료들이 알고 있는 사실을 주면 기자들은 그냥 받아들일 뿐이다.'[36] 넷째, 권력층은 언론의 큰 희생을 치르게 할 만큼 위협적인 플랙(flack, 공격성)[37]을 지녔으며 이를 통해 언론을 통제한다.[38] 촘스키는 "주요한 플랙 생산자인 정부는 언론을 공격하고 협박하고 '교정하면서' 정해진 테두리 밖으로의 일탈을 막으려고 애쓴다"고 주장한다.[39] 다섯째는 '반공주의 이데올로기'로서, 촘스키는 "반공주의의 통제 메커니즘은 제도를 통해 언론에 지대한 영향력을 행사한다. 빨갱이 소동이 벌어진 시기뿐만 아니라 평상시에도 공산주의와 반공주의라는 둘로 나뉜 세상을 기준으로 논쟁이 형성된다"고 주장한다.[40] 권력층들은 이러한 여과장치를 거쳐 생산해 낸 뉴스를 언론을 통해 대중에게 소개하여 여론을 자신들에게 유리한 상황으로 형성함으로써 자신들의 이익을 강화한다.

3. 세월호 참사 언론 보도 분석

세월호 참사에 대한 언론 보도의 문제점을 분석하고 개선 방안을 제시한 글들 중 특히 주목할 만한 것으로 2014년 11월말 방송기자연합회에서 출판한 『세월호 보도… 저널리즘의 침몰』[41]이 있다. 이 책은 다양한 언론사의 기자들 스스로가 언론의 문제점을 자성하고, 특별히 세월호 참사 현장을 취재했던 언론인들이 자기 반성적 성찰을 통한 대안을 제시하였다는 점에서 의의가 크다고 할 것이다. 방송기자연합회의 재난보도 연구분과는 「세월호 보도 참사의 유형과 문제점」에서 다섯 가지 유형과 그에 따른 문제점을 제시하였다. 첫째, 단원고 학생 전원구조 오보에서 드러난 '사실확인 부족, 받아쓰기 보도,' 둘째, 홀로 구조된 6세 여아 인터뷰 등에서 드러난 '비윤리적, 자극적, 선정적 보도,' 셋째, 박근혜 대통령과 청와대의 책임 문제는 거의 언급하지 않는 '권력 편향적 보도,' 넷째, 참사에 대한 정부에 대한 비판을 회피하고 구원파와 유병언의 문제로 몰아간 '본질 희석 보도,' 다섯째, 정부와 청와대와 여당에 불리한 내용에 집중된 '누락, 축소 보도'가 그것이다.[42]

『세월호 보도… 저널리즘의 침몰』은 이러한 유형의 보도 참사가 일어난 근본 원인으로서, '기자 개개인의 취재 윤리 약화, 정치권력 등의 외부적 간섭, 경영진과 보도국 간부들의 권력 편향, 기자 집단의 저항 정신 실종 등 4가지 측면에서 원인'을 찾고 있다.[43] 이에 대한 대안으로서, '취재 윤리 약화'에 대해서는 "세월호 참사를 계기로 언론단체들이 공동 제정한 '재난보도준칙'"을 따르며, '정치권력의 간섭'에 대하여는 '정치권력이 사장을 임명하는 지금의 방송사 지배 구조를 개선'하고, '간부들의 권력 편향' 부분에 대하여는 '보도국 독립'과 '이를 위한 제도적 장치의 회복과 강화'를 이루며, '기자

집단의 저항정신 실종'에 대해서는 '일선 기자들의 의견'을 활발하게 상부로 전파하고 토의하며 함께 고민하는 것이 "'집단 지성'이라할 수 있는 합리적 보도 방향"을 되찾는 길이라고 대안을 제시하였다.[44]

이러한 문제 분석과 그에 따른 대안은 나름 합리적이고 구체적이다. 하지만 여기서 문제는 촘스키의 주장대로 언론을 장악하여 선전 도구로 사용하려는 정부와 기업 엘리트들의 의지가 항존하고, 일부 권력 지향적인 언론사 간부들이 찍어내기 식으로 비판적 언론인들을 퇴출시키면서까지 정부 외압을 따라가는 상황이 중첩된 환경 속에서는, 이러한 대안이라도 단순히 이상적이고 자기 만족적인 선언에 그치기 쉽다는 점이다. 즉 해당 대안들은 언론인들의 자기 성찰에 근거한 합리적이고 구체적인 실천 사항을 내포하고 있음에도 불구하고, 불합리한 외부 환경의 압력이 팽배한 가운데에서는 실행 가능성을 상실하게 됨으로써 언론의 실제적인 변화를 가져오기 어렵다고 평가 및 예측할 수 있다.

방송기자연합회가 지적한 세월호 참사 보도 시의 다섯 가지 유형의 문제점들은 본질적으로 테일러와 촘스키의 현대사회의 문제점에 대한 인식과 유의미한 연장선상에 있으며, 무엇보다도 촘스키가 주장한 언론의 선전 기능과 밀접한 상관 관계가 있다. 따라서 이러한 문제점의 주요 유형들을 촘스키의 선전 이론과 함께 살펴볼 때, 언론의 실제적 변화를 위한 더 근본적인 문제 분석과 대안 제시 가능성이 열릴 수 있을 것이다.

이제 세월호 참사 보도를 구체적으로 분석해 보면, 2014년 4월 16일 오전 세월호가 침몰하고 있을 때, 대부분의 방송사들은 '학생 전원 구조'라는 오보를 냄으로써 대중의 혼동과 대응책의 혼선을 불러일으켰다. 하지만 해당 오보를 과연 어느 방송에서 최초로 보도했는가 책임소재를 가리기 이전에 더욱 관심을 가지고 살펴야할 문제는, 이러한 최악의 오보가 나온 배경이다. 『세월호 보도… 저널리즘의 침몰』은 오보의 배경으로써 "과도한 속보 경쟁 속에서 그 동안 관행적으로 해오던 '받아쓰기 보도'가 원인이 됐다"고 주장한다.[45]

세월호 참사 오보를 일으킨 받아쓰기 식 속보 경쟁의 주요 이유 중 하나는 시청률 경쟁에 따른 광고 수입 때문이다.[46] 시청률과 인터넷의 조회 수는 언론사의 광고 수입과 직접적인 상관관계가 있다. 촘스키가 이미 지적한 대로 현대 언론의 생존은 언론 매체(신문이나 잡지 등)의 판매 수입에 의존한다기 보다 광고 수입에 의존하는 경향을 보인다. 이러한 대중 언론의 특성상, 세월호 참사 보도 현장에서 언론들은 자신의 생존을 위해 평상시보다 더 많은 매체와 경쟁해야 했고, 이러한 경쟁 상황 속에서 '부정확한 보도 및 자극적인 영상'과 '부적절한 취재 행태'가 나타날 수 있는 것이다.[47]

뿐만 아니라, 이미 언론사들은 16일 오전 11시경부터 시작된 세월호 참사 오보 이전부터 관료들의 주장을 확인 없이 사실로 간주하여 보도하고 있었다. 촘스키가 지적한 대로 이러한 '관료 친화성'은 수많은 정보를 매일 쏟아내야만 하는 현대 언론의 특징이다. 이개호 의원의 자료에 따르면, KBS는 '학생 전원 구조' 오보 이전인 사고 당일인 4월 16일 10시 14분부터 "해양 경찰청과 중앙재난대책본부 등의 정부 관계자의 말을 인용해 '구조가 순조롭게 이뤄지고 있으며', '모든 인명 구조를 마칠 수 있을 것 같다'"라며, 구조 현장에 대한 사실 확인 없이 관료들의 주장을 '사실로 쉽게 받아'들여 보도하였다.[48]

사고 당일 KBS와 MBC, SBS 저녁 뉴스 역시 정부의 발표를 그대로 받아적어 발표하였다. KBS 뉴스9의 리포트는 "투입된 경비함정만 81척, 헬기 15

대가 동원됐고, 2백 명에 가까운다 구조 인력이 배 안팎에서 구조 작업을 벌였습니다"[49]라고 정부 관료가 발표한 수치를 그대로 보도하였다. 4월 16일 MBC 뉴스데스크는 "세월호 탑승객 구조에는 해군 함정 23척과 군용기 12대, 병력 1천여 명이 동원됐고, 청해진함과 독도함은 밤 12시쯤 투입될 예정입니다"[50]라고 보도함으로써, 동원된 전체 인원 대비 실제 수색 활동에 참여하는 인원과의 심각한 차이를 검증하지 못하고 관료 친화적 받아쓰기 식의 보도를 진행하였다.

언론사들의 이러한 '받아쓰기 보도' 행태는 정부의 발표 내용을 대중에게 일방적으로 홍보함으로써 세월호 참사 현장의 모습을 왜곡하였고, 무능력한 정부에 대한 국민의 비판 여론 형성을 방해했다. 예를 들어, KBS는 정부 관료가 발표한대로 "(해경은) 2백 명에 가까운 구조 인력이 배 안팎에서 구조작업을 벌였습니다. (군인) 170여 명도 구조에 들어갔습니다"라고 보도하였지만, 정작 그러한 구조 인원 숫자는 '현장에 투입된 전체 인원을 기계적으로 발표한 것'이었다.[51] 4월 21일 뉴스타파의 보도에 의하면, 첫날(16일) 해경 상황 보고서는 1차 수색(13:00~13:30)에 목포 해경 구조대원 6명, 2차 수색(15:00~15:30)에 목포해경 구조대 6명, 3차 수색 (18:00~)에 4명(해경 2명, 해군 2명)이 동원되어, 사고 당일 오후1시 이후 단지 총 16명만이, 그것도 간헐적으로 수중에 투입되어 구조 작업을 벌였음을 드러냈다.[52]

만일, 사고로 학생들이 죽어 가는 시점에서 당시 정부의 이러한 소극적 구조 활동이 사실 그대로 언론을 통해 국민들에게 전달되었다면, 정부에 대한 비판 여론이 급등하였으리란 점은 충분히 가능한 판단일 것이다. 따라서, 세월호 참사 보도에서 대부분의 주류 언론은 정부 관료의 발표를 무비판적으로 받아들여 보도함으로써, 현장 구조 상황을 왜곡하고 정부에 대한 건강한 비판 여론 형성을 제한했으며, 결과적으로 정부가 여론의 비판에 따라 올바로 기능할 기회를 제공하지 못했다. 이러한 언론이 '실종자 가족에게 큰 실망감을 넘어 오히려 반감을 키운'것은 당연하다 볼 수 있다.[53] 세월호 참사 보도에서 대부분의 대한민국 언론들이 정부의 비판적 감시자가 아니라, 정부의 대국민 선전 도구로 전락했다고 보아도 무방할 것이다.

세월호 참사 보도에서 대부분의 언론들은 팽목항에만 머무른 채 사고 현장에는 접근하지 못하는 경우가 많아, 더욱더 정부의 발표에 의존함으로써 상황을 왜곡하는 방송을 하기도 하였다. 예를 들어, 수색구조 활동을 위한 대안으로서 다이빙 벨을 실은 바지선이 최초 출항하려던 시점에 대부분의 기자들은 현장에 없었고 동행하지 않았다. 해당 바지선에 유일하게 동행했던 이상호 기자는 당시 상황을 다음과 같이 표현한다. "그래서 달려갔어요. 부두에… 그런데 기자가 하나도 없는 거예요. 저는 이해할 수 없었어요. 그래서 일단 저라도 타야겠다. 지켜 봐야겠다…"라며 답답했던 당시 상황을 토로하였다.[54] 그런데 그 바지선은 여러 여건상, "사고현장에 접근도 못한 채 돌아오게 되었는데 동행하지 않았던 언론들은 오보를 내기 시작했다." 『다이빙 벨』이라는 당시 현장 기록 영화에서, 해당 바지선 선원들은 귀항하며 그나마 중립적인 언론 보도를 하고 있었다고 평가되는 jtbc 방송을 시청하고 있었는데, 해당 방송 기자는 "저희가 중계, 현장 중계를 통해서 전해드렸었지만, 오후에 접어들면서 본격적으로 다이빙벨이 투입이 된 것으로 알려지고 있습니다"라고 보도한다. 이에, 해당 방송을 시청하던 선원들의 반응은, "투입이 된 걸로 알고 있대요. 하, 저 기자, 아 저 기자에게 얘기 좀 해요." "어느 나라 방송이야, 미치겄네, 아!"라고 분노하고 허탈해 한다. 결국 수색구조 현장에 없었던 기자들은 누구나 할 것 없이 관료 친화적 '받아쓰기 보도' 행태에서 벗어나지 못함으로써, 부정확한 보도 또는 왜곡 보도를 하게 되었다.

왜곡 보도의 또다른 예로 4월 26일에 방송된 내용을 들 수 있다. 해양수산부장관 및 해양경찰청장과 희생자 가족들과의 면담 이후, 다이빙 벨을 실은 바지선이 현장 구조에 재투입되었다. 그러나 이때, "해경은 약속과 달리 기자들의 승선을 허용하지 않았다."[55] 또한 해경은 다이빙 벨을 실은 "바지선 접안을 거부했다."[56] 이 사실을 듣고 승선 가족들이 상황을 파악하기 위해 현장에 배를 타고 나갔는데, 현장을 목격한 승선 가족은 기자와의 전화 통화에서 당시 구조 작업의 책임을 맡고 있던 '언딘'측의 접안 방해를 지적하였다.[57] 이러한 현장의 상황 때문에 제대로 구조에 나서지 못하고 돌아오는 일련의 과정을, 대부분의 방송은 정확히 보도하지 않았다. 다이빙 벨을 싣고 떠났던 쪽만을 다음과 같이 비난함으로써 상황을 왜곡하고 정부를 두둔하며 대변하였다.

> (앵커) 다이빙벨 논란으로 결국 구조 시간만 늦춰져 버렸습니다. (열띤 목소리로) '정부가 일부러 다이빙벨 투입을 하지 않고 있다.' 이런 주장들을 하다보니까 아직 검증이 되지 않은 이 다이빙벨 투입 과정에서 시간만 낭비해 버렸고, 구조 시간만 늦춰져 버리고 결국 피해자들, 가족들만, 아주 그냥, 속끓게 하는 상황으로 지금 흘러가고 있는, 현재 상황이 그렇습니다.[58]

이러한 왜곡된 비난보다 더 큰 언론의 문제는 세월호 참사가 발생한 지 일주일이 지나 참사 책임 논란이 그치지 않고 정부에 대한 비난이 쏟아질 무렵 발생하였다. 한국 언론들은 검찰 수사에 발맞추어 "일제히 세월호의 실소유주인 유병언 씨와 그가 속한 구원파에 초점을 맞추기 시작했다."[59] 당시 언론은 세월호 참사에서 드러난 '온갖 사회 구조적 문제들을 특정 종교의 문제로 몰아가고, 여기에 이단종교라는 분위기까지 더한' '본질 희석' 보도를 감행하였고, 이로부터 한동안 "'세월호' 뉴스는 '유병언과 구원파' 뉴스"로 변질되었다.[60] 4월 23일 MBC 뉴스데스크는 주요 타이틀을 "선장 이모씨 등 세월호 선원 상당수 '구원파' 신도"였고, 같은 날 KBS는 "구원파는 어떤 종교? … '독특한' 문화?"라며, 세월호 참사 원인을 호도하고 정부 책임을 희석시키는 보도를 지속했다.[61] 특히 검찰의 수사 방향을 따라서 언론은 금수원 압수수색 장면과 유병언 추격보도와 그의 시신 발견 보도, 그리고, 그의 아들 유대균과 함께 도피한 여성을 '호위무사'로 부르며 사생활을 들춰내는 보도를 일삼았다. 이렇게 온갖 종류의 추측 보도와 자극적 보도를 일삼음으로써, 언론은 세월호 참사의 사회 구조적 문제를 희석시키고 유가족의 목소리를 덮어 버렸다.

당시 언론은 어째서 이러한 왜곡보도, 본질을 희석하는 보도, 권력 편향적 보도, 축소 누락 보도에 앞장섰을까? 이는 세월호 참사 보도와 관련하여 당시 KBS 길환영 사장과 갈등을 빚고 사퇴를 결심한 김시곤 전 KBS 보도국장의 증언에서 실마리를 찾아볼 수 있다. 김시곤은 5월 15일 KBS 기자협회 총회 참석하여, 5월 9일 보도국장 사임 기자회견 전에 길환영 KBS 사장을 통해 청와대가 개입하였음을 다음과 같이 폭로하였다.[62]

(길환영) 사장은 BH, 청와대로부터 연락이 왔다며 제게 회사를 그만두라고 합니다. 잠시 3개월만 쉬면 일자리를 찾아보겠다고 회유까지 했습니다. 그러면서 이걸 거역하면 자기 자신도 살아남을 수 없고 이건 대통령의 뜻이라

고까지 말하며 눈물까지 흘렸습니다.

　김시곤은 청와대의 개입과 이를 맹목적으로 따르는 길환영 KBS 사장에 대해 참담함과 분노를 느끼며, "이 사람이 과연 언론기관의 수장이며 이곳이 과연 언론기관인가 하는 자문을 하지 않을 수" 없었다고 고백했다.[63] 그의 고백대로 재난 주관 방송사인 KBS는 세월호 참사 보도에서 언론의 본질적 기능으로서의 사회적 비판 기능은 거의 도외시했다. 그는 계속해서, KBS가 정부 출범 후 1년 동안 정부 비판을 자제하는 소위 '허니문 기간' 동안에 '대통령에 대한 비판은 단 한 차례도 없었'을 뿐만 아니라 2014년 2월 25일 현재 허니문 기간이 끝난 "그 이후에도 대통령에 대한 비판은 단 한 차례도 없었습니다"라고 정부에 대한 KBS의 무비판적 보도 행태를 회견장에서 폭로하였다. 또한 김시곤에 따르면 청와대는 정부 비판에 대한 KBS 보도에 대하여 다음과 같이 외압을 행사하였다.

　　(김시곤) 5월 5일날 사장 주재 조그만 모임이 있었는데요… 해경에 대한 비판은 하지 말아 달라는 (청와대의) 지시가 있었습니다. (기자) 청와대에서 구체적으로 누가 연락을 했었는지? (김시곤) 그건 당연히 대 언론 역할을 맡은 자리가 있습니다.

　이러한 폭로에 대하여 'KBS 기자협회는 진상조사 결과 김시곤 국장의 주장의 말이 대부분 사실'이라고 확인하였다.[64] 결국, 세월호 참사 보도 과정에서 드러난 정부의 외압과 이를 따르는 언론사 간부들의 권력 편향성, 그리고, 이러한 간부들의 지시를 통한 정부 비판의 누락이나 축소 보도 등에서 보여지는 행태는, 사회적 감시자로서의 언론의 본질적 기능을 망각한 무력화 시도일 뿐만 아니라, 언론을 대국민 선전도구로 이용하려는 시도였다.

　무엇보다도 심각한 것은 대다수의 대한민국 언론이 세월호 참사 보도 과정에서 이러한 정부의 외압에 호응하여 자발적으로 정부의 입장을 대변하고 선전하여 사실을 무책임하게 왜곡하고 대정부 비판 여론을 잠재우는 데 앞장섰다는 점이다. 이 모든 결과로서, 세월호 참사 이후에도 대한민국 정부와 사회의 구조적 문제 해결을 위한 범국민적 여론이 형성되지 못하였고, 정부와 사회 전반에 대한 가시적인 변화는 일어나지 않은 채 시간이 흘러갔다. 세월호 참사의 생생한 기억에도 불구하고 올바른 방향으로 변화하지 않는 문제적 한국 사회구조 속에서 연이은 사건과 사고를 계속 경험함에 따라, 한국 사회의 심각한 불안이 지속되었다고 볼 수 있다.

4. 마치며

　한국 언론의 세월호 참사 보도에는 양면성이 있다. 촘스키의 분석에서처럼 정부의 선전 도구로 이용된 한국 언론은 세월호 참사 사건 보도에서 이번만 특별히 정부의 입장을 홍보하고 외압에 굴복했다고 보기 어렵다. 오히려 원래 그러한 한국 언론의 특성이 국가적 위기 상황에서 좀 더 명확히 발현된 것이라고 보는 것이 더 정확할지도 모른다. 촘스키의 말대로, 한국 언론은 각종 여과장치들로 인하여 "'이용'당해서가 아니라 알아서 권력에 협조"했던 것이다.[65] 이런 점에서 언론 개혁은 내부의 자발적 개혁으로는 불가능하다고 생각된다. 왜냐하면, 정부나 기업 모두 여론을 주도하려는 욕구를 포기하기 어렵고, 언론은 이러한 욕구를 성취할 수 있는 가장 효과적이고 대중적인 도구이며, 정부나 기업은 언론을 길들이고 통제할 수 있는 장치들을 알고 있고 이를 손쉽게 이용할 수 있기 때문이다.

반면에 언론이 정부의 선전도구로 전락하는 것에 대해 저항했던 일부 언론인들의 존재와 노력은 한국 사회에 작지만 새로운 희망을 불러일으킬 수 있었다. 즉, 세월호 참사 현장에서 벌어진 사실들을 왜곡하는 다양한 여과 장치를 극복해 낸 일부 언론인들의 양심적이고 헌신적인 노력으로 세월호 참사의 진실이 일부분이나마 폭로될 수 있었기 때문이다.

그렇다면, 언론의 부정적 선전 기능을 막기 위한 대안은 없는 것일까? 언론인 스스로 비판적 평가와 대안을 수행하는 것이 합리적이지만 그것이 비현실적이라면 본질적인 대안은 없는 것인가? 테일러와 촘스키는 공통적으로 언론을 통한 민주주의 국가의 '온건한' 형태의 독재를 막기 위하여, 시민의 민주적이며 자발적인 조직적 행동을 대안으로 제시한다.[66] 한국 사회의 시민이 다양한 조직을 형성하여 네트워크를 통해 연대하고, 자발적인 행동을 통해 민주적으로 여론 형성에 참여할 때, 우리는 '자유롭고 독립적인 언론'을 만날 희망을 품을 수' 있고,[67] '공동의 민주적 목적의 형성을 통해서만 우리는 시장과 관료 체제 안에 깔려 있는 도구주의적인 경향에 유일하게 대적'할 수 있을 것이다.[68]

하지만, '우리가 대규모적이고 중앙 집권화된 관료주의적 국가에 의해 통치를 받고 있다는 사실'은[69] 한국 사회에 정치적 무력감을 느끼게 하고, 공동으로 연대한 민주적 행동을 거의 불가능하게 만들지도 모른다. 따라서, 세월호 참사 보도 당시에 정부의 선전도구로 작용한 언론의 행태를 보며, 역으로 우리는 언론의 올바른 방향으로의 변화를 위하여는 '국가권력의 분산'이 필요함을 깨닫게 된다. 또한 선전도구로 사용됐던 언론의 변화를 통한 한국 사회의 변화를 위하여서는, 단순히 언론의 개혁만을 지향하는 투쟁에서 벗어나, 테일러가 말한 대로 '복잡하고 다층적인 투쟁, 즉 지적, 정신적, 정치적인 투쟁'을 함께 시도해야 할 것이다. 이러한 '다면적 논쟁에 효과적으로 참여하기 위해서' 테일러는 우리가 "현대 사회의 문화 속에 있는 위대한 점과 동시에 천박하거나 위험스러운 점을 볼 수 있어야만 한다"고 주장하였다. 왜냐하면, 이러한 역설적인 두 측면을 '포용하는 시각만이' 한국 사회의 문제에 올바로 대처할 수 있는 '우리 시대에 대한 굴절없는 통찰'을 허용할 것이기 때문이다.[70]

그렇다면, 2014년 4월 16일의 세월호 참사와 이에 대한 언론의 보도 행태를 바라보면서, 한국의 기독교인은 무엇을 말해야만 하는가? 무엇보다 기독교인은 인간의 죄성과 동시에 가능성을 말해야 한다. 세월호 참사에서 드러난 우리 사회의 구조적 병폐에 대한 하나님의 심판 선포와 동시에, 유가족들과 사회의 치유와 변화에 대한 희망을 노래할 수 있어야 한다.

기독교인의 이러한 포용력과 통찰력은 신약 성서의 주요 메시지인 '하나님나라'에서 분명해질 것이다. 기독교인이 꿈꿔야 할 하나님나라는 이미 이곳에 임재했지만 아직 완성되지는 않았다. 하나님나라는 복음서에서는 누룩처럼 보이지 않게 점점 확장되어 가지만, 동시에, 요한 계시록에서는 종말에 새 예루살렘으로서 이 땅에 임한다. 하나님나라는 예수의 제자들 개인을 통해 비밀스럽게 전파되지만, 동시에 새 예루살렘이라는 도시의 시민인 기독교인들은 신앙 공동체의 일원으로서 선을 위한 상호 협력과 공동 생활에 참여해야만 하는 것이다.

세월호 참사에 대한 언론의 보도 행태는 무책임한 기자들과 권력 지향적인 언론사 간부들 개인의 문제만이 아니라, 이를 조장하고 통제하는 여과

장치를 움직이는 기업과 관료주의적 정부의 문제로서, 그들의 근시안적 언론 통제는 결국 한국 사회를 불안속에서 헤어나지 못하게 만들었다. 동시에 세월호 참사에 대한 소수 언론인들은 이러한 개인의 문제들과 사회 구조적 문제를 넘어 기자로서의 양심과 본분에 따라 진실 보도에 최선을 다함으로써 한국인들에게 희망의 불씨를 남겼다. 이러한 세월호 참사 보도의 두 측면을 기독교의 신앙 안에서 통찰력 있게 바라볼 수 있을 때, 한국 기독교인들은 손쉬운 비판만 하고 진정한 대안은 없으며 분노 섞인 심판만을 선포하고 내일의 희망을 노래하지 못하는 무기력한 기독교인에서 벗어나, 대한민국의 언론과 사회 전반의 구조적 문제 해결을 위해 자발적으로 조직하고 민주적으로 행동하며 공감 속의 연대를 통해 하나님나라를 확장해 가는 책임 있는 기독교인이 될 수 있을 것이다.

4부 |
신의 부재와 맘몬의 현존

세월호 참사로 드러난 신자유주의의 야만적 얼굴 ——————— 박숭인

저자는 세월호를 침몰로 몰아간 근본원인을 시장경제의 원리에 따라 최대이윤의 창출을
목적으로 사회의 모든 구성원들을 내몰아가는 신자유주의 체제로 규정한다. 신자유주의는
단지 경제 이념에 불과한 것이 아니라, 경제 정책이다. 즉 신자유주의는 시장 논리를 사회에
관철시키기 위한 법적 제도적 틀을 규정하는 국가 개입의 원리라고 저자는 주장한다. 이
경제환원주의적인 시각은 심지어 타인의 고통마저도 비용과 보상으로 환원해 이해하는
비인간적인 행위들을 정당화하고 있다. 하지만 신학은 고통과 눈물의 현장을 중심으로 세계와
사회와 타인을 바라보는 우리의 시각을 재편하는 작업이다. 그것이 바로 하나님의 눈으로 세계를
바라보는 길이라고 저자는 강조한다.

세월호 이후의 경제를 위한 신학적 시론 ——————————— 신익상

저자는 세월호 참사의 원인을 시장경제를 신봉하는 시장근본주의에 있다고 보고, 이를
세계교회협의회(WCC)가 제안하는 생명경제의 관점으로 극복해 보고자하며, 더 나아가 이를
한국경제의 새로운 패러다임으로 적용할 수 있는 가능성을 탐문하고자 한다. WCC가 주장하는
생명경제는 우분투, 즉 '우리가 있기에 내가 있다'는 정신 속에서 전체 생명의 관계성과
공동체성을 성찰하는 가운데 경제 문제를 돈과 양의 문제를 넘어선 인간적 가치의 문제로 보고자
하는 신학적 노력이다. 삶과 죽음의 불이적(不二的) 관계에 대한 통찰은 생명경제의 성찰에
중요한 기여를 할 수 있을 것이고, 이를 통해 한국적 생명경제의 가능성을 모색하는 것이 가능할
것이라고 저자는 예견한다.

한국 교회는 자본주의에서 해방되어야 한다 ——————————— 박득훈

세월호 참사는 자본을 지배하는 계층과 자본의 지배를 받는 계층 간의 구조적 갈등으로부터
비롯된다고 보는 저자는 하나님나라를 믿는 신학적 관점은 사회적 약자에 우선성을 둘 수밖에
없기 때문에 이런 당파적 해석의 신학적 당위성이 있다고 주장한다. 강력한 경쟁력에 기반한
승자독식의 체제 속에서 살아남는데 익숙한 한국 교회는 자본주의적 구조와 대단히 높은
친화력을 갖는다. 더 나아가 저자는 이미 한국 교회는 자본주의화되어 있다고 진단한다. 이를
극복하기 위해서 저자는 한국 교회가 하나님의 약하심을 다시 신학과 목회의 주제로 삼아,
강자가 지배하는 세상과는 다른 질서를 구현해 낼 수 있는 가능성을 스스로 회복해야 함을
역설한다.

세월호 참사로 드러난
신자유주의의 야만적 얼굴

박숭인 _협성대학교 교양교직학부 교수

1. 들어가는 말

2014년 4월 16일의 세월호 참사를 목격한 사람은, 그가 희생자들의 고통과 절망과 아픔을 공유할 수밖에 없었을 것이다. 아무것도 보이지 않는 컴컴한 공간에서, 차가운 물에 잠겨 추위에 떨며, 죽음의 공포를 직면하고 있으면서도, 한편으로는 구조에 대한 막연한 희망을 가지고 기다렸을 세월호 희생자들의 고통과 절망은 우리 모두의 공감과 연민을 불러일으켰다. 더구나 대부분의 희생자들이 단원고 학생들이었다는 사실은 우리의 안타까움을 더한다. 그리고 그 슬픔과 아픔은 당연히 사고의 원인과 구조 작업의 문제점을 규명하는 작업, 희생자들과 유가족들에 대한 처우 문제 등에 전력을 기울이는 정부와 관계된 모든 이들의 노력으로 이어져야만 했다. 국민의 생명과 재산을 보호해야 하고, 국민이 당하는 재난을 스스로의 잘못으로 인정해야만 하는 국가가 국가다운 모습으로 존재했다면. 아니 최소한 이웃의 아픔과 슬픔을 내 것으로 받아들이는 것을 구도의 모습으로 삼는 종교인들은 노력해야 했다. 이웃들이 당한 고통과 슬픔을 내 슬픔으로 받아들여 그들의 눈에서 슬픔과 아픔의 눈물을 지우기 위해.

　사고 직후 세월호 조난자들을 전원 구조했다는 방송을 들었을 때 가졌던 환희와 국가에 대한 자부심은 얼마 지나지 않아 국가에 대한 실망과 낙담으로 바뀌었다. 그리고 조난 승객 중 단 한 명도 구조하지 못한 현실 앞에서 우리는 절망했다. 속마음 한가운데에는 이 사건이 인력으로는 어쩔 수 없는 천재지변이었기를 바랐다. 그랬다면 이렇게 처절히 절망하지 않았을 것이다. 아직도 풀리지 않는 의문 앞에서 우리는 처절하게 절망한다. 왜 못 구했을까? 왜 우리는 모르는 것이 이렇게 많을까? 아니 도대체 왜 자식을 잃은 유가족들조차 사고의 원인과 경위와 사후 처리 등에 관하여 모르는 것이 이렇게 많아야 할까?

　사랑하는 자식을 잃은 유가족이 팽목항에서, 거리에서 외쳐야만 사고에 대한 조사가 이루어진다면 국가는 이미 자신의 역할을 하지 않고 있는 것이다. 유가족들의 외침과 상관없이 국가는 희생자와 유가족의 문제에 최선을 다했어야만 한다. 이제 사고 후 일 년이 다 되어 가는 시간까지 유가족은 외치고 있다. 그럼에도 여전히 그들은 응답받지 못하고 있다.

　세월호 재난을 망각으로 이끌어 가고, 세월호 희생자들을 그저 늘상 일어날 수 있는 우연한 사고를 당한 운 없는 자들로 몰아가고, 가슴 한구석이 도려내어진 유가족들을 돈을 밝히는 파렴치범으로 몰아가는 현실 앞에서, 도대체 이런 야수와 같은 인간군상을 만들어 내는 기적이 어떻게 가능할까 자문해본다. 필자는 이 모든 야만적 인간상을 만들어 낸 근원적인 계기를 우리 사회 전반을 휩쓸아 가는 신자유주의의 망령에서 본다. 이 글은 이러한 맥락에서 세월호 참사에 내재한 신자유주의의 야만적 얼굴을 밝히는 것을 그 핵심 내용으로 한다. 본문에서 밝히겠거니와 세월호는 사고의 원인부터 사고의 (부적절한) 수습에 이르기까지 신자유주의의 망령이 춤을 춘 비극적 사건이다.

2. 세월호 사고의 물리적 원인에 내재한 신자유주의

세월호 사고의 물리적 원인은 최대 이윤의 창출이었다. 지금까지 밝혀진 바로는 불법 증축과 화물의 과적 그리고 과적을 가능하게 하기 위한 평형수 감축 등의 물리적 원인이 세월호 사고의 일차적 원인이다. 이것은 대표적 '여당지'라고 할 수 있는 조선일보에서도 증언하는 바이다. "검찰은 세월호가 무리한 증축으로 좌우 불균형이 생긴 상태에서 사고 당일 화물 적재량(1077t)의 2배에 이르는 과적(2142t), 선체 복원에 필요한 평형수 감축(1375t), 차량·컨테이너 등 화물 고정 부실, 미숙한 조타에 따른 운항상 미숙이 복합적으로 작용해 침몰했다고 결론지었다."[1]

연합뉴스는 이러한 증축과 과적이 어떻게 진행되었는지 더 자세히 밝힌다.

세월호 선사는 일본(으로부터 세월호를) 도입(한) 후 지난 2012년 8월 29일부터 지난해 2월 6일까지 목포의 한 조선소에서 객실 증설, 선수 램프 제거 등 여객설비 증설공사를 진행했다. 세월호 선박 복원성 검사는 세월호 공사 준공보다 13일 앞선 지난해 1월 24일 시행됐다. 증설 전후 여객 및 재화중량 등을 비교하면 총t수는 6천 586t에서 6천 825t으로 239t 늘었다. 재화총량(DWT · 화물 총중량)은 3천 981t에서 3천 794t으로 187t 줄고, 경화중량(LWT · 여객 화물 뺀 순수 선박 중량)은 5천 926t에서 6천 113t으로 187t 늘었다. 이 때문에 무게중심 (VCG)은 11.27m에서 11.78m로 51cm 높아졌다. 순수여객 탑승 인원은 804명에서 921명으로 117명 증가했다. 한국선급은 세월호 구조변경을 승인하면서 조건을 달았다. 화물량은 구조변경 전 2천 437t에서 987t으로 1천 450t을 줄이고 여객은 88t에서 83t으로 5t 축소해야 하며 평형수는 1천 23t에서 2천 30t으로 1천 7t을 늘려야 복원성이 유지된다고 적시했다. 복원성이 유지되려면 화물을 987t만 싣도록 했지만 세월호는 이보다 3배 더 많은, 자동차 180대 포함 화물을 3천 608t을 실었다. 화물을 과적하면서 평형수는 승인 조건보다 훨씬 적었을 것으로 보인다. 과적하면 출항허가를 못 받으므로 평형수를 빼 적재중량을 줄일 수밖에 없었을 것이라는 게다.[2]

위의 기사에서 보이는 바 세월호 참사의 직접적인 물리적 원인은 선박의 무리한 불법 증축과 허용치의 3배를 초과하는 과적 그리고 이를 무마하기 위한 평형수 감축으로 드러났다. 이 모든 원인 요소들이 지향했던 가치는 단 하나 '최대 이윤의 창출'이었다. 최대 이윤을 창출하기 위한 신자유주의적 가치 앞에서 인간의 생명까지 위태롭게 할 수 있는 안전 문제는 완전히 도외시되었다. "신자유주의 국가의 핵심 임무는 '좋은 사업 환경'을 만드는 것이고, 따라서 고용 혹은 사회복지는 어찌 되든 말든 자본 축적을 위한 조건들을 최적화하는 것이다."[3] 여기서 좋은 사업 환경이란 오로지 기업을 위한 사업 환경을 일컫는 말임이 분명하다. 이윤과 자본 축적을 최우선으로 생각하는 신자유주의 체제에 있어서 인간의 안전과 복지 문제 등은 도외시될 수밖에 없다. 그리고 이는 앞의 기사가 지적하는 것처럼 세월호 재난에서 극명하게 드러난다.

이윤에 눈먼 세월호 증축과 과적 외에도 이해할 수 없는 조치가 있었음을 위의 기사는 언급한다. 기사에 따르면 한국선급이 세월호 구조 변경을 승인하면서 조건을 단다. 그것은 화물량은 줄이고 평형수는 늘려야 한다는 것이었다. 이러한 조건이 지켜지지 않으면 세월호 증축은 위험한 결과를 초래할 수 있고, 그 위험을 방지하는 길은 한국선급이 제시한 조건을 지켜야만 한다는 것이다. 이 승인 조건을 역으로 생각하면 그 제시 조건이 지켜지지 않으면 세월호의 운행의 안전이 보장될 수 없으며, 따라서 승인도 허용될 수 없다는 이야기이다. 이러한 조건부 승인 조치는 그 조건이 지켜지지 않을 때에는 당연히 승인이 취소된다고 하는 사실을 내포하는 법이다. 그러므로 이러한 조건부 승인 조치는 지속적인 감독과 관리를 전제하고 있는 승인이다. 그런데 세월호는 이러한 조건을 지키기는커녕 조건을 정면으로 위배하는 행위를 했고, 이것이 묵인되었다. 충격적인 사실은 세월호 출항 당시 이러한 규제 사항이 전혀 고려되지 않았다는 점이다. 과적을 숨기기 위해 평형수를 빼는 행위가 어떻게 용납될 수 있는 것인가? 구조변경 시 제약 조건은 출항 때마다 점검되는 것이 마땅한 일 아닌가? 이 모든 불법을 가능하게 하는 동인은 오늘날 국가와 사회를 휘몰아가는 신자유주의 원리이다. 이윤을 창출하고 축적하기 위해서 다른 모든 요소들은 무시되는 원리!

데이비드 하비는 신자유주의 국가가 사회적 연대와 국민들을 어떻게 처리하는지 구체적으로 드러낸다.

국내적으로 보면 신자유주의 국가는 자본 축적을 방해하는 모든 형태의 (사회민주주의 국가에서 상당한 권력을 획득한 노동운동이나 기타 사회운동과 같은) 사회적 연대에 적대적이다(그리고 과도할 정도로 억압적이다). 복지 정책은 후퇴하고, 사회민

주주의 국가 사업의 핵심이었던 의료 보장, 공공교육, 사회 서비스 분야에서
의 복지의 역할은 최소한으로 줄어든다. 사회 안전망 또한 최저 수준으로 축
소된다.[4]

데이비드 하비의 설명은 신자유주의 국가의 통치 원리를 잘 드러내어 준
다. 이윤의 획득과 축적을 최고 가치로 설정한 국가는 그 가치를 저해하는
요소는 무엇이든지 적대시한다. 윤리의 문제, 가치의 문제는 이윤 창출이라
는 신자유주의 원리 밑에서 설 자리를 잃는다. 때로는 심지어 합법으로 위
장한 불법까지도 저질러진다. 이러한 신자유주의의 민낯을 여실히 드러낸
재앙이 세월호 재난이다. 이러한 신자유주의의 본질을 다음 장에서 살펴보
고자 한다.

3. 신자유주의의 본질

Neoliberalism을 우리말로 번역한 신자유주의라는 용어의 역사적 배경과
의미를 장하성은 다음과 같이 설명한다.

'신자유주의'는 미국과 유럽에서 1980년대 초부터 시작된 극단적인 시장
근본주의를 말하는 것이고, 제2차 세계대전 이후 경제정책의 틀이었던 케인
지안(Keynesian) 패러다임으로부터의 전환을 의미한다. 여기에서는 그간 지속
적으로 확대되어 왔던 복지 비용 부담이 단지 정부 재정을 압박하는 것에서
그치는 것이 아니라 성장 동력 자체를 훼손한다는 시장 근본주의자들의 진
단에 근거한 것이었다. 복지 예산의 삭감을 위한 재정 감축에서 출발했던 논

의가 한 발짝 더 나가서 일반적인 감세 논쟁으로 이어지고, 기업 활동의 자유를 극단적으로 허용하는 자유방임과 규제 완화 논쟁으로 발전하였다. 떡 본 김에 제사 지낸다고 노조 때문에 기업 경쟁력이 저하된다고 노동시장의 유연성 논쟁으로 번지더니, 아예 노조에 적극적인 공세를 펼치는 정치적 이념으로까지 치달았다. 이것이 신자유주의의 선봉격인 레이거니즘(Reaganism)과 대처리즘(Thatcherism)이 등장한 배경이다.[5]

이러한 역사적 배경을 가진 신자유주의는 그 이전 단계의 경제정책들에 대한 반동에서 발생한 것이다. 그런 까닭에 신자유주의는 단순한 경제이념이나 경제 원리가 아니라, 경제정책임을 파악하는 것이 중요하다. "신자유주의에 관한 많은 연구들은 신자유주의를 경제 이념으로 논의하기보다는 1980년대 초부터 미국과 영국 그리고 유럽에서 나타난 규제 완화, 민영화, 자유화, 세계화, 작은 정부 등으로 상징되는 일련의 시장 기능의 확대와 정부 역할의 축소를 특징으로 하는 경제정책들로 정의한다."[6]

신자유주의를 이야기할 때 등장하는 단어들, 규제 완화, 민영화, 자유화, 작은 정부 등은 오해를 불러일으키기 쉽다. 신자유주의의 특징을 이야기하는 이러한 용어들로 인하여 신자유주의는 철저히 경제 원리일 뿐이라고 하는 오해에 빠지기 쉽다. 그러나 사토 요시유키는 『신자유주의와 권력』이라는 책에서 이러한 오해를 불식한다. 그에 의하면 신자유주의에 대한 오해의 요체는 다음과 같다. "신자유주의란 흔히 작은 정부 지향(공공 부문의 축소와 민간 부문으로의 이관), 규제 완화, 시장 원리 중시와 같은 그 경제정책 때문에 고전적 자유주의(애덤 스미스 식 자유방임)로의 회귀 또는 그것의 현대적 응용으로 요약된다."[7] 이에 반해 사토 요시유키는 미셸 푸코의 이론을 따라 신자유주의 원리를 "시장 논리를 사회 전체에 철저하게 관철하기 위해 국가가 법적 개입을 통해 제도적 틀을 형성한다는 국가 개입의 원리다"[8]라고 역설한다. 이러한 국가 개입의 가장 현저한 특징이 경쟁 메커니즘의 구축이다. 경쟁 메커니즘을 구축하는 근거 및 방식에 관하여서는 뒤에 설명하겠지만, 지금 으로서는 이러한 경쟁 메커니즘이 국가의 강력한 개입을 전제한다는 점을 분명히 할 필요가 있다. "신자유주의적 통치는 사회의 모든 국면에 경쟁 메 커니즘을 구축하고 그에 따라 사회를 통치하려고 한다. 이처럼 신자유주의 가 시장 안에 자연적으로 존재하지 않는 경쟁을 구축하고, 그에 따라 사회 를 조직화하는 이념을 보존(견지)했다고 한다면, 그런 통치는 필연적으로 '자 유방임'일 수 없으며, 시장 안에 경쟁을 구축하기 위한 적극적인 '개입'을 수 반하게 된다."[9] 이 경우 '개입'의 의미에 주의해야 한다. 케인지안 경제 정책 에서 국가의 개입이라는 개념은 평등과 복지를 이루기 위한 공공투자, 세제 조치, 사회보장을 통한 소득 재분배의 형태로 드러나는 국가의 개입을 뜻하 는 것이었다. 이에 반하여 "신자유주의적 통치란 법률과 제도에 개입해 시 장 안에 효과적인 경쟁을 생산하기 위한 통치 기법이다. … '개입적 자유주 의'로서의 신자유주의란 법률, 제도에 개입해 '효과적인 경쟁'을 창출하고, 경쟁 원리에 의해 사회를 통치하려고 하는 통치 기법인 것이다."[10]

사토 요시유키는 이러한 경쟁 메커니즘을 통한 통치 기법의 문제점을 세 가지로 지적한다. 이는 오늘날 신자유주의 정책을 통치 이념으로 삼는 국 가들에서 드러나는 공통적 문제점이다. 첫째는 경쟁으로 비롯되는 문제이 다. 신자유주의는 예전에 경쟁이 드러나지 않던 영역에까지 경쟁의 원리를 도입한다. "예를 들면, 노동시장에서 종신 고용 제도의 철폐, 능력별 급여의 도입은 그때까지 경쟁이 존재하지 않았던 영역에 적극적인 경쟁을 창출하는 것이다. 이에 따라 각 노동자는 개인별 목표, (이에 대한) 자기 점검, 개인별 급여 같은 항상적인 통제 아래에 놓이게 되며, 노동환경은 항상적이고도 구조적으로 불안정해진다."[11]

두 번째는 실업과 노동 유연성의 문제이다. '완전고용'과 같은 케인지안 경제정책의 목표는 신자유주의 경제정책과는 거리가 멀다. 노동의 유연성 내지 노동 이동의 가능성을 산출하기 위하여 어느 정도의 실업은 용인된다. 게다가 생산 이익을 극대화하기 위한 파견 노동이나 시한부 노동과 같은 비정규 고용의 도입을 확대시킨다. "이런 사태는 경제적 격차(빈부 확대에 의한 사회의 양극화)와 사회적 불안정의 증대로 귀결된다."[12]

세 번째는 사회정책의 문제이다. 케인지안 경제 정책의 핵심 가치인 사회보장이나 소득재분배 등은 신자유주의 경제정책에서는 찾아볼 수 없다. 복지국가에서 개인의 위험을 사회가 공적으로 책임졌던 사회보험 등의 제도는 개인이 스스로 자기 리스크를 책임지기 위해서 민간보험이나 공제회에 가입하는 등의 자조 노력으로 변화되었다.

그리하여 복지국가적 통치에서 사회 공간을 뒤덮고 있던 사회적인 것은 그 최저 한계까지 축소된다. 사회적인 것의 축소라는 파도는 현재, 사회보장 뿐만 아니라 공공 서비스의 다양한 국면에 미치고 있다. … 공공 부문의 민영화는 국영기업의 거대한 노동조합이나 국립대학 자치 기구처럼 국가와 개인 사이에 위치한 '중간 세력'을 해체함으로써 신자유주의에 대한 비판 세력을 대대적으로 무력화했다. 그런 비판 세력의 무력화와 동시에 사회적인 것의 민영화는 사회체의 모든 국면에 경쟁 원리를 끌어들이고, 이익 추구의 원리가 어울리지 않는 부문까지 시장 원리를 강제하고 있다. 이런 상황에서 명확히 나타나고 있는 것은, 사회적인 것의 해체가 산출하는 정치적 공백을 통해 사회체의 구석구석까지 시장 원리와 경쟁 원리를 채우는 신자유주의의 통치기법이다.[13]

물론 이러한 일들은 복지국가 체제를 거친 선진 자본주의 국가들에서 일어난 변화이다. "미국과 유럽에서 신자유주의가 등장하게 된 배경은 정부의 적극적인 재정 정책과 규제를 통한 시장 개입, 강력한 노조 그리고 광범위한 복지 정책 등으로 대표되는 케인즈주의 정책이었다."[14] 우리나라는 이러한 중간 단계의 발전 과정이 없었다. 그리하여 장하성은 우리나라에서는 신자유주의 담론이 선진 자본주의 국가들에서의 담론과는 다르게 전개되어야 한다고 주장한다. 다시 말해서 우리나라는 시기적으로 서구에서 신자유주의가 복지정책을 축소하는 시점에서야 비로소 복지정책을 시작했다는 것이다. 아니 우리나라에는 애초에 자유주의 경제체제조차 없었다고 장하성은 주장한다. 그러므로 우리나라에서 신자유주의라는 용어는 선진 자본주의 국가에서와는 다르게 사용되고 있다는 점을 지적한다.

한국 자본주의의 폐해를 역설하면서 그 문제점들을 해결하는 방안을 모색하는 장하성의 한국 자본주의 분석은 그의 책 제목의 부연설명에서 드러나듯이, 정의로운 경제를 지향하는 노작이다. 그리고 그가 지적하는 한국에서의 신자유주의 논란은 충분히 일리가 있다. 그럼에도 불구하고 필자는 현재 한국의 경제정책을 신자유주의 경제정책으로 이해한다. 장하성의 지적처럼 한국은 신자유주의 이전 경제 단계를 거치지 않았을 뿐 아니라, 이전의 경제정책은 오히려 계획경제이었음이 분명하다. 그러나 다시 한 번 기억할 것은 신자유주의가 단순히 경제 체제일 뿐 아니라, 경제정책이라는 점이다. 그리고 신자유주의 경제정책은 단순히 한 국가의 경제 영역뿐 아니라, 사회 전 분야에 영향을 미치는 것임을 아는 것이 중요하다. 경제발전의 과정이 동일하지 않았다고 해서, 그리고 우리나라의 경우 지금이 예전보다 복지가 더 보장되는 사회라고 해서 현재 우리나라의 경제정책이 신자유주의 정책이 아니라고 할 이유는 없다. 그것은 마치 민주주의의 단계적 발전이 없었던 나라들의 현재 민주주의를 선진 민주주의 국가들의 민주주의와는 다른 민주주의라고 말하는 것과 같다.

오늘날 한국 사회 전반을 주도하고 있는 가치는 생명 존중, 정의로운 사회, 더불어 살아가는 공동체 등과 같은 인간 중심의 가치가 아니라, 개인적 성공, 부의 획득, 경쟁에서의 승리 등과 같은 물신숭배적인 비인간적인 가치이다. 심지어 대학교마저도 구조개혁 평가의 틀로 각 대학들 간의 상대평가를 부추기는 경쟁구도를 만들어 조종하고 있다. 일견 가장 효율적인 듯이 보이는 이러한 신자유주의 경제정책이 나중에는 되돌릴 수 없는 사회적 불균형과 부의 불평등을 낳아 전 지구적인 파국에 이를 것이라는 점을 지적하는 것이 토마 피케티의 큰 공헌이라고 할 수 있다. 그는 선진 자본주의 국가들의 경제발전 단계에서 경제의 발전이 부의 불균형을 심화시키는 방향으로 발전해 왔고 앞으로도 그러할 것이라는 예측을 하면서, 이를 해결하기 위한 방안으로서 상당히 높은 정도의 누진적 소득세와 글로벌 자본세를 주장한다. 그가 주장하는 핵심은 경제적 관점에서 인간 중심의 정의의 문제를 되찾자는 것이다. "성장이 자동적으로 균형을 찾을 것이라고 믿어야 할 근본적인 이유는 아무것도 없다. 우리는 이미 오래전에 불평등 문제를 경제 분석의 한가운데에 되돌려놓고 19세기에 처음 제기되었던 질문들을 다시 제기했어야 했다. 너무나 오랫동안 경제학자들은 부의 문제를 소홀히 했다"[15]

　이 글에서 신자유주의에 관하여 충분한 설명을 할 수는 없지만, 사토 요시유키의 이론에 의존한 경제정책으로서의 신자유주의 설명은 우리를 신자유주의에 대한 우리의 미망에서 깨어나게 한다. 더 나아가 신자유주의 권력은 개개인을 경쟁 구도에 최종적인 책임자로 설정함으로써, 모든 문제를 개인의 문제로 탈바꿈시킨다. "신자유주의 국가는 개인이 가진 자유와 책임의 중요성을 강조하며, 이는 특히 시장 영역에서 두드러진다. 따라서 사회적 성공 혹은 (자본주의의 전형적인 계급 배제와 같은) 실패는 체제 양식 때문이 아니라 개인의 기업가적 덕목 혹은 실패로 해석된다."[16] 이러한 통치 체제하에서 신자유주의 권력이 해야 할 일은 정당한(듯한) 경쟁 구도를 잘 설정하는 일이다. 이제는 각 개인 내지 집단에게 직접적인 규범을 적용할 필요가 없다. 그들 상호간의 경쟁 법칙을 잘 형성해서 그 경쟁의 결과에 따른 (서로 다른) 대우만을 규정하면 된다. 이를 통해 신자유주의 권력은 스스로의 공평성과 정당성을 확보한다.

　　신자유주의 권력은 규율 권력처럼 개개인의 내면에 규범을 내면화시키는 방식으로 통치하는 게 아니라, 오히려 환경에 경쟁을 설계하고 사회체의 전체 국면을 시장 원리로 채우는 방식으로 통치하고자 한다. … 환경에 대한 개입이란 사회체의 구석구석에까지 경쟁을 설계하고 구축하는 것, 즉 사회체를 전면적으로 시장화하는 것을 의미한다. 이리하여 신자유주의는 사회체를 전면적으로 시장화함으로써 규율 권력의 경우처럼 각 주체에게 직접 관여하는 게 아니라 시장의 효과를 통해 각 주체에게 시장 원리를 내면화시키고 쉽게 통치 가능한 자기-경영의 주체를 만들어 낸다.[17]

우리가 현재 살아가고 있는 대한민국의 현실이 위의 설명과 전혀 다를 바 없다는 것이 필자의 생각이다. 인간의 생명과 각자 고유한 인격의 가치가 사회적으로 획득한 지위와 부에 따라 차별적으로 평가되는 시대 가치, 경제적인 가치가 모든 가치 위에 존재하는 맘모니즘이 지배하는 사회, 기업의 이윤을 극대화하기 위한 세제 정책과 기업에 대한 규제 완화, 이에 반해 점점 더 증가하는 개인에 대한 눈에 보이지 않는 규제, 정부 발표에 따르더라도 전체 임금 노동자의 1/3 에 이르는 비정규직 노동자[18] 등등.

4. 재난 이후의 악몽에서 드러나는 신자유주의의 민낯

한 고통이 떠나기도 전에 또 다른 고통들이 닥쳐와 부모들의 상처를 후벼파기도 했다. 아팠다. 아파서 또 울었다. 시민들의 마음이 어떻게 이렇게 절대적인 호의에서 절대적인 반감으로 바뀌는지, 그분들은 어리둥절해했다. 세상이 참으로 교활했다. 언론이, 정치인이, 일부의 사람들이 순식간에 선장보다 해경보다 더 나쁜 사람들이 되어 갔다. 가족들을 조롱하고, 보상금으로 공격했다.[19]

세월호 유가족에게 세월호의 재난은 사고 당시로 끝나지 않는다. 그들은 자식들을 잃은 아픔 위에 국가와 주변 사람들의 냉소를 견뎌야 한다. 아니 냉소뿐 아니라, 그들의 문제를 돈의 문제로 끌고 간다. 숫자가 지배하는 세상이 되어 버린 국가의 민낯을 세월호는 우리에게 드러내어 주었다. 국가적 재난으로 죽은 아이들의 장례에서부터 돈의 논리가 판을 치기 시작한다. "근데 어떤 사람은 최하로 해갖고 장례비가 700만원 들었대, 700만원. 그리고 많이 한 집은 몇 천 만원 들었다고 하대. 수의도 70만원부터 400만원까지. 유골함도 50만원서부터 200만원까지. 음식도 끼당 해갖고 700원부터 1만 5000원까지."[20] 이게 국가적 재난으로 자식을 잃은 부모가 고민해야 할 일인가? 마땅히 국가가 책임지고 처리할 일이 아닌가? 점입가경인 것은 세월호 희생을 교통사고와 숫자로 비교하는 작태였다. 희생당한 사람들 하나하나의 절대가치는 숫자놀음의 상대가치로 뒤바뀌었다.

그 어떤 사고든 국가는 사고의 원인을 철저히 조사하여 밝히고 재발 방지 대책을 강구할 의무가 있다. 심지어 국민의 고귀한 생명이 집단적으로 희생된 사고인 경우는 두말할 나위도 없다. 그것은 유가족 혹은 그 어떤 집단이 원하거나 요구하거나 농성하거나 시위하거나 해서 할 일이 아니다. 그것은 유가족 혹은 시민단체 혹은 종교단체가 나서기 전에, 아니 그들이 나설 여지가 없게 국가가 미리 앞서서 처리해야만 할 일이었다. 인간의 생명이 걸린 문제에 경비의 문제나 예산의 문제가 개입할 여지는 없는 것이다. 그런데 이 국가는 이 사회는 돈의 문제를 생명의 문제보다 우선시했다. 인간 자체보다 효율성을 먼저 따지려고 했다. 세월호 재난에서 드러난 우리 사회의 추악한 민낯을 서강대 교수들은 다음과 같이 전한다.

세월호 참사는 결코 우연한 사건이 아니다. 우리 사회의 고질적인 문제가 참혹한 형태로 터져 나온 것이다. 문제의 핵심은 인간과 생명보다 돈과 이윤을 우선시하는 고삐 풀린 탐욕스런 자본주의와 이를 추종, 수용해 온 우리들에게 있다. 우리에게는 무한 경쟁 속에서 자기 이익만을 추구하는 것이 행복의 첩경이라는 환상이 팽배해 있다. 개인, 집단, 국가 이익의 극대화 그리고 물질적 풍요와 소비가 지상 목표가 되었다. 정의, 윤리적 감각과 의식, 원칙의 준수, 공감과 연민, 검약과 나눔의 가치는 일찌감치 폐기되었고, 극도의 이기주의가 그 자리를 차지했다. 우리나라는 물신이 지배하는 사회이다. 세월호에 잠복해 온 우리의 민낯이 세월호의 침몰과 함께 수면 위로 떠올랐다. 세월호 침몰을 이끈 선령 규제의 완화, 선박의 개조와 증축, 과도한 승객과 화물, 이 모두가 탐욕과 이윤의 극대화 때문에 일어난 것이 아닌가. 안전에 필수적인 규제의 완화와 철폐, 비정규직의 만연, 민영화 추진, 이 모두가 생명이나 안전보다 효율과 이윤을 최우선시하는 우리 사회의 징표가 아닌가.[21]

세월호 재난이 유가족과 그 재난을 기억하고자 하는 사람들에게 더욱 끔찍하게 다가오는 것은 그 재난 이후의 후폭풍이다. 세월호 사고를 제대로 조사하기 위한 특별법이 제정되는 과정, 세월호 특별조사위원회가 구성되는 과정, 유가족들에게 쏟아지는 무자비한 언어폭력, 세월호 진상을 밝히려는 노력에 대한 흑색선전과 매도, 심지어는 희생 학생들에 대한 야비한 비하, 특별조사를 위한 예산 줄다리기, 사고 원인을 제대로 밝히고 실종자들을 찾기 위한 마지막 희망인 선체 인양을 돈의 논리로 탈바꿈시키는 행위, 심지어 유가족들이 받은 금전적 보상과 특혜에 대한 근거 없는 유언비어…. 이 모든 것들이 세월호 희생자 및 유가족들에 대한 이 국가와 사회의 폭력이다. 특별법이나 특별조사위원회가 철저히 세월호 희생자와 유가족을 위한 법과 제도가 되어야 하는 것은 이미 법의 제정이나 위원회의 구성에 전제된 조건이다. 그런데 이 경우에도 유가족들이 그로 인해 고통당하고, 원망하고, 호소하고, 시위해야 하는 일이 발생한다.

이러한 무자비한 사회적 폭력은 어디에서 비롯되는가? 그것은 우리 사회를 서로 경쟁하고 불신하는 사회로 만들어 놓은 신자유주의의 망령에서 비롯된다. 앞에서 언급한 것처럼 신자유주의는 케인지안 경제 체제를 뒤집어 엎은 경제정책이다. 신자유주의에 대한 흔한 오해처럼 신자유주의 경제정책은 국가의 개입이 최소화된 정책이 아니다. 신자유주의가 근절하고자 했던 케인지안 경제 체제에서 사회복지, 기업 규제, 조세제도, 빈부 격차 해소, 평등과 복지를 이루기 위한 국가 개입이 당연한 것이었다면, 그러한 체제를 바꾸는 새로운 정책 또한 국가의 적극적 개입으로 이루어질 수밖에 없다. 그러나 신자유주의의 경우 국가의 정책적 개입은 시장의 자유경쟁이라는 가면 뒤에서 행해진다. 이 경우 국가의 정책적 개입은 경쟁 체제의 확립이라는 모습으로 행해진다. 신자유주의를 특징짓는 주제어인 작은 정부, 시장 개입 최소화, 규제 철폐 등은 사실상 사회 안에서 경제적 기득권층에 대한 작은 정부요, 개입 최소화이며, 규제 철폐이다. 한 사회 내에서 이미 정치력과 경제력 면에서 우위에 있는 계층에 대한 개입 최소화 및 필요한 규제 철폐는 역으로 연약한 계층에 대한 개입 확대와 규제 강화로 등장하게 된다. 특히 두 계층 간의 이해관계가 상충할 때에는 더욱 더 그러하다. 이 모든 정책이 지향하는 표어는 경제발전이다. 경제발전 자체가 지상목표가 되어, 경제발전이 무엇을 위한 것인지, 누구를 위한 것인지는 전혀 고려되지 않는다. 그러나 신자유주의 경제정책이 지향하는 경제발전이 사회정의 및 평등과 복지와 무관한 것이라면, 그 경제발전은 왜 필요한 것인가?

세월호 이후 전개된 국가의 대처 모습에서 이러한 신자유주의의 망령, 즉 가해자 및 기득권층에 대해서는 규제와 개입을 최소화하는 관용의 모습을 보이는 반면, 피해자 및 연약한 계층에 대해서는 규제 강화와 무관심으로 일관하는 태도를 보게 된다. 이 사고를 당한 학생들이 강남의 학생들이어도 정부가 이렇게 대처했겠느냐는 세월호 유가족들의 자조적인 한탄의 소리는 신자유주의 정책으로 이지러진 우리 사회의 단면을 드러내어 준다.

5. 맺는 말: 세월호 이후의 신학을 바라며

세월호 재난은 우리 모두에게 견딜 수 없는 아픔으로 다가왔고, 씻을 수 없는 상처로 남았다. 이러한 아픔과 상처는 이 시대에 함께 사는 지식인이 결코 잊어서는 안 되는 역사이다. 예수 그리스도의 십자가의 고난이 그 중심에 서 있는 그리스도교 신학의 경우 오늘날 일어나는 고통과 눈물의 현장은 바로 신학의 중심이 되어야 한다. 오늘날 고통과 눈물의 현장이 신학의 중심 주제가 되어야 한다는 말은 일차적으로 예수 그리스도의 십자가가 신학의 중심이 되어야 한다는 말이다. 신자유주의 이데올로기와 흐름을 같이 하는 성공 지향적인 교회의 신학이 십자가의 신학으로 돌아가야 한다. 몰트만의 말처럼 "그 당시 십자가에 달린 그분은 거슬리는 것, 미련한 것으로 간주되었다. 그분을 기독교신앙과 신학의 중심점으로 삼는 것은 오늘날도 시대적으로 적절하지 못한 것 같다. 그러나 시대적으로 적절하지 못한 그분에 대한 기억만이 오늘날의 상황, 역사의 법칙, 그리고 억압들로부터 인간을 해방시킬 수 있으며 다시금 어두워지지 아니하는 미래를 열어줄 수 있다. 만일 교회가 그리스도의 교회가 되고자 하며, 신학이 그리스도의 신학이 되고자 한다면 십자가에 달린 그리스도에게로 돌아와야 하며, 그리하여 이 세계에 대하여 그리스도의 자유를 보여 주어야 할 것이다."[22]

한 걸음 더 나아가 오늘날 고통과 눈물의 현장이 신학의 중심 주제가 되어야 한다는 말은 그러한 고통과 눈물이 있게 된 원인을 규명하여 제자리로 돌리는 일을 신학이 해야 한다는 것을 의미한다. 더욱이 그것이 천재지변이나 불가항력적인 어떤 요인에 의한 것이 아니라 인간이 만든 제도나 이데올로기에 기인하는 것이라면, 그러한 제도와 이데올로기의 문제를 근원적으로 파악하여 지적하는 일은 신학의 중심 주제가 되어야 한다.

세월호 참사를 겪고 나서, 그리고 본 논문을 준비하는 과정에서 필자는 신학함의 새로운 경험을 얻게 되었다. 세월호 재난의 원인과 사후 처리를 보면서 그 배후에 숨어있는 시대적·제도적·이데올로기적 배경과 원인을 밝히고 싶었다. 그러한 과정에서 필자에게 보인 것은 자본주의의 극단의 모습으로 등장하는 신자유주의의 권세였다. 신학자가 사회과학적 전문 분야인 신자유주의의 문제에 대해서 무슨 말을 할 수 있을까 하는 처음의 생각이 신학은 사회과학적 문제, 특히 오늘날 경제의 문제에 대해서 말을 해야만 한다는 생각으로 바뀌었다. 그러한 문제를 도외시하고는 오늘날 사회 문제의 핵심을 건드릴 수 없다는 생각이 들었기 때문이다.

세월호 재난은 우리가 잊고 있었던 추악한 자본주의와 신자유주의 통치의 민낯을 보여주었다. 거꾸로 해석하면 추악한 자본주의와 신자유주의적 가치관이 팽배한 오늘의 현실에 대하여 신학이 침묵하고, 그리하여 그 추악함이 기승을 부리도록 방치한 신학과 그리스도인의 잘못이 재난으로 드러난 것이다. 참사 앞에서 우리는 값싼 "내 탓이오"를 외쳐서는 안 된다. 우리가 하지 못했던 것에 대한 자각과 신학의 새로운 정립이 우리의 과제이다. 필자의 경우 그것이 신자유주의에 대한 신학적 고찰과 응답인 것처럼, 각 신학자의 몫이 있을 것이라고 생각한다. 시대의 아픔 앞에서 그 아픔의 원인을 찾고 그 원인을 해소하고자 하는 신학적 시도들이 아직은 작은 흐름이고 시작 단계이지만 흔들리지 않는 믿음과 꾸준한 노력으로 그 결실을 맺어 진정한 세월호 이후의 신학을 정립할 수 있기를 바란다.

세월호 이후의 경제를 위한
신학적 시론
- 생명경제의 한국적 적용을 꿈꾸며

신익상 _성공회대학교 신학연구원 연구교수

1. 들어가는 말

　세월호 참사 희생자의 대부분을 차지하고 있는 단원고 학생들의 이야기
는 수학여행을 계획하고 진행하는 과정에서의 안타까운, 그러나 만일 참사
로 이어지지 않았다면 그저 자연스러운 서민적 삶의 한순간으로 지나가고
말았을 경제적인 고려가 배경이 된다. 34만원의 비용이 드는 3박4일 일정
의 항공 - 항공편 제주여행과, 28만 1190원의 비용으로 2박3일 일정의 여행
을 하는 배 - 항공편을 놓고 가정통신문을 통해 단원고 2학년 학부모들의 선
호를 조사한 결과 배 - 항공편 수학여행이 선택되었다는 것이다. 3박4일과 2
박3일이라는 기간 차이를 감안할 때 5만 8810원의 비용 차액은 크지 않다고
할 수 있지만, 금액만을 놓고 판단할 때는 후자가 분명 저렴하다. 이 두 제
한된 선택지 사이에서 학부모들은 여행의 편의와 질이나 상대적 비용 절감
보다는 실질비용을 최소화하는 방향으로 결정하였다. "배 - 항공편을 선택

한 이유는 항공-항공편의 비용과 비교했을 때 체감적으로 가격차가 상당해 보였기 때문"이라는 한 학부모의 말은 여행 방법을 선택하는 데 있어 서민들의 우선적인 결정 요소가 무엇인가를 잘 대변한다.[1] 그리고 이 선택은 자녀를 잃은 부모들에게 자신들의 경제적 선택 결과가 결국 자녀의 죽음을 결정지었다는 고통스런 죄책감의 형식으로 평생의 한으로 남게 되었다.

세월호 참사는 오늘날 대한민국 서민의 경제적 조건이 이들 삶의 다양한 영역에 끼치는 영향의 양상을 단적으로 드러낸다. 비단 서민 계층에서뿐만 아니라 신자유주의 시대 한복판을 살고 있는 모든 이에게 시장경제는 그 철학과 실행에 있어서 경제 영역을 넘어 다양한 사회 영역으로 세력을 확장하였다. 마이클 센델은 시장경제가 자기 고유의 영역을 넘어 다른 영역에까지 미치고 있다는 사실이 신자유주의 시대의 비극이라고 진단한 바 있다. 이 시대는 시장의 영역에 속할 수 없는 도덕적이고 정치적인 것까지 시장 시스템에 포섭되어 버리는 시대로, 센델의 말을 빌리자면 "시장경제를 가진 (having a market economy) 시대에서 시장사회가 된(being a market society) 시대"[2]로 휩쓸려 들어갔다는 것이다.

시장의 확산과 발달은 개인과 정부 사이에 있는 시민들의 다양한 자발적 공동체를 소멸시키고 결국은 시민사회의 공동화 현상을 야기한다.[3] 시장 체제가 삶의 각 영역에 들어오면, 본래 시민들의 협동과 합의를 통해서 결정되던 문제들이 점차 개인적 소비의 문제로 환원되어 결국에는 모든 공적인 상황을 개인의 경제적 결정으로 해결하게 된다. 예를 들어, 어떤 마을에 환경오염이 심하다고 하자. 이 문제는 그 마을의 공적인 문제로서 그 마을 시민들이 협동과 합의를 통해서 환경오염을 개선하고자 시도해야 할 일이지만, 시장경제 체제 하에서는 개인들이 공기정화기를 산다든지, 환경이 좋은 다른 곳에 집을 사서 이사를 가는 식의 소비 행태로 해결된다.

이 글에서는 세월호 참사의 경제적 의미를 삶의 전 영역에서의 시장체제 확산과 이로 인한 자발적 시민사회의 공동화라는 측면에서 비판적으로 살펴보고, 이를 극복할 대안으로 WCC(세계교회협의회)가 제안한 바 있는 생명경제(economy of life)를 소개한다. 최종적으로는 이 대안경제가 한국의 사회문화 상황에서 적용될 가능성에 대해 신학적으로 논하고자 한다.

2. 세월호 참사의 경제적 의미: 시장사회화와 소득 불평등

최근 빅데이터[4] 기법을 통해 1만 건의 SNS를 분석한 한 연구에 의하면, 세월호 참사의 원인을 배의 복원력 상실이라는 인재로 보는 시각과 이 참사에 정치 세력이 대응하는 방식에 관심을 보이면서 정치부패에 연결시켜 생각하는 시각이 두드러지게 나타난다.[5] 이러한 여론의 시각은 구체적인 자료와 연구를 통해 속속들이 근거를 갖는 사실로 의미화되고 있다.

배의 복원력 상실은 노후화된 배, 무리한 구조 변경과 과적, 승무원의 운항 및 사고 대처 미숙 등 총체적 문제로 인한 것이라는 사실이 드러나고 있다. 침몰 당시 선령 20년이었던 세월호는 2009년 노후 선령을 25년에서 30년으로 연장한 규제 완화 후의 연안여객선 운항 현실을 여실히 보여준다. 2008년 166척 중 12척(7.2%)에 불과했던 20년 이상 노후선의 수는 5년 후인 2013년에 217척 중 67척(30.9%)으로 5배나 늘어났다. 노후선령이 30년으로 늘어나면서 20년 이상 된 배라도 시장가치가 생겨 선사들이 노후화된 선박을 대거 활용한 까닭이다. 게다가 무리한 구조 변경은 더 많은 화물과 여객을 싣기 위한 것이었고, 이는 과적으로 이어졌다. 또한 승무원의 운항과 사고 대처 미숙의 이면에는 갑판부와 기관부 선원 17명 중 비정규직이 12명 (70.5%)이며 운항의 핵심 인력인 선장과 조타수 3명 모두가 비정규직이었다는 사실이 숨어 있다. 이들은 정규직과 갈등 관계에 있었고, 이로 인해 승무원 간 내부 통제 능력이 출항 전부터 상실된 상태였기에, 사고 당시에는 60대 비정규직 선장이 아닌 40대 정규직 항해사가 승무원들의 퇴선 명령을 내리는 등 제대로 된 대처를 할 수 없었다.

이 모든 상황을 야기한 원인은 하나의 목표로 수렴한다. 이익 창출. 이것은 자본주의의 가장 최종적이며 유일한 목표로서 비용을 줄이거나 소비를 진작하여 최소의 비용으로 최대의 이익을 내는 효율을 방법으로 한다. 자본주의 체제에서 각각의 효율들은 시장을 통해 경쟁을 함으로써 소득의 불평등에 놓이게 된다. 성취된 결과에 따라 각자의 정당한 몫이 결정되어야 한다는 성과주의는 이러한 일련의 자본주의 시장체제를 대표하는 이념이다. 성과주의는 경쟁을 유발하고, 경쟁을 통해 효율이 향상된다. 시장은 성과주의에 입각하여 차별함으로써 빈부격차를 심화하고 소득 불평등을 야기할 수 있다. 세월호 참사는 연안여객선 운항시장의 이러한 경제구조를 전제로 해서 발생했다.

이익 창출의 목표는 정치 영역에도 이어진다. 세월호 침몰 직후부터 이에 대처했던 해양수산부, 해양경찰, 중앙정부 등의 행보는 시장체제의 행보와 함께했다. 해피아, 관피아 등으로 매스컴을 들썩였던 관료주의 부패 고리는 이러한 상황을 상징적으로 보여준다. 정책 수립 및 결정 과정에서 "시장·정부·국회가 상호간의 이해관계를 보호하기 위해 밀접한 동맹 관계를 형성하고 있는 현상"을 '철의 삼각형'이라고 부르는데,[6] 이러한 유착관계는 왜 한국 정부의 정책 결정 투명성 순위가 148개국 중 137위, 법체계의 효율성은 101위인지를 잘 설명한다. 국가권력은 시장에 조력하고, 시장은 국가권력을 공고히 뒷받침한다. 이러한 유착관계는 어떻게 세월호 실종자 수색 과정이 해경과 언딘의 밀접한 관계 속에서 언딘의 수익 창출 대상이 될 수 있었는지를 설명해 준다.

정부와 시장의 유착관계는 한국사회가 시장체제의 가치와 구조로 일원화된 시장사회임을 보여준다. 정부나 입법, 사법 기관 등이 해야 할 일은 사적 이익의 실현이 아니라 공적 이익을 실현하고 시민들의 다양한 가치를 수호하는 데 있음에도 불구하고, 시장의 논리에 따라 움직이며 시장의 영역을 확장하는 데 일조하고 있기 때문이다. 시장사회화는 여기서 그치지 않는다. 세월호 참사 곳곳에 배어 있다. 노후화한 배를 거리낌 없이 구조 변경하여 과적하고, 인건비를 절감하기 위해 최소한의 안전마저도 무시할 수 있었던 이면에는 모든 사회 목표를 이익 창출로 단일화해서 사고하는 시장사회의 논리가 담겨 있다. 이 논리에서 시민들의 자발적인 합의나 협동의 가능성은 원천적으로 배제되어 있다. 오로지 고립된 개인들이 경쟁을 견뎌내야 하고, 국가는 시장과 결탁하여 시장 상황만 남게 되었다. 개인과 국가 사이에서 시장체제가 확장되면서 야기된 시민사회의 공동화가 세월호 참사의 사회적 배경이 되고 있는 것이다. 따라서 5만 8,810원을 아끼려고 했던 대다수 서민 학부모들의 판단은 순전한 개인적 선택이 아니다. 시장사회를 배경으로 하는 사회적 결정이 선행조건으로서 개인의 결정을 제약하는 상황에서 내려진 판단이다.

3. 생명경제: 아가페 부름에의 응답

1998년 하라레(Harare) 총회 이후부터 세계교회협의회(이하 WCC)는 부정의와 불평등이 경제적 세계화라는 새로운 형태로 확산되어 간다는 사실을 직시하고 이에 대한 대응책을 마련하고자 노력해 왔다. 이러한 노력은 아가페 프로세스(AGAPE process)로 구체화되어 2006년 포르토 알레그레(Porto Alegre) 총회에서 아가페 부름(AGAPE call)으로 결실을 맺었다. 이후 이 결실을 바탕으로 한 후속 프로그램인 빈곤·부·생태(PWE) 프로그램이 추진되어 대륙별 연구 모임과 협의회가 연이어 열렸다. 6년간에 걸쳐 진행된 이 프로그램은 2012년 인도네시아 보고르(Bogor)에서 글로벌 포럼과 아가페 축연을 마지막으로 대단원의 막을 내렸고, 2013년 부산 WCC 총회에서 '행동 촉구 요청'의 형식으로 공식 채택되었으며, 2014년에 『생명경제』(Economy of Life)라는 제목의 저서로 정리·출간되었다. '생명경제'라는 주제는 이후 WCC 활동의 중요한 한 축을 이루며 계속 논의되는 가운데 구체화될 것으로 전망된다.

15년에 이르는 기간 동안 아가페 프로세스 하에서 발표된 문서들 중 네 가지가 핵심적인 것이라 할 수 있는데, 하라레에서 아가페 프로세스가 시작된 이후 7년 동안의 결실을 정리하여 아가페 부름으로 집대성한 2005년의 『아가페 배경문서』(AGAPE BD)와 그 후속으로 기획된 빈곤·부·생태 연결 프로그램에 신학적 토대를 제공한 2007년 아프리카 지역 아가페 협의회의 「빈곤·부·생태 연결에 관한 선언문」(PWE2007), 그리고 빈곤·부·생태 연결 프로그램의 결과를 최종적으로 요약·정리한 「빈곤·부·생태 연결하기: 포르토 알레그레에서 부산까지」(PWE2013)와 이에 대한 신학적 선언문인 「생명경제: 신학적 성찰과 행동에로의 초대」(EL2014)가 그 문서들이다.

아가페 프로세스의 AGAPE는 Alternative Globalization Addressing Peoples and Earth(사람과 지구를 위한 대안적 세계화)의 약자로서 기독교의 핵심 개념 중 하나인 조건 없는 사랑에 세계 경제 체제의 현실에 대한 문제의식과 그 대안을 중의적으로 옷 입힌 개념어이다. 신자유주의의 확산 일로 속에서 시장 근본주의가 세계에 편만하게 된 상황을 하느님의 조건 없는 사랑을 바탕으로 성찰하고 이를 극복할 대안을 찾아보려는 의지를 AGAPE라는 개념어 속에 담고 있는 것이다. 즉, 사랑은 신자유주의 시장경제 체제라는 문제 앞에서 생명경제라는 대안으로 도약할 수 있도록 이끄는 거룩한 힘이라는 신앙고백이 아가페 프로세스의 전제가 되고 있다고 할 수 있다. 실로 경제, 곧 살림살이는 생명을 유지하고 풍성하게 하고자 하는 욕망의 사회적 표현에 다름 아니다. 그런데 아가페 사랑에 의거할 때 생명이란 값없이 선물로 주어진 하느님 은총의 결과이다.[7] 그렇다면 살림살이는 생명의 이러한 성격, 값없이 주어진 은총을 반영할 수 있는 것이어야 한다. 따라서 지구와 그 안에 사는 모든 생명은 이익과 경제성장이라는 인간 중심적이고 획일적인 가치에 매일 수 없다. 지구와 모든 생명은 오직 무상으로 주어지며(따라서 지구적 평등을 실현해야 한다) 아가페 관계 속에서 생명의 풍성함을 진작해야 한다(따라서 온 생명을 존중하는 정의가 실현되어야 한다).

1) 생명경제의 신학적 토대: 우분투(Ubuntu), 너는 내 운명

하느님은 생명의 살림살이(oikos)를 창조하셨다(시115:16; 창1-2장). 오이코스(oikos), 생명의 살림살이는 아프리카의 영성, 우분투(ubuntu)[8]와 만난다. "우리가 함께 있기에 내가 있다"는 뜻의 이 스와힐리어는 공동체 속에서라야 생명이 가능하다는 우자마(ujamaa)와 전체성 속에서라야 생명이 가능하다는 우지마(uzima)와 함께 온전한 인간다움을 설명하는 삼위일체를 형성하면서 모든 존재 사이의 선하고 정의로운 관계 형성이 중요함을 일깨운다.[9] 서로의 생명을 진작시키는 관계성 속에서라야 참된 인간다움을 형성할 수 있다는 우분투 사상은 인간으로 하여금 모든 생명을 상대로 '너는 내 운명'이라고 말할 수 있게 한다.

하느님의 오이코스를 우분투로 이해함에 따라 우리는 시장 근본주의 상황에 대해 적어도 두 가지 측면에서 예언자적 증언을 할 수 있다. 첫째, 현재의 국제 무역과 부채 시스템은 인간을 노예화하는 불의한 관계를 형성하게 한다는 점이다. 둘째, 모든 이익이 취약계층에게서 권력을 가진 자들에게로 흘러 들어가도록 강제하며, 정치·경제·문화·종교 권력이 지배 체계를 향해 하나로 수렴하는 이 세계는 바로 탐욕의 제국이라는 점이다.[10]

이렇듯 현실세계의 부정의하고 불평등한 체제를 극복할 급진적 변혁은 무엇을 통해 가능할까? 생명경제는 그 희망의 단초를 생명을 나누고 정의를 이룩하며 돌보는 공동체와 창조세계를 중심에 놓는 생명신학, 생명영성–생명을 나누고 정의를 이룩하며 돌봄을 실천하는 공동체와 창조세계를 중심에 놓는--에서 찾는다 또한 생명경제는 그 신학적 실천으로서 메타노이아(metanoia), 즉 회개를 출발점으로 제안한다. 북반구의 지배 체제는 남반구의 생명을 착취하고 파괴하는 자신들의 생산-소비 패턴을 인식하고, 신자유주의적 경제 세계화의 부정적 영향과 모순으로 인해 고통 받는 주변부 사람들의 목소리에 응답해야 한다. 그와 동시에 나눔과 배상, 정의를 실천하는 가운데 분명하게 드러나는 연대의 영성을 추구해야 한다. 이러한 회개 과정은 더욱 긍정적인 실천에 헌신하는 데까지 나아가야 한다. 생명경제 속에서 생명을 진작시켜야 하며, 신학을 생명의 각축장과 연결시켜야 하고, 사회운동

참여를 더욱 강화함으로써 빈곤을 극복하고 부의 의미를 재정의하며, 자연환경을 보호할 수 있는 대안적 세계화를 건설해야 한다. 또한 수평적 관계성 모델과 돌봄의 경제를 더욱 증진시켜야 한다.[11]

결국 생명의 살림살이, 생명살림으로서의 생명경제가 그 위에서 건설되어야 할 신학적 기초는 나눔의 공동체, 즉 하느님의 코이노니아(koinonia) 실현을 향한 비전에 있다고 할 수 있다.[12] 이는 주변부의 생명을 우선적으로 챙기는 정의, 다양성이 존중되며 통합되는 평화, 그리하여 지역주민들 사이의 정의로운 관계성에 기반을 두는 관계적 경제로 생명경제를 이끈다. 이러한 관계성 속에서 권력은 평등하게 분배되어야 한다. 경제 체계 속에서 의사를 결정하는 과정이 모두에게 열려 있는 합의의 과정이 되어야 하는 것이다.[13]

2) 하느님의 살림살이(economy)는 생명살림(ecology)이다

아가페 프로세스의 첫 결실인 『아가페 배경문서』에는 이미 대안적 세계화를 위해 시장경제가 아닌 생명경제를 추구해야 한다는 방향 설정이 되어있다. 살림살이를 시장 중심으로 꾸려 갈 게 아니라 생명살림 중심으로 꾸려 가야 한다는 것이다. 아가페 부름은 바로 생명살림으로서의 생명경제를 추구함으로써 대안적 세계화를 성취하자고 지구촌의 교회와 세계를 향해 호소하는 소리이다.

아가페 프로세스는 신자유주의의 세계화에 대응하는 대안적 경제 원리가 시급히 요청된다는 인식 하에, 이 세계화를 비판하는 데서 그치지 않고 정의·공감·포용의 세계를 향한 비전을 발전시키고자 기획되었다. 이러한 비전은 생명이 하느님이 값없이 주시는 선물이라는 사실에 기초한다.[14]

이 사실에 기초한 하느님의 경제는 생명경제로서 다음과 같은 특성을 갖는다. 먼저, 이 경제의 수혜는 모든 생명체에게 지속적으로 제공된다. 또한 그 결실은 정의롭고, 참여적이며, 지속 가능한 방식으로 다루어져야 한다. 무엇보다, 온 생명을 포함하는 지구 공동체를 영역으로 하는 생명경제는 가난한 자들을 우선으로 하는 하느님의 정의를 드러내는 것이어야 한다. 그러므로 생명경제는 협력·상호성·연대를 토대로 공공선을 추구하며, 노동·지식·창조성이 자본을 대체하여 경제활동을 주도하고, 연대를 기초로 하는 세계화를 건설하는 데 개인·공동체·국가들이 협력하는 세계 경제를 꿈꾼다.[15]

무엇보다 생명경제는 하느님의 살림살이(oikos)가 경제(eco-nomy)와 생태(eco-logy)를 분리하지 않는다는 사실을 토대로 하고 있음이 중요하다. 그러므로 생명경제의 정의는 생태 - 정의다. 이는 신자유주의의 지구적 충격으로 인해 창조성과 인간성 사이의 정의로운 상호작용이 긴박하게 요청되고 있다는 사실과 정확하게 맞물린다.[16] 요컨대, 모든 생명의 이익을 위한 정의롭고 지속 가능한 관계를 형성해 나아가야 한다는 것이며, 이를 통해 현 세대는 물론 미래 세대를 위해 지구와 자원을 지키고자 연대하며 저항해야 한다는 것이다.[17] 생명경제의 이러한 지향은 "우리는 미래 세대를 위해 지속가능한 구조를 만들어 가야 한다. 이러한 변혁은 가난 속에 있는 민중이나 여성, 원주민, 장애우와 같이 구조적으로 소외된 사람들을 포용해야 한다. 우리는 생명의 사회·생태적 구조를 파괴시키는 지배구조와 문화를 극복해야 한다"[18]는 선언 속에 분명하게 드러나고 있다.

생명경제는 생태 정의에 사회 정의가 담겨 있다는 사실을 하느님의 살림살이 개념에서 이끌어낸다. 그리고 이 정의가 요청되는 현실을 개발 패러다임에서 찾는다. 개발 패러다임은 자본주의의 생산 욕망과 생태 위기를 연결하는 연결고리이기 때문이다. 이 패러다임 속에서 금융위기, 사회경제적 위기, 생태위기는 서로 뒤엉켜 있다. 시장자유화 · 탈규제 · 민영화 등이 생태계를 착취하고, 사회 프로그램과 서비스를 해체한다. 규제가 풀린 금융자본의 유동은 세계적 경제 불안을 야기할 것이다. 기후 위기, 생태 위기, 금융위기, 외채 위기 등이 서로 결합되어 이 위기를 더욱 위태롭게 할 것이다.

이러한 위기는 가난한 자의 시각에서 접근해야 한다. 따라서 생명경제를 지탱하는 현실 인식의 또 다른 측면은 소득 불평등의 문제이다. 오늘날 우리는 극대화된 번영과 극대화된 불평등의 양극을 경험하고 있다. 빈곤, 채무, 주변부화 등으로 인해 삶의 터전에서 내쫓기는 이들의 탄식이 깊어 가고 있다. 부의 재/분배 문제는 불평등의 핵심이며 이를 해결하기 위한 연대적 정의가 절실하다.[19] 그리고 이러한 모든 현실의 핵심에 굳건히 버티고 있는 것은 다름 아닌 '시장근본주의'이다.

따라서 생명경제는 시장사회가 보편화되고 소득 불평등이 강화되는 세계 현실을 지구생태계 전반의 관점에서 풀어 가려는 기획이라고 할 수 있다. 실로 경제는 반드시 생태 세계를 물적 토대로 해야 한다. 그런데 이러한 현실에서 시장 자본주의는 적어도 두 개의 서로 역설적인 상황을 야기한다. 첫째, 시장 자본주의가 전제로 하고 있는 자원의 희소성은 경쟁을 바탕으로 형성되는 소득 불평등을 야기한다. 둘째, 그럼에도 불구하고 생산의 지속가능성을 전제로 해야 시장이 작동하기 때문에 끊임없이 생태계로부터 자원을 얻어 내야만 하는 냉혹한 현실이다. 이 두 상황의 역설적 관계는 생명경제를 한국적 상황에서 비판적으로 검토하고 수용하기 위한 토대가 된다. 다음의 두 장에서 이 두 상황을 비판적으로 검토한다. 그리고 다음에 이어지는 두 장에서는 이 두 상황에 대한 비판적 수용과 검토가 다루어진다.

4. 생명경제와 소득 재분배

생명경제는 소득 불평등 문제를 소득 재분배를 통해 해결해야 한다고 말한다. 문제는, 시장 자본주의는 시장에서 경쟁을 통해 발생하는 불평등이 부정의한 것이 아니라 자연스러운 것이라고 보기 때문에, 소득불평등을 소득재분배로 풀고자 하는 시도를 오히려 부정의하다고 주장한다는 점이다.

시장 자본주의의 이러한 관점을 반박하기 위해 자본주의의 이념적 토대를 제공하기도 하는 공리주의의 관점에서 접근해 보자. 공리주의적 관점에서 소득 재분배는 소득의 한계효용체감 법칙에 의해 지지된다. 이 법칙[20]에 의하면 소득이 많아질수록 추가되는 소득의 가치는 점점 감소한다. 쉽게 말해, 소득이 많은 사람의 100만원과 소득이 적은 사람의 100만원을 비교하면, 후자의 것이 훨씬 가치가 크다는 것이다. 따라서 같은 100만원이라도 소득이 적은 사람에게 더 큰 행복을 제공한다. 결국 소득이 많은 사람에게서 소득이 적은 사람에게로 소득을 재분배하면 사회 전체의 행복 총량은 증가하게 된다. 이는 공리주의의 목표에 부합하는 것이고 따라서 소득재분배는 사회적으로 정당하다.

이에 대해 시장 자본주의자들은 사람의 주관적 감정을 비교 · 평가하는 것이 불가능한 일이기 때문에 한계효용체감 법칙으로 소득 재분배를 정당화할 수 없다고 주장한다. 그러나 이는 오히려 비현실적인 주장이다. 신경과학자인 안토니오 다마지오의 설명에 의하면, 감정에는 객관적 측면인 정서(emotion)와 주관적 측면인 느낌(feeling)이 있어서 이 둘이 신체 전체에 대한

신경학적 정보지도(neural mapping)를 통해 연동되어 있다. 감정의 이 두 측면은 항상성(homeostasis)이라고 하는 생명의 기본 목표를 공유하기 때문에 감정이나 행복에 대한 물질적 토대의 유사성을 근거로 어느 정도 행복의 정도를 서로 비교하는 것이 가능하다. 실제로 우리는 감정이나 행복에 관한 비교판단을 수도 없이 경험한다.

소득 재분배 문제를 가난한 자의 입장에서 생각할 수 있도록 용기를 북돋우는 본문으로 성서를 빼놓기는 어려울 것 같다. 이 점을 생명경제는 잘 보여준다. 생명경제는 생명을 추구하는 일이 곧 가난한 이들의 편에 서는 것임을 성서를 통해 제시하고 있다. 생명경제는 경제가 생명살림을 목표로 하는 살림살이임을 천명하면서 다음과 같이 정의 개념을 밝힌다.

> 여기서 정의는 성전에서 돈 바꾸는 자를 쫓아내고(마21:12), 약한 자는 강하게 하고 강한 자는 약하게 하며(고전1:25~28), 가난과 부의 관점을 새롭게 하는 하느님의 자기 계시에 뿌리를 둔다. 이 계시는 예수 그리스도를 통해 나타난 바, 주변부 사람들과 그들을 내모는 구조악을 선명하게 대비시킨다. 우리는 구조와 문화로 피폐한 삶을 사는 민중의 삶과 투쟁에 함께 하도록 부름을 받았다. Ubuntu, "우리가 함께 있기에 내가 있다." 정의는 '변혁적 영성'(막1:15)을 기반으로 한다. 이웃과 함께 연대하고, 공동선의 동기를 부여하고, 일체의 주변부화(marginalization)에 저항할 용기를 북돋우며, 전 지구를 구하기 위한 길을 추구하고, 생명을 죽이는 가치에 저항해야 한다.[21]

생명경제는 이러한 정의 개념을 바탕으로 경제 정의에 관해 다음과 같이 선언할 수 있었다: "부의 성장이 부의 분배를 저절로 가져오지는 않는다. 통제 없는 경제성장은 생태환경의 숨통을 쥐어짠다.”[22] 생명경제는 적극적인 소득 재분배를 요구한다. 그런데 이 요구는 단지 제도의 확립에만 있는 것이 아니라 주변부 사람들의 연대와 저항에도 걸쳐 있다. 과도하게 가진 자는 제도를 통해 자신의 것을 내놓아야 하며, 과도하게 못 가진 자는 연대와 저항을 통해 최소한의 생존경계를 넘어서야 한다.

한편, 생명경제는 개발 패러다임에 반대한다. 경제성장은 자연의 자정 능력을 벗어나지 않는 범위에서 제한적으로 이루어져야 하며, 지구와 인류 사회의 지속가능성을 유지할 수 있도록 해야 한다는 것이다.

5. 생명경제와 지속가능성

그러나 생명은 지속 가능하지 않고 불이적(不二的)이다. ‘불이적’이란 삶과 죽음이 서로 다르지 않다는 뜻이다. 서로 다르지 않다는 말은 그저 같다는 말이 아니다. 서로 한묶음이라는 뜻이다. 그저 한묶음이기만 한 것이 아니라, 서로에게 가치 있는 한묶음이다. 기독교는 그것을 십자가와 부활이라고 하여 영원한 생명을 가리킨다. 생과 멸, 멸과 생이 함께 순환하여 운동할 때 참된 삶이 가능한 것이다. 잘 살아서 잘 죽고, 잘 죽어서 잘 살린다. 다시 말해, 생과 멸이 자기 성찰과 자기 부정의 과정으로 인간의 삶 속에 들어와서 내향적인 순환운동이 되다가(잘 살아서 잘 죽는 것) 마지막에는 그 에너지로 자신을 외향으로 내던지는 것(막8:34) ―잘 죽어 잘 살리는 것에 복음이 있다. 내향의 깊이에서 외향의 넓이를 만나는 것이 기독교 신앙의 참 생명이 뜻하는 바라 할 것이다.

그러므로 생명은 근원적으로 지속가능성을 바탕으로 하지 않는다. 이 점에서는 찰스 다윈이 진실에 다가서 있다. 그는 변이와 차이가 생명의 근간을 이루고, 형질의 분기와 더불어 멸종이 생명의 다양성을 형성하는 중요한 요인이라고 통찰하였다. 존재론적 지속은 변화의 한 순간으로서 잠정적이다. 생명은 지속적인 것이 아니라 계기적인 것이며, 죽음은 삶만큼 생명에 필수적이라는 것이다. 기독교의 가장 기초적인 복음이 회개(변화)와 하느님 나라(완성), 십자가(죽음)와 부활(삶)이라는 계기적 역동성에 기초하고 있다는 사실을 생명의 전개 속에서 읽은 사람이 오늘날 대다수 기독교인들이 못마땅해 마지않는 다윈이라는 사실은 매우 아이러니한 일이라 하겠다.

단적으로 말해 지속가능성은 종교적 성찰을 위배한다. 반면 유통되고 있는 생태 담론의 주류는 지속가능성을 기초로 한다. 인류의 지속가능성을 위해 생태환경의 보호를 요구하는 것으로 기실 인간 중심주의가 뒤에 숨어 있다. 그러나 생명은 지속 가능이라는 존재론적 안정의 신화를 바탕으로 전개되는 것이 아니라 지속 불가능이라는 존재론적 불안정의 현실을 바탕으로 전개된다. 따라서 신학은 생명을 인간 중심적 지속가능성의 신화에 연결하지 않는다. 신학은, 인간 중심주의를 해체하는 지속불가능성이 생명의 근간이라고 이해한다. 인간을 포함한 모든 생명은 생과 멸의 순환 속에서 세계와 관계를 맺고 상호작용함으로써 풍성하게 전개된다.

따라서 생명의 지속가능성이 아니라 생과 멸의 순환 속에서 세계와 상호작용함으로써 생명이 전개되도록 하는 일에 조력하는가의 여부로 생명경제의 가능성을 추구해야 한다. 이 점에 있어서 아가페 프로세스의 생명경제는 수정되어야 할 필요가 있다. 우선, '모든 생명의 이익을 위해 정의롭고 지속 가능한 관계를 형성'한다는 목표는 하나의 신화로서 수정되어야 한다. 좀 더 솔직해질 필요가 있다. 우리는 모든 생명의 이익을 위한 정의나 지속

가능한 관계를 형성할 수 없다. 뿐만 아니라 이 구절은 시장 근본주의를 충분히 극복하지 못한 것으로 읽힐 수 있는데, 생명의 본유적인 성격인 생과 멸의 순환 과정은 이익이라는 자본주의적 발상에 다 담기기 어렵기 때문이다. 또한 지속 가능한 관계라는 개념이 생명의 소멸하는 성격을 은연중에 은폐할 가능성도 배제할 수 없다. 이는 생산의 무한한 지속가능성을 상정하는 시장 자본주의의 근거 없는 신화를 생명의 무한한 지속가능성이라는 생태학적 신화로 교체한 것에 불과한 것일 수 있다.

6. 결론적 제안: 한국적 생명경제를 위하여

그렇다면 생명경제를 어떻게 수정해야 하는가? 앞서 우리는 세월호 참사의 경제적 배경을 시장사회화에 따른 시민사회의 공동화와 소득 불평등의 심화로 판단했다. 그리고 이러한 상황이 단원고 희생자 학부모 개인들의 선택을 사회적으로 결정하는 요인, 즉 경제적 이익을 우선적으로 고려하도록 강제하는 획일화된 사회구조를 낳았다고 보았다.[23] 한편 WCC의 아가페 프로세스가 맺은 결실인 생명경제는 시장사회화한 세계에 새로운 대안을 제시하고 있다. 생명경제는 특히 부의 사회적 재분배 문제를 생태계를 포함한 지구적 관계성 회복의 문제로 보면서, 이 관계성의 회복이 모든 생명들이 지속가능한 경제체제를 만들 것이라는 전망을 하고 있다. 하지만 우리는 관계성 회복이라는 생명경제의 이념에는 동의하나 이것이 지속가능성을 추구하는 한 애초에 극복하고자 했던 신자유주의의 기획에 다시 포섭되고 말 우려가 있음을 지적했다. 이제부터는 이러한 관점을 한국적 상황에로 끌어들여 논의해 보자.

1) 생명경제: 지속불가능성의 성찰로서

한국의 시장사회는 철의 삼각형의 예에서 보듯 정치 부패와 구조적으로 연동하고 있다는 점에서, 단지 시장의 확장이라는 영역 침범 문제를 넘어서고 있다. 이 연동에는 권력과 금력에 대한 인간의 집착 문제, 즉 탐욕의 문제가 도사리고 있기 때문이다.

따라서 한국적 생명경제는 탐욕의 문제를 중요하게 다루어야 한다. 이 점에서 생명의 지속불가능성이라는 주제가 매우 적절하다. 생명의 지속불가능성으로 인해서 탐욕 또한 지속 불가능하다. 우리는 자기 생명의 유한성으로부터 만물의 무상함을 직시할 수 있고, 이로 미루어 판단할 때 생명경제는 이익을 추구하는 경제가 아니라 이익을 넘겨주는 경제여야 한다는 생각에 이르게 된다. 즉, 신학적 생명 원리는 잘 살아서 잘 살리는 것이기 때문에 스스로의 이로움을 통해 다른 존재의 이로움을 이룩하는 윤리학적 요청을 담게 된다는 것이다. 이로 미루어 판단하건대 한국적 생명경제는 이익 창출과 그 지속이 아니라 이익 공유와 전달을 핵심 내용으로 해야 한다. 증여론이나 선물론[24]은 이러한 생명경제를 형성하기 위한 좋은 본보기가 될 수 있다. 결국 생명경제는 오늘날 많이 논의되고 있는 '기본소득' 개념을 지지한다고 할 수 있는데, 이를 통해 소득불평등의 문제가 소득 재분배의 활로를 찾을 수 있을 것이다.

결국 한국적 생명경제는 지속가능성이 아니라 지속불가능성에 대한 종교적 성찰을 토대로 연대와 공유의 아가페 경제를 실현할 수 있음을 제시함으로써 WCC의 생명경제를 새롭게 전개할 수 있는 전거를 마련할 수 있을 것이라고 조심스럽게 제안한다.

2) 한국에서의 생명경제1: 핵 발전에 대한 생명경제 차원의 접근

제10차 WCC 부산 총회에서 발표된 「한반도의 평화와 통일에 대한 성명서」(Statement on Peace and Reunification of the Korean Peninsula)는 주로 북핵 문제에 초점을 두고 한반도의 핵문제를 고려하던 그간의 태도에서 벗어나 남한의 핵발전소와 북한의 핵개발을 균형 있게 다루었다는 점에서 한반도의 핵문제를 보는 시각에 진일보를 이루었다고 평가할 수 있다. 또한 세계의 비핵화를 전제로 해서 한반도의 비핵화를 논의함으로써 비핵화 문제의 본질을 외면하지 않고자 했다.

하지만 남한의 핵발전소가 야기하는 인간 안보 위협의 문제는 단지 윤리적 당위성의 문제로만 끝나지 않으며 다국적기업이 관련된 시장 자본주의와 밀접한 관계가 있다는 사실을 지적하지 못한 것은 이 성명서의 한계라고할 수 있다. 단적으로 말해 한국의 핵발전소 문제는 시장 자본주의의 한계를 비판하는 생명경제의 측면에서 다루어질 필요가 있다.

핵에너지는 그 속성상 거대자본과 거대과학의 공모가 필수적이다. 1953년 미국의 아이젠하워 대통령이 'Atoms for peace'라는 제안을 함과 동시에 전쟁의 도구가 평화의 도구로 전환하는 과정이 핵 과학 분야에서도 진행되었다. 하지만 미국에게 세계 전쟁은 경제적 이득과 밀접한 관련이 있었기 때문에 그 이득을 평화 시에도 보전하는 것은 미국으로서는 매우 절실한 것이었고, 그 연장선상에서 '핵폭탄' 또한 '핵에너지'로 전환되어야 했던 것이 그 속사정이었다. 핵에너지는 평화를 전면에 내세웠지만 사실은 경제적 이익을 노리는 것이었다.

오늘날 대한민국 정부는 '저탄소 녹색성장'이라는 이름표를 핵에너지에 붙임으로써[25] 이러한 상황을 그대로 이어가고 있다. 이명박 정부에서 박근혜 정부에 이르기까지 핵 발전 기술을 개발하여 해외에 수출하겠다는 목표는 대선 공약으로서 어김없이 진행되고 있다. 하지만 국내에 핵발전소를 계속 지어 나가면서 이 경험을 바탕으로 핵 발전 기술을 해외에 수출하겠다는 한국 정부의 욕심은 아직까지도 핵발전소 건설의 3대 핵심 기술을 미국의 웨스팅하우스사에 의존해야 한다는 사실과 맞물리며 빛이 바랜다. 대한민국에서 핵 발전이란 미국의 다국적 자본이 참여하는 거대사업 이상도 이하도 아니다. 핵에너지는 철저하게 시장자본주의적 경제논리에 따라 거대자본에 복무하고 있다.

따라서 한국의 핵 발전은 시장 자본주의의 탐욕이 어떤 위험까지 초래할 수 있는가를 보여주는 대표적인 사례이다. 시장 자본주의는 인간이 다룰 능력이 있든지 없든지를 가리지 않고 핵에너지를 상품화한다. 핵폐기물을 처리할 능력도, 핵발전소에 문제가 생겼을 때 이에 대처할 능력도 인간은 없지만, 시장 자본주의 하에서는 얼마든지 상품화되며 유통된다. 한국적 상황에서 생명경제는 핵 발전을 시장 자본주의의 한계를 보여주는 대표적 사례로 지적하고 저항해야 한다.

3) 한국에서의 생명경제2: 교회 내 경제에 대한 성찰과 변혁

생명경제를 비롯한 WCC의 아가페 프로세스 문서들은 교회의 사회적 책임이라는 측면에서 교회를 비판하고 있지만, 교회 자체의 경제적 불투명성과 부패 문제를 본격적으로 다루고 있지 않다. 반면 한국 교회는 재정 운영의 투명성 문제, 재정 사용의 불균형 문제, 다양한 방향에서 권위주의적으로 차별하는 신분 질서 문제, 노동 소외 문제, 생태학적 인식 부족 문제가 심각하기 때문에 이 문제에 대한 한국 교회의 자정 및 개선 능력이 사회적으로 입증되지 않는 한 한국 교회가 말하는 생명경제가 사회적 영향을 행사하기는 어려운 상황이다.

사실 이것은 오늘날 한국의 문제만은 아니었다. 누가복음과 마태복음은 예수의 성전 정화로 알려진 이야기를 기록하고 있는데(마21:12-14, 눅19:45-46), 이 이야기는 경제와 권력의 중심이면서 동시에 착취의 공간으로 전락한 성전을 거부하는 비판적 실천에 관한 것이다.[26] 성서는 공유의 경제(미2장), 소외된 이들을 배려하는 사회(암8:4-6), 화해의 공동체(마5:24), 모든 생명들이 평화롭게 공존하는 세상(사11:1-9)을 꿈꾼다. 예수의 성전정화는 이러한 성서적 이상의 실천을 선언한 것이었다고 할 수 있다.

생명경제는 먼저 한국 교회 자체를 변혁하기 위한 이론과 실천의 토대로 적용되고 시험되는 것이 우선되어야 할 필요가 있다. 한국적 상황에서 생명경제는 생명교회에서부터 시작되어야 한다. 이를 위해 한국 교회는 교회의 규모와 상관없이 재정 운영이 투명하게 이루어질 수 있도록 재정 운영 매뉴얼을 연구·도입하고 제도적으로 정착시켜야 한다. 또한 교회 구성원의 직분이 정치경제적 사회 신분에 따라 차별적으로 주어지는 명시적·암묵적 관행을 철폐하고, 평등하고 기능적인 자율적·관계적 헌신의 직분이 되도록 교회 내 직분 구조를 혁신하여 합의의 공동체로 전환해야 한다.

무엇보다 한국 교회는 재정 사용의 불균형 문제, 노동 소외 문제, 생태학적 인식 부족 문제를 해결해야 한다. 교회는 경제적 측면에서 볼 때 중요한 소득 분배 기관이다. 따라서 헌금은 수입보다 지출이 더 중요한 의미를 갖는다. 교회는 헌금의 사용이 사회의 소득 재분배에 기여할 수 있도록 세심하게 주의를 기울여야 한다. 한국 교회는 그간 헌금의 사회적 환원에 소극적 태도를 취하면서 청부론을 바탕으로 부의 축적을 정당화함으로써, 소득 불균형을 완화하기는커녕 오히려 방치하고 조장한 측면이 있다. 이제 한국 교회는 청부론을 과감하게 버리고 돌봄과 나눔의 경제를 교회 내적으로 실현해야 한다. 또한 한국 교회는 성직이 제도화되면서 부교역자와 직원들의 노동 소외를 동시에 야기하였다. 교회 경제가 국가의 통제에서 비교적 자유로운 상황에서 한국 교회는 교회에 적을 두고서 생계를 유지해야 하는 사람들의 노동력을 지나치게 평가 절하하는 측면이 있다.

끝으로, 한국 교회는 인간중심주의적인 교리를 바탕으로 다른 생명과 지구 생태계를 대상화하고 경시하는 태도를 오랫동안 견지해 왔다. 특히 교회 중심적인 신앙생활은 교회 이외의 세계를 부차적으로 취급하는 독선적인 태도를 조장한다. 이러한 독선은 모든 생명의 구원을 바라시는 하나님의 사랑을 훼손하는 불신앙이다. 한국 교회는 모든 생명 활동을 이롭게 하는 것에서 하나님의 정의를 발견하고 있는 생명경제의 정신을 자기개혁의 모토로 삼아 스스로를 갱신해야 한다.

한국 교회는 자본주의에서 해방되어야 한다

박득훈 _새맘교회 목사

1. 머리말

세월호 참사는 유족과 실종자 가족 그리고 온 국민에게 그 무엇에도 비견할 수 없는 고통과 슬픔을 가져다 준 비극이다. 이 비극에 슬픔과 실망 그리고 분노를 더한 것은 참사에 직면해 한국 개신교회가[1] 교회다운 역할을 제대로 감당하지 못했다는 점이다. 물론 개중엔 금식, 농성, 기자회견, 행진, 예배 및 철야기도, 서명운동 등 다양한 방식으로 유족과 실종자 가족의 고통을 함께 나누며 진실 규명을 위한 노력에 힘을 보탠 일부 개신교인들이 있다. 하지만 한국개신교회를 현실적으로 장악하고 있는 주류인사들과 그들을 맹종하는 대다수 교인들은 그러한 노력들을 외면했다. 처음에는 동정하는 듯하더니 이내 세월호 유족과 실종자 가족의 가슴에 비수를 꽂는 발언들을 쏟아냈다. 진상 규명을 위한 그들의 눈물겨운 노력에 힘을 보태기는커녕, 민생경제 운운하며 찬물을 끼얹기를 서슴지 않았다.

이런 상황에서 세월호 참사에 비친 한국 교회의 일그러진 얼굴을 정면으로 들여다보며 그 원인을 깊이 분석하여 회복의 길을 찾아가는 것은 중차대한 과제가 아닐 수 없다.

이 글에서 그 얼굴은 다름 아닌 자본주의와 결탁한 종교 집단이란 점을 밝히고자 한다. 한국 교회 주류는 위기의 순간마다 자본주의가 파 놓은 '눈물의 골짜기'를 성스럽게 미화하는 '후광' 노릇을 기꺼이 담당하곤 했다.[2] 하나님은 세월호 참사를 통해 한국 교회를 향해 자본주의에서 해방되라고 명령하고 계시다고 보는 것이 필자의 신학적 관점이다. 이러한 관점을 설명하려면 우선 세월호 참사는 그 본질과 궁극적 원인에 있어서 자본주의가 낳은 비극이라는 점을 밝힐 필요가 있다.

2. 세월호 참사의 자본주의적 성격[3]

물론 철저한 진상 규명이 이루어진 다음에야 세월호 침몰과 구조 실패의 직접적 요인들과 그 궁극적 원인이 좀 더 구체적이고 명확하게 드러나게 될 것이다. 하지만 그 이전이라도 세월호 참사의 궁극적 본질과 성격을 큰 틀에서 성찰하고 규정할 수 있는 자료들이 이미 충분하다고 본다. 이를 둘러싸고 사회과학적 분석 차원에서 대략 세 가지 관점, 즉 기능주의적 관점, 갈등론적 관점 그리고 중도적 관점이 대립되고 있다고 볼 수 있다. 필자는 그중에서 세월호 참사에는 자본주의적 성격이 짙게 깔려 있다고 보는 갈등론적 관점이 가장 설득력이 있다고 본다.

1) 세 가지 유형의 사회과학적 분석
첫째, 기능주의적 관점이란 한국 사회 전반적 구조에는 문제가 없는데 사회 일부 영역의 기능 장애가 세월호 참사로 이어졌다고 보는 입장이다. 마치 시계의 전반적 구조에는 문제가 없지만 특정 부품이 망가져 시계가 멈추는 것과 같은 이치이다. 이는 박근혜 대통령과 그들 둘러싼 지배 동맹 세력이 강력하게 고수하고 있는 입장이다. 5월 19일의 대국민담화문에서 박 대통령은 '최종 책임'이 자신에게 있다고 했지만, 그건 단순히 도의적 책임론을 수용한다는 수사적 언술일 뿐이었다. 이는 같은 담화문에서 실질적 책임은 타락한 기업가와 공직자(소위 관피아), 무책임한 선장과 선원들, 무능한 해경 그리고 산만한 재난 대처 체계 등에 있다고 명확하게 선을 그은 데서 분명히 드러났다. 그런 요인들이 상호작용하면서 사회 일부 영역에서 기능 장애가 발생했고 그것이 세월호 참사로 이어졌다고 보는 것이 박 대통령과 지배 동맹 세력의 입장이다. 박 대통령이 다짐한 국가 개조란 바로 대한민국에 그런 기능 장애가 더 이상 발생하지 않도록 하겠다는 그의 의지를 담고 있을 뿐이다. 이런 입장의 극단적 표현은 세월호 참사를 교통사고나 조류독감에 비유하는 데서 나타난다. 6.4지방선거 결과는 이런 입장에 힘을 실어주었고, 이를 직감한 박 대통령과 청와대는 자신감 있게 기존의 국정 운영 기조를 밀어붙이고 그에 따라 정부 주요 인사들을 지명했다.

둘째, 갈등론적 관점이란 세월호 참사는 단순히 사회 일부 영역의 기능 장애 때문이 아니라 자본주의 사회의 지배그룹과 피지배 그룹 사이에 존재하는 구조적인 갈등 관계에서 비롯되었다고 보는 입장이다. 자본주의 구조 하에서는 지배 그룹인 자본과 그 동맹 세력은 자본의 이윤 극대화를 위해 총력을 기울이지 않을 수 없다. 승자 독식의 원리가 작동하는 경쟁 시장에서 우위를 차지하기 위해 그들은 각종 규제 철폐와 노동자 임금을 비롯한 각종 비용의 절감을 위해 치열하게 노력해야만 한다. 그 과정에서 피지배 그룹인 사회적 약자들은 필연적으로 각종 위험에 상대적으로 훨씬 더 많이 노출될 수밖에 없다. 이런 관점을 지닌 이들은 세월호 참사는 온갖 비리가 횡행하는 한국 특유의 천민자본주의형 사고일 뿐이라는 분석에 동의하지 않는다. 각계각층에 만연되어 있는 비리를 척결한다 해도 이익은 사유화하고 고통은 사회화하려는 자본주의의 본질적 경향성이 사라지지 않을 것으로 보기 때문이다. 자본주의를 경제민주화라는 좀 더 높은 가치로 강력하게 통제하지 않는 한 사회적 약자들은 생명과 안전의 위험에 처할 수밖에 없다. 그 점을 확연히 보여준 사건이 바로 세월호 참사이다. 희생자들의 공통점은 우리 사회의 약자들이란 점이다. 물론 자본주의가 극복된다고 해서 대형 참사가 결코 발생하지 않는다는 보장은 없다. 그러나 그 성격은 확연히 달라질 것이다. 그때에야 비로소 참사는 구조적 요인에 의해 발생한 것이 아니라 일부 영역에서 발생한 기능 장애에서 기인된 것이라고 규정할 수 있을 것이다. 바로 그런 이유 때문에 대형 참사를 예방하는 것이 훨씬 수월해질 것이다.

셋째, 중도적 관점은 앞의 두 입장을 적절히 조화시키려는 입장이다. 한편으로는 비정규직 확산과 규제 완화 등으로 대변되는 자본주의(신자유주의)의 확산을 세월호 참사의 배경적 요인 중 하나로 간주한다. 그런가 하면 세월호 참사의 다른 요인들, 즉 청해진해운의 잘못된 운영, 해경의 무능한 대처, 안전행정부의 재난 컨트롤타워로서의 역량 미달, 청와대의 책임 회피, 재난 대처 시스템의 부재, 이중적 위험사회 구조 등은 자본주의(신자유주의) 확산과 무관한 것으로 본다.

2) 갈등론적 관점을 선호해야 할 신학적 정당성

필자는 사회적 약자의 권리 보장에 초점을 맞추는 하나님나라의 정의를 열망하는 교회와 그리스도인은 위 세 가지 관점 중 갈등론적 관점을 상대적으로 더 선호해야 할 신학적 정당성이 있다고 본다. 사회과학에 대한 성찰이 심화되면서 윤리적 가치와는 무관하게 오로지 사실만 다루는 사회과학은 존재하지 않는다는 점이 갈수록 보편적 설득력을 얻어 가고 있다. 모든 사회과학적 분석의 근저에는 윤리적 지향이 있고, 그 지향에 따라 특정 자료들을 선택하여 그 인과관계를 설명하기 마련이다. 그러므로 특정 사회과학적 분석에 신학적 정당성을 부여하는 데는 두 가지 기준이 있다. 하나는 과학적 기준으로 실증적 증거와 논리적 정합성에 바탕을 둔 치밀하고 정교한 분석인가를 판단한다. 다른 하나는 윤리적 기준으로 분석 과정의 저변에 사회적 약자의 권리를 보호하려는 윤리적 지향이 있는가를 따져 묻는다.[4]

기능주의적 관점의 치명적 문제는 그 바탕에 지배 동맹 세력의 이익을 최우선순위에 두는 윤리적 전제가 깔려 있고, 사회과학적 분석은 그것을 정당화하는 데 동원된다는 점이다. 그 대표적 경우가 소위 낙수 효과 이론이라는 경제학적 명제이다. 자본주의적 사회구조 하에서 각 사회 영역이 제 기능을 발휘하면 부가 사회의 상위층 일부에게 집중된다 해도 결국 흘러넘쳐서 그 혜택이 사회의 하위층에게까지 고루 전달된다는 이론이다. 여기서 혜택이란 소득 증대뿐 아니라 안전 같은 총체적 삶의 질 향상까지 포함한다. 박근혜 대통령이 세월호 참사 이후에도 경제민주화와 복지를 외면한 채 줄푸세(세금은 줄이고 규제는 풀고 법질서는 세운다)로 대변되던 기존의 국정 운영 기조를 경제혁신 3개년 계획, 공직사회에 만연되어 있는 비정상의 정상화라는 이름으로 강화하고자 하는 데는 이런 이론이 깔려 있다. 그러나 이는 실증된 바가 전혀 없는 신화에 지나지 않다. 최근 프랑스의 경제학자인 토마 피케티의 『21세기의 자본』이 세계의 주목을 받고 있는 이유 중 하나도 바로 그런 신화의 허구성을 역사적 실증을 통해 매우 설득력 있게 보여주었기 때문이다.[5] 물론 그는 경제적 불평등에 집중하고 있지만 경제적 불평등은 안전의 불평등과 직결될 수밖에 없다는 점에서 세월호 참사의 사회적 성격을 규정하는 데도 매우 유효하다고 판단된다.

중도적 관점의 문제점으로 논리적 부정합성 그리고 기계적 중립이 지니기 쉬운 실질적 편파성을 들 수 있다. 앞서 자본주의로부터 독립적인 변수라고 제시된 것들을 자세히 살펴보면 그것이 비정규직 확산이나 규제 완화와는 달리 자본주의 확산과 무관하다는 주장은 논리적 일관성을 결여하고 있다는 점을 분명히 알아챌 수 있다. 게다가 사회구조적 문제와 개인윤리적 문제 사이에서, 그리고 진보 성향의 정권과 보수 성향의 정권 사이에서 기계적 중립을 지키려는 시도에는 세월호 참사가 절실하게 요구하는 즉각적 사회구조 변혁 운동을 향한 동기 부여를 약화시키는 경향성이 있다. 이는 결과적으로 사회적 약자의 권리를 보호해 주는 하나님의 정의를 약화시키게 된다.

물론 갈등론적 관점이라고 해서 모두 완벽하다할 수는 없을 것이다. 그러나 앞서 제시한 기준에 의거해 볼 때 상대적으로 더 선호해야 할 신학적 정당성이 있다고 볼 수 있다. 우선 갈등론은 사회과학적 분석의 차원에서의 논리적 정합성과 실증적 증거의 차원에서 더 설득력이 있다고 판단된다. 그리고 윤리적 차원에서는 사회적 약자의 권리를 보호해 주시려는 하나님의 뜻을 더 잘 담아 내고 있다고 보인다. 이러한 하나님의 마음은 안식년·희년 규정에서 명확하게 드러나는 것처럼 하나님은 사회문제를 다룰 때 우선적으로 구조 문제에 초점을 맞추는 것에서 분명히 드러난다. 이렇게 갈등론적 관점에서 볼 때 세월호 참사는 그 본질에 있어서 자본주의가 낳은 참사임이 분명하다.

3. 자본주의와 결탁한 한국 교회의 일그러진 얼굴

세월호 참사를 통해 공적으로 명료하게 드러난 주류 한국 교회의 모습을 앞에서 '자본주의와 결탁한 종교 집단'이라고 규정한 바 있다. 다음의 실례들을 보면 이런 규정이 과장이 아니란 점을 알 수 있을 것이다.

세월호 참사 직후 당시 한기총 부회장이던 조광작 목사는 '가난한 집 아이들이 수학여행을 경주 불국사로 가면 될 일이지, 왜 제주도로 배를 타고 가다 이런 사단이 빚어졌는지 모르겠다'며 희생된 학생들을 모욕하고 적반하장 격으로 그들에게 탓을 돌렸다. 그런가 하면 '박근혜 대통령이 눈물을 흘릴 때 함께 눈물을 흘리지 않는 사람은 모두 다 백정'이라며 국민을 모독했다. 오정현 사랑의교회 목사는 정몽준 서울시장 후보의 아들이 희생자 가족들을 빗대어 '국민이 미개하니까 국가도 미개한 것 아니겠냐'고 한 말이 '틀린 말은 아니라'며 옹호하고 나섰다. 김삼환 명성교회 목사는 '나라가 침몰하려고 하니 하나님께서…이 꽃다운 애들을 침몰시키면서 국민들에게 기회를 준 것'이라며 '누구의 책임을 묻지 말고 온 나라가 반성해야 한다'고 주장했다. 그런가 하면 '세월호 참사 위로와 회복을 위한 한국 교회위원회'라는 그럴듯한 이름으로 조직을 만들어 지난해 6월 1일 명성교회에서 대대적인 기도회를 열고는 박 대통령을 초청해 그를 단에 세움으로써 면죄부를 주는 역할을 기꺼이 감당했다. 전광훈 사랑제일교회 목사는 정몽준 아들의

'국민 미개' 발언에 '예언성'과 '순수'함이 있다며 두둔했다. 아울러 박 대통령과 함께 울지 않은 사람은 대한민국 국민도 아니라며 모독했다.[6] 급기야 한국기독교협의회 회장과 한기총 대표회장을 역임한 최성규 목사는 7월 30일과 9월 15일 두 차례에 걸쳐 국민일보에 광고를 실어 진상 규명에 필요한 세월호 특별법 제정을 위해 힘겹게 노력하는 세월호 유족들을 냉정하게 비판했다. '온 나라를 4월 16일에 멈추게 하면 안 된다'며 나라 경제를 살리기 위해 이젠 진도체육관, 팽목항 그리고 광화문에서 나왔으면 좋겠다고 말했다. 9월 15일자 광고 글은 '이젠 그만 노란 리본을 내리고, 희망의 네 잎 클로버를 답시다'라는 제안으로 마무리했다.[7]

1) 프란치스코 교종과의 극명한 대조

이는 작년 여름 한국을 방문했던 프란치스코 교종이 보여준 모습과는 극명한 대조를 이룬다. 그는 광화문에서 장기 단식 중이던 세월호 유족 김영오 씨의 손을 따뜻하게 잡아 주었다. 가슴엔 세월호 추모 노란 리본을 달고 있었다. 그는 귀국길 비행기 내 인터뷰에서 노란 리본과 관련된 일화를 소개하면서 자신의 입장을 명료하게 밝혔다.

> 나는 (유족들과) 연대하기 위해 이것(세월호 추모 노란 리본)을 달았다. 이것을 달고 반나절쯤 뒤에 어떤 이가 다가와 '떼는 게 더 낫겠다'고 말했다. 내가 그 비극적 사건에 중립적이어야만 한다는 얘기였다. (하지만) 인간의 고통 앞에서 중립을 지킬 수는 없다.[8]

종교개혁 시대를 돌이켜보며 오늘의 한국 교회를 프란치스코 교종에 비추어 보면 매우 부끄러운 모습이라고 하지 않을 수 없다. 당시 가톨릭교회 지도층은 돈과 권력에 눈이 멀어 면죄부 판매에 열을 올리며 서민들을 탈취하고 있었다. 반면 루터는 그리스도인의 진정한 자유,[9] 그리고 십자가의 고통에 기꺼이 참여하는 사랑의 나눔을[10] 이야기했다. 그러나 지금 세월호 참사의 와중에서 루터의 후예라는 개신교는 돈과 권력에 눈이 멀어 서민들의 존엄성을 마구 짓밟고 있다. 반면 가톨릭의 최고지도자 교종 프란치스코는 한국 방문 당시 오히려 아래와 같이 그리스도인의 자유가 담고 있는 깊은 뜻을 설파하며 몸소 보여주었다.

> 참된 자유는 아버지의 뜻을 사랑하는 마음으로 받아들이는 데에 있다. 은총이 가득하신 성모 마리아에게서 우리는 그리스도인의 자유가 단순히 죄에서 벗어나는 일보다 더 크다는 것을 배우게 된다. 그것은 영적으로 세상의 현실을 바라보는 새로운 길을 열어 주는 자유이다. 하느님과 형제자매들을 깨끗한 마음으로 사랑하는 자유이며, 그리스도의 나라가 오기를 기다리는 기쁨이 가득한 희망 안에서 살아가는 자유이다.[11]

한국 교회가 얼마나 자기 이익 보호에는 투철한 반면 사회적 약자의 권리 보호엔 무관심한가는 2006-2007년에 걸쳐 사학법 재개정을 위해 한국 교회가 얼마나 치열하게 싸웠는가를 돌아보면 극명하게 드러난다. 한 예만 들면 2007년 2월 22일 교단장협의회는 개방형이사 한 명 때문에 기독교사학이 기독교교육을 제대로 시킬 수 없다며 사학법 재개정을 위한 연합기도회를 영락교회에서 열었다. 당시 이미 삭발한 교계 최고 지도자를 따라 100명이나 되는 목회자와 성도들이 새로 삭발했다. 결국 국회를 압박해 사학법 재개정을 받아 내고야 말았다. 그랬던 주류 한국 교회가 세월호 참사 진상 규명을 위한 특별법 제정에는 시큰둥했다. 주류 한국 교회는 신앙의 자유를 빙자한 기득권 수호에는 목숨을 거는 반면, 예수님이 자신과 동일시한 사회적 약자들의 권리보호에는 냉랭하다. 요한계시록의 라오디게아 교회처럼 예수님께서 토해 버리고 싶은 교회로 전락한 것이 아닐까?

2) 강함은 자본주의 세상의 지배원리

어떻게 하다 한국개신교회가 이렇게까지 철저히 사회적 약자를 배격하고 강자 편에 서게 된 것일까? 필자는 한국 교회의 이러한 비극적 전개는 해방과 분단의 과정에서 한국개신교회가 미국 주류 교회를 철저히 모방하면서 자본주의와 매우 친화적인 종교 집단으로 전락해 가면서 시작되었다고 본다.[12] 미국 주류 기독교의 뿌리는 17세기 영국청교도, 그중에서도 상인 계층들이 지녔던 기독교 신앙과 윤리에[13] 있다 할 수 있다. 그 핵심은 하나님께선 근면하고 절제하는 그리스도인에게 성공과 부의 축복을 주셔서 자신이 구원받기로 예정된 자임을 확신할 수 있게 해 준다는 데 있다. 막스 베버가 잘 보여준 바와 같이 이런 신앙과 윤리는 자본주의 정신과 소위 '선택적 친화력(elective affinity)'이[14] 있어서, 이를 북돋고 강화시키는 강장제 역할을 했던 것이 사실이다.[15] 이렇게 자본주의 정신과 친화적인 청교도신앙과 윤리가 미국으로 넘어가 주류로 자리 잡게 되었고, 바로 그 기독교가 한국으로 전수되어 깊이 뿌리를 내린 것이다. 그래서 한국 교회는 자본주의 정신과 체제를 가장 기독교적인 것으로 굳게 믿게 되었고, 이에 도전하는 것을 마치 기독교 자체를 거부하는 것으로 오인하기에 이른 것이다. 자연스럽게 세월호 참사에 대응하는 과정에서 한국 교회는 확실하게 강한 자의 편에 섰으로써 자신이 얼마나 친자본주의적인가를 적나라하게 보여주었다. 문제는 자본주의 사회는 승자독식의 세계이기 때문에 강함이 지배원리로 작동하며 강자편향적일 수 밖에 없다는 점이다.

그러기에 하나님나라의 정의와 평화를 진실하게 열망하는 이들은 세월호 참사를 통해 한국 교회를 향해 부르짖는 하나님의 음성을 들어야 한다고 생각한다. '한국 교회여, 어서 속히 자본주의에서 해방되라!'

4. 한국 교회가 자본주의에서 해방되는 길

한국 교회가 자본주의에서 해방되려면 우선 자본주의의 실체를 기독교적으로 명확하게 이해해야 한다.

1) 자본주의의 진상에 대한 기독교적 이해

하나님이 자기 백성에게 원하시는 바의 핵심은 지고선이신 하나님을 전폭적으로 사랑할 것과 이웃을 진실로 사랑하는 것이다. 그러나 자본주의는 이를 실천해 나가는 데 결정적인 방해물일 수밖에 없다. 자본주의 근저에는 첫째, 전폭적인 하나님 사랑에 도전하는 맘몬 숭배가 도사리고 있고, 둘째, 실천적 이웃사랑을 불가능하게 만드는 경쟁 절대주의와 그에 따른 사회적 양극화의 필연성이 내재되어 있기 때문이다.

① 맘몬 숭배: 하나님 사랑에 대한 도전

하나님은 악을 창조하지 않으셨다. 다만 자유로운 인간이 '더 작은 선'(a lesser good)을 너무 사랑한 나머지 그것으로 '지고선(the supreme good)'이신 하나님을 대체하는 순간 악이 발생한다. 악이란 '더 작은 선'을 하나님보다 더 사랑하는 과도한 사랑으로 존재한다. '더 작은 선'에 대한 사랑은 그보다 더 소중한 하나님을 향한 사랑으로부터 흘러나올 때 비로소 적절한 사랑이 될 수 있다. 다시 말해 '더 작은 선'을 궁극적인 목적으로 삼지 않고 그것의 창조자이신 하나님 아래에 두고 사랑하게 될 때, 그 사랑은 정당성을 갖게 된다. 악의 본질은 하나님을 떠나 그를 거역하는 방향으로 움직이는 의지이다.

자본주의에 내재되어 있는 맘몬 숭배 사상은 바로 그런 점에서 악의 본질에 맞닿아 있다. 자본주의가 생산해 내는 것, 즉 총량으로 측정되는 경제적 풍요 자체가 악은 아니다. 그건 어떤 점에서 앞서 언급한 '더 작은 선'이라 할 수 있다. 맘몬 숭배 사상이란 총체적으로 측정된 경제적 풍요를 '더 작은 선'이 아닌 '지고선'으로 섬기는 것이다. 바로 그 순간 그것은 악이 되고 만다. 막스 베버가 자본주의를 자본주의답게 만드는 정신을 규정한 내용을 읽어 보면 그 안에 맘몬 숭배의 사상이 도사리고 있음을 발견할 수 있다.

> 인간은 돈을 벌고 취득하는 일에 지배 당한다. 이는 그의 삶의 궁극적 목적이다. 경제적 취득은 더 이상 인간의 물질적 필요를 만족시키는 수단으로 인간에게 종속되지 않는다.[16]

자본주의 정신이 세상을 지배하기 전에 사람들은 경제적 취득 자체를 삶의 궁극적 목적으로 삼지는 않았다. 삶의 궁극적 목적은 자신이 속한 공동체가 추구하는 공동선이었다. 경제적 취득 활동이란 그 공동선을 실현하는 삶을 살아가고자 할 때 발생할 수밖에 없는 물질적 필요를 만족시키기 위한 수단으로 간주되었다. 그래서 돈과 부에 대해 경계심을 늦추지 않았다. 수단이 목적을 갉아먹지 않도록 하기 위함이었다. 그런 모습이 보일 때, 가차 없이 돈과 부를 '경제적 · 도덕적 질서의 파괴자'로 맹렬하게 비판했다.[17] 그러나 자본주의 정신은 이런 사회적 분위기를 뒤집었다.

마르크스의 표현을 빌리면 자본주의와 함께 도래한 '근대 사회는 황금이야말로 자신의 고유한 생활 원리를 눈부시게 비쳐주는 화신(化身, incarnation)으로, 즉 자신의 성배(聖杯)로서 쌍수를 들고 반'기게 되었다.[18] 물론 마르크스와 엥겔스도 「공산당 선언」에서 자본주의가 부르주아의 지배를 통해 100년도 채 안 되는 짧은 기간에 지나간 모든 세대가 창조한 것을 다 합친 것보다도 더 많고 더 거대한 생산력을 창조해 낸 것에 대해 경탄을 금치 못했다.[19] 그러나 그러한 총체적 생산력의 증가를 지고선으로 간주한 나머지 발생할 수밖에 없게 된 엄청난 병폐를 예리하게 지적한다. 그것은 자본주의 사회에 소수에게만 존재하는 사유재산은 나머지 10분의 9의 손에 사유재산이 존재하지 않는다는 조건 아래서만 존립될 수 있는 것이라는 점이다.[20]

물론 자본주의가 위기에 처할 때마다 스스로를 지키기 위해 역사적으로 노동자 계급과 일정 정도 타협하여 다양한 복지정책을 수용했다. 그로 말미암아 일정한 수준의 중산층이 유지되곤 했다. 그러나 복지정책이 벽에 부딪히는 상황에서 자본축적의 위기가 다시 도래하면 노골적인 자본주의가 다시 부활한다. 그것이 바로 1970년대 중반에 시작된 신자유주의 지구화이다. 이런 과정이 반복되면서 사회적 양극화는 심화될 수밖에 없게 된다.

결국 자본주의는 본질적으로 총체적 부의 극대화, 그리고 소수에게 집중된 부의 축적을 절대화한다. 그 외의 가치와 이상은 억압한다. 그 순간 자본주의는 맘몬 숭배의 온상이 된다. 더 작은 선을 지고선의 자리로 올려놓기 때문이다. 허경회는 이러한 자본주의의 맘몬 숭배를 실로 예리하고 적확하게 표현했다.

> 신은 죽었다. 그러나 돈의 신, 맘몬은 예외이다. 우리들 현대인에게 그는
> 유일하게 현재(顯在)하는 신이다. 우리들은 '이성 잃은 경제 이성'으로 유일
> 하게 현재하는 신, 맘몬의 영광을 이 땅에 재현하는 거룩한 맘몬의 성도(聖
> 徒)들이다. 우리들 호모 에코노미쿠스는 우리의 생명 그 자체인 노동을 스스
> 로 쥐어짜 내며 부를 간구하고 있고, 맘몬은 반색하며 우리에게 '마조히스트
> (masochist)의 자학적 풍요'를 하사하고 있다. 또한 우리들은 가난으로 고통받
> 는 다른 우리들에게 등을 돌리며 나의 부를 간구하고 있고, 맘몬은 우리에게
> 기꺼이 '샤일록(Shylock)의 냉혹한 풍요'를 하사하고 있다. 뿐만 아니라, 우리들
> 은 맘몬에게 우리의 건강과 우리 후손의 멸종 그리고 지구상의 모든 생명의
> 종식을 번제물로 바치며 부를 간구하고 있고, 맘몬은 우리에게 흔쾌히 '학살
> 자(slaughterer)의 잔혹한 풍요'를 하사하고 있다.[21]

이와 유사한 맥락에서 테리 이글턴은 자본주의는 본질적으로 '나쁜 방향
으로 무신론적'일 수밖에 없다고 평가한다.[22] 물론 적지 않은 이들이 자본주
의를 성경과 신학의 용어로 옹호해 왔다. 하지만 자본주의 사회에서 현실적
으로 드러나는 물질적 행태와 거기에 내재된 가치관과 신조들은 실질적으
로 신을 부정한다. 테리 이글턴은 자본주의 사회에서 진정한 신학적 사고가
불가능한 이유를 다음과 같이 설명한다.

> 성취와 충족이 패키지로 거래되고 욕망이 관리되며, 정치마저 경영화되고
> 소비자 중심 경제가 지배하는 깊이 없는 사회에서는 신학적인 문제가 적절하

게 제기될 가능성조차 거의 없다. 일정 수준 이상으로 심오한 정치적, 도덕적 토론조차 배제되기 때문이다. 이런 상황에서 하나님이 무슨 의미가 있겠는가. 기껏해야 이데올로기적 정당화에, 영적인 향수 달래기에, 아니면 무가치한 세계로부터 개인적으로 탈출하는 데에나 이용되지 않겠는가.[23]

하이에크를 제대로 이해하면 이글턴의 진단에 깊이 공감할 수 있다. 하이에크는 사회윤리의 핵심적 주제인 사회정의는 신기루같이 실체가 없다는 것을 증명하고 싶어 했다.[24] 사회적 약자에게 사회적 최저생활을 보장해주는 것은 정의의 요구 때문이 아니라 폭동에 의해 자본주의 경제 체제가 무너지지 않게 하기 위한 편의의 문제라고 잘라 말한다. 2011년 8월부터 조선일보가 자본주의 4.0이라는 이름으로 사회적 약자를 돌아보는 소위 '따뜻한 자본주의'를 이야기해 온 것도 바로 이런 맥락이다.

그러나 하이에크는 사회정의가 신기루라는 것을 증명하지는 못했다. 그의 주장은 돌고 돌아 항상 제자리로 돌아온다. 소위 동의어 반복적 논리를 전개한다. 그 이유는 자본주의는 어떤 일이 있어도 결코 무너져선 안 되는, 최상의 정치경제 체제라는 주관적 신념 때문이다. 하지만 그는 왜 자본주의가 무너지면 안 되는지, 정치철학적으로 논증하는 데 실패했다. 그가 확실하게 증명한 것이 있다면 자본주의와 사회정의는 공존할 수 없다는 점이다. 이렇게 자본주의 사회에선 사회정의조차 의미 있게 이야기될 수 없다면 어떻게 하나님에 대한 의미 있는 성찰을 할 수 있겠는가?

맘몬 숭배의 기초위에 세워진 자본주의 사회는 인간과 사회를 파괴하는 두 결과를 필연적으로 낳게 된다. 하나는 경쟁 절대주의요 다른 하나는 양극화 현상이다.

② 경쟁 절대주의와 사회적 양극화: 이웃사랑에 대한 도전

경쟁 절대주의와 사회적 양극화는 진정한 이웃사랑을 불가능하게 할 뿐 아니라 사회적 약자를 억압하는 결과를 낳기 때문에 실천적 이웃사랑에 대한 강력한 도전이다.

첫째, 맘몬 숭배는 자연스럽게 경쟁 절대주의를 낳을 수밖에 없다. 각자 자기 부의 축적을 절대적 목표로 삼는 한 타자와의 경쟁은 항상 불가피하기 때문이다. 물론 서로의 잠재력을 최대한 이끌어 내기 위한 제한된 경쟁, 건전한 경쟁엔 바람직한 면이 있다. 그러나 그것이 경쟁 절대주의라는 하나의 이념으로 자리 잡게 되면 매우 위험한 일이다. 이는 인간 본성의 중요한 요소인 서로 사랑하고 협동하는 관계적 존재, 공동체적 존재로서의 인간성을 파괴하기 때문이다. 물론 자본주의를 지지하는 사회철학자들은 자본주의 사회에서도 그러한 인간성을 발전시킬 수 있는 가정, 시민사회 내의 다양한 집단, 즉 소위 '부분적 공동체'가 있다고 주장한다. 냉혹한 경쟁은 시장에서만 벌어질 뿐이라는 것이다.

그러나 이는 시장의 경쟁 논리가 현대사회 구석구석에 얼마나 넓게 그리고 깊숙이 파고들고 있는가를 애써 외면하는 구차한 변명에 지나지 않는다. 하우쯔바르트가 잘 지적한 것처럼[25] 자본주의 지구화의 거대한 물결 속에서 경쟁 논리는 삶의 모든 영역에 널리 그리고 아주 깊이 침투하고 있다. 학교, 스포츠 기관, 심지어는 병원까지 시장의 경쟁 논리를 수용하지 않으면 살아남기 어려운 지경으로 치닫고 있다. 경쟁 원리는 가히 전체주의적 성격을 띠고 있다고 해도 과언이 아닐 것이다.

또한 기업은 치열한 경쟁에 살아남기 위해 정보공학을 최대한 활용하여 각종 미디어와 통신망에 연결된 인간의 마음 깊숙이 침투해 들어가고 있다.

현대인들은 거의 무방비 상태로 다양한 상품과 관련된 정보 홍수에 노출되어 진정한 인간성을 상실해 가고 있는 것이 오늘의 현실이다. 그 과정에서 인간의 행복한 삶에 꼭 필요하지 않을 수도 있는 새로운 희소성이 인위적으로 창출된다. 더 큰 문제는 경쟁 논리를 철저히 맹종하는 시장은 그렇게 창출된 희소성이 충족되도록 세계 자원을 동원하는 반면, 세계의 수많은 가난한 사람들의 생존과 관련된 긴급한 필요를 채우는 일, 즉 식량과 깨끗한 물을 공급하는 데는 속수무책이라는 점이다. 그래서 이 문제는 종종 정부나 구호단체들에게 넘겨진다. 정부에서 도움을 받는 경우 그나마 다행이지만 구호단체를 통해 도움을 받을 경우 수혜자는 인간의 존엄성을 상실하기 일쑤이다. 이러한 자본주의 사회에서 진실한 이웃사랑의 실천은 갈수록 어려워질 수밖에 없다.

둘째, 각자가 자기 부의 축적을 최대화하기 위해 시장에서의 경쟁에 뛰어들면, 필연적으로 사회적 양극화 현상이 발생한다. 사회적 양극화는 사회의 공동체성을 심각하게 파괴한다. 이런 문제가 제기되면 자본주의의 절대적 지지자들은 앞서 언급한 낙수 효과 이론을 전가의 보도처럼 사용해 진실을 피해 가려고 한다.

그러나 이는 역사적으로 증명된 바가 전혀 없다.[26] 서구의 사회복지국가 건설도 시장의 보이지 않는 손에 의해 형성된 것이 아니다. 사실은 노동자들 그리고 그와 연대한 이들의 피눈물 나는 투쟁의 산물로서 얻어진 사회적 대타협의 결과일 뿐이다. 자본주의가 가장 꽃핀 나라일수록 예외 없이 사회적 양극화는 심화되었고, 미국의 경우 수많은 근로자들의 실질임금이 저하되고 극빈층은 증대되었다. 소위 자본주의의 성공 사례로 자주 언급되는 한국도 예외가 아니다. 이는 우리가 오늘 직접 목도하고 있는 바이다.[27] 자본주의 사회에서 사람들은 점점 더 그 존엄성과 가치를 상실해 가고 있다. 이는 기독교 신앙이 요청하는 이웃사랑을 전면적으로 부정하는 것이나 다름없다. 결국 이웃사랑이 요청하는 바인 사회정의의 실현, 즉 사회적 약자의 권리를 보장하는 것과 배치될 수밖에 없다.

그런데 절대빈곤이 해소되고 기회균등만 보장된다면 자본주의 시장경제에서 발생하는 빈부 격차는 도덕적으로나 신학적으로 전혀 문제가 될 것이 없다고 주장하는 그리스도인들이 적지 않다. 이 주장에는 심각한 오류들이 있다. 첫째, 신자유주의가 보장해 준다는 기회 균등은 매우 허구적이다. 존 롤즈도 인정했듯이 가족제도를 완전히 폐기하지 않는 한 기회 균등을 완벽하게 보장하는 것 자체가 애당초 불가능하다. 그러므로 설사 기회 균등의 보장을 위해 힘썼다고 해도 자본주의 시장경제의 결과로 발생하는 불평등은 그 도덕적 정당성을 확보하는 것이 원천적으로 불가능하다는 점을 알아야 한다. 이렇게 이미 불공정한 경쟁을 통해 형성된 엄청난 빈부 격차를 해소해주지도 않으면서, 시장의 경쟁을 약육강식의 게임이 아니라 효율성을 확보하는 절차라고 주장하는 것은 너무나 억압적인 논법이다.

둘째, 오류는 절대적 빈곤뿐만 아니라 지나친 상대적 빈곤도 인간의 존엄성을 약화시킨다는 점을 간과한 것이다. 인간은 평등한 존재로 공동체적 협력을 통해 세상을 아름답게 가꿔나갈 수 있을 때 비로소 존엄성을 만끽할 수 있도록 창조되었다. 그래서 로날드 사이더가 잘 말한 것처럼 '하나님은 모든 사람 혹은 가족이 적어도 품위있는 삶을 살 만한 돈을 벌고 당당한 지역사회의 일원으로 참여하기 위해 필요한 자원들(땅, 돈, 교육)을 접할 수 있을 만큼은 균등한 경제적 기회를 갖기 원한다.'[28]

그러나 자본주의가 불러오는 상대적 빈곤은 상당수의 시민들로 하여금 이렇게 품위를 갖고 당당하게 사회의 일원으로 살아가는 것을 불가능하게 만든다. 이들은 하나님께서 그들에게 부여한 하나님의 형상에서 비롯되는 정당한 자기존중을 상실한다.

실로 자본주의 배후에서 역사하는 맘몬과 그 동맹 세력은 인류 역사상 어둠의 세력이 언제나 그랬듯이 탐욕과 야만 그리고 거짓으로 무장된 존재이다(요 8:44). 이들이 탐욕스러운 것은 자신들의 부를 축적하고 권력을 강화하는 데 최고의 가치를 두고 살기 때문이다. 이들이 야만스러운 것은 자신들의 부와 권력을 지키기 위해서라면 얼마든지 사람들 특히 사회적 약자들의 생명을 무참히 짓밟을 수 있기 때문이다. 이들이 거짓된 것은 그 야만성을 교양으로 포장하는 데 능수능란하기 때문이다. 이러한 자본주의의 진상을 기독교적 관점에서 명확하게 이해할 때 한국 교회는 자본주의에서 해방되어야할 당위를 깨닫게 될 것이다.

2) 하나님의 약하심을 붙드는 교회

한국 교회가 자본주의의 굴레에서 해방되려면 교회의 머리이신 예수 그리스도를 다시 붙들어야 한다(골 2:16-19). 예수 그리스도는 하나님의 약하심이 세상의 그 어떤 강한 것보다도 강하다는 것을 온몸으로 보여주신 분이다(고전 1:22-25). 예수 그리스도를 붙든다는 것은 하나님의 약하심을 붙든다는 뜻이다. 교회가 하나님의 약하심을 붙들 수 있다면 강함을 그 지배원리로 삼는 자본주의에서 해방될 수 있을 것이다. 하나님의 약하심을 붙드는 의미를 세 가지로 설명할 수 있다.

① 하나님나라의 일을 세상적 힘으로 하려는 유혹을 뿌리치는 것

이는 예수님께서 공생애를 시작하실 때 마귀의 시험을 받으며 굳게 세우신 원칙이다(마 4:1-10). 마귀는 예수님으로 하여금 강함에 마음을 빼앗기도록 교묘하게 유혹한다. 돌로 빵을 만들 수 있는 경제적 힘을 과시함으로써 하나님의 아들임을 입증하라고 유혹한다. 그런가 하면 성전 꼭대기에서 떨어져도 천사가 받쳐 줌으로써 안전할 수 있다는 초월적 힘을 보여서 하나님의 보호를 받는 자임을 증명하라고 유혹한다. 그리곤 마지막으로 자기에게 엎드려 절만 하면 현재 자기 통제 하에 있는 세상 나라를 넘겨 주어 정치 · 군사적 힘까지 덤으로 얻게 하겠다고 제안한다. 이렇게 마귀는 경제적 힘과 초월적 힘뿐 아니라 정치 · 군사적 힘까지 소유하게 된다면 온 세상을 하나님나라로 변혁시키는 것은 식은 죽 먹기가 아니겠는가, 하고 유혹한다.[29]

그러나 예수님은 신명기 말씀에 기대어 다양한 힘, 즉 강함을 단호히 거절한다. 경제적 힘보다 하나님의 말씀을 더 귀하게 여기고 의존하는 삶을(신 8:3), 초월적 힘보다 하나님을 단순히 신뢰하는 삶을(신 6:16), 정치 · 군사적 힘보다 충실하게 하나님을 섬기는 삶을(신 6:13) 선택한다. 그런 삶은 세상적 기준으로 볼 때 약할 수밖에 없다. 그러나 예수님은 바로 그런 삶을 통해서만 하나님나라를 이 땅에 펼쳐갈 수 있다고 확신하셨다. 복음서에 나타난 예수 그리스도의 인격과 삶 그리고 죽음과 부활은 바로 이 근본적인 결단을 아름답고 찬란하게 반영한다. 한국 교회는 세상적 강함을 단호히 거부한 예수 그리스도를 붙들어야 한다.

② 힘으로 세상을 지배하려는 체제에 맞서는 것

예수님은 하나님의 약하심을 택하셨기에 강자가 힘으로 세상을 억압하

고 탈취하는 모습을 명확히 보시며 분노하셨고, 담대히 그들의 사악한 지배 체제에 분연히 저항하실 수 있으셨다. 약해지는 것을 두려워하는 사람은 어떻게 해서든지 강자 편에 설 수밖에 없다. 그들의 억압적 모습에 눈을 감고 그들을 지지하고 옹호함으로써 자신도 그들의 힘을 일정 정도 분배받고 싶은 비굴한 욕망에 매몰된다. 그러나 약해지는 것을 두려워하지 않는 사람은 그런 함정에 빠지지 않는다. 사랑은 모든 두려움을 이기게 하는 힘이다. 진실로 이웃을 사랑하는 사람은 이웃을 위해 살다 자신이 실패하고 약해지는 것을 두려워하지 않는다.

예수님이 바로 그런 분이셨다. 그러므로 안식일 법으로 사회적 약자들을 지배하려 했던 유대교 지배세력에 당당하게 맞섰다. "안식일이 사람을 위하여 생긴 것이지, 사람이 안식일을 위하여 생긴 것이 아니다"(막 2:27)라고 외치셨다. 분노의 찬 목소리로 "안식일에 선한 일을 하는 것이 옳으냐? 악한 일을 하는 것이 옳으냐? 목숨을 구하는 것이 옳으냐? 죽이는 것이 옳으냐?(막 3:4)"고 물으셨다. 억압적 지배 세력은 잠잠할 수밖에 없었다. 예루살렘 성전에 들어가 노끈으로 채찍을 만들어 휘두르며 짐승을 내쫓고 환전상들의 돈을 쏟고 상을 엎어 버렸다. 성전 체제 지배자들과 그 동맹 세력 그리고 그 추종자들을 향해 강도요 장사치라고 강력하게 비판하셨다(눅 19:45-46; 요 2:13-16).[30] 한국 교회는 하나님의 약하심을 붙듦으로 예수님의 발자취를 좇아 자본주의 체제에 맞서 저항해야 한다.

③ 하나님의 힘없으심으로 세상의 강함을 이겨 나가는 것

십자가의 죽으심은 하나님의 연약함의 극치요 절정이다. 그러나 바로 여기에 세상의 폭력적인 강함을 무력화시키는 가장 큰 힘이 담겨 있다. 마가

의 기록에 의하면 이 놀라운 역설을 제일 먼저 깨달은 사람은 바로 그가 십자가에서 죽어 가는 모습을 지켜본 로마제국의 백부장이었다.

[막 15:39] 예수를 마주 보고 서 있는 백부장이, 예수께서 이와 같이 숨을 거두시는 것을 보고서 말하였다. "참으로 이분은 하나님의 아들이셨다."[31]

세상의 가장 위대한 힘은 하나님의 연약함이다. 하나님의 연약함에 위대한 사랑이 담겨 있기 때문이다. 사랑은 본질적으로 연약할 수밖에 없다. 사랑은 그 누구도 강제할 수 없기 때문이다. 이는 하나님의 창조에서도 드러난다. 미국의 신학자인 자콥슨과 사와츠키는 이렇게 말한다.

동방정교신학의 어떤 부류에선 하나님께서 세상을 창조하시기 위해 자발적으로 뒤로 물러나셨다고 제안한다. 세상이 존재할 공간을 마련하기 위해서 말이다. 마치 꽉 찬 엘리베이터에 다른 것이 들어올 수 있는 공간을 마련하기 위해 애쓰는 사람처럼 하나님은 자신을 작게 만드셨다.[32]

예수님은 바로 그런 마음가짐을 갖고 이 세상에 오신 하나님 자신이다. 그러기에 처음부터 가장 낮고 천한 말구유에 오셨다. 약한 존재로 탄생하셨다. 놀라운 능력으로 기적을 행하셨지만 그것이 사람들의 마음을 진정으로 변화시킬 수 없음을 확인하시고 마침내 요나의 표적 이외는 보여줄 표적이 없다고 말씀하신다(마 12:39). 그들을 위해 죽기로 작정하신 것이다. 물론 예수님은 원수들을 충분히 제압하고도 남는 힘을 갖고 있었다(마 26:53; 요 18:36). 그러나 그 힘을 사용하지 않으셨다. 그 힘보다 더 위대한 힘은 연약함이라는 것을 보여주시기 위해서이다. 그건 예수님에게도 결코 쉬운 일이 아니었다(막 14:32-35). 피땀 흘리는 기도를 통해 받아들이신다(눅 22:39-44). 십자가상에서 다시 한 번 큰 고통을 겪으신다. '나의 하나님, 나의 하나님, 어찌하여 나를 버리십니까?' 절규하시면서 그 고통을 온 몸으로 받아들이신다(막 15:34; 시 22편). 연약한 너무나 연약한 모습이다. 그러나 거기에 가장 위대한 힘이 있다. 세상의 폭력을 무력화시키는 힘이다. 그 힘이 폭력적으로 그리스도인들을 핍박했던 바울을 굴복시켰다. 연약한 십자가에 담겨 있는 하나님의 강력한 사랑을 경험한 바울은 '우리 주 예수 그리스도의 십자가 외에 결코 자랑할 것이 없다'고 선언한다(갈 6:14).

이러한 신학적 진리를 제대로 깨달은 자크 엘룰은 다음과 같이 말한다.

> 구약에서 우리는 끊임없이 하나님의 계획이 실패하는 것을 본다. 이것은 하나님이 인간을 구속하고 기계화하기를 원치 않으시기 때문이다 … 예수 그리스도와 더불어 그것은 자발적 무력(無力, non-puissance)의 실패다 … 성령은 백성들을 이끌어 하나님에게 복종케 하는 역사적 힘이 아니요, 역사의 흐름을 바꾸는 역사적 힘도 아니다. 성령은 모두가 절망한 곳에 희망을 주고, 이 재난 가운데서 지탱하는 힘을 주며, 이 유혹에 빠지지 않도록 명석함을 주고, 오히려 활동 중인 악한 세력을 이편에서 왜곡시키는 능력을 준다.

이를 잘 이해한 톰 라이트는 같은 맥락에서 '하나님의 나라는 성령으로부터 힘을 받은 교회가, 연약한 상태로, 고난 받으며, 찬양하며, 기도하며, 오해받으며, 오판받으며, 정당성을 입증받으며, 축하하며 이 세상으로 나아갈 때 임할 것이다'라고 말한다.[33] 이것이야말로 한국 교회가 지금 당장 걸어가야 할 길이다. 그럴 때 자본주의의 굴레에서 해방될 수 있을 것이다.

5. 맺음말

강신주는 자신의 책들 곳곳에서 종교를 억압의 주체로 간주한다. 그는 김수영의 시세계를 논하는 책에서 초월종교를 심지어 억압적인 독재권력·자본주의와 동등선상에 놓는다.

> 김수영이 평생 독재에 대해 그토록 치열하게 저항했던 것도 다 이유가 있었던 셈이다. 독재는 거대한 팽이가 자기의 회전 스타일을 모든 팽이에게 강요하는 정치 체제니까 말이다. 그렇지만 이것이 정치체제에만 해당되는 것일까? 그것은 유일신과 그의 가르침을 모든 인간에게 강요하는 초월 종교에도, 자본을 유일한 가치로 떠받드는 자본주의에도 통용된다.[34]

그런데 묘하게도 그가 열망하는 자유로운 사람과 이상적인 세상을 찬찬히 살펴보면 사실상 진정한 그리스도인과 진정한 그리스도인의 공동체를 연상시킨다. 이 지점에 이르러 이글턴이 '마르크스와 니체는 대체로 좋은 방향으로 무신론적이다'라고 평가한 대목이 생각난다.[35] 이는 그들이 왜곡된 기독교의 신을 맹렬히 비판해 줌으로써 그리스도인으로 하여금 참된 신을 다시 찾도록 도전한다는 뜻이다. 이는 강신주의 경우에도 잘 들어맞는다. 강신주는 김수영의 「눈」이라는 시를 해설하면서 김수영이 왜 그렇게 눈을 좋아했는지 대신 설명한다. 다소 길지만 깊은 생각거리를 제공하기에 그대로 인용한다.

눈이 시인의 정신을 상징하는 것도 이런 이유다. 눈은 하늘이란 지고한 권좌로부터 스스로를 추방하여 구체적인 곳으로 내려가는 존재이기 때문이다. 그래서 눈은 순수하고 고결하다. 신처럼 모든 것을 관조하지 않고, 스스로 더러워질 것을 감내하면서도 기꺼이 모든 것과 함께 하려고 한다. 눈은 더러운 진창도, 썩어가는 시체도, 악취를 풍기는 오물도 가리지 않고 그들을 덮어 고결하게 승화시킨다. 눈 내리는 날 세상의 모든 존재는 빈부, 미추, 선악, 강약을 넘어서 동등하게 변한다. 부자의 집도 빈자의 집도 똑 같이 흰 지붕이 되고, 대학 교수의 머리에도 구걸하는 아이의 머리에도 똑같이 흰 눈이 쌓이니까 말이다.[36]

눈을 예수님으로 대체하여 위의 글을 다시 한 번 읽어 보라. 은혜롭지 않은가? 복음서와 바울서신이 담고 있는 훌륭한 기독론 아닌가? 그런데 놀랍고 슬프게도 강신주는 눈과 신을 서로 정반대의 존재로 상정한다. 그리스도인의 입장에서 보자면 예수님과 신을 서로 상반되는 존재로 인식하고 있는 셈이다.

왜 이렇게 괜찮은 사람들이 신을 거부하고 있는 것일까? 그건 오늘의 현실에서 예수님을 믿는다고 하는 이들이 사실상 예수님을 외면하고 있기 때문이다. 강함을 숭배하는 자본주의에 물들어 버린 예수님을 따르고 있기 때문이다. 세월호 참사는 자본주의적 강함에 매료당해 무너져 온 한국 교회의 부끄러운 얼굴을 보여주었다. 그러기에 세월호 참사는 제2의 종교개혁을 시작하라는 하나님의 강력한 명령이기도 하다. 한국 교회가 하나님의 약하심을 진실로 붙들게 될 때 비로소 하나님나라는 이 땅에 새롭게 펼쳐져 갈 수 있을 것이다.

5부

기술문명시대의 망각된 기억과 치유

기억과 망각, 세월호 사건의 역사화의 과제 ──────── 박종현

저자는 한국근대사를 설명하는 핵심 단어가 망각과 기억이라고 단언한다. 고통스런 과거의 문제를 현실 속에서 도저히 풀 수 없을 때 우리는 다 잊고 새롭게 출발하자는 말들을 되풀이해 왔다. 하지만 이 망각을 통한 해결책이라는 환상 속에서 진정으로 은폐된 것은 바로 아무 것도 바꾸지 않고 그대로 가자는 외면과 비겁이다. 부끄러운 과거를 정면으로 마주하고, 그것을 기억하려는 역사화의 의지를 통해서만 우리는 새롭게 미래를 창출해 나갈 수 있다. 다른 길은 없다. 세월호 사건은 우리가 이 망각과의 싸움에서 물러나서는 안된다는 것을 가르쳐주고 있다.

세월호 참사를 통해 돌아보는 기술문명:
제2 기계시대의 징후로서 세월호 참사 ──────── 박일준

세월호 사건은 지난 시대의 문제들이 축적되어 터져 나온 사건이기도 하지만, 다른 한편으로 그것은 우리가 살아갈 미래시대의 징후들을 예언적으로 보여주는 사건으로 읽을 수도 있다. 이윤창출을 위한 경영 합리화라는 명분으로 자행되는 해고와 비정규직 고용 우선의 풍토는 우리 사회의 미래 경제가 나아가는 길을 내다볼 때, 조만간 해소되거나 극복되기 보다는 심화될 가능성이 크다고 저자는 보고 있는 것이다. 다가오는 제2 기계시대, 즉 디지털 기계의 시대가 보다 더 확고하게 정착하게 되면, 이제 기계가 인간의 노동력을 대치하는 시대가 될 것이다. 이런 지난 시대의 과오를 되풀이하지 않기 위해, 우리는 이제 기계와 공생하는 법을 배워야 한다.

세월호 생존 청소년의 애도에 대한 목회상담적 접근 ──────── 오화철

저자는 여기서 세월호의 원인분석과 진단보다는 오히려 끔찍한 사건을 살아남아야 했던 생존 청소년들의 애도에 초점을 맞추고 있다. 돌아오지 못한 이들에 대한 관심이 커서, 고통 속에 삶으로 돌아온 이들에 대한 관심과 배려는 상대적으로 부족한 현실에서 저자는 살아남은 이들의 가슴 깊이 남겨진 트라우마를 상담적으로 어떻게 배려하고 치유해야 하는지를 묻고 있다. 우선 저자는 그들이 먼저 간 이들에 대해 충분한 애도의 시간과 표현을 가질 수 있도록 배려하고, 생존 학생들이 고통을 우회하기 보다는 오히려 고통의 자리에서 충분한 애도의 시간과 표현을 갖는 방법을 모색하는 것이 좋을 것이라고 조언한다.

기억과 망각,
세월호 사건의 역사화의 과제

박종현 _가톨릭관동대학교 교양학부 교수

1. 세월호가 침몰하던 날

　그날(2014.4.16 그날 오전) 텔레비전에서는 CNN 뉴스가 실시간으로 방영되고 있었다.(당시 필자는 학교 구내식당에 있었다.) 화면에는 기우뚱 기울어진 흰색의 대형 여객선이 보였다. 그리고 화면의 아래 자막에는 한국에서 배가 가라앉고 있다는 글자가 계속 나타나 있었다. 바다는 너무도 평온해 보였고 기울어진 함선 주변에는 여러 척의 배들이 보였다. 화면에 나타난 것 그리고 그 평온한 바다의 모습은 텔레비전 화면에도 그대로 옮겨져 이 화면이 초대형 재앙으로 귀결될 것 같지는 않아 보였다. 뉴스가 방영되는 화면으로는 구조에도 큰 어려움은 없어 보였다. 그날 중간 중간 이 배의 이름이 세월호이고, 일반인을 포함한 안산 단원고등학교 다수의 고등학생들이 제주도 수학여행을 위해 탑승하고 있었으며, 그들 전원이 구조되었다는 소식이 들려왔다.

　그날 저녁에 나타난 뉴스는 충격 그 자체였다. 전원 구조되었다던 소식은 오보로 판명되었다. 구조된 인원의 두 배가 넘는 사람이 배안에 갇혀 있었고 그대로 바다속으로 가라앉았다는 보도가 뒤를 이었다.

그 다음 날부터 세월호 침몰은 전대미문의 사건으로 드러나기 시작하였다. 배가 침몰하는 동안 선장은 승객 전원에게 구명조끼를 착용하게 하였다. 그리고 구조대가 올 때까지 기다릴 것을 명령하였고, 그 명령에 따라 승객들이 기다리는 동안 도착한 해양경찰 구조함 123정은 선수에 뱃머리를 대고 선장과 승무원을 구출하고 철수하였다. 세월호에서 살아남은 생존자는 육감으로 이 배의 위기가 최고조에 이르렀음을 알고 스스로 배 밖으로 탈출한 이들이었다.

가장 양호한 기상 속에서 항해하던 6천 톤이 넘는 초대형 여객선 세월호는 원인 불명의 이유로 침몰하였다. 그리고 사망자들 대부분은 구명조끼를 입고 선체 내부에서 익사하였다. 그 사건 이후에 일어난 일들은 더욱 충격적이었다. 초대형 참사가 발생하였는데 참사의 원인을 밝히려는 노력은 온데간데없이 세월호는 갑자기 정치적 문제로 비화되었다.

불황기에 접어든 한국의 경제 상황에서 세월호 때문에 더욱 경기침체가 된다고 경기침체의 원인으로 이 참사가 지목되었다. 지난 200여 일간 어떤 이유로 배가 침몰했는지 납득할 만한 이유는 제공된 것이 없었다. 200일이 지나고 나서야 세월호 특별법이 의회를 통과하였고 진상조사위원회가 구성되었다.

같은 시기에 세월호 실종자 수색을 종료한다는 정부의 발표가 있었고, 다른 한쪽에서는 세월호와 같은 대형 해난사고였던 이탈리아의 크루즈 함선 코스타 콩코르디아 호의 마지막 실종자를 34개월 만에 찾아냈다는 뉴스가 보도되었다. 세월호 사건 이전과 이후로 대한민국은 어떤 형태로든 분명히 달라질 것이다. 유가족들이 원하는 진상 규명이 이루어져 같은 종류의 사건

재발을 방지하려는 노력에 나타나든지 아니면 그저 그런 해난 사고의 하나로 세월호 사건을 마무리하든지 이 사건은 한국 현대사의 또 하나의 분기점이 될 것이다.

2. 숫자가 된 죽음들

1949년 10월 5일 인천 앞 바다에서 평해호가 과적으로 침몰하여 71명이 사망하고 86명이 구조되었다. 1951년 7월 11일 부상 송도 앞 바다에서 제5편리호가 침몰 74명 이상 사망하고 55명이 구조되었다. 1953년 1월 9일 남해상에서 창경호가 강한 파도에 침몰하여 266명이 사망하고 8명이 구조되었다. 1963년 1월 18일 전라남도 영암 앞 바다에서 연호가 침몰하였다. 과적과 돌풍으로 침몰한 이 배에서는 1명이 구조되고 120명이 사망하였다. 1967년 1월 14일 여수 앞 바다에서 함선 충돌로 한일호가 침몰하여 66명이 사망하고 27명이 실종되었고 12명이 구조되었다. 1970년 12월 15일 거문도 앞바다에서 남영호가 과적으로 침몰하였다. 326명 이상 사망하였고 12명이 구조되었다. 1974년 2월 22일에는 대한민국 해군 함정 YTL30호가 과적과 운항 부주의로 침몰하여 158명이 사망하고 152명이 구조되고 1명이 실종되었다. 1993년 10월 10일 전라북도 위도 앞바다에서 서해페리호가 과적과 높은 파도 때문에 전복되어 침몰하였다. 이 사고로 292명이 사망하고 70명이 구조되었다. 세월호는 서해페리호 사건 이후 최악의 해난사고 이다. 서해페리호 사건 이후 2000년대에는 소규모 해난 사고가 5건 정도 있었을 뿐 대형 해난 사고는 없었다.[1]

이러한 해난 사고 외에 육상에서도 대형 참사가 끊이지 않고 이어져 왔다. 1994년 10월 21일 성수대교가 붕괴되었다. 관리 부실과 건축 결함이 원인이었던 성수대교 붕괴로 32명이 사망하고 17명이 부상하였다. 1995년 4월 대구지하철 공사장에서 가스 폭발로 인해 101명이 사망하는 사고가 있었다. 뒤이어 1995년 6월 29일 서울 서초구 상품 백화점이 붕괴되어 사망자 502명, 부상자 937명, 실종자 2명 발생하였다. 그리고 2003년에는 대구지하철 방화 사건으로 192명이 사망하는 참사가 있었다.

지난 대형 참사의 희생자들의 명단을 찾아내는 것은 현재로서는 거의 불가능하다. 최악의 참사였던 삼풍백화점 사망자의 이름을 우리는 알 수 없고 가장 최근에 일어난 세월호 희생자의 이름을 우리는 알지 못한다. 세월호 희생자 이름이 언론을 통해 보도된 것은 대략 사고 10일 이내였다. 사고 한 주가 지나고 열흘이 되면서, 사망자의 이름 대신 사망자 숫자가 나열되기 시작하였다. 대략 200일이 지난 11월 초까지 세월호 사망자 또는 실종자는 숫자로만 남아 있었다.

그 기간 동안 필자는 정치권 어디에선가 아니면 종교계에선가 시민단체에서라도 세월호 희생자를 위한 추모탑을 세우자는 의견이 나오기를 기다렸다. 그곳이 진도 팽목항이든 아니면 가장 많은 희생자들을 낸 안산 단원고 교정이든 희생자들의 이름을 하나하나 적고 그곳에서 이 참사를 기억하기 위한 의례가 시작되고 그 반복적인 의례를 통해 다시는 이와 같은 참사를 허용하지 않겠다는 다짐을 반복하기를 희망하고 있다. 왜냐하면 망각은 유사 사고 재발의 가장 직접적인 원인이 될 것이기 때문이다. 잊어진 것은 다시 귀환한다.

망각과 기억은 우리 근대 역사를 설명하는 중요한 기제이다. 『조선왕조실록』이 인류문화유산으로 등재되어 한국의 전통 기록 문화의 우수성을 알린 것과는 달리, 한국의 근대사는 수많은 사건들과 그 역사적 기억과 판단들이 정치경제 이데올로기적 압력에 망각을 강요당하거나 스스로 망각 속으로 소멸되었던 것이다.

앞서 서술한 대형 해난 사고들 그리고 대형 참사들은 우리의 기억 속에서 사라지고 있다. 그 사라짐은 깊은 우리의 애도와 새로운 기억으로 변환되어 보존되는 것이 아니라 망각을 강요당하고 있는 것이다.

그 망각의 첫 번째 징후가 바로 숫자화된 죽음이다. 우리는 그간의 해난 사고들 ― 서해 페리호, 성수대교 붕괴, 삼풍백화점 사고와 세월호 사건 등 ― 로 희생된 이들의 이름을 기억하지 못한다. 우리 사회의 어느 곳에서도 그들의 이름이 기억되고 있지 못하다. 그들은 가족들의 기억 속에 남아 있다가 서서히 소멸되어 왔고 소멸되어 갈 것이다.

이름은 그의 인격이다. 단지 어떤 사람의 죽음이 아니라 그의 이름을 통해서 우리는 그 사람과 그 사건의 고유성을 유지하게 된다. 죽음을 기억하는 것은 고통스런 일이다. 특히 참혹한 죽음을 기억하려는 노력은 더욱 고통스런 일이다. 그 고통스런 기억을 유지하려는 노력을 통해서만 우리는 그 참사와 그 참사를 일으킨 과오를 시정하기 시작할 수 있다.

망각의 유혹은 언제나 존재한다. 망각은 우선 고통스러운 기억을 잊고 싶은 사람의 본능에서 출발한다. 인간은 고통을 피하고 싶어 한다. 과거에 일어난 그리고 현재 지속되는 과거 사건의 기억은 공동체의 기억 속에 남아있는 고통이다. 망각의 요구는 고통을 회피하려는 요구이다. 고통의 내면에는 수치심이 자리하고 있다. 세월호 사건은 우리 모두를 수치스럽게 한다. 우리는 구조를 원하는 어린 학생들을 외면했다. 구조의 주체인 승무원과 해양경찰뿐 아니라 그 구조의 주체들이 바로 우리이고 나이기 때문에 그 수치감은 깊고 아프게 다가온다.

지금까지 밝혀진 사실만 보아도 세월호 사건은 한국 사회 공동체의 수치를 드러낸다. 청해진해운의 전신인 세모해운은 부실운영과 의문스런 세 건의 선박화재로 소멸된 기업이었다. 세모는 어떻게 막대한 자금을 국책은행인 산업은행으로부터 대출받았는가? 그리고 어떻게 청해진해운은 선령 20년이 넘는, 일본에서 퇴역한 세월호를 구입하여 인천과 제주의 황금노선을 운행하게 되었는가? 경기도교육청은 왜 안전한 항공편이 아닌 해운을 이용하여 제주도 수학여행을 권장하는 제도를 시행하게 되었는가? 단원고등학교는 왜 비용이 더 저렴한 항공편을 이용하지 않았던 것일까? 혹은 학생들에게 해운과 항공의 선택을 하게 하였고, 항공과 해운에 대한 정확한 정보를 주었는가? 왜 단원고등학교는 수학여행 시 학생들을 100명 단위로 나누어야 한다는 규정을 지키지 않았는가? 왜 세월호가 인천을 출발하던 그날 해운 관계자와 해양경찰은 수십 년간 누적된 과적이라는 문제를 단속하지 않았는가? 이 모든 일들이 연관되어 가능하게 한 그 힘은 누가 갖고 있었는가? 왜 우리는 이 사실들의 일부를 세월호가 진도 앞바다에 가라앉고 나서야 조금씩 알게 되는가? 더 밝혀져야 할 진실은 무엇인가? 진실을 밝히려는 시도는 왜 이렇게 어려운가? 그리고 세월호 침몰 200일이 지난 후에 남은 것은 오직 희생자 304명이라는 숫자뿐인가?

숫자화된 죽음은 어떤 이유로든 우리가 강요당하는 망각의 한 징후이다. 그들의 이름을 기억해야 한다. 그들의 얼굴을 기억해야 한다. 그들이 잃어버린 시간과 장소를 기억해야 한다. 어느 곳에든 언제나 그들을 기억하기 위한 기억의 공간을 마련해야 한다. 그곳에 오랫동안 우리의 슬픔이 머물러야 잃어버린 우리의 일부를 놓치지 않고 살아갈 수 있을 것이다. 그것이 역사화이다. 고통과 수치를 기억하여 안고 가려는 역사화의 의지만이 참사의 반복을 저지할 것이다.

3. 망각과 기억의 의지

과거는 원래 소멸되는 것이 아닌가? 과거는 더 이상 존재하지 않는 것이 아닌가? 그것이 자연이고 그것이 자연화가 아닌가? 우리는 왜 부자연스럽게 기억을 붙들어야 하는가? 우리 문명에는 망각이라는 한쪽으로 흐르는 강이 있는가 하면 다른 한쪽에서는 망각을 거스르는 기억하려는 의지가 존재한다. 해방 이후 우리는 길었던 일제 식민지를 기억하기 위해서 효창공원을 조성하고 독립 애국선열의 묘역을 구성하였다. 1950년 민족분단의 비극은 동족상잔의 파괴적 형태로 분출되었다. 그 피흘림이 지난 후 우리는 국립현충원을 세웠다. 1960년 독재에 항거하기 위해 일어난 시민들이 흘린 피를 기억하기 위해 우리는 4.19국립묘지를 조성하였다. 1980년 군부독재에 항거하다가 흘린 피를 기억하기 위해 망월동 묘지를 조성하였다. 이것이 우리의 기억의 장소이다.

망각이라는 기제는 과거를 잊고 과거에서 벗어나 새로운 미래를 맞이하고 싶은 욕망의 소산이다. 망각이 고통스런 현실과 고통스런 과거를 소멸시켜 줄 것이라는 믿음이 거기에 있다. 이러한 믿음은 한편으로는 논리적인 것처럼 보인다. 깨끗하게 과거를 잊고 새 출발하자는 망각의 환영이 거기에 존재한다.

그러나 망각은 과거의 관성이며 소멸하려는 빈약한 의지에 불과하다. 우리가 달려오던 그 길에서 방향을 묻지 않고 계속 나아가려는 망각의 의지는 아무것도 바꾸지 않으려는 기만의 의지라는 것을 알게 된다. 기억하려는 의지는 역사화의 의지이다. 고통과 수치를 바라봄으로써 우리는 그 고통의 실체를 서서히 이해하게 된다. 그 고통의 원인과 고통의 결과, 그 원인을 해소하는 길을 거기에서만 발견할 수 있다.

역사를 영광으로만 기억하려는 사람들은 부끄러움을 덮으려고 할 것이다. 처음에는 부끄러움을 은폐하려 할 것이고 그 다음에는 부끄러움을 잊고자 할 것이다. 그러나 기억은 소멸되지 않는다는 것을 우리는 안다. 소멸되지 않는 기억을 망각으로 이끌고자 하는 욕망은 망각의 강요로 나타난다.

한국현대사의 기억의 담론은 이러한 형식을 갖추고 있다. 기억하려는 의지와 망각하라는 강요의 운동 사이에 우리의 기억은 자리하고 있다. 한국전쟁과 그 전쟁 중에 이루어진 살육 사건은 분단체제 아래에서 망각을 강요당하였다. 분단 체제 속에서 우리에게 선별적인 기억이 강요되고 있다. 기억의 내용이 선별되고 기억하는 방법이 선별되고 그 내용만을 기억하도록 요구받고 있다.

이 관성의 에너지는 한국 사회 내부의 관습으로 자리 잡아 왔다. 세월호 사건 후에 나타난 한국 사회 및 한국 언론의 행태는 이러한 선별된 방식의 기억을 강요하고 있다. 첫째는 사건의 개관적 원인을 찾기보다 침몰 상황에서 범죄 행동을 한 선원들과 구원파와 관련되어 정서적 지탄의 대상이 된 유병언 일가의 신상 털기와 책임 전가에 여념이 없었다. 그리고 다른 한편에서는 침체하는 한국경제의 원인을 세월호 사건의 탓이라고 연일 공세를 퍼부어 세월호 사건과 희생자에 대한 시민적 성찰과 애도를 적대시하고 압박을 가했다.

SBS는 서울대학교 사회발전연구소(소장 장덕진)에 의뢰하여 세월호 사건의 원인을 분석을 요청하는 연구를 진행하였고, 그것은 2014년 11월 9일자 SBS 뉴스를 통해 보도되었다. 사회발전연구소는 세월호 참사의 원인이 한국 사회의 공공성의 부재라고 결론지었다. 공공성이란 사적 이익의 상대적 개념으로 사회 구성원 전체의 이익을 추구하는 제도와 가치관을 의미한다. 사회발전연구소는 경제개발협력기구 33개 국가의 공공성 순위를 비교 발표하였다. 공공성의 요소를 네 가지로 나누어 공익성, 공정성, 공개성, 시민성을 지표로 만들어 33개 국가의 공공성 정도를 비교하였다.

공익성은 그 사회의 가치가 사익 추구에 중점을 두는지 공익 추구에 중점을 두는지를 구분하는 것이다. 공정성이란 그 사회의 규범과 제도가 공정하게 이루어져 있는가를 측정하는 것이며, 공개성은 공적 기구들의 운영과 재정 등이 투명하게 공개되고 있는가를 묻는 것이고, 시민성은 그 사회의 시민의식이 공공성을 뒷받침할 수 있는 정도를 지표로 환산하는 것이다.

공공성 순위에서 최상위권을 차지한 것은 북유럽 국가들이다. 공공성 순위가 한국보다 낮은 나라는 경제개발협력기구 33개 국가들 중에는 없었다. 한국은 공익성에서 33위, 공정성에서 33위, 공개성에서는 31위 그리고 시민의식에서는 29위를 차지하여 전체 국가 중 공공성 33위로 최하위였다.

함께 조사한 한국 사회의 가치의 우선순위에 따르면 한국 사회는 경쟁을 최우선적 가치로 삼고 있으며, 두 번째로 우선하는 가치는 성공이었다. 공공성 순위의 중위권을 차지한 네덜란드가 최우선의 가치로 여기는 관용은 한국에서는 최하위의 가치로 꼽혔고, 다만 한국 사회는 연대의식의 중요성을 상대적으로 높이 평가하였다는 점에서 위로를 받을 수 있을 것이다.

이 연구는 한국 사회의 삶의 양식에 기억이 어떤 영향을 줄 것인지 암시하고 있다. 한국 사회에서는 공공적 기억이 가장 약한 영역을 차지하는 것을 알 수 있다. 세월호 참사를 풀어가는 길은 세월호 사건을 어떻게 공공의 기억으로 자리매김할 수 있는가에 달려 있다고 보인다. 세월호를 우리 사회 전체의 과제로 환원하고, 재발 방지를 위한 단기적 정책에 머무는 것을 넘어서 지난 반세기 한국 사회에서 일어난 대형 참사의 연속선 안에서 회상하고, 정책적 원인 조사와 더불어 역사적 원인을 물음으로써 재난방지에 대한 잠정적이고 부분적 대안이 아닌 새로운 사회의 출현을 요청해야 한다.

이를 위한 필연적 요소가 세월호 사건에 대한 공적 기억의 수립이다. 그것은 세월호 사건의 역사화를 위한 기억의 장소를 마련하는 것이다. 그리고 세월호 사건과 연관된 모든 과거에 대한 의례의 확립이다. 이 기억의 장소에서 행해지는 의례를 통해 우리는 세월호를 여러 차원에서 회상할 수 있을 것이다. 그리고 반복적 의례를 통해 내적으로는 한국에서 희생된 이들에 대한 연관된 애도 혹은 연속적 애도를 이끌어 낼 수 있을 것이다. 이 연속적 애도 후에 비로소 새로운 사유와 새로운 사회로의 전환을 가능케 하여 비로소 세월호를 통해 나타난 우리 사회의 문제를 반복적으로 개선하여 나갈 수 있을 것이다.

당면 과제는 망각과의 싸움이다. 망각을 요구하거나 강요하는 권력들에 대항하는 의지가 필요한 순간이다. 망각의 논리는 기만의 과정을 반복한다. 흔히 잊어버리고 새 출발하자는 논리이다. 망각의 논리는 그 사건이 일어난 이유도 과정도 덮어 버림으로써 당장에 직면한 고통에서 회피하고자 하는 도피 욕구의 산물이다. 그러나 망각은 아무것도 해결하지 못할 것이다. 망각된 사건은 반드시 되살아 날 수밖에 없는 것이다.

4. 세월호의 이름을 잃은 죽음과 현대성

지그문트 바우만은 2차 세계대전 중에 일어난 유대인 대학살 홀로코스트를 심도 있게 사유하였다. 그는 홀로코스트의 역사적 뿌리를 중세의 십자군 전쟁, 카타리파를 정화하기 위한 십자군 형성 그리고 그때에 형성된 반유대주의라고 제기한다. 이후 유럽에 형성된 유대인 거주지인 게토와 악명 높은 스페인의 유대인 종교재판소 등도 그런 맥락에서 연결될 수 있다. 이러한 인종학살의 전통은 현대에 들어와 급진적 민족주의와 대량생산과 소비의 문명 기제로 인해 히틀러와 스탈린에 의해 자행된 대량학살의 비극에 이르게 되었다고 본다.[2]

공장화된 죽음의 문제는 현대성의 가장 중요한 주제이다. 세계적인 패스트푸드 업체인 맥도날드의 회장은 햄버거에 들어가는 쇠고기와 닭고기 패티의 대량화를 위해 새로운 품종의 소와 닭의 개발을 요구하였다고 한다. 소의 사육은 공장화된 농장에서 육식과 곡물 사료를 배합하여 소들에게 먹임으로써 1톤이 넘는 소를 개발하기에 이르렀다. 닭의 경우도 기존에 6개월 정도 걸리던 사육기간을 그 절반인 3개월로 단축하고 가슴살의 크기를 두 배로 늘리게 되었다. 그럼에도 맥도날드 회장은 닭에 대해 극단적인 품종 개량을 요구하였다. 뼈가 없는 닭을 개발하여 사육하라는 주문을 했을 정도였다.

포드 시스템으로 명명된 세분화된 분업과 노동의 분할은 현대사회의 가장 익숙한 풍경이다. 20세기 초 탁월한 영화 예술가 찰리 채플린의 '모던 타임즈'를 통해 현대적 삶의 기계화된 모습이 그려졌지만, 현대의 일상은 컨베이어 벨트 공정의 심화를 가져왔다. 거대한 선박과 자동차 전자제품은 물론 청바지와 티셔츠도 최소한 6~7개 국가를 거치는 공정을 통해서 제조된다. 20세기 후반의 세계화는 대부분의 생산품을 세계 여러 지역의 분업적 구조 안에서 생산하고 세계적으로 소비가 이루어지게 하였던 것이다.

그리고 이 모든 과정은 각 개체들의 개별성을 배제한 수치화된 과정으로 표현된다. 소비는 매출액이라는 숫자로 표현되고, 최종적으로 경제 지표의 총합인 국민총생산 역시 수치화된 이것은 현대 사회 생산 공정의 전형적인 모습이다. 여기서 생산물도 생산자와 노동도 그리고 소비까지 모든 것은 수치화—양화된다. 양화 과정은 현대성의 상징이다. 20세기 이후의 인류는 역사를 숫자로 이해하려 한다.

실종자를 포함한 세월호 사망자 304명은 이러한 현대성의 징후이다. 아니 세월호뿐 아니라 지난 반세기 동안 우리나라에서 일어난 대형 사고의 사망자는 오직 숫자로만 표현된다. 연구를 위해 접근한 어떤 자료에서도 사망자들의 이름을 기록한 자료는 나타나지 않았다. 우리나라의 산업화가 시작된 그 시기 이후에는 우리는 죽은 이들의 이름을 부르지 않았다.

즉 현대 한국은 죽음의 처리 방식도 공장화의 과정을 거치고 있는 것이다. 서구의 묘지가 다양한 묘비와 이야기를 담으려는 것과는 대조적으로 한국의 묘지는 질서 정연한 통일성을 유지하고 있다. 한국에서 죽음은 공장식 죽음의 과정을 거치게 된다.

한국에서 대량 살육의 역사는 근대성의 출현과 함께 등장하였다. 1894년 동학농민혁명이 발발하자 조선 조정은 이를 군사적으로 진압하려 하였으나 동학농민군에게 정부군이 패전하고 만다. 이에 조정은 청국군과 일본군을 한반도로 끌어들였다. 주도권 쟁탈전에서 청국군을 축출한 후, 근대 신식무기로 중무장한 일본군 대대 병력은 동학농민군을 토끼몰이 하듯 몰아

붙여 경기도에서 진도에 이르는 길마다 마을마다 대량 살육이 벌어졌다. 연구자들의 추산으로는 약 20만 명의 농민군이 살해된 것으로 본다. 이어 이듬해에 명성황후 시해 사건으로 의병이 일어났을 때와 1905년 을사조약으로 의병이 일어났을 때에도 일본군의 대량 살육이 이어졌다.

해방 후에는 한국전쟁이 발발하자 좌우의 극심한 이념 대립 속에서 여러 형태의 살육이 진행되었다. 전쟁 중 민간인 학살은 한국전쟁이 남긴 가장 큰 후유증으로 한국 사회의 집단적 트라우마를 형성한다.

이후의 한국 역사는 이러한 대량 살육의 기억을 역사적으로 치유하는 과정을 밟지 못하였다. 식민지 체제의 미청산과 좌우의 극한 이념 대립을 민주적 질서 속에서 완화시키지 못한 트라우마의 기억 상태 속에서 한국 사회는 시장사회로의 급진적 진입을 경험하였다. 빈곤 극복의 목표는 전쟁과 유사한 심리 상태에서 전투적으로 달성되었다.

한국사회의 경쟁은 이미 전쟁 수준을 넘어서고 있다. 초중고에서 노인 세대까지 전 연령대에 걸친 자살자 비율은 세계 최고 수준에 이르고 있다. 연 1만 5천 명이 자살한다. 이는 매일 33.5명으로 상당히 높은 자살률을 보인 헝가리, 일본도 일 20명대 초반에 머무는 점에 비교해 볼 때 한국의 자살자 수준은 경이적이다. 연 1만 5천명의 단일 원인 사망자 수자는 내전 중의 시리아의 사망자를 능가한다. 한국은 내전 없이도 내전 중 시리아의 사망률을 압도하는 자살자를 양산하고 있다.

이러한 한국 사회의 대량의 죽음은 죽음에 대해 무디어진 우리 사회의 감각을 보여준다. 죽음은 한국 사회에서는 소비의 양상을 띠고 있다. 한국의 근대성 추구는 보호받지 못한 역사적 경험과 급진적 시장화가 이룩한 전쟁과 전투의 삶의 결과물이다. 이러한 전투적 자본주의는 우리 사회의 전반에 침투해 있고 그것은 교회 안에도 깊숙이 들어와 있다.

세월호 사건을 보도하고 그 사건을 해석하는 한국 사회의 담론에는 이러한 대량화된 죽음의 기억과 분열된 의식과 기억이 전제되어 있다. 대량화된 죽음을 망각의 기제로 회피하려는 욕망과 함께 잔존하는 도덕 의지는 재빠르고 간소화된 제의로 마무리하려 할 것이다. 한국 역시 근대적 위험사회의 요소를 두루 갖추고 있고 홀로코스트 유형의 역사를 안고 있다. 그리고 끊임없이 죽음과 고통을 전가시키려는 의지를 발동한다.

5. 현대 한국 교회는 구원의 공장인가?

현대교회의 가장 큰 약점으로 지목되는 것 중 하나가 개신교회는 영적인 수련 또는 구도적 삶의 훈련이 적거나 없다는 지적이다. 이것은 사실 개신교에 한정되는 것이 아니라 현대의 기독교 신·구교 전반에 걸쳐 있는 공통적 약점이다. 개신교회가 비교적 세속화의 정도가 심하기는 하지만 현대에서 구교 역시 동일한 위기를 겪고 있다. 특히 초대형 교회를 중심으로 기독교 신앙은 빠른 속도로 소비재로서 변화를 겪어 왔다. 빠른 산업화와 미디어의 발달 및 사회적 교환 방식의 화폐의존도 심화는 이러한 변화를 가속화하였다.

한국 기독교는 원래 구한말 일제의 침략에 대항하는 급진적 또는 온건한 민족주의 운동과 강하게 결합하여, 반세기 동안 그 사상적 경향을 유지하였다. 그리고 초대 한국 교회는 성서의 학습과 개신교 영성 훈련과 치리의 엄격함을 유지하고 있었다. 한국 개신교회는 초기 50여 년간 총인구 대비 1% 남짓한 신도 수를 유지하였지만 일제하 한국 사회에 도덕적·정치적 지도력을 행할 수 있었던 이유가 거기에 있었다. 성서교육을 통한 윤리적·도덕적 의식의 함양, 그리고 현실 사회정치 문제에 대한 기독교 윤리적 판단과, 거기에 참여함으로써 교회의 사회 참여에서 다시 기독교 윤리적 성찰과 반성으로 돌아오는 해석학적 선순환이 가능했던 것이다.

그러나 1960년대 이후 한국 교회는 소비적 기독교의 유형이 정착하게 된다. 그것은 당시 사회의 가장 큰 화두인 경제성장 이데올로기에 영합하여 등장한 축복의 기독교였다. 그 대표적인 실례가 여의도순복음 교회이다. 여의도순복음교회는 5.16 쿠데타가 일어난 1961년 서울 서대문구 대조동에서 조용기 목사에 의해 시작되었다. 조용기 목사의 목회와 설교는 제3공화국의 이념과 정책에 동조화된 형태로 나타났다. 새마을운동의 구호인 '잘 살아 보세'와 맞추어 '삼박자 축복'이라는 시장의 복음을 구체화하였다. 1960년대에서 1980년대까지 이 신학은 대단한 성공을 거두었다.

해방 후 1960년대에서 1970년대 한국 교회의 10여 년간 평균 교회 성장률은 400%에 이르고 있었다. 특히 여의도 순복음 교회는 같은 기간 2,000%를 넘는 경이적인 성장률을 보였다. 조용기 목사의 목회와 설교는 새로운 종교적 욕구에 부응하는 모델로 칭송받았고 번영, 성장 그리고 영적·물질적·육체적 축복으로 요약되는 삼박자 축복은 형태만 변화하며 이후 한국 개신교 설교에 깊숙한 영향을 미치게 된다. 이러한 조용기 목사의 세속적 번영의 기독교는 정도 차이만 있을 뿐 한국 교회 전반적 성격으로 자리 잡아 왔다. 최근 초대형 교회를 중심으로 일어난 여러 스캔들은 이러한 번영 신학 일변도로 달려온 한국 교회의 열매들인 셈이다.

아울러 한국 교회는 1970년대 이후 가시적 변화 몇 가지를 보이게 된다. 우선 교파로서의 교회 조직의 느슨해지거나 또는 해체되는 현상이다. 여의

도순복음교회는 하나님의 성회라는 소속 교단의 발전에 어느 정도 기여한 것이 사실이지만, 근본적으로 자기 교회의 성장과 패권을 확대하는 데 주력하였다. 본질적으로 그것은 사설 왕국이고 현대 복음의 제국들이었다. 1960년대 이후 한국의 보수적 교회들이 민주주의에 무관심하거나 적대적인 이유가 거기 있었다. 대다수 한국의 지역교회에서 일어난 패권주의는 일상화된 현상이 되었고 현대 한국 교회가 어떤 신학적·제도적 통일성을 유지하고 있는지는 검증 불가능한 상황에 직면하고 있다.

지역교회의 세속화에는 종교시장 점유와 교회 지도부의 교권화와 금권화가 깊이 뿌리박고 있다. 목회자들의 목회는 장기 집권을 연상시키는 장기목회가 일상화되었다.

1970년대 중반에 이르면 개신교회 역사상 처음으로 원로 목사라는 은퇴한 담임 목사에게 상당한 영향력을 주는 제도를 도입하게 되었다. 대략 원로 목사 제도가 한국 개신교회에 20여 년 정도 자리를 잡은 뒤인 1990년대 초에는 교회 세습이라는 유럽 중세기 초의 서임권 논쟁을 상기시키는 기형적인 상황이 등장하기 시작한다. 한국 사회는 자유 경쟁 시장의 외형적 모습을 갖추고 있지만 본질적으로 한국 사회와 한국 교회는 여러 분양에서 세습이 이루어지는 전근대적 양상을 보이고 있다. 1990년대 이후 변화하는 사회에 성장 주도의 교회 운영과 목회 그리고 신학은 더 이상 적응하지 못하였다.

신학적으로도 칼빈주의자든 웨슬리안이든 지역교회들끼리 치열한 경쟁을 벌이고, 거기에서 살아남은 교회는 사적 제국을 이룩하는 것이 일반적인 모습이 되었다. 그 결과 중요한 한국 교회의 유산들이 소멸되었다. 성서의 교회의 전통은 빠른 속도로 소멸하고 있으며, 성서 연구와 실천의 전통은 설교와 종교 음악의 소비라는 형태로 빠르게 전환되었다. 기독교 강요와 웨슬리 설교는 신학자들의 연구를 위한 본문이 되었고, 신학교육과 목회자의 독서 목록에서 사라졌다. 이제 많은 목회자들이 설교를 위한 성서 본문을 정한 후에는 자기계발서와 마케팅과 경영학 서적을 놓고 설교를 준비한다.

여의도순복음교회의 상승과 몰락은 지난 50년간의 한국 교회의 역사의 압축된 드라마다. 중독성이 강한 긍정의 복음은 아직도 그 중독성을 발휘하고 있지만 약효가 소멸되고 있다는 것은 누구나 감지할 수 있다. 다만 그 관성적 힘에 밀려 여전히 긍정의 자기계발 복음이 강단과 기독교 매체를 장악하고 있을 뿐이다.

한국 기독교회의 신자들은 자본의 사회적 유동성의 한복판에 놓여 있다. 한 기독교인이 한 교회에서 신앙생활을 시작하여 그 교회에서 마무리할 가능성은 거의 없다. 해방 전에는 교역자들이 교회를 순환하고 신도들이 한 교회에 머물렀지만 이제는 반대가 되었다. 신자들은 끊임없이 유동하고 장기 목회와 세습으로 교회는 얼룩져 있다. 그런데 이 현상의 배후에는 교회의 시장화, 설교의 상품화 및 소비재로서의 역할이 존재하고 있다.

한국 교회는 구원의 대량생산을 시도하고 있다. 인스턴트 식품처럼 대량생산되고 대량 복제된 복음은 현대 미디어를 타고 신자들에게 도달하여 소비된다. 소비자로서 신자들은 자신에게 알맞은 복음을 찾아 구매처를 유동적으로 선택할 수 있다. 대량생산과 대량소비의 현대적 형태는 현대 교회를 구원의 공장으로 변화시키고 있다. 오늘의 한국 교회는 구원의 공장이 되어가고 구원의 복음은 반복적으로 소비되고 있다.

6. 전가와 역전가

시장화된 사회 및 교회는 기독교 복음을 본질적으로 왜곡시킨다. 개신교 신학은 성자 예수 그리스도의 자기희생에서 하나님의 은총을 본다. 루터를 비롯한 종교개혁자들은 종교개혁 후기에 로마 가톨릭 교회의 실제적 의인화에 반대하여 법정적 칭의론을 주장하였다. 바울의 서신에 근거한 이 주장은 하나님의 아들은 희생을 담당하고 그 아들을 믿는 신앙 의인에 의하여 하나님께서 신자들의 의로움을 선언하신다고 선언하였다.

본질적으로 불완전한 인간의 본성은 실제적인 의를 이룩할 수 없다는 것이 종교개혁자들의 사유이다. 거룩하신 하나님으로 고백되는 성자의 희생과 대칭적으로 약자인 인간의 구원이 나타난 것이 기독교 복음이다. 하나님의 의는 그러므로 그리스도의 희생을 통해 신자에게 전가된다. 하나님은 인간의 고통을 가져가시고 구원을 인간에게 베푸신다. 여기에서 루터의 후기 신학에 등장하는 전가(imputation) 개념의 근거가 형성되었다.

그러나 시장사회에서는 특히 세계화라는 이름으로 자본의 지배 속에 노동이 유동화된 질서에 의해 전가의 방향은 어떤 경우 반대로 작동한다. 노동의 고통은 자본의 흐름과 반대로 흐른다. 노동의 고통은 자본에서 노동으로, 대기업에서 중소기업으로, 선진국에서 주변부로 끊임없이 전가된다. 경영 합리화라는 이유로, 경쟁력 강화라는 이유로 포장된 고통의 전가들이 이루어지고 있다.

세월호의 침몰에는 이러한 고통의 전가와 이윤 추구의 연쇄 고리가 직동하고 있다. 부패한 해운기업이 회생할 때 그 고리가 작동하였다. 그 기업을 회생시켜 세상에 다시 나타나게 할 때에 정부가 누군가에게 그 고통을 전가시켰다. 세월호에 고등학생들을 수학여행으로 가게 권장하는 학교와 교육청이 그 고통과 죽음을 연결하는 데 함께하였다. 그리고 이윤 추구를 당연한 복음으로 여기는 한국 사회가 세월호를 2014년 4월 15일 그날 밤 출항하게 하였다.

이윤 추구라는 한국 현대의 세속화된 복음에 취해 우리는 해운회사 설립, 관리 책임 관청의 부실, 경기도 정치권의 밀착과 특혜, 교육청과 학교를 통해 해운 수학여행의 유도, 최종적으로 100명씩 분승시켜야 한다는 수학여행 규칙을 어기고 출항하게 하여 구명조끼를 익사자 대다수가 착용한 상태에서 사망하는 진기한 사건으로 남게 된다.

세월호 조사에 기대를 거는 이들이 많지 않은 이유는 그 주체가 거의 없거나 온갖 압박을 받는 유가족들 정도가 미약하게 남은 진정한 주체이기 때문이다. 이윤의 연결고리가 참사 조사의 대상이 되겠으나, 그 연결고리는 은폐되었고 또 더 강하게 은폐하려고 이미 언론을 통해 왜곡시키려 시도했기 때문에 그 전모를 밝힐 가능성은 점점 희박해지고 있다.

이미 깊숙하게 진행된 한국 사회의 복음의 역전가 흐름은 너무도 깊이 개인의 의식과 무의식 안에 작동하고 있다. 그 작동 원리는 마약과 같아서 대부분의 사람들이 거스르지 못할 것으로 보인다. 세월호 사건은 이 사건의 재발 방지 노력으로 막지 못할 것이다. 북태평양 러시아령 베링 해에서 운항하다가 2014년 12월 1일 침몰한 오룡호는 한국 사회의 모습을 세월호와 함께 더욱 정확하게 보여주는 리트머스 시험지가 될 것이다.

우연으로 포장된 모든 사건에는 반드시 필연적인 이유가 존재한다. 우발적인 사건이란 그 사건의 원인을 이해할 지적 능력이 없거나 그 원인을 의도적으로 배제하려는 의도에서 나오는 말이다. 우연한 사고라는 표현은 사고에 맹점을 드러낼 뿐이다.

그러므로 세월호는 한국사회에서의 복음의 역전가의 거대한 흐름을 드러낸다. 고통은 타자에게 전가하고 이윤은 내게 돌리려는 역전가의 복음이 지배하는 사회의 단면인 것이다. 고통을 타인에게 전가하고 얻은 이윤을 축복으로 여기는 종교가 만연한 것이 한국 사회이다. 이것은 비단 기독교만의 문제가 아닌 한국 종교의 총체적 세속주의를 드러낸다.

울리히 벡은 이것을 문명의 빈곤화로 정의한다. 또한 이것은 총체적 위험 사회의 출현이다.[3] 세월호 참사를 우발적 사고로 개념화하려는 한국 사회의 노력은 깊은 불안과 두려움 그 자체의 산물이다. 한국 사회의 리트머스 시험지가 된 세월호 참사는 누적된 위험의 결과물인 동시에 한국사회에 잠재한 미래의 위험의 원인이기도 하다. 세월호가 보낸 강한 신호음을 포착하느냐 못하느냐에 따라 한국 사회의 선택은 극명하게 갈라질 것이다.

7. 공공적 신앙, 공공적 기독교가 가능한가?

현대사회의 유동성은 자본의 흐름에 따라 인적 자본의 흐름을 유동화하고 그 결과 개인들은 끊임없이 방황하고 고립된다. 흐르는 것, 즉 액체화된 세계가 근대성의 표지이다.[4] 개인은 근대적 자유의 획득과 함께 고립화와 파편화를 동시에 경험하게 되었다. 사회적 질서의 수립과 그 사회의 변화를 통해서 유토피아에 접근하려는 근대적 시도는 과잉 유동성의 후기 자본주의 사회에서 옹벽에 충돌하게 된다.

기독교의 신학적 담론은 교회라는 공동체와 기구를 통한 사회 문제에 대한 윤리적 참여와 변화의 추구였다. 현대사회의 가장 큰 문제는 계몽주의 이후 프랑스와 같은 무신앙의 도래가 아니라, 대중적으로 깊이 유포된 신앙 속에 내재한 유동화와 파편화이다. 대중적 기독교에서 하나님은 사유화되었다. 울리히 벡의 표현대로 자기만의 신을 갖게 된 것이 현대의 대중적 기독교이다.[5] 이슬람이 민족주의와 견고하게 결합되는 것과는 달리 기독교는 긴 세속화의 시기를 거침으로써 제도적 종교가 약화되고 소위 개인적 영성의 추구가 현대 세속도시의 종교성의 일반적 모습으로 변모하는 것을 목격하게 된다.

제도적이든 개인적이든 세속화된 종교는 시장사회의 만연한 두려움과 피로를 푸는 주술적 수단이거나 도피처이다. 소비적 종교는 소비 순간의 심리적 완화와 구매 욕구 충족을 통해 소비적 성격을 강화하게 된다. 공적 기독교의 기반은 교회의 일치와 윤리적 헌신이 될 것이다. 분명한 것은 우리 교회의 일각에 이러한 움직임이 있다는 것이다. 소비의 대상이 된 종교를 공적 책임을 갖는 종교로 전환하려는 움직임이다.

한국 개신교의 역사는 이러한 책임을 기꺼이 감당하려는 시도를 했던 기억을 간직하고 있다. 구 한국 시기에는 개화운동의 산파이자 시민 윤리의 산실 역할을 하였다. 일제 강점기에는 온건한 민족주의 운동을 통해 교육과 의료 그리고 여성운동에 일조하였다. 개신교의 도입과 정착은 공적 기독교로서의 책임을 통감하고 다하려는 시도의 결과였다.

다만 이러한 공적 기독교의 성격이 해방 후 빠른 속도로 와해되었고, 더 빠르게 번영을 추구하는 세속적 기독교로 전환되었던 것이다. 한국 교회의 방향을 돌리는 시도는 전망이 그다지 밝아 보이지는 않는다. 공적 기독교로의 전환은 무척 힘겨운 요구가 될 것이다. 희망이 있다면 한국 교회 역사에 공공적 신학의 시도들이 있었다는 사실이다.

그러한 시도들은 역사적 맥락 속에서 이루어져 왔다. 한국 교회가 오늘의 한국 사회에 대한 역사를 재인식 한다면 공공적 기독교로 나아가는 길을 열 수 있을 것이다. 제도적 일치가 불가능해진 한국 교회이지만 사회 선교와 윤리적 일치를 통해 에큐메니즘을 구현할 가능성은 남아 있다.

세월호 사건은 한국 사회에 묻는 비극적 질문이다. 세월호 침몰이 한국 사회의 침몰의 신호탄이 되지 않게 하기 위해서는 극적인 변화가 요청된다. 지난 반세기 가정, 교회, 정부의 해체를 경험하여 온 한국 사회는 사회의 모든 부분을 재구성하라는 요청을 세월호를 통해서 받고 있다. 기독교는 복음과 사회선교의 일치, 신앙과 윤리의 일치를 요구받고 있다. 그래서 세월호는 한국 교회의 공공적 신학의 출발점이 될 수 있다.

8. 나가는 말

역사에서 불가능한 두 가지는 일어난 사건을 되돌리는 것과 일어난 사건과 다른 사건을 현실화하는 것이다. 이것은 시간의 방향성에 관한 과학적·철학적 문제이다. 시간의 비가역성은 한 가지 중요한 진리를 내포하고 있다. 한 번 발생한 사건은 필연적이며 완전한 형태로 구현되었다는 것이다. 세월호 사건은 도덕적 관점에서는 일어나서는 안 되는 사건이었지만 한국 사회는 세월호 사건이 일어날 필수적 조건을 갖추고 있었으며 그 필연적인 요인들이 세월호 참사를 일으켰다.

세월호 참사가 발생하지 않을 수도 있었다는 가정은 불법을 자행하고도 거기에서 이익을 취하려던 세력들이 자신들의 부정한 이익이 보존되기 위해서 바란 요행에 불과하다. 악한 요행들이 한국 사회를 자해한다. 그 결과

잔잔한 진도 앞바다에서 6천 톤이 넘는 배가 전복하고 말았다.

세월호는 빛이 될 수 있다. 우리는 앞으로 수년간 가슴에 어린 아이들의 죽음을 묻고 애도의 시간을 가져야 한다. 세월호 희생자를 위한 기억의 장소를 만들어야 한다. 반복적 의례를 수행해야 한다. 그리고 우리의 수치스런 모습을 그 앞에서 매번 상기해야 할 것이다. 그 장소에서 이와 같은 일이 반복되지 않도록 하려는 의지를 거듭 확인할 때에만 세월호는 더 많은 생명을 구하는 빛이 될 수 있다.

그러나 문제는 그 반대도 가능하다는 사실이다. 세월호는 망각을 강요하기 위해 은폐될 수 있다. 우리의 부끄러움을 가리기 위해 망각하려 할 수 있다. 그 결과는 당연히 빛이 되는 것과 반대의 결과로 나타날 것이다. 세월호 참사는 끝이 아니라 또 다른 시작의 서막인 것이다.

세월호 참사를 통해 돌아보는 기술문명

- 제2 기계시대의 징후로서 세월호 참사

박일준 _감리교신학대학교 기독교통합학문 연구소 연구원

기술은 운명이 아니다. 우리의 운명은 우리 손에 달려 있다.[1]

1. 들어가는 글: 인간과 기술의 이분화를 넘어서는 물음

지난 2014년 4월 16일 승객과 선원 그리고 수학여행을 가는 안산 단원고 학생 325명과 교사 14명, 일반인 승객 등을 포함하여 459명의 사람들을 싣고 제주로 향하던 여객선 세월호가 진도 앞바다에서 침몰했다. 174명이 구조되고, 그 외 300여 명의 학생들과 일반인 승객들과 교사들이 침몰하는 배에서 살아서 돌아오지 못했다. 실종자 9명을 발견하지 못한 채 세월호 특별법은 통과되었고, 이제 그 사건을 기억 속에서 지우려는 노력들이 체계적이고 억압적으로 자행되고 있다. 이 사건의 추이를 바라보면서, 많은 다양한 시선들이 교차하고 있다. 그 다양한 시선들 속에 우리 사회가 담지하고 있는 내적·외적 모순들이 동시에 표출되고 있음을 또한 목격하고 있다.

그 처참한 사건의 기억을 생생히 간직하면서, 이 글은 우리 시대 기술의 의미 혹은 본질을 묻고자 한다. 기술은 무엇을 위한 것인가? 기술 자체를 위한 것인가? 인간 삶을 위한 것인가? 아니면 경제를 위한 도구인가? 20세기 초엽에 일어났던 거대한 전쟁들에 대한 기억은 기술 발전의 의미와 목적이 무엇인지를 반문하게 만들었다. '기술'과 '문명'과 연관하여 우리는 어떤 물음을 던질 수 있으며, 더 나아가 이러한 물음들을 세월호 침몰 사건과 연관하여 어떻게 답을 제시할 수 있을까 하는 것이 이 글의 관심사이다. 기술(technology)에 대해서 우리는 어떤 질문을 통해 대안을 만들어 갈 수 있을 것인가? 물음은 대답보다 중요하다. 왜냐하면 어떤 물음을 던지느냐에 따라 대답의 범위가 사전에 결정되기 때문이다.[2] 다시 말해 벌어진 사건을 정리하고 수습할 대안보다 그 사건을 향해 던질 물음들이 더 중요한 것이다. '물음은 길을 만들어 나간다'고 하이데거는 말한다.[3] 그 길은 곧 사유의 길이고, 언어를 통해 나아간다. 기술(technology)과 관련된 물음은 기술의 본질을 열어 줌으로써, 기술과의 자유로운 관계로 길을 만들어 준다고 하이데거는 보았다. 이 맥락에서 이 글은 세월호 사건에 대한 해답을 추구하지 않는다. 오히려 올바른 물음을 찾고자 한다.

2. 세월호 침몰 참사 속에 드러난 미래 제2 기계시대의 모습들

세월호 침몰 참사는 과거의 사건이 아니다. 그 2014년 4월 16일의 사건은 우리 사회의 미래 모습을 예언적 증상으로 담고 있다. 특별히 기술문명과의 연관성 속에서 이 글에서 어떤 것이 이 사건을 통해 우리의 미래 사회를 위한 예언적 징후로 작동하고 있는지를 조망해 보고자 한다. 2014년 7월 28일과 29일 세월호 선원 재판정에 출석하여 증언한 생존 학생의 마지막 말은 이랬다: "선원들에 대한 처벌보다 더 원하는 것은, 왜 친구들이 그렇게 돼야 했는지 그 근본적인 이유를 알고 싶다."[4] 세월호 침몰은 많은 요인들이 복합적으로 작용하여 일구어 낸 최악의 결과였다. 따라서 그 원인과 이유에 대한 분석은 간단하지는 않다. 그러나 간단하지 않다고 해서 왜 그렇게 되어야 했는지를 분석하고 이해하는 작업을 어설프게 마무리할 수는 없다. 그렇지 않다면, 우리는 또 이런 참사를 '반복'하게 될 것이다.

사실 반복(repetition)이란 불가능하다. 모든 사건은 각자만의 고유한 역사를 갖고 있고, 그 고유성을 그대로 반복하는 것은 불가능하다. 모든 반복은 그 안에 자신만의 차이를 도입하면서 새로운 사건으로 도래하는 것이다. 그럼에도 불구하고, 우리는 이전 사건들의 형식들(forms)을 반복함으로써, 결과적으로 같은 잘못을 반복해서 저지르는 무능함을 드러내기도 한다. 사건에 대한 분석과 이해는 이해 그 자체를 위한 것이 아니라, 잘못을 그대로 반복하는 무기력을 극복하기 위함이다.

이 글은 여러 중요한 이유들을 종합적으로 분석하고 설명하는 방식 대신, 이 글에서 말하고자 하는 내용과 직접적으로 연관된 측면, 즉 기술문명과 미래와 연관된 측면만을 조명하면서, 세월호 침몰 참사와 기술 문명의 문제를 미래 사회, 특별히 도래하고 있는 제2 기계시대의 빛에서 읽어 보고자 한다. 이 글에서 특별히 관심을 갖는 원인들 중 하나는 세월호 선원들의 고용 형식이다. 세월호 선장 이준석 씨는 퇴직 후 아파트 경비원 일을 하던 중, 청해진 해운에 270만 원 수준의 월급으로 계약직 선장으로 고용되었다고 한다.[5] 갑판 선원들과 기관부 선원들 전체 17명 가운데 12명이 4개월에서 12개월짜리 단기 계약직이었다. 정규직 고용을 최소화하고, 그보다 임금이 싸고 해고도 편리한 비정규직들을 대거 채용함으로써 해운회사는 적어도 매달 수천만 원의 인건비를 줄일 수 있었다고 한다. 이 사실이 주목되는 것은 세월호 침몰 과정에서 선장을 비롯한 선박직 승무원들 15명은 사고 초기 전원 구조된 반면, 이들의 안내에 따라 선내에서 구조를 기다리던 안산 단원고 학생들과 교사들 등을 포함한 승객들 삼백여 명은 끝내 구조되지 못했다는 사실과 대비되기 때문이다. 어떻게 이런 무책임한 일이 벌어질 수 있을까? 이러한 비용 절감을 위한 인건비 축소는 진도 VTS 경우에도 고스란히 드러난다. 거기서 근무하는 12명의 관제사 평균 근무 경력은 17개월이었고, 그중 3명은 불과 3개월의 근무 경력이었다. 이들의 경력이 짧은 것은 해경이 관제사를 전문인력으로 고용하기보다, '항해사 자격증'을 갖고 있는 해경을 관제사로 충당하고 있기 때문이었다.[6] 이러한 상황을 민변(민주사회를 위한 변호사 모임)은 다음과 같이 표현한다.

> 국내 최대의 여객선과 승객의 안전을 책임지는 성장이 임시로 투입된 1년 계약직(촉탁직)이었고, 선원들 대부분이 저임금의 비정규직이었다. 선박회사의 인건비 절감을 위해 선장과 선원들에게 주어진 열악한 근로조건과 대우는 책임 의식의 부재로 나타났고, 결국 세월호 참사로 귀결되었다.[7]

> 정규직에 비해 현저하게 낮은 임금과 언제 해고될지 모르는 고용 불안에 시달리는 계약직 승무원에게 자신의 목숨을 담보로 승객을 구조하라는 것은 가혹한 요구일지도 모른다. 1분1초가 급박한 사고 직후, 60대 계약직 선장이 아니라 40대 정규직 선원이 기관사들에게 '퇴선 명령'을 내리고 선장과 선원들이 배를 버리고 먼저 탈출한 이유도 여기에 있었다.[8]

말하자면, 서류상으로 그 배의 최고결정권자는 선장이지만, 비정규직 선원이 비록 하급자일지라 하더라도 정규직 선원에게 지휘통제권을 행사하기란 쉽지 않았을 것이다. 어떻게 이런 일이 가능했을까? 경제 살리기라는 명분 하에 규제 완화와 민영화가 꾸준히 정부 주도로 추진되면서, 국내 기업의 직장 문화가 바뀌었다. 정규직 일자리를 늘리기보다는 사회 전반적으로 '인턴십 프로그램'과 '계약직 직원' 고용 우선의 구조가 도입되었다. 기존 직장인들이 대부분 정규직일 것을 고려할 때, 정규직/비정규직은 기성 세대가 이미 은퇴한 세대나 청년 세대를 길들이는 구조적 도구로 작동한다. 이러한 정규직/비정규직의 이분법적 상쟁(相爭) 구조와 위계 권력 구조는 이미 우리 사회에 만연해 있는 조직 구조이다. 비단 세월호만 이런 비정상적인 구조를 갖고 있었던 것은 아니다. 따라서 이런 비정상적인 구조가 사회에 만연해 있는 것을 우리는 '비정상의 정상화'[9]라고 할 수 있을 것이다. 말하자면, 비정상적인 구조가 너무도 일상적으로 사회에 만연함에 따라, 이제는 그 비정상적인 구조들이 마치 정상적인, 즉 너무나 일상적인 것으로 생각하여 착시현상은 이제 실재(reality)와 구별되지 않는다..

비정규직 선원들을 위주로 고용을 유지할 수 있었던 데에는 경제성장을 위한 기업의 규제 완화라는 정책적 뒷받침이 있었다. 2014년 3월 20일 박근혜 대통령이 생중계된 '규제 개혁 끝장토론'에 참석하여 규제 완화를 국정 개혁의 핵심 과제로 선포한 이후, 특별히 해수부는 세월호 참사의 직접적 원인들 중 하나로 지목되는 '화물 과적 관련 규제 등 선박 안전에 관련된 규제'를 상당 부분 철폐하거나 축소했다.[10] 기업 활동을 하는 데 장애가 되는 규제들을 철폐하거나 완화시킨다는 명목에 의해서다. 기업이 이윤추구 활동을 하는 데, 가장 큰 장애요인은 결국 비용 문제, 그중에서도 특별히 인건비 문제이다. 이를 줄일 수 있다면 가장 큰 규제를 철폐하는 셈이다.

아울러 기업 조직이 이윤을 창출하는 본연의 임무를 충실히 수행할 수 있도록 하기 위하여, 정부 산하의 공기업을 민영화하려는 조치들이 시행되었다. 2012년 정부기관 민영화라는 정책 기조 하에서 '수난구호법'이 개정되면서, 해경은 국가의 해난 구조 업무를 민간에 위탁하기 시작했다. 정부가 지출하는 비용을 절감하기 위해서였다. 해경이 직접 수난 구조 장비를 구입하여 갖추고 운영하는 것보다는 전문 민간 업체를 선정하여 위탁하는 것이 당연히 비용 면에서 효율적으로 여겨진다. 결과적으로 해경은 세월호 침몰 사건과 같은 참사 와중에 구조 작업을 위한 '잠수용 전문 바지선조차' 갖추고 있지 못하게 되었다.[11] 이는 세월호 침몰 사고 발생 시 구난구조업체 선정을 책임 선주에게 맡겨 놓는 것을 의미하고, 이 과정에서 국가는 구조업무를 '시장 논리에 맡겨' 버린 것이다. 특별히 이번 침몰 참사는 2008년 이명박 정부 하에서 해양수산부를 해체하였다가, 박근혜 정부에서 다시 부활시켰던 무원칙한 정부 조직 개편으로 인해 사고 처리 과정에서 큰 영향을 받았다.

이런 일련의 과정들을 통해 우리는 미래 시대의 예언적 징후들을 읽게 된다: 노동력으로서의 인간의 대체. 인건비를 줄이는 가장 확실한 방법은 계약직 직원들을 뽑는 것보다, 아예 기계로 인간을 대체하는 것이다. 이미 우리는 근대 문명의 발전 과정들 속에서 그러한 전환을 경험한 바 있으며, 이는 소위 제2 기계시대가 되면 가속화될 가능성이 높고, 궁극적으로는 기계에 의한 인간의 대치는 제2 기계시대에 더욱 완전한 형태로 실현될 가능성이 높다고 예상된다.

3. 제1 기계시대

기계가 인간을 대체하는 일이 체계적인 형식으로 인류 역사에 등장하는 것은 우리가 근대라고 부르는 시기, 특별히 산업혁명기였다. 산업혁명은 인류의 역사를 가장 급진적으로 탈바꿈시킨 것으로 평가되는데, 바로 이 혁명을 기점으로 지구상의 인구는 엄청난 증가를 보여주고 있기 때문이다. 이 산업혁명의 핵심은 제임스 와트(James Watt)가 석탄 에너지의 1%밖에 활용 못 하는 증기엔진을 개선하여 연료 효율성을 세 배 이상으로 개선한 일이다.[12] 이 개선을 통해서 증기기관은 다른 어떤 수단보다 인간과 동물의 육체적 능력의 한계를 넘어서는 동력과 힘을 제공해 주었다. 이것이 바로 제1 기계시대의 시작이었다. 그리고 이러한 에너지 활용의 효율성 향상에 더하여, 시간을 '규칙적으로', '양적으로' 그리고 획일적으로 부여하면서, 전체 문명을 하나의 통일된 시간 프레임 속에 설치하는 데 성공하였다. 이제 하나로 통합된 규칙적 시간을 통해 개선된 에너지 효율성이 그 최대의 힘을 발휘하게 되면서, 산업혁명은 가속화되었다.

근대 시대에 기계는 "새로운 종교가 됐고, 이 종교는 기계라는 새로운 메시아를 세계에 내려보냈다."[13] 이는 철학적으로 객관적 특성을 표현하는 제1성질(primary qualities)만을 실재하는 것으로 간주하고, 주관적 특성을 담지한 제2성질(secondary qualities)을 배제함으로써, 자연을 기계로 간주하게 되면서 이루어졌다. 인간의 주체성을 포기하면서, 이제 인간은 '자기 내부의 권력 이미지를 투영해 기계 자체를 창조'[14]했다. 하지만 그 권력은 '인간의 통제를 벗어나' 도리어 '인간을 고립'시켜 버렸다.[15] 17세기 기계는 노예같은 노동 상태에서 인간을 해방시키기 위해서가 아니라, 당대의 사람들을 소비의 노예를 만들기 위해 문명을 장악해 버렸고, 그 기계가 약속했던 근대의 찬란한 약속들은 도박에 빠진 광부와 권력에 눈이 먼 군인들, 추상적 숫자를 목표로 돈이라면 환장한 금융가, 그런 공허한 문명의 한 복판에서 성을 통해 허위의 위안을 제공하던 성적 문화를 통해 희석되었다.

멈포드에 따르면 근대 기계문명은 역설적이다. 통상 문명과 야만은 대립적인 개념이어서, 문명 사회와 야만 사회는 다른 사회로 인식되는데, 근대 기계문명 시대는 '자연 정복과 문화 창달을 추구하는 힘과 관심이 넘쳐'나는 문명의 시대임에도 불구하고, 다른 한편으로 '야만주의가 기승을 부리는 전대미문의 기현상'이 벌어지는 시대였다.[16] 실로, " '모든 인간을 수단이 아닌 목적으로 대우하라'는 칸트의 정언명령"이 선포되던 시대에 노동자가 '오로지 더 값싼 기계적 생산을 위한 수단'으로 전락하고, 그래서 노동력은 '착취될 수 있고, 채굴될 수 있고, 고갈될 수 있고, 종국에는 폐기될 수 있는 자원으로 전락'했다는 것은 역설적이다.[17] 시장경제의 경쟁 논리에 따라 기업가는 '임금을 삭감했고 노동시간을 늘렸으며 노동자가 손놀림을 더 빨리하도록 강요했고 노동자의 휴식 · 유흥 · 교육의 기회를 박탈'[18]했다.

근대의 시장 경쟁을 철학적으로 '생존 투쟁'(struggle for existence)[19]이라고 부른다.

임금 노동자는 최저생계비를 벌기 위해서 임금 노동자와 경쟁했다. 비숙련 노동자는 숙년 노동자와 경쟁했고 여성과 어린이는 한 집안의 가장인 남성과 경쟁했다. 노동자 계급에 속하는 서로 다른 집단 사이에서 벌어지는 이런 수평적 투쟁에 가진 자와 못 가진 자 사이에서 벌어지는 투쟁, 즉 계급투쟁이라는 수직적 투쟁이 교차했다.[20]

만인에 대한 만인의 경쟁이 바로 정규직의 비정규직 전환을 통해 무한경쟁 구조를 만들어 내고 있는 요즘 우리 시대의 모습이 아닌가? 이 생존투쟁을 철학적으로 뒷받침한 것이 바로 멜서스의『인구론』과 다윈의『종의 기원』이었다. 물론 두 작품 모두 그 시대 철학자의 작품이 아니다. 하지만 이 이론들은 그 시대 사회현상의 정신적 근거를 제공하였고, 철학도 이 정서들을 반영할 수밖에 없었다. 이 산업혁명기에는 '인간보다 기계에 더 높은 가치를 부여하는 사람들만이'[21] 다른 인간을 지배하여 좀 더 '짭짤한' 이득을 취할 수 있었다. 이런 시대는 곧 인간을 가치의 척도가 아니라, 물질적 풍요를 성취하기 위한 도구로 전락시켰다. 그래서 이 제1의 기계 시대는 시대 자체가 마치 하나의 거대 기계처럼 작동하였다.

4. 제2 기계시대

제2 기계시대는, 브린율프슨과 맥아피에 따르면, '컴퓨터를 비롯한 디지털 기술로 우리의 정신적 능력–뇌를 써서 환경을 이해하고 변모시키는 능력–이 대폭 강화되는 시대'[22]로 정의되는데, 이는 제1 기계시대가 증기기관으로 상징되는 금속적 아날로그 기술을 기반으로 성장하는 시대였던 것과 비교될 수 있다. 제2 기계시대는 기본적으로 '디지털화'[23]로부터 유래한다. 이는 '정보를 비트의 흐름으로 부호화하는 것'으로서, 현재 우리는 '모든 정보와 매체–문자, 소리, 사진, 동영상, 기기와 감지기에서 나오는 자료 등–를' 디지털 정보로 변환하여 사용한다.[24] 이 디지털 정보의 두 가지 고유한 속성은 일단 이 정보가 '비경쟁적'이며, 둘째 '재상산의 한계비용이 제로에 가깝다는 것'이다.[25] '비경쟁적'이라는 것은 자원이 고갈될 염려가 없다는 뜻이며, 한계비용이 제로에 가깝다는 것은 디지털 정보를 복사해서 쓰는 데 별도의 복사 비용이나 시설이 거의 필요없다는 말이다. 누군가 디지털화된 음악을 듣고 있다고 해서 그 사람 때문에 다른 사람이 그 정보를 사용하기 위해 기다리거나 경쟁으로 제쳐야 할 필요가 없다는 말이다. 누가 사용하든지 간에 바로 다운로드를 받아서 사용하면 된다. 이런 의미에서 비경쟁적이다. 아울러 디지털 정보의 복사는 원본과의 차이를 갖고 있지 않으며, 따라서 그의 사본을 만드는데 거의 비용이 들지 않는다. 지구 반대편의 사람에게 그 정보를 보내는 데에도 인터넷만 연결되어 있으면 실시간으로 바로 전송할 수 있다. 따라서 컴퓨터와 네트워크의 시대에 '정보를 생산하는 데에는 비용이 많이 들지만, 재생산하는 데에는 저렴'[26]하다.

더 나아가 디지털 시대의 정보 생산은 많은 경우 돈을 벌기 위해 생산되는 정보가 아니다. 예를 들어 위키피디아의 정보들은 대부분 금전적 보상이나 저작권을 주장하면서 제고되는 정보가 아니라 그 사이트의 정보를 공유하고자 만들어진 정보들이다. 그들은 정보를 공유하기 위해 기꺼이 자신의 시간을 투자하며 콘텐츠를 생산하고 있는 것이다. 브린욜프슨과 맥아피는 이렇게 표현한다: "인터넷에서 사용자 생성 콘텐츠가 급격히 증가하고 인기를 끄는 현상에 너무 놀랄 필요는 없을지도 모른다. 어쨌거나 우리 인간은 공유하고 상호작용하는 것을 좋아한다. 더욱 놀라운 점은, 우리의 기계들도 서로 대화하는 것을 몹시 좋아하는 듯이 보인다는 것이다."[27]

디지털 소통으로 인한 정보 사용량은 2006년부터 2011년 사이 '고작 5년 사이에 (무려) 열두 배나 증가'[28]하였고, 이는 스마트폰과 SNS의 보급과 활성화에 기인하는 바가 크다. 2010년 아이티에 대지진이 일어난 후 창궐한 콜레라의 확산 상황 추적 시, '트윗이 공식 보고서만큼 정확'했고 더구나 공식

보고서보다 '적어도 2주 더 빨랐다'고 한다.[29]

제2 기계시대의 두드러진 특징들은 '지속되는 기하급수적 성장, 엄청나게 많은 양의 디지털 정보, 재조합 혁신[30]으로 압축된다. 제2 기계시대는 바로 웨이즈처럼 네트워크로 연결된 무수한 기계 지능들과 더 나아가 그 네트워크로 인해 소통되는 인간의 뇌 지능이 협력하는 새로운 시대를 열어갈 것이다. 제2 기계시대 여러 사람들이 성장의 엔진이 멈추고 있다는 경고음을 던지고 있음에도 불구하고 브린욜프슨과 맥아피는 적어도 앞으로 수십 년간 성장은 지속될 것으로 예견한다. 왜냐하면 '제2의 기계 시대의 기술은 자신의 힘을 디지털로 완벽하게 복제하고 조합하여 혁신을 위한 기회를 더 많이 만듦으로써, 놀라울 만큼 빠른 기하급수적 속도로 계속 개선[31]될 것이기 때문이다.

5. 반복되는 눈물

역사는 반복되는가? 아니면 반복을 통해 차이를 도입함으로써 창조적 전진을 도모하는가? 기술을 통해 들여다보는 문명의 과정은 때로 너무나 반복적이다. 지난 시대의 과오가 수정되고 새롭게 정리되기보다는, 그대로 악습이 반복되는 사례들을 보게 된다. 기계 시대의 반복이 그렇다. 마치 세월호 침몰 사건에서 우리 사회의 악습의 반복을 경험하는 것처럼. 수정되고 교정되지 못한 악습이 결국 꽃다운 청춘들을 수장하고 만 것이다.

1) 제1 기계시대의 눈물

기술과 기계를 논할 때면, 우리는 언제나 '잘못 놓여진 구체성의 오류'(the

fallacy of the misplaced concreteness)[32]를 범한다. 즉 인간과 기계를 대립적으로 그래서 이분법적으로 배치하고, 비기계적인 것 속에서 인간적인 것을 찾으려는 습벽을 발휘한다. 하지만 기계화가 언제나 비인간적인 것만을 의미하는 것은 아니다. 오히려 우리는 '인간을 노동 기계(work-machine)로 만드는 대신에 인간에게 부적합한 노동을 자동기계에 맡[33]김으로써 인간과 기계의 조화를 도모할 수도 있다. 기계는 사회적 관점으로 보자면 '사람들의 집단적 노력을 북돋우고 이 영역을 넓[34]혀 준다는 장점이 있다. 즉 기계는 '가장 원시적인 사회에서조차 완벽하게 실현될 수 없었던 ⋯ 집단적 노력과 질서의 필요성을 강화[35]해 주었고, 이런 점에서 인간이 자연의 통제를 벗어나게 해준 만큼 사회에 종속시킨 면을 갖고 있다.

문제는 기술의 향상이 사회적 과정으로 변형되는 과정에서 기계가 '왜곡[36] 되었다는 점이다. 이 왜곡은 근원적으로 '자본주의 체제에서 기계장치의 목적은 노동을 절약하는 것이 아니라, 공장을 통해서 수익을 낼 수 있는 노동을 제외한 다른 모든 노동을 제거하는 것이었기 때문'에 비롯되었다. 이러한 왜곡 과정에서 명심해야 할 것은 이러한 왜곡이 '단지 소득분배의 결함, 관리의 오류, 산업계 거물들의 탐욕과 째째한 마음에만' 있는 것이 아니라, 오히려 그 보다는 '새로운 기술과 발명의 토대에 대한 철학 자체의 무력함'에 더 기인한다는 사실이다.[37] 즉 우리는 기계는 '해방의 수단이자 억압의 수단이라는 양면성[38]을 가지고 있다는 사실을 망각해서는 안된다.

기계를 왜곡하는 주제는 다름아닌 '돈이 지배하는 사회[39]였다. 본래 상품의 소유 자체가 차이를 만들어 주는 것은 아니었다. "기계는 마치 비가 온 세상을 골고루 적셔주는 것처럼 정의와 부정의, 어리석음과 현명함에 치우치지 않고 평등한 질의 필수품을 생산할 수 있기 때문이다."[40] 이 무심하고 공평무사한 기술과 기계의 힘을 차별을 낳는 차이로 변형 왜곡시키는 힘은 결국 돈이 지배하는 사회의 정신적 힘이었다.

사실 기술은 도구적 존재로서 인간의 위대함의 한 측면이다. 인간이 그 생물학적 구조의 한계를 넘어, 환경과 상호작용 하는 가운데 기술이라는 인공의 영역을 창출해 낸 것이 바로 그것이다. 정작 치명적으로 위험한 것은 '자동화, 표준화, 질서가 아니라 기계의 무비판적 수용을 통해 삶을 제약하는 것'으로서, 이는 기계가 '시 못지않은 사유의 창조물'이고, 시는 '기계 못지않은 사실'이라는 것을 망각함으로써 위험을 초래한다.[41] 사실 "모든 삶의 형식은 환경에 대한 적응이자 환경에 대한 저항이다. 삶의 형식은 피조물이자 창조자이고, 운명의 희생양이자 운명의 주인이다. 이것은 수용 못지않게 지배에 의존한다."[42] 달리 표현하자면 '기계 자체가 인간의 작품이며, 기계의 추상성은 기계를 때때로 자연의 사실적 모조품에 지나지 않는 인간의 기술보다 더 인간적인 것으로 만'[43]든다.

2) 제2 기계시대의 눈물

제2 기계시대에는 경제 성장 모델이 바뀌고 있다. 그 변화를 보여주는 상징적 사건이 바로 인스타그램의 등장과 코닥의 파산이다. 15명의 직원을 거느린 인스타그램은 '1억3천만 명이 넘는 소비자가 약 160억 장의 사진…을 공유하는 단순한 앱'을 만들었고, 이를 기반으로 페이스북에 10억 달러가 넘는 금액에 팔렸다.[44] 그리고 몇 달 뒤 20세기 사진의 대명사였던 기업 코닥은 파산신청을 했다. 페이스북으로 공유되는 사진들은 모두 디지털이므로 '현상액과 인화지 같은 것들을 제조하던 수십만 명은 일자리를 잃었다.'[45] 그래서 브린욜프슨과 맥아피는 이렇게 충고한다: "디지털 시대에 (우리는) 생계를 유지할 다른 길을 찾아야 한다."[46] 실제로 인스타그램이나 페이스북 같은 회사들은 코닥처럼 많은 인력을 필요로 하지 않는다. 하지만 코닥의 전성기 때보다 많은 수익을 내고 있으며, 그 엄청난 수익은 적은 소수의 사람에게 배당된다. 세무 대리 업무를 대치하는 '터보택스(TurboTax)' 스마트폰 앱 프로그램은 수백만 명에게 더 저렴한 가격으로 세무 업무 처리를 가능케 해주었지만, 그 이면으로 세무 대리인 수만 명의 일자리와 수입을 위험에 처하게 만들었다.[47]

따라서 디지털 시대는 여전히 더 풍요로운 시대이지만, 예전보다 소득 격차는 훨씬 더 큰 시대이다. 2012년 미국 총소득의 절반을 상위 10퍼센트가 가져갔는데, 이는 대공황 이후 처음이었다.[48] 소득 상위 1퍼센트는 총 소득의 22퍼센트를 가져갔는데, 이는 1980년대 초 이래 '두 배 이상 증가'한 수치이다.[49] 가장 소득 증가가 큰 계층은 소득 상위 0.01퍼센트에 속한 사람들로서 그들은 총 소득의 5.5퍼센트를 가져갔다. 디지털 기술의 발달로 사람들의 삶은 나아지고 있고 엄청난 부가 창출되고 있기도 하지만, 한편으로 그 결과 창출되는 수익의 대부분은 소수의 사람들에게 독점되고 있는 상황이 꾸준히 심화되고 있다. 기술의 발달로 역설적으로 많은 사람들의 삶이 더 불행해지고 있는 것이다. 실제로 1983년과 2009년 사이 미국인들의 총자산은 증가하고 부유해졌지만, 소득분포 하위 80퍼센트에 속하는 사람들의 재산은 '실질적으로 줄어들었다.'[50] 아울러 상대적으로 부유한 사람들 사이에서도 소득 격차는 점점 더 벌어지고 있는 중이다. 1979년 이래로 중간층의 소득은 그대로이거나 사실상 줄었지만, 상위 1퍼센트의 소득은 무려 278퍼센트가 증가했다.[51]

여기서 주목할 것은 이 소득 불균형을 심화시키는 주된 원인이 바로 '기술의 기하급수적 성장, 디지털화, 조합적 혁신'으로서, 이는 제2 기계시대를 추동해 가는 주요 동력들이라는 사실이다.[52] 제2 기계시대에 소득이 증가하는 부류의 사람들은 우선 '숙련 편향적' 기술자들로서 고학력의 사람들이다.[53] 이는 일자리의 양극화 현상을 심화시키는데, 말하자면 중간소득의 일자리는 급감하고 있는 반면, '비일상적 지식 노동 일자리(금융분석같은)와 비일상적 육체 노동 일자리(머리 손질같은)'[54]는 잘 유지되고 있다는 것이다. 그리고 금융 분석 같은 비일상적 지식노동자와 머리 손질 같은 비일상적 육체노동자 간의 임금 격차는 점점 더 벌어지고 있다. 이는 차례로 '고용 없는 경기 회복'과 맞물려 고용 없는 성장의 시대가 되고 있다.[55]

고등교육과 숙련된 기술을 갖춘 노동자가 우대받고, 육체노동이나 일상적 지식에 기반한 노동자에 대한 수요가 줄어들고 있는 제2 기계시대에 일어나고 있는 가장 큰 변화는 바로 승자 독식의 시장경제 구조가 유례없이 확대되고 있다는 것이다.[56] 이를 브린욜프슨과 맥아피는 '슈퍼스타 경제'[57]라고 부른다. 여러 경제 분야에서 1인자와 2인자가 가져가는 수익의 차이가 점점 더 벌어지고 있다는 말이다. 예를 들어, 2002년과 2007년 사이 미국의 상위 1퍼센트가 경제성장에 따른 이윤의 2/3를 가져갔다.[58] 그런데 그 1퍼센트 안에서 1퍼센트의 속한 이들 즉 0.01퍼센트의 상위계층이 가져가는 이익은 1퍼센트가 가져가는 이익보다 더 큰 폭으로 증가했다.[59] 예를 들어 디지털화와 네트워크를 통해 제작비가 절감되면서, 『해리 포터』의 작가 조엔 롤링 같은 수퍼스타 작가들의 이익은 급증하는 반면, 그 외의 나머지 사람들의 수익 구조는 개선되지 않거나 악화되고 있다. 이중 특별히 CEO의 보수가 급증하는 현상도 같은 맥락이다. 디지털 기술 발달로 최고 경영자가 내리는 결정을 중간 단계를 거치지 않고 직접 전달하는 것이 가능해졌고, 따라서 결정의 중요성도 증가하게 되었다. 그에 따라 최고 경영자의 결정이 무척 중요해졌고, 따라서 최고 실력을 갖춘 최고 경영자 한 명을 고용하는 것이 그보다 저렴한 보수의 이인자 여러 명을 고용하는 것보다 지구촌 차원의 경쟁에 훨씬 더 유리한 구조가 전개되고 있는 것이다. 또한 수많은 신제품들이 쏟아지는 앱 시장에서 최고로 좋은 제품이 이류 제품 열 개 혹은 백 개보다 더 많은 수익을 올리게 된다. 디지털 앱 개발자는 사실 많은 직원을 거느리고 있을 필요가 없으며, 네트워크와 디지털화 때문에 직접 전 세계 대중과 소통할 수 있는 사실상 '소형 다국적 기업'이 된다.[60] 각 지역의 무역 장벽이 철폐되고 자유무역이 확대되고, 그리고 전 세계 시장이 지구촌화되어 가는 경제 환경도 수퍼스타 경제를 부추기는 중대한 원인이 된다.[61] 이 수퍼스타 경제의 수익 구조를 극명하게 드러내는 것이 바로 '파레토 곡선'인데, 이는 '80 : 20 규칙'으로 불리기도 한다. 즉 "시장 참가자의 20퍼센트가 수익의 80퍼센트를 가져간다"는 것을 파레토 법칙은 말하고 있는데, 사실 현실의 경제 상황은 그보다 더 극단적이다.[62]

수퍼스타 경제 하에서 단순히 상위와 하위 소득 계층 간에 '격차'만 벌어지는 것이 아니라는 데 문제의 심각성이 있다. 격차가 벌어져도 하위 소득 계층의 수익 구조가 조금씩이라도 개선되고 있다면, 격차가 상쇄될 가능성이 있지만, 많은 연구들은 현재 하위 소득 계층의 소득이 점점 더 악화되고 있음을 보여주고 있다.[63] 이는 위험하다. 소득이 악화된 중하위 계층의 소비가 유지될 수 없다면, 결국 경제는 파국으로 치달을 가능성이 높아지기 때문이다. 이를 브린욜프슨과 맥아피는 애쓰모글루와 로빈슨의 이야기를 인용하면서 지적한다: "우려할 점은 바로 이것이다. 경제적 불평등은 더한 정치적 불평등을 낳을 것이고, 정치권력을 더 많이 틀어쥐는 이들은 그 권력을 이용하여 자신에게 유리한 쪽으로 조치를 취하고 경제적 불평등을 심화 시키면서 더 많은 경제적 이득을 얻을 것이다. 이것은 본질적으로 악순환이 며, 지금 우리는 그 악순환의 한가운데에 있는지 모른다."[64]

6. 유기체 철학을 통한 희망의 전망: 인간과 기계의 공생

이미 여러 차례 언급한 대로, 세월호 침몰 사건의 주요한 원인 중 하나는 바로 선박의 총체적인 안전을 각자의 자리에서 완벽하게 책임져야 할 승무 원들의 비정규직 고용이었다. 혹자들은 직업 윤리의 어디에서도 정규직이 비정규직보다 책임을 더 맡아야 한다는 명시적 규정은 없으며, 이는 선장으 로서 혹은 승무원으로서 안전에 대한 각자의 책임을 다하지 못한 이들 중 특정인들에게 면죄부를 주는 것밖에 되지 않는다고 비판하기도 한다. 맞는 말이다. 비정규직이라고 해서 승객들의 안전보다 자신들의 안전을 더 중시 하며, 승객들을 죽음으로 몰아가는 행위를 할 수는 없다. 문제는 우리나라 의 기업 구조상, 업무와 연관하여 계약직 직원들에게 주어지는 결정의 능력 이 크지 않을 수도 있다는 점이다. 즉 계약직은 계약서에 명시된 일만 처리 하며, 그 외 다른 회사의 중요한 의사 결정 과정에 참여할 권리가 배제되어 있다. 심지어는 노동조합 활동에서도 정규직 직원들과 차별을 받는다. 직원 으로서 권리는 박탈당한 채, 의무와 책임만 강요받는 구조 속에서 과연 비 정규직 승무원들이 자신들의 목숨을 걸고 안전임무를 수행하겠는가의 문 제는 결국 구조의 문제이다. 즉 정규직이든 비정규직이든, 자신의 맡은 바 임무를 책임과 의무를 다하는 것은 물론 승객의 안전을 위해 자신의 위험을 무릅쓰는 희생정신이 발휘될 수 있는 고용과 결정의 구조 말이다. 이러한 기초적인 사회 혹은 조직 구조가 갖추어지지 않은 채 개인들의 양심과 의식만을 탓하는 것은 그 자체가 비정상적이다. 문제는 이러한 비정상적인 고용 행태가 제1 기계시대보다 제2 기계시대에 더 가일층 증가하고 있다는 점이다. 이러한 시대적 상황 속에서 우리는 비정규직의 정규직화라는 획일적이고 단순한 해답 대신, 우리 사회가 처한 시대적 복잡성을 고려하면서, 정규직/비정규직의 이분법적 구조를 넘어설 대안적 사유구조의 창출이 가능할 것인지를 물어야 한다.

우리 시대 사유의 가장 심각한 문제들 중 하나는 바로 문제가 발생하면, 추상적인 이분법적 대립구조를 설정하고, 문제의 해결 방식을 그 이분법적 틀 구조 안에서 찾는다는 것이다. 그래서 기술 문명에 위기가 찾아오면 많은 이들이 기술/인간의 이분법적 구조를 설정하고, 우리 시대의 과제는 인간적인 것의 회복이라고 상투적으로 주장한다. 하지만 이러한 시도들은 언제나 문제의 근원을 드러내고 해결하기보다는 오히려 문제의 본질을 은폐하고 그럼으로써 문제의 실재를 왜곡시키는데 더 기여할 따름이다. 철학자 니체는 문제 본질에 대한 이러한 은폐가 '철학자들의 유전적 결함'으로부터 야기된다고 지적하기도 하는데, 이는 철학자들이 문제에 대한 모든 분석 행위에서 언제나 '현대의 인간'을 모형으로 출발하여 목표에 이르고자 하는 성향을 지적하는 것이다.[65] 이를 화이트헤드는 '자연의 이분화'(the bifurcation of nature)[66]로 표현하기도 했다. 우리는 오늘 '기술의 문제'를 제기하면서, 바로 이 이분화의 오류의 빠지는 것을 경계해야 한다. 루이스 멈포드는 '기계 안에 담지된 인간적 가치'와 '기계가 문화에 미치는 정신적 영향'[67]을 주목하면서, 그러한 이분적 사유의 문제에 공감한다. 멈포드의 지적은 우리가 통상 전제하는 기계와 인간정신 간의 이분법적 구별을 가로지르고 있다. 즉 도구적 존재로서 인간은 기계와 혼융된 존재로 살아가면서도, 정작 기계로 인한 어떤 문제가 생기면 자신의 문제는 은폐하고 모든 책임을 기계의 책임으로 떠넘기는 무책임한 모습을 보이게 된다. 바로 세월호 침몰 이후 우리가 목격하는 모습들 중 하나가 바로 이것이라고 생각한다. 이런 맥락에서 부르노 라뚜어(Bruno Latour)가 인간의 모습을 인간과 기계의 '혼종적 존재'[68]로 규정하고, 우리를 순수한 인간적 존재로 규정하면서 비존재로 전락한 무수한 혼종적 존재들의 외면된 함성을 대변하는 '대변인'(spokesperson)[69] 역할을 감당해야 한다고 한 말이 새삼 의미 있게 들려온다(2004, 64). 이 '혼종적 존재'(a hybrid being)의 눈으로 우리 자신을 규명하고자 하면, 이전과는 다른 각도에서 문제가 보이게 된다. 즉 인간/기계, 인간/기술 간의 대립적 구조가 새로운 측면으로 열린다는 것이다. 이는 더 나아가 정규직/비정규직의 구조도 새로운 측면으로 보일 가능성을 시사한다.

멈포드는 기계의 노동력으로 인간의 노동력을 잔인하게 대체해 가던 제1기계시대의 한복판에서 새로운 존재의 출현, 즉 유기체적 존재의 출현을 보았다. 즉 그는 자신의 시대를 '유기체가 기계 자체를 지배하기 시작한 기술의 발전 단계'[70]라고 평한다. 유기체에 대한 새로운 이해가 이제 '삶을 파괴하는 기계에 대항해 거칠게 반항하거나 분개하는 대신, … 직접 기계 자체의 본성에 영향을 미치고, 더 효과적으로 환경과 삶을 윤택하게 하는 또 다른 기계를 창조하는 데까지'[71] 이를 수 있고, 실제로 그렇다고 본 것이다. 여기서 유기체란 단지 생물학적으로 살아 있는 것만을 다루는 것이 아니다. 유기체란 인간과 기계, 생물과 무생물이 일구어 가는 생명공동체를 말한다. 통상 유기체라고 하면 무기물(the inorganic)에 대립된 유기물의 개념으로, 즉 (죽은) 물질에 대립된 (살아있는) 생명을 유기체라고만 생각하지만, 멈포드와 동시대인이었던 철학자 화이트헤드는 '유기체'란 결국 생명/물질의 이분법 구조에 한정된 존재가 아니라, 현실적으로 존재하는 모든 것들은 이미 '유기체'라고 보았다. 그래서 화이트헤드는 현실적 존재의 한 예로 '전자'(electron)를 여러 차례 들곤 했다. 유사한 맥락에서 멈포드에게 기계란 인간 사회와 대립된 혹은 종속된 차원이 아니라, 인간 사회와 그의 습관 자체가 오히려 기계였다.[72] 노예제와 같이 인간이 인간에 대한 억압적 착취를 기반으로 문명을 구축하고 있는 것은 바로 인간을 기계처럼 사회 구조의 부속으로 간주한 결과이다. 정규직/비정규직 간의 대립이나 정규직 일자리를 대신해 비정규직 일자리들을 좀 더 많이 창출해 나가려는 발상의 이면에 이런 고대로부터 내려오는 기계적 사유 습관이 남아 있는 것이 아닌가. 따라서 기계 문명이란 어쩌면, 인간이 도구를 사용하는 존재인 한, 인간의 문명 자체가 기계의 힘에 의존하는 문화인지도 모른다. 고대 사회가 '인간 노동의 기계화'에 기반한 기계 사회였다면, 근대 사회는 '기계 자체의 인간화'라고 특징 지을 수 있는데, 이 기계 자체의 인간화는 '(생명)을 닮은 기계적 등가물인 자동인형을 만드는 것'을 의미한다.[73] 이 자동인형을 실현한 것이 바로 노동 분업을 통한 일의 자동화 공정이었다. 이제 인간이 기계로 전락한 것이다.

그러한 거대 기계 시대의 병폐 속에서 멈포드는 유기적 사유로의 전환을 통한 치유책을 제시한다: "우리가 추상적 관점이 아니라 유기적 전체성의 관점에서 생각하고 행동할 때, 그리고 우리가 삶을 물리적 지배의 수단으로 여겨 그것을 순수한 기계 시스템에 투사하는데 만족하지 않고 삶의 전체 면모에 관심을 가질 때, 더 이상 삶의 다른 측면들을 다층적으로 조정하는 역할을 모두 기계에 떠맡길 필요가 없을 것이다."[74] 다른 한편으로 이는 '기계들의 사회적 실업'[75]이 실현되는 사회가 될 것이다. 문명을 파괴하고 생명을 살육하는 기계들이 실업을 맞이하는 사회 말이다.

멈포드가 꿈꾸던 유기체 시대는 사실 제2 기계시대를 통해 단초를 드러내고 있다. 그것은 바로 인간과 기계의 공존 가능성이다. 1997년 IBM의 수퍼컴퓨터 딥블루가 세계 체스 챔피언 게리 카스파로프를 이겼다. 이후 컴퓨터와 인간 간의 체스 대결은 기계의 일방적인 승리로 이어졌다. 그런데 2005년 열린 '프리스타일 체스대회'에서는 새로운 가능성을 보여주었다. 즉 인간과 컴퓨터가 한 팀이 될 때, 그 어떤 수퍼 컴퓨터도 이 인간-기계의 혼성팀을 이기지 못했다. 인간과 결합하는 컴퓨터는 수퍼 컴퓨터일 필요가 없었다. '상대적으로 성능이 떨어지는 노트북'[76] 정도의 컴퓨터면 충분했다. 이는 인간과 기계가 서로 다른 방식으로 과제를 수행하기 때문에 혼성팀을 이룰 경우, 컴퓨터가 못하는 것을 가능하게 하기 때문에 나타난 결과이다. 인간은 기존 사유 구조에서 생각할 수 없었던 새로운 아이디어나 개념을 만들어내는 재주가 있다. 하지만 컴퓨터와 로봇은 '프로그래밍된 틀 바깥'에 놓인 착상이나 아이디어를 가져오지 못한다.[77] 그래서 컴퓨터는 체스 게임에서 기존의 프로그램된 틀 안에서 정보를 검색하고 추론하는 일은 무척 능하지만, 새로운 각도에서 상대방의 수를 읽고 전개하는 능력은 떨어진다. 그래서 만일 인간이 성능이 신통찮은 노트북 정도의 컴퓨터를 통해 기존의 경우의 수를 검색할 능력만 주어져도 수퍼 컴퓨터는 인간-기계 혼성팀에게 상대가 되지 않는 것이다. 그렇다면 앞으로 제2 기계시대를 살아가는 사람들에게 필요한 지식은 바로 기계와 더불어 공생하면서, 기계가 할 수 없는 '아이디어 떠올리기, 큰 틀의 패턴 인식, 복잡한 의사소통의 기능들'을 발휘할 수 있는 지식과 교육이다.[78] 요즘 점차 확산되고 있는 공유경제의 아이디어가 바로 이런 발상의 예일 수 있을 것이다.[79] 이러한 제2 기계시대에는, 제

1 기계시대가 물질 세계가 담지한 에너지를 해방시켜 문명의 발전을 촉진했듯이, '인간의 창의성'에 담지된 힘을 해방시켜 문명을 발전시킬 것이라고 브린욜프슨과 맥아피는 예견한다.[80] 인간과 기계 공동체가 나아갈 길이 인간이 담지한 창조성에 있다는 것을 우리는 '놀라울 만큼 다양한 소프트웨어를 작동시키면서 네트워크에 연결되는 디지털 기기 덕분에 가능해진 마음과 기계의 새로운 공동체'[81]를 통해 확인한다. 이 공동체로 인해 이제 성장은 새로운 물건이나 기술의 발명보다는 기존 기술과 정보의 재조합을 통해 창출된다고 주장한다. 예를 들어 웨이즈는 사용되는 어떤 기술도 새로이 발명하지 않았다. 그 앱은 그저 기존 기술들을 '새로운 방식으로 재조합했을 뿐이다.'[82] 디지털 혁명은 바로 이러한 '재조합 혁신'의 근원적 바탕이 되었다. 왜냐하면 디지털화는 '거의 모든 상황에 적용되는 대량의 자료 집합을 이용할 수 있게 해주며, 이 정보는 비경쟁적이므로 무한정 재생산하고 재사용할 수 있'[83]기 때문이다.

7. 나오는 글

하이데거는 기술의 본질과 연관하여 우리에게 '기술이란 무엇인가?'라는 물음을 통해 사유의 길을 열어준다. 기술은 기술의 본질과 동의어가 아니다.[84] 기술의 본질은 결코 기술적(technological)이지 않다. 기술의 본질은 기술을 숭고한 목적을 위해 도구적으로 활용하는 인간의 활동으로부터 도출되지 않는다. 정신의 목적을 가지고 기술을 활용한다는 것은 결국 기술을 '통달한다'(master)[85]는 것, 즉 기술을 인간의 힘으로 통제한다는 것을 의미한다. 하지만 그러한 지배적 통제의 의지가 강해질수록, 기술은 인간의 손아귀를 빠져나가 더욱 더 인간의 삶의 본질을 위협하기 마련이다. 이는 기술의 본질을 '도구성'에서 찾았기 때문이다. 하지만 도구성은 어떤 것을 가져오기 위한 것이지, 결코 본질적 현존이 아니다. 다시 말하자면, 도구성은 어떤 본질적인 것을 현존으로 도래케 하기 위한 것인데, 바로 그 '현존으로 도래케 하는 작용 사건' 속에 기술의 본질성이 담겨 있다고 할 수 있다. 즉 도구성은 기술의 본질이 아님에도 불구하고, 우리는 그 비본래적인 것을 본질로 정의하고, 기술을 도구적으로 남용한다. 결국 기술이 도구적 존재로 정의되는 것이 아니라, 인간이 '도구를 통해 도구를 남용하는 도구의 존재'로 전락한다.

본질적인 것을 현존으로 도래케 한다는 것은 곧 은폐되었던 것 혹은 가려져 있던 것을 드러낸다는 것(revealing)이다.[86] 기술은 본질적으로 바로 이 '드러냄'의 방식이라고 하이데거는 말한다.[87] 이 드러냄(revealing)이 일어나는 곳이 진리가 일어나는 자리이고, 기술은 바로 그 드러냄의 자리에 현존한다. 근대 기술의 본질, 즉 근대 기술의 드러냄은 '틀짜기'(Enframing, Gestell)[88]이다. 이는 어떤 기술적인 것을 가리키는 것이 아니라, 실재가 즉시 활용가능한 것으로 스스로를 드러내는 방식을 가리킨다. 다른 말로 표현하자면 존재의 '파송'(destining), 즉 그렇게 열려지도록 운명지워진 질서라고도 할 수 있을 것이다.[89] 하지만 이 '운명적 파송'은 결정론적 전개를 의미하는 것이 아니다. 오히려 그것은 어떤 본질적인 자유의 열림을 의미한다. 즉 기술의 본질은 틀의 구성에 있고, 그것은 곧 드러냄의 운명에 귀속된다. 바로 그 삶의 틀 구성을 통한 드러냄의 운명이 존재를 자신의 운명적 길을 열어가는 일시체류자(sojourner)로 만든다. 즉 그 운명은 일시적 신분을 가지고 삶의 길을 개척해 나아갈 용기를 주는 것이지 결코 삶의 모든 행보를 고정시키는 어떤 것이 아닌 것이다.

기술의 본질로서의 이 틀짓기는 우리에게 진리의 길을 열어줄 뿐만 아니라, 오히려 존재의 추락을 유발할 벼랑 끝으로 몰아 위험에 처하게도 한다. 즉 본질은 우리를 자유로 열어주는 기회이기도 하지만 동시에 우리를 정해진 틀 속에 가두어 위험에 처하게 하고, 그리하여 존재의 본질을 망각(oblivion)하게도 한다. 기술을 손에 잡은 존재로서 인간은 만물을 조작해 낼 수 있는 땅의 주인의 자리를 취할 수도 있다. 혹은 자신의 운명적 파송을 하나의 명령적 지배 구조 체제로 변질시킬 수도 있다. 어떤 방식으로든 본질을 드러내는 길을 열어가는 활동으로서 기술은 그 스스로 주인이 되어 인간이 만물을 조작하는 존재로 착각하게 하거나 세계를 지배하는 존재로 오해하게 함으로써, 존재와 삶을 향한 위험을 초래하게 할 수도 있다.

그럼에도 불구하고, 하이데거는 "위험이 자라나는 자리에 바로 구원하는 힘이 있다"는 휠더린의 시를 인용하면서, 기술의 본질이 가져오는 위험을 우리 삶과 존재의 구원하는 힘으로 전환하자 한다.[90] 구원이란 곧 '풀어서, 해방하여, 여유롭게 하고, 지키고, 보살피는 것'을 의미한다.[91] 그 존재의 힘은 바로 이 틀짓기의 힘을 '도전해 나가는 힘'으로 이해하는 것이다. 즉 주어진 조건들을 숙명으로 받아들이고, 그 조건들 안에 안주한다면, 기술의 본질로서 틀짓기는 곧 우리를 조작적 구조의 틀 안에서 조작되고 조작하는 존재로서 살아가게 만들 뿐이다. 하지만 사유하고 행위하는 틀을 구성하여 살아간다는 것이 그러한 위험들을 담지하고 있음에도 불구하고, 그러한 틀짓기 행위를 기존의 조건에 도전하고, 새로운 삶의 구조와 영토를 창출해 나가는 운명적 발걸음으로 이해한다면, 바로 그 기존에 저항하는 몸짓으로서의 틀짓기는 존재의 새로운 길들을 열어나가는 운명의 몸짓이 되기도 한다. 그리고 바로 그것이 우리를 구원하는 힘(the saving power)인 것이다. 이를 하이데거는 '전환'(turning)이라는 말로 표현한다.[92] 위기의 전환, 즉 위기를 기회로 전환시키는 것을 말한다. 이 전환은 망각된 기술의 본질의 측면에 비추는 섬광의 번쩍임을 통해 일어난다. 그 망각되었던 본질의 측면은 '전환'을 통해 새롭게 구성되거나 창조되는 것이 아니라, 애초부터 거기에 있었지만 조작된 존재임에도 스스로 모든 것을 조작하는 존재로 착각하는 사유의 왜곡을 통해 은폐되어 있던 것이다. 그것을 일견(glance)할 수 있는 여지는 우리 생활세계의 모든 시점에 놓여 있었다. 그리고 그 여지는 바로 그 일견을 통해 존재의 전일성을 드러내며, 우리가 바라보는 모든 것을 바꾸어 놓기 시작한다. 그것은 우리가 반복적으로 보는 일상의 전복일 것이다. 어떤 정치적 이상을 통한 의도적인 전복이 아니라, 아주 오랫동안 익숙해 왔던 구면의 얼굴들 속에서 지금까지 주목하지 못했던 새로운 측면들에 대한 일견, 이것은 일상의 전복 혹은 전복의 일상화이다. 바로 이 저항적이며 창조적인 몸짓의 예증을 우리는 예술(art)에서 보게 되는데, 기술을 의미하는 희랍어 techne의 본래 의미 중의 하나가 바로 '예술'이었다.[93] 그렇다면, 기술은 본래 인간의 삶을 하나의 삶의 예술로 만들어가는 기술(art) 아닐까? 우리가 세월호 침몰 사건 속에서 기술을 비판하면서, 망각되는 진실은 결국 돈과 기술이 부패를 만들어내는 것이 아니라, 우리 삶의 본질이 부패해서 기술과 돈이 부패와 남용으로 얼룩져 간다는 평범한 일상의 진실 아닌가?

세월호 생존 청소년의 애도에 대한
목회상담적 접근

오화철_ 명지대학교 교목

1. 들어가는 말

이 글은 청소년 시기에 경험하는 애도의 중요성을 고찰하고, 청소년 애도에 관한 상담적 접근과 신앙적 해석을 통하여, 자라나는 청소년들에게 필요한 건강한 애도가 무엇인가를 고찰해 보고자 한다. 특별히 2014년 4월 16일에 진도 해상에서 침몰한 세월호에 탑승했던 339명(교사 14명 포함)의 안산 단원고 학생들과 교사들 중에서 현재까지 200명이 넘는 사망자가 발생한 가운데, 살아남은 75명의 학생들에게 애도가 어떻게 가능한지가 필자의 화두가 되었다. 어떤 점에서 모든 장례 절차를 마치고, 세상 사람들의 기억에서 이 사건이 사라지기 시작하면서 살아남은 학생들의 애도 문제는 더욱 심각한 현실이 될 것으로 보인다. 유가족과 피해자 가족들의 애도 문제도 심각하지만, 이 글에서는 살아남은 청소년들의 애도에 초점을 맞추려고 한다. 이 글에서 애도에 나타나는 슬픔과 상실의 과정을 상담적으로 어떻게 해석할 것이며, 동시에 애도의 과정을 신학적으로 어떻게 이해할 수 있을지 살펴보고자 한다. 동시에, 애도의 과정에서 청소년들에게 부과되는 여러 가지 신화적 접근과 해석이 어떤 문제를 가지고 있는지 돌아보면서, 청소년들이 건강한 애도를 하지 못할 경우 발생할 수 있는 문제를 관찰하고, 치유의 가능성을 고찰하고자 한다.

2. 애도의 정의

애도는 슬픔과 상실을 경험한 사람이 고통스런 감정을 직면하고 표현함으로써 떠나간 사람을 내재화하고, 어느 시점부터는 그 상실의 경험으로부터 자유로워지는 것을 가리킨다. 프로이트의 연구에 의하면, 인간은 대상의 상실이란 냉혹한 현실을 더 이상 부인할 수 없어서 슬퍼하게 되는 것이라고 보았다.[1] 프로이트(S. Freud)에게 있어서, 건강한 애도 과정의 목표는 잃어버린 대상을 향하여 투여되었던(cathected) 리비도[2]를 점진적으로 철수시키고, 살아 있는 대상과 건강한 관계를 맺어 나가는 것이다. 그렇지 않고 여전히 상실한 대상을 향하여 정신적 에너지를 보낸다면, 그것이 우울증의 출발이 될 수 있다고 프로이트는 이해한다. 애도에 대한 다양한 접근이 있지만, 대체로 애도는 상실을 대면할 때 대부분의 사람들이 거치는 정상적인 과정으로 인식되고 있다.[3] 동시에 콘펠드는 애도가 인생에서 발생하는 마지막 사건들(endings)과 연결되어서 발생하는 감정이라고 표현한다.[4] 그만큼 애도는 인간에게 주어지는 실존적인 감정이며 누구에게나 발생하고 피할 수 없는 궁극적 현실이라고 할 수 있다.

소중한 대상을 잃어버린 후에 적절한 애도를 하지 못할 경우에는 다양한 병리적 현상이 나타날 수 있는데, 예를 들면 감정에 대한 왜곡된 표현이 나타날 수 있고, 상실을 받아들이지 못해서 현실적인 무감각이 드러날 수 있고, 성격의 급속한 변화 등이 나타날 수 있다. 심지어 애도의 실패는 수면과 식사 습관에도 중요한 영향을 끼칠 수 있다고 알려져 있다.[5] 상담 현장에서 특히 많이 접하게 되는 사례로서, 청소년 시절에 가까운 사람의 죽음을 충분히 애도하지 못해서 자신의 상황을 주변에 정확히 공개하지 못하고 불편한 감정을 억압하게 되면서, 성인이 되어서도 자신의 감정을 표현하는 일에 어려움을 느끼게 되고, 무력감과 자신에 대한 부적절한 느낌을 갖게 되는 경우를 보게 된다. 평생을 정신분석에 몸바쳤던 프로이트 (S. Freud)도 딸 소피가 출산 도중에 사망하면서, 평생 동안 고통 가운데 애도했다고 알려져 있다. 그만큼 애도는 일평생을 거쳐 해야 되는 정신적 작업이라고 볼 수 있다.[6] 몇 가지 사례로 일반화할 수 없지만, 종종 청소년이 애도에 실패하는 원인들을 보면 의외로 부모나 가까운 주변 이웃들에 기인하는 경우가 있다. 그렇다면, 애도를 어렵게 만드는 사회적 관습과 가정 내에서의 억압적 구조, 그리고 교육 체제 내에 존재하는 애도에 대한 그릇된 인식들이 무엇인지를 발견하는 것은 효과적인 애도문화 확산을 위한 단초가 될 것이다.

3. 자기심리학에서 보는 청소년의 애도

자기심리학은 하인즈 코헛(Heinz Kohut)의 의해서 주창된 분야이다. 본래 코헛은 정신분석의 창시자라고 할 수 있는 프로이트 상담 방법론의 충실한 제자였다. 프로이트가 사용했던 외관적인 방법론(extrospection)을 통해서 내담자가 전이(transference)를 통해서 주는 정보를 분석하는 가운데, 자유연상과 저항을 효과적으로 활용한 정신분석 기법을 사용했다. 다시 말하면 자유연상(free association)을 통해서 내담자의 무의식에 저장되어 있는 이미지와 경험들을 분석하며 이해했고, 내담자의 저항을 잘 다뤄서 무의식의 세계를 최대한 의식의 세계로 끌어올림으로써 내담자의 내면세계를 알아가는 분석 기법이었다. 그러나 이 기법은 진단자의 권위와 해석이 중요한 기법이었고, 무엇보다 자기애적인 사람들에게 잘 적용되지 않는 한계가 있었다. 왜냐하면 자기애적인 사람들은 전이가 거의 발생하지 않는다고 프로이트는 이해했기 때문이었다. 전이가 존재해야 내담자에 대한 정보를 얻을 수 있는데, 그 전이가 발생하지 않는다면 분석 작업도 어렵다고 판단한 것이다. 비록 프로이트 자신도 자기애가 인간의 정신 발달에 중요한 에너지원임을 막연히 알고 있었지만, 자기애적인 내담자는 전이가 없다고 생각했기 때문에 치료를 보류하는 상황이 된 것이다.

반세기가 흘러 1960년대에 들어서서 시카고에서 정신분석을 하고 있던 코헛도 역시 프로이트의 외관적인 기법(method of extrospection)을 가지고 상담하면서 프로이트가 고민했던 문제에 봉착하게 된다. 내담자의 주된 불평은 상담가가 내담자의 내면을 잘 모르고 일방적인 진단과 판단을 주고 있다는 내용이었다. 결국 자기애적인 내담자들의 경우에 프로이트의 외관적 상담 방법론으로 분석과 치료가 어렵다는 결론에 이른 코헛은 나르시시즘에 대한 새로운 이해를 하기 시작한다.[7]

즉 자기애적인 내담자들도 나름대로의 독특한 자기애적인 전이가 발생한다고 코헛은 주장한다. 자기애적인 내담자를 상담하기 위해서 그들의 주관적인 경험의 세계에 침잠하는 것이 중요하다고 이해한다. 그래서 코헛은 내관적인(introspection) 방법론을 통해서 내담자에게 다가갈 것을 권고한다. 코헛이 주장하는 내관적 방법론의 핵심은 공감(empathy)과 대리적 내성

(vicarious introspection)이다.[8] 다시 말하면 코헛이 말하는 공감이란 상담할 때 내담자의 주관적 경험이 상담의 출발점이 되어야 한다는 것이다. 이는 내담자의 내면 세계에 대한 충분한 감정이입이 없는 상담자의 판단과 해석은 전혀 상담에 도움이 되지 않는다고 설명하는 것이다. 코헛은 인생 후반기에 공감에 대해서 여러 번 역설하면서, 결코 공감이 친절하고 따스한 느낌을 표현하는 것이 아니라, 철저히 내담자의 내면세계를 탐색하는 방법론이라고 강조한다. 아울러 대리적 내성이 말하는 것은 상담자가 내담자의 경험을 자신의 경험처럼 받아들이도록 하는 것이다. 실제 이것이 가능한지의 여부는 누구도 확신할 수 없지만, 적어도 상담자가 내담자의 내면을 받아들일 때, 최대한 내담자의 내적 역동을 자신의 경험으로 받아들일 수 있다면, 깊은 상담이 가능하다는 점을 보여주고 있다.

무엇보다 코헛의 자기심리학은 자기대상의 현존성을 중요시한다. 여기서 자기대상(selfobject)이란 외부세계에 실존하는 대상(physical object)으로 볼 수 있다. 마치 도날드 위니캇이 말하는 중간대상(transitional object)이 인간과 현실 사이를 중재하는 역할을 하는 것처럼, 자기대상도 자기구조를 응집력있게 해 주는 대상이라고 할 수 있다.[9]

자기심리학에서 한 가지 독특한 사항은 그동안의 상담에서 자기대상은 주로 살아 있는 사람이 그 역할을 했지만, 자기대상(selfobject)은 사람뿐만 아니라 일상의 모든 대상으로 그 범위가 확대되고 있다는 사실을 주목해야 한다.[10] 이 부분은 상담에 대한 거부감이 서양인보다 높은 동양사람들에게 중요한 통찰을 줄 가능성을 시사한다. 살아 있는 대상뿐만 아니라 산, 강, 학교건물, 새, 나무 등 일상에서 볼 수 있는 모든 대상들이 자기대상이 될 수 있다는 것은 자기대상을 통한 일상적인 치유와 회복의 가능성을 암시하고 있다. 물론 자기대상만 존재한다고 해서 자기대상 관계가 일어나는 것은 아니다. 자기(self)가 자기대상(selfobject)과의 관계에서 자기대상경험(selfobject experience)을 할 수 있어야 한다는 점에서 자기의 관계에 대한 열망과 자기구조의 응집성(cohesiveness)이 중요한 출발이 된다. 성숙한 자기구조를 이루어 가면서, 즉 단단하고 응집성이 있는 자기구조를 갖는 과정에서 자기대상에 대한 열망을 통해서 다양한 대상을 통한 자기대상 관계 경험을 할 수 있다는 것이다. 예를 들면 산악 명상 이 그러한 예가 될 수 있다. 산에 올라서, 산을 타면서, 산을 향해 명상하면서, 산처럼 든든한 자기 자신을 경험하는 것이 가능하다면, 자기구조가 산이라는 자기대상을 통해서 자기대상 관계를 경험하는 것이라고 볼 수 있다.

자기애적인 사람은 어떤 면에서 끝없는 지지와 인정을 필요로 하는 사람이다. 그런 점에서 취약한 자기구조를 자기대상경험을 통해서 응집성을 갖도록 노력한다고 볼 수 있으며, 그만큼 관계에 대한 열망은 무척 강하다고 할 수 있다. 코헛은 이러한 자기구조의 변화를 변형적 내면화(transmuting internalization)라고 명명한다.[11] 다만 자기애적 내담자는 자기대상을 계속 치환해 갈 수 있는데, 관계에 열망이 강한 데 비해서, 관계의 깊이는 깊지 못할 수 있다. 계속적으로 이루어지는 자기대상의 치환 때문에, 주변 사람들에게 혼돈을 줄 우려도 있다.

4. 세월호에서 살아남은 청소년의 애도
: 자기심리학은 어떻게 답할 것인가?

세월호 침몰 사고에서 살아남은 75명 청소년들의 현재 정서와 감정을 이해하는 것은 제3자로서 불가능에 가까운 일인지도 모른다. 지금 살아남은 청소년들이 느끼는 주관적 경험의 상태는 극도의 혼란, 슬픔, 상실감, 공포 그리고 분노일 거라고 짐작해 본다. 이 사고의 원인을 정치적·경제적·사회적·종교적 입장에서 많은 이들이 분석하고 있지만, 이 시점에서 생존한 청소년들에게 가장 필요한 것은 그들의 주관적 경험을 최대한 이해해 주는 것이다. 앞서 밝힌 것처럼, 정신분석가 프로이트 본인조차도 죽은 딸을 평생에 걸쳐 애도했다고 한다면, 함께 공부하며 우정을 쌓았던 동료 친구들의 급작스런 죽음으로 인한 부재는 경험해 보지 않은 사람은 아무도 이해하기 힘든 정서가 될 것이다. 8학급이 수학여행을 떠나서 단지 2학급에 해당하는 학생들만이 살아 돌아왔다고 볼 때, 과연 그렇게 살아 돌아온 75명의 학생들이 다시 일상으로 돌아가서 학업을 하며 살아갈 수 있느냐 하는 것은 심각한 문제가 아닐 수 없다.

　앞서 밝힌 것처럼 본래 자기심리학은 자기애적인 내담자들을 위한 치료를 말하면서 자기대상 관계를 설명했지만, 이 글에서는 자기대상 관계를 청소년의 애도에 적용해 보고자 한다. 많은 경우 십대 청소년들은 사망과 죽음을 그들의 일상생활에서 매우 동떨어져 있는 현실로 생각해서, 자신들이 통제할 수 없는 과정으로 받아들인다고 알려져 있다.[12] 그렇다면 세월호 침몰사고에서 극도의 상실을 경험한 청소년들의 초기 반응은 자신의 통제를 벗어나는 친구들의 죽음이 이미 통제의 대상이 아니라고 여기면서 자신의 감정을 충분히 드러내지 못하고 그저 받아들이고 있는 상태가 될 수 있다. 그러나 안타깝게도 친한 친구들이 더 이상 함께 하지 않는 교실에서 예전과 같은 학교 분위기를 느끼기는 어려울 것이다. 오히려 지금 다녀야 할 학교는 내가 다니던 학교와는 전혀 다른 곳이라고 느낄 수도 있다. 앞서 밝힌 자기심리학에서 자기대상(selfobject)으로 기능하던 친구들이 더 이상 존재하지 않는 학교는 자기대상경험의 실패와 좌절로 다가올 것이 분명하다.

사별 상담 전문가인 워든(William Worden)은 애도 과정의 네 가지 과정을 단계별로 소개하고 있다. 첫째, 상실을 인정하는 단계, 둘째, 슬픔을 받아들이는 단계, 셋째, 떠난 대상이 더 이상 현실에 존재하지 않는 사실을 실감하는 단계, 넷째, 상실감을 이겨내고 새로운 현실과 관계를 맺는 단계가 그것이다.[13] 워든이 소개한 애도의 4단계를 통해서 알 수 있듯이, 청소년들 역시 처음에는 강력한 상실의 경험을 인정하고 순응하는 단계를 거쳐서, 슬픔을 받아들이고 있는 것으로 볼 수 있다. 그러나 자기대상의 상실을 경험한 청소년에게 볼 수 있는 독특한 특징은 바로 분노의 표출이다. 청소년들이 애도하는 초기 시점에서 겪는 무력감과 두려움은 종종 분노로 표출되는데, 그것은 청소년에게 일종의 통제감을 제공해 주는 것으로 알려져 있다.[14] 마치 부모에게 분노를 표출하는 청소년은 그와 함께 자신의 통합성을 확인하려는 무의식적 노력을 하는 것과 같은 상황이라고 해석할 수 있다. 죽음으로 인해서 친구들을 상실한 청소년의 경우, 즉 자기대상을 상실한 청소년의 자기는 분노를 표출함으로써 취약해진 자기구조를 통합하는 것으로 이해할 수 있다.

앞서 밝힌 자기애적인 내담자를 치료하는 자기심리학의 접근은 어느 정도 자신의 비극적인 내면세계에 갇혀 있는 청소년들에게 적용할 수 있으리라 예상한다. 한 가지 중요한 것은 살아남은 단원고 75명의 학생들이 단원고에 계속 남아 있도록 할 것이냐 하는 문제이다. 또는 학교를 바로 떠난다고 문제가 해결될 것인가? 이 시점에서 필자는 살아남은 학생들에게 학교를 계속 다니도록 지도할 것을 권하고 싶다. 이 글의의 서두에서 밝힌 것처럼, 적어도 애도의 기초 작업으로 보았을 때 생존 학생들은 이번 사고로 사망한 친구들을 충분히 슬퍼하고 떠나보내야 한다. 결코 급히 학교를 옮기거나 고통스런 현실을 외면해서는 안된다. 사라진 친구들을 충분히 슬퍼하고 내면화한 후에 어느 정도 시간이 지나면서 살아 있는 친구, 선후배, 선생님들, 부모님들과 다시 건강한 관계를 맺어 나가는 것이 순서가 될 것이다. 이렇게 애도를 하지 않고 학교를 무작정 떠날 경우, 애도의 과정을 거치지 못한 학생의 자아는 훗날 극심한 무력감과 우울증에 시달릴 수 있다.

인간의 정신은 해결되지 않은 과거의 감정을 자꾸 방문하는 습성이 있다. 왜 인간의 정신은 과거를 찾아가는 걸까? 과거의 힘든 기억과 생각들을 해결하고 화해하고 다시 현재로 돌아오려는 무의식적 노력을 계속 하기 때문이다. 마치 외상후스트레스증후군(PTSD) 환자는 많은 경우 플래쉬백(flash back)을 경험한다. 해결되지 않고 지나간 감정과 기억들이 현재의 순간에 불현듯 떠오르는 것이다.[15] 생존 학생들은 지금의 슬픔을 충분히 슬퍼할 수 있는 시간과 공간을 보장받아야 한다. 그 과정이 생략되면, 해결되지 않은 감정은 다시 그들의 마음을 찾아와서 고통을 가중시킬 수 있다.

앞서 밝힌 자기대상의 기능에 첨언해서 좀더 글을 이어간다면, 죽은 학생이 사용하던 책상 위에 놓인 꽃들과 메모지는 분명히 세상을 떠난 친구와 생존자를 연결해 주는 중요한 매개체가 될 것으로 보인다. 적어도 생존한 학생들의 정신건강을 위해서라도, 사망한 학생들과 다시 함께 같은 교실에서 공부를 할 수 는 없지만, 책상 위에 놓여 있는 꽃을 통해서 조문하고 그 친구를 기억하고 내면화함으로써, 생존한 학생은 단지 교실의 빈자리가 텅 빈 공간으로 존재하는 것이 아니라 망자를 추억하고 애도하는 추모의 공간임을 느낄 수 있는 것이다. 일정 기간 동안 떠난 친구들을 기억하고 애도하며 경험하는 교실도 생존한 학생들에게 자기대상의 기능을 할 수 있을 것으로 보인다. 그런 자기대상의 기능은 결국 동료 학생들의 사망을 현실적으로 받아들일 수 있게 해 주고, 생존한 학생의 자기구조를 강화시켜 주는 것으로 이어질 수 있을 것이라 기대한다.

한국인의 정서적인 특징에 의해, 그동안 죽음이나 상실에 대해서 어떤 옳은 답변이나 종교적인 답변을 하려는 노력을 많이 해온 것으로 보여진다. 그래서 자칫 종교가 왜곡된 이미지로 각인될 위험성도 있고, 맞는 답변을 하려다 보니 객관성이 결여된 해석이나 접근이 생길 우려가 있었다. 오히려 우리의 정서는 죽음에 대해서 좀더 친숙하고 객관적으로 접근하는 시각이 필요하다. 우리 전통문화는 본래 사당에 위패를 모시는 등 망자의 흔적을 가까이 모셨던 문화가 있어 왔다. 그런데 언제부터 묘지 혹은 납골당은 우리의 일상 공간과 상당한 거리를 두고 존재해 온 것을 보게 된다. 물론 국가와 민족의 여러 가지 형편에 따라 상황이 다를 수 있지만, 미국의 경우 교회 옆에 묘지가 있어서 매주 예배를 드리는 신도들이 묘지를 참배할 수 있도록 해 놓은 것은 효과적이고 일상적인 애도의 방식이라고 할 수 있다.[16] 반면 한국의 교회들은 원거리에 교회추모공원이 위치해 있는 경우가 많다.[17] 이 시점에서 산 자와 죽은 자가 공존하는 공간과 시간을 우리의 일상에 좀더 확대하는 것이 절실히 필요하다는 것을 강조하고 싶다. 종교 시설뿐만 아니라, 인간의 삶 속에 죽음이 늘 함께 있고, 죽음 가운데 삶이 있다는 역설을 통해서, 사회 전체가 좀더 일상적이고 용이한 애도를 할 수 있는 문화를 추구할 필요가 있다고 보인다.[18]

최근 한국개신교 최초로 경기도 용인에 위치한 백향목침례교회가 교회당 지하에 납골당, 즉 추모관을 만들어서 교인들이 교회에 올 때마다 애도할 수 있도록 하였다. 추모관 옆에는 소예배실이 있어서 조용히 애도할 수 있는 공간까지 만들어 놓았다. 백향목교회는 또한 지역사회를 소외된 계층을 돕기 위해서 지역기관에 납골당의 일정 부분을 기증해서 노숙자 혹은 홈리스에게 혜택이 돌아갈 수 있도록 한 것으로 알려져 있다. 죽음에 대한 불편한 정서를 극복하고 교회 안에 망자의 공간을 만들어 놓음으로써, 산 자와 죽은 자의 공존을 통해서 실존적인 삶의 의미를 되새기고 있다. 동시에, 이 땅이 전부가 아니라 다가오는 하늘나라에 대한 소망을 진정코 염원하는 기독교의 뜻을 전달하고 나누는 신앙에 이바지하고 있다.

5. 작용적 신학과 고백적 신학의 측면에서 본 청소년의 애도

사람은 누구나 하나님에 대한 경험과 이미지를 가지고 있다. 그런 면에서 신학자 고든 카우프만(Gordon Kaufmann)은 모든 사람이 신학자와 같다고 설명한다. 그 이유는 누구나 끊임없이 하나님에 대한 이야기를 발전시키고 있기 때문이다. 권수영이 한국에 처음 소개한 미국 보스턴대학의 목회상담학 교수였던 머얼 조단(Merle Jordan)의 고백적 신학과 작용적 신학을 통해서 내담자가 직면하고 벗어나야 할 하나님에 대한 우상적 이미지를 살펴볼 수 있다.[19] 스톤(Stone)과 듀크(Duke) 같은 학자들은 모든 사람들은 하나님에 관한 이미지와 경험들을 끊임없이 발전시키는 일종의 신학자라고 설명했다. 다시 말하면, 적어도 기독교인의 경우라면 하나님에 관한 생각과 언어를 계속 진행하며 신앙생활을 하게 된다는 것이다.[20] 당연히 평신도와 목회자는 교회사역에서 서로 역할이 다를 수 있고 신학적 견해가 다를 수 있지만, 결국 신앙을 가진 모든 사람들이 하나님이라는 대상에 대한 이야기를 무한하게 발전시킨다는 점에서는 목회자와 평신도 모두 신학자와 같은 존재라고 이해하는 것이다.

실제 상담이 진행되는 임상 현장에서 내담자들의 입술로 고백하는 신학과 그들이 현실에서 경험하는 신학 사이에서 종종 차이점이 발견되는 것을 볼 수 있다. 바꿔 말하면 내담자가 자신의 일상생활에서 직접 경험하고 느끼는 작용적 신학이 따로 존재한다는 것이다. 예를 들어서 공식적인 언어와 표현으로 고백하는 하나님의 이미지는 긍정적이지만, 내담자가 실제 일상에서 경험하는 작용적 신학은 종종 처벌하는 이미지의 하나님일 수도 있다. 입술로는 신적인 대상을 향해서 대중화된 성격의 하나님을 말할 수 있지만, 실제로 가슴속 내면에서 느껴지는 작용적 신학은 내담자의 삶을 지배하는 중요한 정신 역동이라는 사실이다. 그런 점에서 머얼 조단이 설명하는 작용적 신학(operational theology)은 입술로 고백되는 교리적(doctrinal) 신학이 아니라, 사람이 실제 경험하는 살아 있는 신학(living theology)이며, 심리 내적인 면에서 존재하는 내면화된 신학(implicit theology)이라고 부른다.[21]

절대자를 생각하는 모든 사람들이 고백적 신학과 작용적 신학을 발달시킨다는 점에서, 필자는 이번 세월호 침몰 사고에서 살아남은 청소년들을 대할 때 한 가지 유의점을 상기하고 싶다. 바로 아이들을 위로하고 격려할 때, 하나님 혹은 내세에 대한 이야기를 하게 된다면 신중할 필요가 있다는 것이다. 예를 들면 죽은 친구는 지금 평안한 천국에서 하나님과 함께 잘 지낼 거야, 라고 위로한다면, 자칫 청소년의 마음속에는 천국과 하나님이 고통스런 죽음을 통해서만 도달하는 끔찍한 장소로 깊이 각인될 수 있다. 그 결과로 훗날 청소년이 성인이 되어서 종교를 갖게 되어, 입술로는 천국과 하나님에 대한 긍정적인 이미지를 고백하더라도, 가슴속에서 실제로 작용하는 하나님과 내세의 이미지는 불안과 공포가 될 수 있다. 그렇다면 우리는 어떻게 끔찍한 사고에서 살아남은 청소년을 위로할 수 있을 것인가? 앞서 밝힌 것처럼 기독교에 관련된 단어를 사용하기보다는 우선 객관적인 사실을 다루는 것이 필요하다. 예를 들면 '네 친구는 이번에 배가 침몰하면서 사망했고 화장을 해서 어느 공원에 안장했지. 미안하다(I am sorry). 내 가슴이 아프구나(My heart is broken).'[22] 이렇게 객관적인 사실과 개인의 애도의 감정만 전하더라도, 어린이를 비롯한 청소년들은 충분히 애도가 가능하다. 오히려 종교적인 관념을 개입시켜서 위로를 할 경우에 종교 자체에 대한 심각한 부정적 이미지를 갖게 만들 수 있다.

어떤 면에서 상실을 경험한 사람에게는 그 어떤 말도 위로와 힘이 되지 못할 수도 있다. 필자는 과거에 미국 육군보훈병원에서 임상목회교육(Clinical Pastoral Education)을 받으면서, 배우자 혹은 친지의 죽음을 맞은 사람을 위로하려고 옆에서 함께했던 수많은 시간들이 있었다. 당시 병원 수퍼바이저들이 대개 알려준 최고의 위로는 지지하는 함께함(supportive presence)이라는 지침을 기억한다. 말로 할 수 없는 위로의 경우라면 옆에 말없이 함께해 주는 것이야말로 최고의 위로와 격려가 된다는 것이다.

6. 피학적 행동으로 본 애도의 문제

생존한 학생들 중에 자신의 고통스런 감정을 드러내지 않고 표현하지 않는 경우가 있다면 반드시 건강한 애도를 위한 상담이 필요하다. 왜 어떤 생존 학생들은 자신의 감정을 드러내려고 하지 않을까? 내가 슬퍼하면 남은 실종된 친구들이 영영 못 돌아오지 않을까? 내가 잘 참고 견디면 상황이 좀 더 나아질지도 몰라, 안 그래? 이와 같은 질문들이 바로 피학적인 행동에서 출발하는 질문이 될 수 있다. 피학적 행동의 핵심에는 내가 고통을 참고 견디면 모든 상황이 좋아질 거라는 비합리적인 신념이 내재되어 있다.[23] 이러한 비합리적인 신념은 심지어 개인에서 사회 구성원 전체로 급속도로 퍼져나가고 있다. '수학여행을 안 가면 다시는 이런 일이 생기지 않을 거야. 배를 타지 않으면 이런 끔찍한 일이 발생하지 않을 거야. 내가 맘껏 울면 끝내 실종된 친구들이 못 돌아올지도 몰라…' 등등 이런 모든 생각들은 결국 비합리적 신념이며, 궁극적으로 사회 전체에 오히려 악영향을 미칠 수도 있다. 우리 사회가 궁극적으로 지향하는 것은 수학여행을 안 가는 사회가 아니다. 배를 타서는 안 되는 사회가 아니다. 우리 모두 안전하게 수학여행을 다녀올 수 있는 사회가 되어야 하고, 모든 사람들이 마음 편히 배를 탈 수 있는 사회가 되어야 하는 것이다.

그럼 왜 사람들은 이런 피학적인 신념, 즉 내가 고통을 견디고 인내하면 모든 상황이 좋아질 거라고 믿는 것인가? 피학적인 신념의 내면에는 소위 마술적 신념(magic thinking)이 존재하고 있다. 비합리적 신념을 통해서 모든 걸 통제할 수 있을 거라고 믿는 강력한 통제 욕구가 들어 있기 때문이다.

미국 럿거스(Rutgers) 대학의 낸시 맥윌리암스(Nancy McWilliams)는 내담자의 피학적인 의도는 실은 굉장히 사랑과 주목을 받고 싶은 열망의 반대적 표현이라고 말한다.[24] 동시에 모든 것을 통제하려고 하는 무의식적 소망이 내담자의 정신역 동안에 자리잡고 있다고 이해한다. 다시 말하면 피학적인 성격의 소유자는 겉으로는 고통을 감내하는 수동적인 존재로 보이지만, 실제로는 모든 상황을 통제하고자 하는 능동적인 존재라고 설명할 수 있다.

역설적으로 피학적인 행동안에는 거대한 통제 욕구, 즉 나를 보호하고 지키며 모든 것을 조정하려는 욕구가 우리의 무의식에 들어 있다는 것이다.

그렇다면, 과연 우리는 이런 자신의 감정을 잘 표출하지 않고 고통과 아픔을 참고 견디는 사람에게 어떻게 다가갈 수 있을까? 중요한 질문이 하나 있다. 그 질문은 바로 비합리적인 신념을 직면하게 하고, 그 불합리한 생각을 깨뜨리고 벗어나도록 돕는 것이다. 질문은 간단하다. 어떻게 그런 생각을 하게 되었는지 물어보는 것이다. 이 질문을 반복적으로 받으면 내담자는 생각을 하게 되고, 논리적인 모순을 스스로 발견하면서, 자신이 갖고 있는 비합리적 신념을 직면하고, 점차 벗어날 수 있게 된다. 이번 세월호 사고에 살아남은 생존 학생들을 포함해서 대다수의 사람들이 이런 피학적 신념에 사로잡힐 수 있다. 물론 사고와 죽음에 대한 두려움으로 여행을 기피하고 바닷가를 무서워할 수도 있다. 그러나 궁극적으로 우리는 그런 피학적 행동을 통해서 애도가 이루어지는 것이 아님을 알고 있고, 그것은 사회 전체가 건강해지는 길이 아니라는 절감할 수 있다. 결정적으로 이러한 피학적 신념들은 많은 비합리적인 신화들을 만들어 낼 수 있다. 예를 들면 '시간이 모든 걸 해결해 줄 거야, 기다려 보자. 수학여행은 무조건 비행기로 가야만 해, 내 친구는 죽지 않았어 언젠가 돌아올 거야. 십대들은 절대 죽지 않아 금방 돌아올 거야'와 같은 현실을 직시하지 않는 비합리적인 신념과 신화들이 생겨나게 된다. 앞에서 표현된 비합리적 신화들은 우리의 정신건강을 위협할 수 있다. 시간이 모든 걸 해결해 주지 않을 수 있고, 수학여행은 비행기 말고도 다른 교통수단이 얼마든지 있으며, 사망한 친구는 장례식을 치렀기에 다시 만날 수 없다는 현실을 받아들여야 하고, 십대뿐 아니라 누구라도 언제든 죽을 수 있는 게 현실이라는 것을 우리는 직시하면서, 우리안에 고통을 견디면 상황이 막연히 나아질 거라고 믿는 피학적 신념을 주목한다면, 건강한 애도가 가능할 것으로 기대된다.

7. 나가는 말

이 글은 '세월호 침몰 사고에서 생존한 학생들이 어떻게 애도할 수 있을 것인가?'라는 질문에서 출발했다. 그 질문에 자기심리학에서 말하는 자기대상의 기능을 통해서 사람뿐만 아니라 다양한 일상의 대상을 통한 애도의 가능성을 살펴보았다. 아울러 고백적 신학과 작용적 신학의 차이점을 통해서 궁극적으로 두 신학이 일치되어 가는 것이 사람들의 신앙가운데 필요하고, 신에 대한 우상적인 이미지를 깨뜨리고 건강한 하나님의 이미지를 갖는 것이 필요한 것을 알게 되었다. 마지막으로 피학적인 행동과 신념이 오히려 건강한 애도를 막고, 자신의 감정을 억압하고 숨기면서 여전히 강한 통제 욕구에 시달리고 있음을 보게 된다.

생존한 학생들이 자신의 고통스런 감정을 억압하고 숨길 때 겪는 무력감을 작용적/고백적 신학으로 접근한다면, 무력감의 근원이 되는 우상적인 이미지를 해방시켜서 새로운 관계를 추구할 수 있는 출발점을 찾을 수 있을 것이다. 또 피학적 성격으로 접근할 경우 감정 억압과 무력감을 지속시키는 비합리적 신념을 노출하고 의식화하는 과정에서 무의식적으로 반복되는 비합리적 삶의 과정들을 직면함으로써 삶의 전환점을 마련할 수 있을 것이다. 아울러 자기심리학적 접근은 무력감으로 고통받는 내담자에게 실패했던 자기대상경험을 현재의 일상에서 여러 대상들과 다양한 관계성을 통해서 재경험할 수 있는 선택의 여지를 줄 수 있을 것이다. 그런 점에서 다시 한번 자기심리학적 통찰은 자기대상으로서 사람과 함께 일상의 모든 사물과 존재에서 자기대상의 경험을 추구하는 가운데 애도의 가능성을 열어 주고 있다.

6부 |
평범(한 날의) 성(聖)을 통해 돌아보는 초월의 지평

세월호 참사와 한국정치 그리고 포스트모던 유교 영성 ─────── 이은선

저자는 이번 세월호의 사건을 우선적으로 한국정치와 경제가 신자유주의적으로 무분별하게 합병되면서 야기시킨 사건으로 본다. 그러면서 그러한 한국 사회와 정치의 모습에서 예전 서구의 19세기적 제국주의 부르주아 윤리의 확대와 연장을 본다. 여기서 저자는 인습적인 기독교의 근본주의적 믿음과 신앙 대신에 동아시아 전통의 신유교적 인간 신뢰에 주목하면서 그 신유교적 인간 내면의 영성을 우리 사회를 위한 새로운 가능성으로 제안한다. 그것은 인간 개개인의 탄생과 더불어 담지되는 인간성에 대한 신뢰를 말하는 것으로서 한나 아렌트가 지시한 '탄생성'으로서의 '새로 시작할 수 있는 힘'과도 연결된다고 본다. 즉 인간 누구나에게 내적으로 놓여있는 聖의 가능성을 말하고, 저자는 이를 '聖의 평범성의 확대'라고 표현하는데, 이 가능성을 인간적인 힘으로 보편적으로 확대하는 방식으로 인간적인 사회로의 전회를 호소한다.

권력의 자기유지와 종교적 세상 넘기 ────────────── 이찬수

신학적으로 초월은 기존의 반생명적 흐름에 대한 저항과 극복을 의미한다. 그리고 그 초월이 데려다주는 지평 속에서 우리는 모든 것이 나의 힘으로 쟁취된 것이 아니라, 역설적으로 선물처럼 주어진 선물이라는 사실을 확인하게 된다. 바로 이 은총 속에서 저자는 종교적 초월의 힘을 통해 사람과 세계를 사랑하는 힘을 찾게 된다고 주장한다. 이 은총과 초월의 진실을 보지 않고, 권력의 눈으로 세상을 재단할 때, 우리 인간은 끝없이 희생양을 찾고, 호모 사케르를 양산한다. 이렇게 인간이 사물화되는 것이다. 주목할 것은 바로 이러한 권력 작용이 어떤 극악의 개인이나 기구로부터 유래하기 보다는 오히려 평범한 이들의 삶 속에 내재한 악의 본성으로부터 비롯된다. 이런 상황이 우리 주위에서 이어지고 있는 근원적 원인을 저자는 '생각없는 도덕'에서 찾는다. 이제 세월호 사건은 그러한 평범한 이들의 생각 없는 도덕이 얼마나 위험한지를 경고해 주고 있다고 저자는 경고한다.

법화경의 불타는 집의 비유를 통해 본 세월호 참사 ──────── 김명희

저자는 법화경에 나오는 불타는 집의 비유를 통해 세월호 사건을 조명한다. 이 비유 속에서 단지 세월호 사건이라는 한 사건에 대한 극복을 모색하는 것뿐만 아니라, 인간 삶이 지닌 헛됨과 모순의 원인까지도 성찰해 보기를 저자는 원한다. 더 나아가 우리가 이 거짓된 세상으로부터 참된 세계로 나아가는 길 혹은 방편은 무엇일까를 저자는 독자들에게 함께 생각해 보기를 권면한다. 결과적으로 세월호 사건은 인간의 탐욕이 얼마나 사악해질 수 있는지를 폭로하는 사건이었다. 이 탐욕의 빛에서 어쩌면 세월호 사건은 우리의 삶의 방식을 근원적으로 다르게 보고 다르게 살아가도록 권면하고 있다.

세월호 참사와 한국정치
그리고 포스트모던 유교 영성

이은선_ 세종대학교 교육학과 교수

1. 시작하는 말

2014년 4월 16일 세월호 사태는 대한민국 근현대사에서 그 이전과 이후를 나누는 결정적 사건 중 하나가 될 것임이 분명하다. 1950년 6·25전쟁과 견주어지기도 하고, 1981년 5·18광주항쟁과 더불어 얘기되기도 한다. 기독교 교회력으로 보면 한국 교회는 2013년 부산에서 제10차 세계교회협의회 총회를 막 마친 후였고, 그 개최의 성과를 논하는 중이었다. 더군다나 그 총회의 주제가 '생명의 하나님, 우리를 정의와 평화로 이끄소서'(God of life, lead us to justice and peace!)였던 것을 생각해 보면 더욱 기가 막힌다.

한국 문화와 역사, 교회가 특히 '생명'(life)을 중시해 오고, 한국 사람들은 인정이 많고 착하고 순하며, 남을 배려하는 정신[仁]이 뛰어나다는 자타의 평속에서 살아 왔는데, 세월호의 참사는 그 모든 평가와 믿음을 단번에 날려 버린다. 그래서 세월호 사태는 "국가가 국민을 구조하지 않은 사건입니다." 나아가 '구조로 포장된 학살극'이라는 말이 나오고,[1] '세월호의 진실'이라는 말이 우리 시대의 화두가 되었다. 참 많이 부끄럽고, 당황스럽고, 갈피를 잡기 어렵다.

304명의 목숨을 앗아갔고, 더군다나 그중에서 250명이라는 18세 어린 학생들을 한꺼번에 수장시키며 한 명도 구하지 않은 사건을 보면서 처음에 사람들은 너 나 할 것 없이 "가만히 있지 않겠습니다. 잊지 않겠습니다. 행동하겠습니다"라는 구호를 외쳤다. 하지만, 지금 1년도 안 되는 시점에서 그동안 대통령을 포함한 정치권으로부터, 그리고 같은 시민들로부터도 말로는 형언할 수 없는 외면과 탄압, 조롱을 받아온 유족들은 지난 1월 26일 스스로 '4.16 세월호 참사 진상 규명 및 안전사회 건설을 위한 피해자 기족 협의회'를 만들었다. 그리고 그들이 지금 원하는 것은 "실종자 완전 수습, 세월호의 온전한 인양, 철저한 진상 규명"이다.[2]

이제 세월호 이후를 살아가는 신학자로서 우리와 한국 교회가 이 유족들의 한 맺힌 절규와 행동에 어떻게 화답하며 함께할 수 있을까를 생각하고, 거기서의 우리 역할 중 가장 긴요한 것이 무엇일까를 묻는다.[3] "우리는 더 이상 세월호 참사 이전처럼 살 수 없습니다"라는 구호가 지금 광화문 광장에는 "우리는 찬바람을 맞으며 펄럭이고 있다. 나는, 우리는, 한국 교회는 이 구호와 더불어 어떤 이후의 삶과 미래를 꿈꾸고 있는가?"

2. 세월호 참사와 한국 사회

세월호 참사를 맞이하여서 사람들이 가장 빈번하게 던지는 질문 중 하나가 "'국가'란 무엇이고 '정치'란 무엇이어야 하는가"라는 것이다. 대한민국 국민은 근세에 나라를 잃어버린 경험도 있고, 이어진 외부에서 이식된 정치

이데올로기 충돌로 민족이 분단되는 고통도 겪고 있는 터이기 때문에 국가의 존위 자체에 대한 물음은 잘 던지지 않는다. 하지만 이번 참사를 통해서 국가가 온갖 허위와 거짓, 무책임으로 우리 생명의 지지대가 되어 주지 못하는 것을 보면서 그 국가에 대해서 근본적으로 다시 생각하게 되었다. 이렇게 많은 수의 생명들이, 도저히 상상할 수도 없는 참사를 통해서 희생되는 것을 보면서, 그리고 한국정치와 사회가 어떻게 자본주의적 관료주의의 권모와 술수, 교만과 무책임, 무감각과 무능력으로 일관되어 있는지가 드러나면서 사람들은 매우 당황하였고, 그래서 더 진지하게 보편적으로 한국 사회와 정치의 나아갈 길에 대해서 묻는다.

1) 신자유주의 정치와 경제의 불의한 합병과 세월호 참사

세월호 참사의 핵심 원인들을 찾는 성찰과 분석이 여러 차원에서, 여러 방식으로 행해지고 있다. 참사가 일어난 후 세월호의 실소유주가 국정원이라거나, 침몰하던 바로 그 시각과 장소에 레이더에 나타난 괴물체의 정체 등에 대한 이야기가 회자되기 전에는 침몰 원인을 주로 경제적인 관점에서 논했다. 그러나 이후 침몰의 원인이 점점 더 미궁 속으로 빠지고 베일에 가려지게 되면서 정치적인 분석과 추측이 많이 늘어나고 있다. 하지만 부르주아 사회에서 정치와 경제는 결코 둘로 나눌 수가 없다.

나는 우선 이번 사건이 이명박 정부 시절부터 더욱 더 그 마성을 드러낸 한국 신자유주의 정치와 경제의 제국주의적 성장주의가 누적된 부자연(不自然)과 불의(不義)를 더욱 절망적으로 표출한 사건이라고 보고자 한다. 20세기 서구 여성정치철학자 한나 아렌트는 이미 그의 『전체주의의 기원』에서 19세기 말과 20세기 초의 서구 제국주의가 어떻게 특히 홉스 『리바이어던』

의 만인 대 만인의 투쟁 원리로 세계 정치를 파국으로 몰고 갔으며, 인간 공동체 삶을 파괴해 갔는지를 잘 보여주었다. 당시 서구 제국주의는 자신들의 자본주의 생산을 무한정으로 늘리기 위해서 자국의 정치를 자신들 욕망 채우기의 시녀로 만들었다. 그것은 정치와 경제의 불의한 합병으로 전 세계를 대상으로 식민주의적 약탈을 펼쳐 나간 유럽 근대 부르주아 계급의 권력욕과 물질욕의 결과였다. 모두 알다시피 그렇게 한계를 모르는 부의 축적에 대한 욕망은 결국 세계 제1, 2차 대전의 비극을 불러왔고, 거기서 나치즘이나 스탈린주의 등의 전체주의의 참상을 가져왔으며, 20세기 대한민국의 비극도 그 과정 중에 같이 있었다. 거기서 정치는 무너지고 대신 계급의 이해나 정권의 변동에 상관없이 영원히 자신들의 직업적 명예와 자리에만 관심하는 관료 체제로서의 공무원 집단만을 양산했다. 그러한 무제한적 팽창의 추구는 피정복 민족의 것이든 자국민의 것이든 모든 생활 공동체를 파괴하고, 대중은 고독한 인간 폐기물인 뿌리 뽑힌 잉여 폭민으로 전락했고, 거기서 인간은 결국 '종'(race)으로, 국가는 '종족'으로 환원되면서 수많은 부자연스러운 죽음을 불러왔다.[4]

2) 부르주아 계급의 돈과 자아에의 노예성과 세월호 참사

21세기의 오늘 비록 그 방식과 범위는 달라졌다 하더라도 전 지구적으로 실행되고 있는 신자유주의 경제 원리는 정치와 경제의 제국주의적 적용과 크게 다르지 않다. 여기서 지금은 OECD 회원국으로서의 한국의 상황이 그때와는 많이 달라졌지만, 이제는 자국민조차도 식민지로 삼는 21세기형 제국주의인 신자유주의 경제 원리를 어느 곳에서보다도 강력하게, 압축적으로 실행하는 나라가 되어서 그 고통이 극심하다. 오늘 세월호 참사는 그 논리적 귀결이라고 본다.

서구 근대 유물론이 낳은 두 쌍둥이인 자본주의와 사회주의를 모두 겪은 러시아의 사상가 베르댜예프(N. Berdyev, 1874-1948)에 따르면, 근대 부르주아의 노예성은 '돈'과 '자아'에 대한 노예성이고, 경제적 능력을 중대시하고 그것을 정신없이 숭배하는 사람의 것으로서 다른 어떤 인간적 노예성보다도 보편적이고 치명적이다. 부르주아는 이 세상에 깊이 뿌리를 박고서 이 세상의 삶에 만족하는 자이므로 그가 경제력 발전의 무한을 인정한다고 하더라도 그는 진정으로 '무한'과 '영원'에 관심을 갖는 자가 아니다. 하지만 그는 일면 매우 '신앙적이고 종교적'이라고 한다. 그럼에도 불구하고 그는 자신을 유한한 세계에 매어놓고 자기를 초월하는 것을 좋아하지 않기 때문에 그에게 종교의 질은 "이 세상의 조직에 헌신하는 봉사, 이 세상에서의 그의 지위의 보존에 대한 봉사에 의해서 측정된다."[5] 오늘 한국 기독인의 의식을 이보다 더 잘 묘사한 서술은 찾아보기 힘들며, 그래서 종교와 교회는 번창하지만 대부분이 '실질적인 무신론자'가 되어서 부르주아로 살아가기 때문에 그 종교와 신앙이 결코 그들의 인격을 구성해 주지 못한다.

부르주아는 금전과 재산의 노예로서 '자신의 노예'이다. 그는 개인주의자이고, '이 세상의 시민이고 지상의 왕'이다. 자기를 위해서 모든 것을 요구하고, 부유하게 되려는 욕망으로 그에게 있어서 주요한 문제는 '어디서'가 아니라 '어디로'이다. 그러한 '미래에 대한 신뢰, 일어서려는 의지, 제일선을 확보하려는 그 의지'로 야심가가 되어서 뛰어난 성취력을 보이지만, 그는 그 가운데서 다른 사람들을 노예로 만들며, 19세기 제국주의 인간이 별들마저도 소유하고자 하는 욕망으로 자기 외의 존재들을 수단과 도구로 환원시키면서 자신의 경제적 목적을 위해서 국가와 공권력을 이용하는 것처럼 그렇게 철저히 자기중심주의와 '세계소외'에 빠져 있는 군상들이다. 세월호 참사는 그렇게 한계를 모르는 사적 욕망과 타인과 생명에 대한 무감각으로 '저세상'을 위해서 '이 세상'의 어떤 것도 희생하려 하지 않는, 뼛속까지 세속적이고 물질화된 인간의 타락이다. 그런 부르주아는 재산과 금전 문제에 있어서는 그렇게 개인주의자이지만, 의식과 양심과 판단에 있어서는 집단주의자라고 베르댜예프는 일갈한다. 부르주아는 단체에 속하며 공포를 가지고 있고, 여론을 무서워하며 재산에 의해서 얻어지는 것 외의 자유를 알지 못한다. 세월호 참사를 맞아서 전 세계인에게 자신들의 아이들을 수백 명 '수장'하는 것을 생중계한 나라 한국에서 이 서술에서 벗어나는 사람을 쉽게 찾아보기 힘든 것은 우연이 아니다.

3) '기업국가' 한국 비판

그동안 한국 사회 부르주아적 자본주의의 병폐와 실상을 세차게 비판해온 한국학자 박노자는 이번 세월호 참사를 목도하면서 "정부가 해운업 감독 책임을 방기하고, 기업은 이윤을 위해 고객과 노동자 생명을 볼모로 잡는다면 이는 사고가 아니다. 살인이다"라고 일갈했다.[6]

그러면서 지금까지의 한국 현대사를 매우 비극적으로 정리하기를, 그것은 위안부 피해자, 강제징용 피해자들의 보상 권리를 팔아먹는 방식으로 일본과의 '관계정상화'를 해서 얻은 차관과 베트남 전쟁에서의 용병으로 받은 돈으로 1968-1970년 경부고속도로를 건설하는 과정에서 드러난 대로 '도살장 같은 국가'였고, 1987년 이후 민주화됐다기보다는 '기업에 의해서 사유화'되었고, 1997-98년 IMF 환란을 계기로 국가는 더욱 '기업국가'의 형태로 변모해 갔다고 풀어낸다.

그런데 사실 노무현 전 대통령도 매우 염려한 것이 이렇게 정치와 국가가 사기업의 하수인으로 전락하는 것이었다. 그는 '정치'와 '경제'가 원칙 없는 합병을 하고, 경제에 의한 정치의 함몰이 이루어질 때 나라 안의 공동 삶이 어떻게 될지를 걱정하였다. 기업의 CEO와 정치가의 역할을 축구 경기에서의 '선수'와 '관리자'의 역할로 비유하면서, CEO는 축구시합에서 직접 선수가 되어서 어떻게든 골을 넣으려는 사람이지만, 정치 지도자는 그 경기 자체가 잘 이루어지도록 관리하고, 룰을 만들고, 공정한 심판을 하면서 조정과 중재를 하는 사람이라는 것을 강조한다.[7] 그러므로 "CEO에게는 패배자는 무의미한 것이지만 정치가에게는 패배자야말로 중요합니다. 정치가는 패자들을 챙겨서 함께 데리고 앞으로 나아가야 하는 사람입니다"라는 말로 기업과 정치의 일이 결코 같을 수 없음을 강조하였다. 그런데 대한민국은 CEO 출신 대통령을 뽑으면 모두가 그처럼 부자가 되는 줄 알고 그렇게 스스로가 선수가 되어서 일생 동안 자신의 이익을 위해서 선수로 뛰었던 사람을 대통령으로 뽑았다.

또한 오늘 박근혜 대통령도 다시 '남북통일'이라는 참으로 어렵고도 예민한 정치의 일을 '대박'과 '잭팟'과 같은 비열한 부르주아적 자본주의 언어로 그려내고 있으니 오늘 세월호 참사 앞에서 그의 책임 있는 대통령으로서의 역할을 기대하는 것은 일찌감치 한 꿈인 것을 알아차렸어야 하는지도 모른다. 이렇게 오늘 대한민국처럼 그 국가의 구호가 '기업하기 좋은 나라'가 된 나라에서는 '돈이 너무 많은 사람들의 이윤 추구 동기와 너무 가난한 사람들의 도박 본능에 호소하는 소수의 자본주의자들이 연출하는 광경'[8]을 사람들은 부러워하며 쳐다본다. 거기서 가장 두드러진 것은 공공성의 부재이고, 인간은 한갓 기업의 부품이거나 폐품인데, 그래서 이미 폐품이 된 노인이거나 아직 '쓸 만한 부품'이 되지 못한 아이들과 청소년들의 비참이 크다. 박노자는 한국 사회에서 특권층, 중상층에 끼지 못한 사람이 노인으로 살아간다는 것은 거의 "'처벌'에 가깝다"고 말한다. 한국의 노인 빈곤율이 거의 49%로 산업화된 나라 중에서 최악이고, 그렇게 가난과 고독에 시달리는 수많은 노인들에게 유일한 탈출로 보이는 노인 자살률이 역시 세계 최고이고, 청소년 사망 원인 1위가 자살인 나라가 '기업국가' 한국이라는 것이다.

3. 세월호 참사와 신뢰의 그루터기

그러면 이제 우리가 다시 무엇을, 어떻게 할 수 있고, 해야 하는가? 위의 박노자는 "기업국가를 해체하라"고 주문한다. 그에 따르면 기업국가의 해체만이 우리가 살아날 수 있는 길이고, 그래서 '기업 본위의 사회를 인간 본위, 노동자 본위의 사회'로 바꾸지 않으면 대한민국 국민의 대다수를 기다리고 있는 것은 또 다른 '수장'일 뿐이라고 주창한다.[9] 이와 유사하게 『제국』과 『공통체』의 저자 네그리(A. Negri)와 하트(M. Hardt)는 서구 근대주의가 몰고 온 '소유공화국'을 대신해서 프롤레타리아의 몸과 신체의 저항성과 생산성의 힘에 근거한 새로운 유물론적 다중 '공통체'(commonwealth, multitude-form)를 제안한다.[10]

하지만 나는 그러한 유물론적 경제주의적 제안을 넘어 거기서 더 나아가고자 한다. 이미 앞에서 든 베르댜에프의 부르주아적 노예성의 분석도 지적한 대로 인간의 금전과 재산에 대한 노예성은 단순히 한 시기의, 한 특정한 그룹만의 문제가 아니다. 오히려 그것은 인간 보편의 유혹이어서 공산주의자도 부르주아가 되어 금전의 노예가 될 수 있으므로, 오늘의 소유공화국과 기업국가를 넘어설 수 있는 결정적 힘은 결코 '물질'과 '단체'와 '사회'의 일이 아니라고 보기 때문이다. 그래도 앞으로의 달라짐과 나아짐의 관건은 다시 '영혼'과 '정신'의 문제이고, 그룹과 집단의 일이라기보다는 '개인'과 '창조적 인격'의 일이라고 보는 것을 말한다.[11] 베르댜에프는 그런 근거로 프롤레타리아의 인간 회복 중 가장 안이한 형태는 부르주아가 되는 일이라는 했다.[12] 그러므로 단순히 사회 기구의 변화, 예를 들어 자본주의적 질서를 사회주의 혹은 공산주의로 바꿔 놓음으로써 부르주아를 정복할 수 있다고 생각하는 것은 유치한 생각이라고 하는데, 오늘 중국이나 동구, 구소련과 북한의 전개가 그것을 잘 대변해 주고 있다.

이것은 오늘 우리의 신앙과 믿음과 종교가 부패할 대로 부패했지만 그럼에도 불구하고 다시 우리 삶과 모여 삶의 궁극적인 물음을 '신앙'과 '믿음'에 관한 일로 보는 것을 말한다. 이번 세월호 참사의 경우도 많은 사람들이 지적하는 대로 결국 우리 공동의 삶에서 우리가 신뢰할 수 있는 '그루터기'로 남아 있는 것이 무엇이고, 그 신뢰와 믿음이 없이는 어떠한 형태의 인간 공동 삶도 가능하지 않기 때문에, 그렇다면 우리가 과연 어떻게 이 '신뢰'와 '믿음'의 '근본 힘'을 다시 회복할 수 있겠는가 하는 물음으로 집약된다.[13] 오늘 신학과 교회의 입장에서 '정치'를 묻는 일도 바로 그러한 의미일 것이다.

1) 정치의 약속

혹성까지라도 병합하려고 하고, 전 지구를 대상으로 식민지를 넓혀 가고자 한 서구 제국주의의 전체주의적 자본주의는 결코 인간 자연에도 맞지 않고, 지구의 한계라는 조건에도 맞지 않았다고 지적된다. 그러한 부르주아적 인간의 부와 권력에 대한 무한정한 갈증은 결국에는 '오로지 파괴를 통해서만 가라앉힐 수 있다는 사실'을 감지한 것이 19세기 말과 20세기 초 서구 예술과 문화의 허무주의였다고 아렌트는 밝힌다.[14] 그러나 그러한 가운데서도 그녀는 다시 '정치의 약속'(the promise of politics)을 말한다. 그녀에 따르면 오직 고립된 개인들만이 전체주의적으로 완전히 지배할 수 있다. 즉 고립이 테러의 시작이고, 고립이 '무력'(impotence)을 낳고, 무력이 '공포'와 '두려움'(fear)을 낳기 때문에, 모든 전체주의적 정부는 사람들을 우선 고립시키는 일을 제일의 과제로 삼는다는 것이다. 오늘 우리의 언어로 이야기하면 고립은 믿음과 신뢰의 소멸이고, 개인의 원자화이고, 뿌리 뽑힘이다.

아무도 믿지 못하고, 아무와도 더불어 같이 행동할 수 있다고 생각하지 못하기 때문에 거기서 사람들은 절망하고, 자살하고, 폭력을 행하고, 말과 행위가 인간적이 되고 위대해지기는커녕 오히려 점점 더 인간성이 사라지거나 파괴적이 되어 간다. 곧 정치의 실종이고, 이 정치의 실종은 그렇게 바로 우리 믿음과 신앙의 실종과 밀접히 연결되어 있는 것이 여기서 다시 드러난다. 그래서 한 사회에서 종교의 부패는 그처럼 정치의 부패와 긴밀히 연관되어 있는 것이 분명하기 때문에, 단지 '구원파' 때문만이 아니라 오늘의 세월호 사태에서 종교인들의 책임이 지대하다. 아렌트는 그녀의 『전체주의의 기원』 마지막 부분에서 루터가 "인간이 혼자 있어야 하는 것은 좋지 않다"라는 창세기 성경구절을 "외로운 사람은 항상 한 가지 일을 다른 한 가지로부터 추론하고, 모든 일을 항상 최악의 결론으로 생각한다"(A lonely man, says Luther, "always deduces one thing from the other and thinks everything to the worst.")는 말로 풀었다는 사실에 주목한다. 그것은 그렇게 말과 행위로 '다른 사람과 더불어 같이 행위 하는'(acting in concert) 정치가 사라진 사회에서 고립된 인간은 항상 자기 자신 속에서 추론하고, '최악의 경우만을 생각하는 것'이야말로 전체주의 운동의 대표적 극단주의라는 것을 지적하는 것이다.[15] 극단적인 외로움 속에서 믿을 수 있는 동료나 이웃이 없고, 심지어는 자기분열 속에 빠져서 자기 스스로도 믿지 못하는 것이 전체주의자의 비극이고, 오늘 '소유공화국'과 '기업국가'로 전락한 한국 사회에서 나 자신뿐 아니라 주변의 이웃과 정치 지도자, 대통령에게서 이런 흔적들을 보게 되어서 염려가 크다.

2) 한국 사회와 교회의 두 가지 병-자아중심주의와 자기망각

그러나 그럼에도 불구하고 나는 오늘 세월호 참사 이후 대한민국이 나아갈 길에 대한 모색으로서 '인류 문명적', '한국정치사회적', '여성신학적' 시각을 통합적으로 엮어서 다시 인격과 정신과 영혼과 믿음을 이야기하고자 한다. 그리고 그 일이란 두 가지 차원의 일을 포괄한다고 여기는데, 즉 '자아 중심주의'와 '자기 망각'이라고 하는 두 가지 병의 치유를 모색하는 일이다.[16]

여기서 먼저 '자아 중심주의'란 오늘의 주체성의 시대에 아무리 주체와 개인을 강조하고, 거기서부터 우리 인식과 정치의 출발점을 찾는다 하더라도 그 주체와 개인은 결코 허공과 무토대의 존재가 아니고 오히려 '상대'와 '세계'와 '공동체'와 '전통'의 존재라는 사실을 망각한 것을 말한다. 아렌트는 '말'(language)과 '행위'(action)를 인간 고유성의 핵심으로 보면서 '다원성'(plurality)이라는 '인간 조건'(Human condition)을 분명히 드러냈다. 말이란 상대와 더불어 하는 것이고, 말과 행위는 인간이 물리적 대상으로가 아니라 '인간으로서 서로에게 자신을 드러내는 양식'이기 때문이다.[17] 그래서 인간 각자의 고유성과 양도할 수 없는 존엄성을 '탄생성'(natality)으로 그렸지만, 동시에 그 탄생성의 핵심을, 바로 말로 다른 사람과 관계 맺을 수 있는 능력, 더불어 살아가면서 '새로움'을 시작할 수 있는 능력, 그것을 함께 실행하고 이루어서 온전한 성취로 마무리할 수 있는 행위의 능력으로 보았다. 정치의 의미는 한마디로 '자유'(freedom)라고 했지만 그녀가 이해하는 자유는 우리가 일반적으로 생각하듯이 한 자아의 '의지'나 사고의 내면의 문제가 아니다. 오히려 내 밖의 '타자'와 '원리'와 '세계'의 생명의 요구에 나 자신을 내어놓을 수 있는 자기부정의 능력이다. 그래서 그것을 몽테스키외가 유교적 개념과 아주 유사하게 '덕'(virtue)이라고 표현한, 공화정을 이루는 능력으로 이해했고, 그런 의미에서 진정으로 자유로운 인간은 자신의 사적 이익과 자아 중심주의로부터 벗어나서 '공평무사'(公平無私, disinterested mind)할 수 있는 인간으로 보았다.[18]

자유란 바로 인간과 현실의 다원성으로 인해서 생기는 세계의 '사이'[間]에서 '새로 시작하는 힘'(the great capacity of men to start something new)이다. 이에 반해서 인간 조건의 다원성을 인정하지 않는 전체주의는 어떻게든 인간이 새로 시작할 수 있는 힘, 인간의 자유, 인간 존엄의 근거를 무용지물로 만들기 원하고, 거기서 인간 행위를 이끄는 원리들(principles)은 '초이념'(ideological supersense)으로 굳어져서 절대적 폭력으로 인간의 자발성과 활동성을 정지시킨다. 여기서 고립에서 나오는 공포는 무력(impotence)에서 나오는 '힘에의 갈망'(thirst for power)이고, '불신'(mistrust)이며, '얼음처럼 차가운 계산'(ice-cold reasoning)이어서, 인간의 다원성(human plurality)과 창발성은 용납되지 않고 세계는 황무지로 변한다.[19] '만약에 정치의 일, 궁극적으로 이 세상을 다른 사람들과 같이 나누는 것을 의미하는 일인 정치에 덜 참여할수록 폭력과 테러리즘에 대한 유혹은 더욱 커질 것이라는 사실'을 아렌트는 분명히 인식하고 있었기 때문에 현실 정치의 모든 폭력과 한계에도 불구하고 그녀는 다시 '정치의 약속'을 말한다.[20]

오늘 한국 기독교와 교회의 모습에서 자아 중심주의적 전체주의의 속성을 많이 본다. 오로지 자신의 옳음과 의를 주장하며 타자를 인정하지 않고, 영원성에 대한 진정한 관심 대신에 맘몬주의에 빠져 있으며, 한번 세워진 교리와 교칙으로 사고와 행위에서의 창발성과 다원성을 억누르면서 자기부정과 자기절제는 일찌감치 한 꿈이 되어 버렸다. 그런 교회가 보여주는 근본주의적 경직은 대단하여 많은 부작용을 몰고 온다. 그러나 "결정이 난 교리는 깊은 잠에 빠진다." '항상 존경되기만 했지 한 번도 토론되지 않은' 진리란 쉽사리 독단에 빠지고, 그런 방식으로 얻어진 신앙은 삶에서 참된 생활력과 실천력으로 자라지 못하고 선을 창출하지 못한다.[21] '상속될 뿐이지 선택한 것이 아닐 때' 그 신앙은 하나의 차가운 원리나 교리로 굳어져서 실천력을 잃어 가며, 점점 더 경직된 이론으로 변모해 간다. 왜냐하면 그러한 추종자들의 신앙은 마치 그것이 정신에 씌어진 외피처럼 어떠한 다른 일체의 영향을 차단하는 차양 막이 되어서 자신들의 신조에 반대되는 논의는 들으려 하지 않고, 경험의 '해석'을 인정하지 않으면서 '근본'과 '안정'만을 외치도록 하기 때문이다. 오늘 한국 교회가 다원성과 다름에 대한 배타와 혐오로 깊이 빠져 있는 근본주의와 신학 없음의 폐해가 이와 다르지 않다.

이렇게 오늘 시대와 교회는 한편으로 근본주의적 자기 노예성에 빠져 있지만, 그것은 다른 편에서 보면 '자기망각'과 같은 것이다. 자신 '탄생성'(natality)의 근본 힘인 창발성과 창조성에 대한 망각으로서 반생명과 죽음의 경직과 폐쇄에 빠지는 것이다. 아렌트에 따르면 인간 탄생성의 핵심은 '(새로) 시작하는 힘'이다. 그리고 그것이 곧 우리 피조성의 핵심이다. 어거스틴의 언술을 따라서 "시작이 있기 위해서 인간이 창조되었다. 이 시작은 모든 새로운 탄생을 통해서 보증된다. 참으로 모든 인간이 시작이다"라고 선언하는 그녀에 따르면,[22] 우리는 말과 행위로서 인간 세계에 참여한다. 이 참여는 우리가 서로 결합하기를 원하는 타인의 현존에 의해 자극받는다. 참여의 충동은 태어나서 세상에 존재하게 되는 그 시작의 순간부터 자연스럽게 세계에 대응하는 것이고, 그래서 '행위한다'(act)는 것은 가장 일반적인 의미로 '선수를 치다', '시작하다'(그리스어archein)라는 것이다.[23]

3) 탄생성과 새로 시작하는 힘

이렇게 이 세상에서의 온갖 전체주의적 테러와 위협에도 불구하고 인간은 새로 시작할 수 있고, 정의와 인간적 사랑의 새로운 공동체를 함께 이루어나갈 수 있으며, 그래서 이 세계의 모든 현상적인 악과 한계에도 불구하고 절망하거나 포기하지 않고, 두려움을 극복하면서 용기 있게 나갈 수 있는 시작의 근거를 탄생과 더불어 받았다. 그것이야말로 우리 소망과 신뢰의 그루터기가 되는 것을 밝혔다. 오늘 한국 교회 여성들이 자신의 피조성의 핵심이 이처럼 새롭게 시작할 수 있는 창발의 능력이라는 것을 깨닫고서 지금까지의 자기 폐쇄성과 자기 망각의 자리를 털고 일어나야 하는 이유이다. 유사한 맥락에서 오늘의 세계시민적 탈근대 시대에는 신의 모습도 '자신 고유의 신'(der eigene Gott)을 지향한다고 밝히는 독일의 사회학자 울리히 벡(Ulrich Beck)이 소개하는 '근본주의' 해석은 매우 흥미롭다. 그는 '근본주의란 아프기 싫어서 도망가는 것'이라는 언술을 소개하는데,[24] 즉 근본주의란 지금까지의 자신이나 자신의 신조, 환경과는 전혀 다른 '새로움'과 '다름'과 마주하여서 그것을 참고, 견디고(관용), 용기를 가지고 새롭게 관계를 맺어 나가는 일이 고통스럽고, 괴롭고, 싫어서 도망가는 일이라고 지적하는 것으로 이해할 수 있다. '안정'과 편안함만을 외치면서, 이 세상의 모든 안전과 저세상에서의 영생까지도 여기서 한 번에 영구히 확보하려는 오늘 한국 기독교의 행태는 그런 의미에서 자기 노예성과 자기 아성에 빠져 있는 나쁜 보수주의의 전형적 모습이다. 오늘 우리 시대에 요청되는 진실한 신앙이란 "희망을 잃는 것이 고통스러운 것이 아니라 희망을 잃을 수 없기 때문에 고통스럽다. 희망을 가진 자라서 고통스럽다"[25]는 것을 체인하면서, 다름에 대한 관용과 더불어 참된 영원성에 대한 염려와 추구로 살아가는 것이어야 한다.[26] 한국 교회, 특히 거기서의 많은 여성들이 여전히 이러한 우리 피조성의 근본인 창발성을 망각하고 오랜 교조적인 교리와 신조들에 매몰되어 있는 것이 안타깝다. 오늘 우리가 세월호 참사를 겪으면서 '가만히 있지 않겠습니다'라고 외친다면 이 구호는 우리가 더 이상 과거의 잘못된 가부장주의적 교회 이해나 교리 적용에 굴복하지 않겠다는 선언도 되어야 하고, 특히 오늘날 한국 교회에서 오히려 점점 더 가중되어 가는 성차별적 성직제도의 운영에 저항하면서 새로운 양성평등적 공동체와 대안적 기독론(구원론)의 구성을 위해 과감히 나서는 일도 포함되어야 한다.[27]

4. 포스트모던 유교 영성과 성(聖)의 평범성의 확대

마지막으로 그러면 우리가 어떻게 우리 삶과 희망의 초월적 근원을 말하면서도 그러나 그것이 동시에 다시 과거의 인습적 실체론적 신앙에 빠지지 않도록 하겠는가를 생각해 보고자 한다. 이것은 한국 기독교와 교회를 탈근대적 '포스트모던 영성'에로 초대하는 것이고, 그것을 특히 유교 전통의 '삶(살림)'과 '일상'의 영성과의 대화를 통해서 시도해 보고자 한다.

위의 아렌트나 울리히 벡의 경우에서도 보듯이 오늘의 탈근대 시대에 다시 인간 존엄과 윤리를 '탈유물론적'으로, 또는 '정신'과 '인격'에 근거해서 기초 지으려 한다고 해서 그것이 곧 어떤 전통적인 개별적인 종교의 배타적 언어에로 회귀하는 것을 의미하는 것은 아니다. 예를 들어 아렌트에게서 보면, 그녀가 서구 기독교 전통에 서 있지만 인간 존엄과 그 윤리의 초월성을 밝히는 일을 더 이상 과거와 같은 과격한 성속(聖俗)의 구분 속에서 전통적 교회의 언어인 '하나님의 형상'(imago dei) 등의 배타적인 종교 언어로 하지 않는 것을 본다. 대신에 '탄생성'(natality)이라고 하는 지극히 보편적인 세속 언어를 통해서 그 일을 수행하고 있다. 이것은 이제 기독교 신앙이 전통의 폐쇄적인 성속의 구분을 넘어서 '하나님나라'(聖)의 지경을 더욱 넓히고, '신의 직접성'의 통로를 좀 더 보편적으로 허용하면서, 지금까지 소외되었던 존재와 삶의 영역을 더욱 근본적이고 획기적으로 나름의 '뜻'의 영역으로 받아들이는 것을 의미한다. 즉 '성(聖)의 평범성'의 확대를 말하는 것이다.

1) 성(聖)의 평범성의 확대

오늘 다원성과 세속화의 시대에 '악의 평범성'(the banality of evil)을 말하고, '위험'의 보편성(위험사회)이 말해진다. 하지만 종교인과 신앙인으로서 나는 오히려 그보다는 우리 존재의 긍정성에 더욱 초점을 맞추고서 '성(聖) 평범성'을 말하고자 한다. 또한 특히 과거 서구 기독교 전통의 배타적 성속 이분적인 초월 이해가 오히려 오늘 인류 문명의 물질주의와 경제 제일주의를 불러오는데 결정적 역할을 했다고 본다면, 그것을 넘어서는 대안적 근대성, '제2의 근대성', 또는 '포스트모던' 영성의 구성이 시급하기 때문이다.

세월호 참사의 발생에서 정치와 경제뿐 아니라 종교도 핵심적으로 관여되어 있음이 드러났다. 특히 청해진 해운의 실소유주로 알려진 기독교복음침례회, 소위 '구원파'는 언론의 집중적인 조명과 함께 사법적 책임의 제1 대상자로 주목받았다. 아무리 변명해도 용납되기 어려운 '종교'와 '경제'의 합병이라는 점에서 구원파가 우리 사회에 불러온 재앙은 분명 바로잡아야 한다. 하지만 그것이 오늘의 '성(聖)의 평범성의 확대'라는 의미에서 지금까지 기성교단에게만 용인되었던 '신의 직접성'의 경험을 그들도 주장하는 것 자체에 대한 근거 없는 비난과 억압이 되어서는 안 된다는 것이다. 만약 그렇게 되면 이번 세월호 참사의 구원파의 경우에서 감지되듯이, 한국 기성 기독교 교회의 뿌리 깊은 근본주의와 배타주의가 오히려 정치 그룹들로 하여금 정치의 책임과 불의를 쉽게 한 종교 그룹에게 전가시켜 그 그룹을 탄압할 빌미를 주기 쉽기 때문이다.

구원파의 강력한 저항 과정에서 '김기춘과 특별한 (관계인) 유병언'이 이야기되기도 했고, '돌연 나타난 유병언 사체'로[28] 구원파에 대한 마녀사냥이 수그러들기는 했지만 이번 세월호 참사 속에서 드러난 한국 사회에서의 종교와 정치, 경제의 원칙 없는 유착과 거기서의 한국 기독인들의 저급한 의식 수준은 매우 위험스럽다. 지성과 상식이 무시되는 종교의식과 정치의식의 폐해를 이번 세월호 참사에서 여실히 경험한다. 한국 기독교의 근본주의적 폐쇄성과 독단주의 안에서 이번 일은 우연히 구원파라고 하는 한 '이단 시비'의 기독교 종교 그룹과의 관계에서 일어났지만, 지금까지 한국 기독교 역사에서 '여성' 종교지도자들의 카리스마 운동이 거의 뿌리를 내리지 못한 것도 이와 유사한 이유인 것을 지적할 수 있다.[29]

즉 한국 교회의 견고한 가부장주의적 배타주의와 근본주의는 여성의 카리스마를 인정하지 않고, 여성들에게는 신의 직접성의 체험을 용인하지 않는다는 점에서 성(聖)의 평범성의 확대를 방해해 왔다고 할 수 있다. 세월호 참사의 초기 대응에서 국민들의 시선을 구원파라고 하는 한 종교 그룹에로 몰고 가는 것이 가능했던 것도 바로 그러한 한국 기독교의 과격한 근본주의 때문이라고 할 수 있다.

2) 포스트모던 유교 영성과의 대화

그런데 여기서 나는 서구 기독교 전통 내에서의 대안 영성으로 언급한 니콜라이 베르댜예프나 한나 아렌트, 울리히 벡 등의, 서구 기독교 전통에서 나온 포스트모던적 대안 영성보다도 동아시아 유교 전통에서 나온 언어가 오늘날 우리가 요청하는 존재의 탈근대적, 포스트모던적 초월성을 더 잘 지시해 줄 수 있음을 말하고자 한다. 유교는 오늘날 대안적 서구 기독인들이 찾고자 하는 '외부적으로는 최소한으로 종교적이면서도 내면적으로는 풍성하게 영적인' 포스트모던 영성을 충실히 담지하고 있기 때문이다.[30] 다시 말하면 유교 영성은 오늘 우리 시대에 긴급하게 요청되는 '성(聖)의 평범성의 확대'를 더욱 포괄적이고 보편적으로 가능하게 한다는 것이다.

일반적으로 유교는 종교가 아니고 단지 정치이론이나 도덕윤리관일 뿐이라고 말해 왔다. 하지만 이제는 그 유교가 세계의 만물이 '하늘'(天)로부터 연원되어 있다는 것을 아주 오래전부터 밝혀 왔고(天生烝民, 有物有則, 『詩經』「大雅」), 공자의 인간에 대한 믿음과 이 세상의 가능성에 대한 믿음은 그의 하늘에 대한 믿음이 없이는 불가한 것임을 누이 강조해 왔다는 사실을 지적해야 한다(子曰, 不怨天, 不尤人, 下學而上達, 知我者 其天乎. 『論語』「憲問」37). 공자가 '하학이상달'(下學以上達, 낮은 것을 배워서 높이 올라감)과 '능근취비'(能近取譬, 가까운 것을 들어서 다른 사람의 요구를 이해하는 법)를 말하면서 지금 이곳에서 도를 실현하고자 한 추구는 그런 의미에서 단순한 무신성이 아니라 초월의 급진적인 내재화와 성(聖)의 평범성의 확대를 의미하는 것으로 볼 수 있다.[31] 즉 일종의 '세간적 종교성'(secular religiosity)을 말하는 것이다. 그러한 유교의 급진적인 내재화는 그리하여 이 세상의 만물을 관계 지우는 일에 더욱 관심을 갖고 몰두해 왔다(仁, 德). 그래서 기독교 영성이 개인과 자아의 자유와 독립에 깊게 관심을 갖는 대신에 유교 영성은 이 세상에서 살아가는 일에서의 상대와의 '관계맺음'(禮)과 '구별'(別)과 '차례'(序)에 천착해 왔다. 이후 전개된 신유교 영성은 인간 생명성(生之性)의 핵심으로 '인(仁)'을 들면서 그것을 '천지가 만물을 낳고 살리는 우주적 원리와 마음'(天地生物之理/心)으로 이해해 왔다. 또한 바로 그렇게 모든 인간이 태어날 때 본마음으로 부여받는 생명력인 인(仁)을 자라게 하는 길이란 다름 아닌 '다른 사람과의 관계'(公)라는 것을 줄기차게 강조해 왔다(公者, 所以體仁, 퇴계, 『聖學十圖』, 仁說圖). 오늘 자기 중심주의와 자기 망각에 빠져 있는 한국 기독교가 가까이에 있는 이러한 유교적 다름과 그의 세간적 포스트모던 영성에 스스로를 개방할 때 얻을 것이 많다는 것을 여기서 잘 알 수 있다.[32]

앞에서 지적한 대로 한국 사회의 자본주의는 한국인들의 삶을 '사탄의 맷돌'처럼 갈아먹고 있다. 세월호 참사는 그 와중에서 인간 생명과 주변의 존재를 사적 개인들의 부의 축적과 무한정한 성공과 성취를 위해서 그대로 남겨 두는 것이 없는 21세기적 제국주의의 변종으로 볼 수 있다. 그렇다면 이제 어떻게 우리가 다시 주변의 만물을 '나'와 '부귀'와 '성공'을 위한 '도구'가 아니라 그 안에 스스로 존재에의 요구와 권리를 담지하고 있는 참 생명(生)으로 알아볼 수 있을까가 관건이 된다. 어떻게 하면 우리가 '오래된 것'(長), '지속적인 것'(親)의 소중함을 알아보고, 그것을 한 토대로 삼고서(信) 서로 믿고 살아가는 인간성(仁)을 다시 회복할 수 있을까? 맹자는 서구의 정의 개념과는 많이 다른 의식에서 '오래된 것을 존숭함'(敬長)을 인간 도리인 '의'(正義)로 보았다. 즉 오늘의 자신이 있기까지 수고해 주고 토대가 되어준 과거에 대한 존경과 인정을 현재 삶을 인간답게 만들어 주는 근거와 토대로 본 것이다. 오늘 눈에는 뚜렷이 보이지 않지만, 그리고 현재에는 쇠약해지고 힘이 빠져서 한없이 약한 존재가 되었지만, 그 보이지 않는 것과 약하고 오래된 것을 존중하고 귀히 여기는 마음이 없이는 오늘의 삶이 온통 드러난 힘의 각축장이 될 것임을 간파했기 때문이다.

이러한 이해의 맥락에서, 세월호 침몰에서와 같은 아주 긴박한 상황이었기 때문에 물론 다르게 생각해 볼 수도 있지만, 나는 아이들이 평소처럼 어른들의 말을 '믿고' 그들의 지시에 따라 자신의 자리를 지키고 있었고, 자신이 움직이면 다른 사람들에게 '피해가 갈까봐'(羞惡之心) 무섭고 떨렸지만 함께 자리를 지키고 있었던 그 마음에 대해 다른 물음을 묻고자 한다. 즉 그 가만히 있는 마음을 단순히 잘못된 교육과 문화의 결과로만 볼 것이 아니라 오히려 믿으라고 말을 해 놓고 그 말을 지키지 않은 기성세대의 거짓과 불성실과는 달리 단원고 아이들 속에는 그래도 그 혹독한 학창의 삶에도 불구하고 순진무구한 인간적 마음(仁)과 타인에 대한 배려의 마음(恕)이 있었고, 가만히 있었던 것이 그 마음의 표현이 아니었을까 하는 것이다. 그래서 그 가만히 있음이, 인간 행위의 가장 고유한 표현인 '믿을 수 있고' '약속할 수 있는' 마음의 흔적이라고 보고, 그래서 바로 그 마음속에서 우리 시대의 신뢰의 그루터기, 믿음의 근거를 찾아야 하는 것이 아닐까 생각해 본다. "○○아! 내 구명조끼 얼른 네가 입어!" "물이 차오른다. 빨리 나가. 너희 다 구하고 나도 따라갈게!" "누나는 너희 다 구하고 나중에 나갈게. 선원이 마지막

이야." "통장에 돈이 좀 있으니 큰아들 학비 내라. 난 지금 아이들 구하러 가야 해. 길게 통화 못해. 끊어."[33]

그런데 여기서 한 가지 더 지적하고 싶은 것은, 그러한 마음을 길러 준 곳이 학교라기보다는 우리의 '가정'과 '가족'이 아니었을까 하는 것이다. 모든 그럼에도 불구하고, 대한민국 엄마들의 '사랑'과 '모성'이 그 아이들의 믿을 수 있는 능력과 서로 배려할 수 있는 평상심을 키운 것이 아닐까? 어떤 제도적인 종교 단체에서의 활동이나 인식적인 가르침보다도 '지속적으로', '일상의 삶'에서 어린 시절로부터의 친밀과 사랑의 관계 속에서 그러한 생명 존재의 '근본 힘'(仁之本, Grundkraft)을 키운 것이 아닌지, 그것이 바로 우리가 부인해 버릴 수 없고, 또한 그래서도 안 되는 오랜 한국적 유교 영성의 선한 흔적이 아닌지 생각해 본다.

5. 마무리하는 말 : 한국적 삶 정치의 약속

1938년 제국주의 시대의 파산으로 제2차 세계대전의 암운이 짙게 깔린 영국에서 평화 증진을 위한 인류 보편의 과제를 위해서 여성들이 어떻게 남성들과는 다른 방식으로 대처하는지에 대해 이야기하는 버지니아 울프의 『3기니』에 보면, 그녀는 여성들이 정신의 '자존'을 지키며, 특권을 가지려는 자를 '비웃'고, '거짓을 배제'하며, '청빈한 삶'을 사는 것이 그들이 담지해야 하는 가치임을 강조했다. 나는 여기서 '여성들' 대신에 '세월호 이후의 우리들'이나 '세월호 유족들'을 넣어도 좋다고 생각한다.[34]

세월호 참사를 당하여 특히 교회 여성으로서 '가만히 있지 않겠습니다'를 외치는 일은 그래서 먼저 지금까지의 '자기 망각'에서 속히 벗어나서, 자신속의 창발성에 대한 믿음으로, 예를 들어 교회에 내는 십일조의 일부를 우리 사회와 교계의 어려운 여성단체들에게 돌리는 일이라든가, '성(聖)의 평범성'과 '신의 직접성'과 우리 자신 안의 '새로 시작할 수 있는 탄생성'에 대한 믿음으로 자신을 '주부철학자'(denkende Hausfrau)나 '주부학자'로 성장시키는 일, "언어로 흔들지 않는 한 세상은 한 치도 나아가지 않는다"는 지적대로 스스로가 자신의 성찰과 더불어 말을 부릴 줄 아는 사람으로 거듭나는 일, 이러한 일들을 나는 우선적으로 제안하고 싶다. 앞의 베르댜예프는 "이 세상에 종교적이고 정치적인 것이 인간적이고 단순한 것으로 전환되기까지 자유는 없을 것이다"라고 한 러시아 사상가 헤르첸의 말을 인용하였다.

「전병욱 악몽 깨고, 세월호 침묵 깨는 '소심한' 아줌마」라는 뉴스앤조이의 기사는 참사가 있은 후 서울의 한 지하철역에서 '세월호 참사 진상 규명 서명운동'이라는 문구가 보이는 피켓을 들고 시민의 참여를 외치는 삼일교회의 한 여성 집사를 소개했다. 그녀는 정치적 시위라든가 하는 것을 전혀 몰랐던 평범한 엄마였다고 하는데, 그런 그녀가 자신의 교회에서 목사가 여신도를 성추행하는 사건이 불거졌을 때 당시 다른 목사들과 장로들은 "가만히 있으라 우리가 알아서 하겠다"라고 하면서 전목사를 비호하고 문제를 덮으려 했지만, 그때 그녀는 깨달았다고 한다. 잘못된 일을 보고 침묵하면 상황은 나아지지 않을뿐더러 오히려 주변 사람들의 피해를 방관하는 꼴이 된다는 것을. 그래서 세월호 참사를 보면서도 같은 생각이 들어서 두 아이를 키우는 엄마로서 가만히 지켜볼 수가 없어서 거리로 피켓을 들고 나왔다고 했다. 기자는 그녀의 카톡 프로필에 적힌 다음과 같은 글귀가 특히 눈에 들어왔다고 한다. 즉 단테의 말로, "지옥의 가장 뜨거운 자리는 도덕적 위기의 시기에 중립을 지킨 자들에게 예약되어 있다"라는 것이다.[35]

밀양 송전탑 싸움의 리더 이계삼 씨는 "잠시 멈춰서자"는 외침을 세월호 이후 한국 사회의 새로운 삶 정치의 출발점으로 삼자고 제안했다; "밀양 송전탑 싸움을 통해 내가 얻은 가장 큰 학습은… 가장 중요한 것은 정치이며, 그 정치는 저들을 향한 청원이 아니라 우리들 스스로를 엮어 세우는 방향으로 귀결되어야 한다는 중요한 진실을 나는 배웠다."[36] 일찍이 간디도 정치와 종교의 관계에 대해서 다음과 같이 말했는데, 나는 그것을 한국적 삶 정치와 새로운 영성을 위한 마지막 언어로 덧붙이고자 한다;

나는 정말로 어떤 의심도 없이 - 비록 커다란 겸손함 가운데서지만 - 말할 수 있는 것은 종교가 정치와 아무런 관계가 없다고 말하는 사람은 종교가 무엇인지를 아무것도 모르는 사람이라는 것이다.[37]

권력의 자기 유지와
종교적 세상[世] 넘기[越]

이찬수_ 서울대학교 통일평화연구원 HK연구교수

1. 은총과 초월

신학적으로 '은총'은 아무런 대가나 조건 없이 인간과 세계 안에 내어 주신 하느님 자신을 의미하는 말이다. 모든 존재와 생명의 근원으로 작용하고 있는 보편적인 힘의 세계를 가리키는 종교 언어이다. 굳이 신학적으로 따지지 않더라도, 실제로 인간이 창조해 낸 것은 하나도 없다. 나무 한 그루, 물한 모금 그 어떤 것도 인간이 창조해 낸 것은 없다. 내 세포 하나 내가 만들지 않았다. 내가 먹는 쌀 한 톨도, 그 쌀 한 톨을 먹고 소화시키는 우리의 위장이나 창자도, 그냥 그렇게 주어진 것이다. 그렇게 주어진 세계 안에 거저 태어났고 그 원초적인 힘에 의해 살아간다.

그런데, 모든 것은 거저 주어졌지만, 그러한 사실을 먼저 깨닫고, 인식하고, 구현해 내는 일은 거저 주어지지 않았다. 거기에는 은총의 세계를 깨닫고 그 깨달음대로 살려고 애쓴 선각자들의 희생이 들어 있다. 먼저 깨달은 이들이 희생을 무릅쓰고 기존 흐름에 저항하면서 은총이라는 보편적 가치를 더 많은 사람들이 알아 가도록 자극한 것이다. 그 결과 윤리적 차원에서는 이웃을 긍정하게 만들고, 사회적 차원에서는 상생(相生)을 위해 고민하게 만들며, 그러는 과정에 종교 또는 종교인으로서의 정당성이 유지된다.

가령 예수는 '아버지께서 악한 사람에게나 선한 사람에게나 똑같이 햇빛을 주시고 옳은 사람에게나 옳지 못한 사람에게나 똑같이 비를 주신다'고 가르쳤다(마태 5,45). 하느님의 눈으로 보면, 사람에게는 생래적 선악(善惡)이나 정오(正誤)가 없다는 말이다. 그렇게 가르치다가 생래적 차별을 당연시하는 기성 종교인들에 의해 희생당했지만, 예수의 저항적 가르침은 한 줄기 새로운 희망을 발생시켰다. 그러게 해서 생겨난 것이 기독교이다. 은총이라는 말의 아름다운 뉘앙스와는 달리, 실제로 은총에 대한 구체적인 인식은 모진 저항의 산물이다.

이러한 저항으로 기존의 반생명적 흐름을 극복하고 기존 질서를 넘어선다. 이렇게 넘어서는 행위를 신학 언어로 하면 '초월'이다. '초월'이란 현실과 상관없는 곳으로 이동해 가는 것이 아니고, 단순한 '공간적 넘어섬'도 아니다. 초월은 '인식적 넘어섬'을 통한 새로운 삶으로의 전환이다. 인간은 공간 내 제한적 존재임에도 불구하고, 인식적으로는 특정 공간에 갇히지 않는다. 현 지평 안에 있으면서 현 지평을 넘어선다. 그렇게 넘어서 확인하는 것은 모든 것이 거저 주어져 있다는 원천적 사실이다. 모든 것이 은총이라는 것을 확인한다면 겸손해질 수밖에 없다. 이웃을 한 번 더 생각할 수밖에 없다. "네 이웃을 네 몸처럼 사랑하라"는 윤리적 요청으로 이어지게 된다. 내가 본래 소유했던 것은 없으며, 남보다 나를 낮게 여길 그 어떤 근거도 없기 때문이다. "네가 좋아하는 것을 다른 이에게도 행해야 한다. 네가 고통스럽게 느끼는 것은 다른 이에게도 고통스럽다."(하디스), "자기가 원하지 않는 일을 남에게 하지 말아라."(『논어』), "다른 이를 대할 때 '내가 그들이고 그들이 나인 것처럼' 대하라."(숫타니파타) 등의 윤리적 요청도 마찬가지의 원리 위에 있다. 단순한 듯 자명한 이 사실이 종교를 종교 되게 해 주는 기본 원리이다. 보편적 은총의 세계에 대한 발견을 통해 자기중심적 현 지평을 넘어서는 것이야말로 종교의 정수인 것이다.

그러나 실제로 '은총'은 단순한 자기만족적 감정의 영역에 머물 때가 많다. 경쟁으로 쟁취해 낸 결과물 정도를 하느님의 은총이라며 좁고 좁게 자의적으로 해석하고 만다. 은총의 보편성과 타자 지향성은 나 먹고 살기도 빠듯하다는 현실감에 종속되고, 자신이 쓰는 종교적 언어가 자신만의 특권이기도 한 냥 자기 중심성으로 이어 나간다. 구원을 자기 집단 안에 독점하고, 타자 긍정적 요청은 배척한다. 종교 언어들은 난무하지만, 은총이나 초월 같은 가치와 그에 어울리는 삶은 실종된다. 이런 자세들이 쌓이고 사회화되면서 종교의 이름으로 살상의 원인을 제공하기도 한다.

2. 세월호의 세상 넘기

'세월호'는 '세상[世]을 넘는다[越]는 이름[號]'을 지닌 배이다. 이때 '세(世)'는 한자상으로 '공간적 세계'라기보다는 '시간적 세계'에 가까운 말이다. '세월호'의 작명자가 이러한 구분까지 의식하고 있었을 것 같지는 않지만, 어떻든 '세월'(世越)은 세상이라는 파도를 넘어선다는 뜻으로 붙여진 이름이라고 한다.[1] 이때의 세상이란 무엇이고, 그 배의 운영자는 세상을 어떻게 넘어서려 했던 것일까. 또 세상을 넘어 어디로 가려 했던 것일까.

'세상을 넘어선다'는 이름에는 언뜻 대단히 종교적 의미가 담겨 있는 것처

럼 보인다. 하지만 우리 사회 자체를 근원적으로 되묻게 만든 '세월호 사건'
(2014.4.16-)을 통해 우리는 그 '넘어섬'의 내용이나 방향이 '은총'이니 '초월'이
니 하는 신학적 정신과는 사실상 반대였다는 사실을 알 수 있었다. '세월(歲
越)'이라는 이름의 실제 의미는 자본주의적 성과 사회와 적절히 타협하면서
어떻게든 자본을 축적하고 이를 위한 경쟁에서 이기려는 욕망에 있었던 셈
이다. '세상의 종교화'를 명분 삼아 '종교의 사업화'를 추구하는 방식으로 세
상을 넘어서려 했던 것이라고나 할까. 자기중심적이고 경쟁적인 세상에서
앞서가려는 자세 외에 다른 것이 보이질 않았다.

물론 처음부터 그랬던 것은 아닐 것이다. 세월호 선사인 청해진해운의 실
질적 경영자였던 유병언은 이른바 '구원파'[2]의 종교 지도자이기도 했다. 이
교단 안에서 유병언은 목사였고, 그의 설교는 많은 이들로부터 종교적 결속
력을 이끌어냈다. 교단사 차원에서 보면 '구원파'는 본래 이성주의적 복음
주의 신앙을 표방하는 교회였다. 협동조합 운동을 통해 성서적 평등주의를
실현하겠다는 경제관도 가지고 있었다. 적어도 원칙적으로는 그랬다. 문제
가 있다면, '구원받은 이들'과 '아닌 이들'을 가르는 정도가 심하고, 구원받은
이들을 중심으로 '그들만의 리그'를 펼치는 '게토적' 성향이 강하다는 사실
이었다. 그 과정에 '종교의 사업화'도 진행되었다.

구원파는 한강유람선 회사인 '주식회사 세모' 등의 기업과 지속적으로 관
련을 맺었고, 유병언 일가 및 교회의 유력 인물들을 중심으로 서로의 계열사
를 상호 지배하며 폐쇄적 그룹 형태로 진화해 오는 과정에 긴밀한 협력자 역
할을 했다. 종교 지도자들이 전형적인 신자유주의적 자본주의의 꼼수를 써
오는 과정을 묵인하거나 지원하며 자기 집단 중심주의를 강화시켜 나갔다.

이런 식으로 유병언의 사업적 수완은 교단의 유지와 확대에도 적지 않은

공헌을 했다. 종교의 이름으로 사업을 벌이고, 그 사업으로 교회의 경제적 성숙과 평등을 이룰 것처럼 내세웠다. 청해진해운의 형식적 대표자는 물론 상당수 직원이 '구원파' 소속 신자들이기도 했다는 것도 그 증거이다. 하지만 교회의 경제적 독립이나 평등의 구현보다는 결국 자본을 재축적하는 방식으로 세상의 파도를 넘어서고자 하는 행위에 치우치고 말았다. 신자 개인들에게는 신앙적 각성과 그것을 통한 구원을 필생의 목표로 내세우면서, 정작 종교 지도자이기도 했던 이들은 자본 중심의 논리에 집중하며 맘몬의 축적을 실제 목표로 삼았다. 그들이 세상의 파도를 넘는 방식은 은총의 구체화나 사회화 같은 신학적 원리에 따른 것이라기보다는, 사실상 자본의 확장에 따른 것이었던 셈이다. 그것도 기성 교단들에 비해 더 폐쇄적이고 자기 집단 중심적으로 이어 가면서, 자신도 모르는 사이에 타락의 길로 들어선다는 사실에 대한 문제의식은 별로 갖지 못했다. "하느님과 맘몬을 함께 섬기지 못한다"(마태 6,24)는 예수의 말과는 달리, 이 둘을 동시에 섬기려는 모순적 욕망이 본래 의도와는 다른 방향으로 이끌어갔다. 김진호는 구원파의 흐름에 대해 다음과 같이 비판적으로 정리한다.

(이른바 구원파는) 이성적 신앙을 강조했지만 결국 비논리와 반합리로 가득한 권위주의적 종파집단으로 귀결했고, 성경적인 평등주의적 생산공동체를 꿈꾸었던 일종의 '협동조합식 기업'은 이윤을 종파공동체 구성원들에게 평등하게 배분하지 않았고 오히려 1인의 권위주의적 지도자와 그 가족의 사치스런 생활을 위해 과도하게 투여되었다.(흥미로운 사실의 하나는 신자들의 협동조합적 기업의 이상이 '제자훈련'을 강조하는 딕 요크 계열의 종파적 집단들 사이에서 특징적으로 발견된다는 점이다. 이는 이들 제자훈련 집단들이 사도행전에 나오는 초대교회공동체를 강조한 나머지 생활공동체

를 넘어서 생산공동체를 지향한 결과일 것이다. 그러나 이런 협동조합식 기업들은 처음에는 기업 이윤을 똑같이 나누는 평등공동체를 꿈꾸었으나 대개는 실패하여 사라졌고, 생존한 기업들은 기업가 정신이 투철한 1인의 카리스마적 리더의 기업이 되었다. 하여 이런 기업들은 초기의 이상이 변형되는 것에 대한 재해석의 필요에 직면해야 했다.) 이렇게 '구원파'의 궤적이 애초의 기획과는 달리 파행적으로 전개된 가장 결정적인 요인은 모든 자원을 독점한 1인의 권위주의적 지배가 안착되고 그것이 너무 오랫동안 유지 재생산되었기 때문일 것이다.[3]

일찍이 벤야민(Walter Benjamin)이 자본주의가 "서구에서 기독교에 기생하여 종국에는 기독교의 역사가 그것의 기생충인 자본주의의 역사가 되는 형태로 발전해 왔다"[4]고 비판한 적이 있는데, '구원파'의 저간의 흐름은 이러한 사례를 잘 보여준다. '삼우트레이딩', '주식회사 세모' 등 여러 기업이 구원파 구성원들과 직·간접적 관계에 있었다는 사실에서도 구원파의 교단 운영 방식은 사실상 자본 중심의 논리를 따라 걸어왔다는 사실을 알 수 있다. 평등한 경제를 구현하겠다는 표면적 의도와는 달리, 실질적 의도는 자본의 확대를 통해 그들만의 세상을 확장시켜 나가는 데 있었다는 사실도 부정하기 힘들어 보인다. 그렇지 않고서야 탑승객의 생명과 안전보다 과적과 불법으로 수익을 극대화하고, 사고의 책임도 회피 또는 축소하려는 꼼수에 우선순위를 둘 리 없겠기 때문이다. 수백 명이 차가운 바다에서 죽어가는데 회사의 이해(利害)부터 따지고 자기 안위만 챙길 리 없으며, 사람을 살리기 위한 매뉴얼에 이렇게 총체적으로 둔감할 리 없겠기 때문이다. 그리고 종교 지도자가 사실상의 주인이나 다름없었던 세월호의 당시 선장을 포함해 선사에 소속된 선원의 70% 이상이 단기직 비정규직일 리 없겠기 때문이다. 종교적 가치는 애당초 관심 영역 밖에 있는 것들이었기 때문일 것이다. 청해진해운과 '구원파' 간에 법적 혹은 직접적 관련성은 없다 할 수 있을지 모르지만, 기업의 실소유주 일가가 교회의 핵심 지도자들이자 설교자들이기도 하다는 점에서, 내면적·신앙적·양심적 관련성마저 피할 수는 없을 것이다.

이런 곳에서 은총이니 초월이니, 나아가 구원이니 하는 말은 그저 자기 치장에 지나지 않게 된다. 자기 집단과 다른 집단 간에 경계와 장벽을 세우고, 종교의 이름으로 인간들 사이에도 편을 가르는 그 경계 짓기를 자기 집단 유지의 주요 동력으로 삼는 이곳에서 종교는 종교이기를 멈춘다.

3. 법과 권력의 속살[5]

이런 상황이 왜 발생하는지 가슴 아파하고 고민하는 이들에게 아감벤의 책 『호모 사케르』는 한 가지 의미 있는 통찰을 제공해 준다. '호모 사케르'란 무엇인가. 라틴어 '사케르(sacer)'에는 '신에게 바친', '신성한', '축성한', '엄숙한' 등의 의미가 있는가 하면, '저주할', '가증스러운', '저주받은', '흉악한', '금지된' 등의 상반되는 의미도 동시에 지닌다. 아감벤에 의하면, '사케르'라는 말이 모순되는 의미를 동시에 지니게 된 배경은 고대 로마법에까지 소급된다. 가령 2~3세기경의 라틴어 문법학자인 페스투스(Sextus Pompeius Festus)는 '호모 사케르'를 이렇게 규정한다:

> 호모 사케르란 사람들이 범죄자로 판정한 자를 말한다. 그를 희생물로 바치는 것은 허용되지 않지만 그를 죽이더라도 살인죄로 처벌받지 않는다. 사실 최초의 호민관법은 '만약 누군가 평민 의결을 통해 신성한 자로 공표된 사

람을 죽여도 이는 살인이 되지 않는다'는 점을 명기하고 있다. 이로부터 나쁘거나 불량한 자를 신성한 자라 부르는 풍습이 유래한다.[6]

호모 사케르는 제물로 바쳐질 수 없다는 점에서 종교 질서로부터 배제된 존재이면서, 누군가에게 죽임을 당해도 죽인 자가 죄를 받지 않는다는 점에서 법 질서로부터도 배제된 존재이다. 아감벤에 의하면, 어떤 사람을 '호모 사케르로 만들어 가는 행위(사크라시오)'는 '살인죄에 대한 면책과 희생제의로부터의 배제라고 하는 두 가지 특성이 결합되'어 나타난다.[7] 아감벤은 이것을 이중적인 예외 상태라고 부르면서, 근대 권력이라는 것이 예외의 정상화를 본질처럼 하고 있다고 분석한다. 즉, 호모 사케르는 권력이 인간을 배제하는 방식으로 인간을 포획하는, 다시 말해 권력이 인간을 위해 있는 것 같지만 사실은 인간을 배제하고 자신을 위해 있는 모습을 잘 보여준다는 것이다. 아감벤은 '무언가를 배제시킴으로써만 그것을 포함하는 이러한 극단적인 형태의 관계를 예외관계'라고 부르면서,[8] 예외여야 할 것을 정상이 되도록 하는 곳에 권력이 있다고 말한다.

근대에 들어 예외가 일상처럼 여겨지는 경우는 '아우슈비츠'에서도 전형적으로 드러난 바 있다. 아우슈비츠에서는 '이슬람교도'를 의미하는 은어로 '무젤만'이라는 용어가 쓰였다고 한다. '무젤만'은 종교인으로서의 무슬림을 뜻하는 것이 아니라, 주변의 철저한 무관심으로 인해 살아 있는 존재로서의 특징을 더 이상 갖지 못한 이들을 의미하는 아우슈비츠의 은어였다. 거기서는 인간이 처절하게 죽어 나가는 일도 낯선 풍경이 아니었다. 비인간적인 죽음과 죽임은 예외적인 일이어야 하지만, 아우슈비츠에서는 일상이었다. 무젤만은 마치 '걸어다니는 시체'와 같아서, 비록 실상을 증언할 수 있는 의지와

의식은 없지만, 역설적으로 아우슈비츠의 진정한 증언자들이라는 것이다.

그런 점에서 "아우슈비츠는 바로 예외 상태가 상시(常時)와 완벽하게 일치하고, 극한 상황이 바로 일상생활의 범례가 되는 장소이다."[9] 권력은 일상적 증언자에 의해 확보되는 것이 아니라, 도리어 증언할 수 없을 정도로 예외적 존재가 된 이들에 의해 확보된다는 것이다. '호모 사케르'가 법으로부터 배제하는 방식으로 법을 유지하고, 제물로 바치지 못하게 하는 방식으로 신성을 유지하는 방식을 잘 보여주듯이, 법으로부터 배제된 예외적 존재로 인해 법의 정체성이 확인되는 역설이 근대 권력의 본질이라는 말이다.[10]

이러한 권력 시스템 속에서 예외는 더 이상 예외가 아니다. 도리어 법의 한복판으로 들어온다. 호모 사케르는 타자를 재타자화시켜 사실상 실종시키는 방식으로 존재하는 권력의 실상 혹은 근대 사회의 실상을 잘 드러내준다는 것이다.

세월호 사건을 낳고 지속시키는 오늘 한국 사회의 모습도 호모 사케르의 구조와 닮아 있다. 예외적 사건이기에 가능한 신속하게 수습되리라던 일반적 기대와는 달리 예외적 사건을 수습할 구조는 성립되어 있지 않다. 그러한 구조 속에서 유지되어 가는 것이 권력이라는 것이다. 가능한 한 이 예외적 사건의 책임자를 묻지 못하도록 가장 애쓰는 주체가 가장 책임이 큰 권력이다. 그렇기에 사건이 벌어진 지 일 년 가까이 되었지만, 수습되기는커녕 수습할 주체가 없다는 사실만 폭로되어 왔다. 개인들의 아픔은 난무해도 전체를 수습하는 국가는 없다는 사실이 더욱 분명해졌다. 권력이라는 것이 인간을 배제시키는 방식으로 스스로를 위해 존재하는 '사케르한' 것이기 때문이다.

일반 상식에 따르면, '세월호 사건'은 분명히 예외적 사건이어야 한다. 사태를 수습한다며 내놓는 정부의 '음흉한 미봉책들' 역시 예외적 사건이어야 한다. 하지만 예외적 사건들이 이어져 가는 그곳에서 우리는 예외가 더 이상 예외가 아니라는 사실을 알게 된다. 그것들은 도리어 우리 사회의 실상이고 권력의 의도라는 사실이 더욱 분명해져 간다. 차가운 바닷속에 가라앉은 304명의 생명이 권력의 실상을 소리 없는 침묵으로 웅변하고 있는 것이다. 세월호 사건을 통해 권력은 자신을 위해서 존재하지 타자를 위해서 존재하지 않는다는 사실, 권력은 인간을 버림으로써 존재하는 폭력적인 것이라는 사실을 더 분명하게 확인했다. 권력의 희생물이 권력의 실상에 대한 생생한 증언자들인 것이다.

4. 인간의 사물화

종교도 제도화되고 나면, 사람을 그 제도에 맞추도록 강요하는 경향이 생긴다. 사람을 위한 제도가 제도를 위한 제도로 변질되곤 한다. '사람의 제도화'라고 할 수 있을 것이다. 좀 더 넓히면, 종교를 눈에 보이는 하나의 사물처럼 대하는 자세도 이와 근본적으로 다르지 않다. 현대인이 흔히 범하는 행위, 즉 종교를 하나, 둘, 셋 셀 수 있는 명사적 실재로, 동일한 교리 체계를 고백하고 보존하는 가시적 집단으로 해석하는 행위는 종교를 겉으로 드러난 하나의 사물로 '물상화(reification)'하고 있는 증거이다. 종교는 인간이 던지는 깊은 질문에 대한 해답 체계와 관련된 인간적 현상이지만, 비종교인에게 종교는 사물의 연장(延長)이거나, 특정 종교인에게 다른 종교는 배타의 대상일 때가 많다.

구원파가 '구원'을 기준으로 '경계짓기'에 익숙한 것도 넓게 보면 '종교의 사물화'의 일환이기도 하다. 종교를 '인간다움' 자체보다는 인간다움에 대한 자기식 경험과 그 경험에 대한 자의적 규정에 맞추며, 그 규정과 기준에 따라 인간에게도 우열을 매긴다. 인간의 내면을 읽어 내고 그와 공감하기보다는, 종교 현상들 간 경계를 세우고, 경계 밖의 '다름'에 대해서는 대립하거나 부정하면서도 별 거리낌을 갖지 않기도 한다. 물론 이것은 특정 교단만의 문제가 아니라, 제도화한 종교의 본질에 가까울 정도로 흔히 관찰되는 사실들이다.

인지고고학자 미슨(Steven Mithen)이 '인지적 유동성'(cognitive fluidity)이라는 말을 쓴 바 있다. 그에 의하면, 인간이 자연을 도구화하고 사물을 조작하는 능력이 사람에게도 적용되면서, 사람과 동물에 대한 인식 체계가 뒤섞이기도 한다. 사람과 사물 사이의 인지적 유동성이 생기게 된다는 것이다. 인지적 유동성은 한편에서 보면 과학이나 예술, 그리고 종교 현상을 가능하게 한 동인이기도 하지만, 다른 한편에서는 이것이 사람에게 적용되고 사람이 사람에게 도구화되면서, 특정 인종을 우월시하거나 동물시하게 만드는 기제도 된다는 것이다.[11] 이때는 사람이 사물처럼 여겨져도 딱히 양심의 가책이나 윤리적 비난을 받지 않는다.

인지과학자인 포코니에(Gilles Fauconnier)와 터너(Mark Turner)는 사람과 사물에 대한 개념들의 뒤섞임을 '개념적 혼성'(conceptual blending)으로 설명한 바 있는데,[12] 이러한 뒤섞임이 가령 '홀로코스트'라고 하는 전무후무한 부조리가 발생하는 근거로도 작용한다. '무젤만'과 같은 '예외' 현상이 '일상'이 되는 것 역시 마찬가지이다. 모두 인간에 대한 공감적 능력이 배제되거나 결여된데서 비롯되는 사태라고 할 수 있다. '인간을 사물화'시키는 데서 벌어지는 일들인 것이다.

5. 개념적 혼성과 악의 평범성

아렌트(Hannah Arendt)는 2차대전의 전범 아이히만의 재판 과정을 지켜보면서 '생각하는 데 무능력함'이 악을 만든다고 보았다. 홀로코스트라는 전무후무한 폭력도 그저 의도적인 거짓말 때문이 아니라, "타인의 입장에서 생각하는 데 무능력함"과 연관되어 있다는 것이다.[13] 그저 자신의 일상에만 매몰되어 있다 보면, 타인의 아픔은 말 그대로 남 이야기가 되고 말고, 타인은 그저 사물과 같아지게 되는 것이다.

히틀러에게 영향받은 반유대주의자들이 유대인을 비인간 혹은 인간 이하로 여기고서,[14] 동물처럼 '사냥'하던 행위도 비슷한 맥락에서 벌어지는 일이었다. 사람이 사물을 대하는 능력이 사람과 동물 간에, 사람과 사람 간에도 적용되면서 사람을 사물처럼 여기는 일상적 삶도 가능해지는 것이다.

아우슈비츠 생존 작가인 프리모 레비(Primo Levi)가 증언하듯이, 홀로코스트에서는 인간에 대한 집단 학살이 행정 체계의 일환이 되고 말았는데,[15] 가령 홀로코스트 학살자들이 "공식석상에서 신중하고도 냉소적인 완곡어법을 사용하는 것도 그 중 하나였다. (이들은) '학살'이 아니라 '최종 해결책'이라 표현했고, '강제 이송'이 아니라 '이동', '가스실 살해'가 아니라 '특별 처리' 등등으로 썼다."[16] 살인 행위가 일상의 언어로 번역되고, 그저 행정 행위가 되어 버린 것이다. 그렇게 "집단학살과 일상적 일과는 결국 하나가 되었다. 일상 자체가 몹시 비정상적인 것이 되어 버린 셈이다."[17]

아이히만이 심문을 담당한 독일계 유대인에게 '어떻게 자신이 친위대의 중령의 지위밖에 오르지 못했고 또 자기가 진급하지 못한 것이 자기의 잘못이 아니라는 것을 다시 또 다시 설명하면서 4개월 동안 앉아 있을 수 있었던 것'도 살인 행위와 행정 행위가 혼성되어 있었기 때문이다. 아이히만의 상상력 속 '혼성 공간'은 인간을 '일상적' '행정 처리'의 대상으로 간주하고 있었던 것이다. 그 일상적 행정 처리가 학살의 주요 원인일뿐더러, 자신의 일상에 매몰되어 타자의 아픔에 대한 공감적 상상마저 결여되면서 비인간적 난국은 지속된다. 그런 점에서 아렌트가 규정했듯이 '악은 평범'하다.

6. 타자의 비인칭화

지젝(Slavoj Zizek)도 아렌트의 분석에 동의하며, 대량 살상과 같은 악도 평범함을 통해 일어난다고 말한다. 가령 스탈린의 딸이 아버지는 다정하고 배려심이 많은 지도자인데 라브렌티 베리야가 아버지에게 대량 살상의 혐의를 뒤집어씌웠다고 회고하고, 베리야의 아들 역시 아버지는 다정하고 가정적이며 그저 스탈린의 명령을 따랐을 뿐이라 회고하며, 게오르기 말렌코프 (스탈린의 후계자)의 아들도 아버지가 정직하고 성실한 사람인데도 항상 생명의 위협을 느끼며 살았다고 기억하는 내용들이 그렇다.[18] 아이히만은 물론 스탈린, 베리야, 말렌코프는 그 자신에게도, 가족에게도 평범한, 때로는 성실한 존재였다. 다만 개인의 일상적 판단이 타자에, 사회에 어떤 영향을 끼치는지에 대한 감수성이 결여된, 자신만의 일상적 평범함이었다. 앞에서의 표현을 빌리면, 자신의 행정 행위가 어떻게 살인 행위로 이어지는지 둔감한 데서 오는 평범함이었다. 그래서 지젝은 말한다.

한나 아렌트의 말이 옳았다. 이들은 바이런이 말한 숭고한 악마적 악의 화신이 아니다. 그들의 개인적 경험과 그들이 저지른 무시무시한 행동 사이에 막대한 간극이 있으니 말이다. 우리 내면의 삶에 대한 우리의 경험, 우리의 행동을 설명하기 위해 우리가 스스로에게 들려주는 우리 자신에 대한 이야기는 근본적으로 거짓말이다. 진실은 외부에, 우리가 하는 행동 속에 있다.[19]

내면마저 가식일 수 있다. 지젝은 스스로 양심이라고 내세우는 것조차 꾸며질 수 있다고 본다. 어떻게 행동했느냐, 그 행동이 어떤 결과를 낳았느냐가 중요하다는 말이다. 적들에게는 끔찍한 폭력을 저지르면서 자기 집단 구성원들에게는 따뜻한 인간애와 친절을 베푼다든지, 인질들에게 살상 명령을 내려놓고는 바로 그날 밤 가족에게는 진심어린 사랑으로 가득한 편지를 쓴다든지 하는 행위가 위선일 수 있다는 것이다. 비행기가 추락하는 절박한 위험 상황에서야 친지에게 '사랑한다'는 말을 남기는 것도 죽음에 임박해서야 신을 찾는 것과 비슷한 가식적인 태도라고 지젝은 의심한다. 이웃을 긍정하는 도덕적인 언사 속에 정말 이웃이 담겨 있지는 않다는 것이다. 다원화된 사회에서는 그 다원화가 도리어 타자를 계산에서 제외하기도 한다.

다원화한 개인의 방 안에 들어가는 순간 더 이상 타자를 묻지 않는다. 인류를 사랑해야 한다는 보편적인 주장도 현실에서는 아무도 형제·자매가 아닐 수 있다는 역설을 품고 있다. 이웃에 대한 언사 속에 이웃이 들어 있지 않다. 그래서 지젝이 보건대 '이웃은 사물'이다.[20] '타자의 비인칭화(非人稱化)'라고 할 수 있다. 타자가 다시 타자화되고 사물화되었기에 타자는 사실상 실종된다. 세월호 사건의 수습 과정에서 볼 수 있듯이, 재난을 당한 개인들의 울부짖음은 난무하지만, 개인들의 울부짖음을 연결 지을 사회적 장치는 확립되어 있지 않다. 가족과 이웃을 잃고 울부짖는 개인들의 희망과는 달리 그 장치의 정점인 국가는 결핍되어 있다. 그 결핍이 사실상 근대 국가의 속성이라 해도 과언이 아니다. 예외적이어야 할 참사가 사실은 정상적인 것이라는 역설이 근대적 권력 구조 속에 이미 들어 있는 것이다.

7. 폭력의 악순환

2011년 9월 22일 부산지방해양항만청에서 서울특별시교육청에 학생들의 수학여행을 보낼 때 제주뱃길을 이용해 달라는 협조 공문을 보낸 적이 있다고 한다.[21] 2009년을 정점으로 국내 연안여객선 수송이 줄어들자 수학여행이라는 교육 행위를 볼모로 해서라도 국내 여객선 이용을 활성화시키려는 정책의 일환이었다. 정부도 '크루즈산업 지원 및 육성에 관한 법률'을 마련해 국회에 제출하는 등 여객선 사업에 대한 지원 방안을 모색했다. 이 법안은 여전히 국회에 계류 중이지만, 그 과정에 배의 수명을 기존 20년에서 최대 30년까지 연장할 수 있는 길을 터 주었다.

당장의 이익을 가져다 주지 않는 '안전'은 사업자의 안중에 없었고, 여객선 사업을 회생시키려는 당국에도 그다지 현안은 아니었다. 행정이 공적으로 작동되는지 감시하는 감사 기구도 안전과 관련한 현안들을 제대로 감사하지 못했다. 일본이 배의 운용 기간을 줄이는 방식으로 공적 안전을 도모했다면, 한국은 배의 운용 기간을 늘이는 술수로 상업성만을 내세운 것이다.[22] 부산지방해양항만청의 공문이 세월호 침몰의 직접 원인이라고 할 수는 없지만, 그런 공문이 작성되고 유통되는 과정이야말로 학생들을 포함하여 수많은 희생자를 낳은 참사의 복잡한 원인을 잘 보여준다. 세월호 사건은 사실상 필연에 가까운 사건이었던 것이다.

응당 이러한 참사에 국가의 책임이 막대하다. 참사 자체는 물론 수습 과정의 무능함에서도 국가는 책임을 면할 길이 없다. 국가는 사실상 가해자라고 해도 과언이 아니다. 물론 '국가'라는 개념이 영토 · 국민 · 주권으로 구성되어 있다는 헌법적 정의를 염두에 둔다면, 이때의 국가는 주권을 더 많이 행사하고 있는, 주권의 상위 책임자들을 의미한다. 더 좁히면, 희생자를 수습해야 할 법적 책임이 큰 이들을 의미한다.

하지만 온 국민이 명백하게 보아 온 대로, 결국은 실종자 수습조차 포기하고 말았다. 드러난 것은 사태에 책임이 큰 개인이나 집단들 간에 책임을 줄이거나 없애기 위한 모략과 타협이 난무하는 모습이었다. 이익을 극대화하거나 권력을 유지하기 위한 각종 술수, 그리하여 온 국민이 비통해 하면서도 그 비통함을 멈추지도 못하는 현실이었다.

참사에 대해 청와대조차 '재난의 컨트롤타워가 아니라'며 책임 회피성 말을 하고, 국가안전처를 총리실 산하에 신설하겠다는 말로 시국을 수습하려 했다. 내심 청와대는 이 사건에 대한 법적 책임을 지지 않겠다는 전략이었다고도 할 수 있다.[23] 참사 원인을 밝히기 위한 '세월호특별법' 제정 과정에서도 권력에 가까운 이들일수록 가능한 한 책임을 줄이거나 회피하기 위한, 그리고 권력을 유지하고 확대하기 위한 전략들이 주로 드러났다.

사태의 수습에 특히 책임이 막대한 정부 여당은 유가족의 목소리를 반영하는 진상조사위원회에 수사권과 기소권을 부여하자는 주장에 대해 사실상 피해자가 직접 수사하는 것은 기존 법질서를 그르친다며 끝까지 반대했다. 겨우겨우, 그것도 마지못해 '세월호 특별법'("4.16 세월호 참사 진상 규명 및 안전사회 건설 등을 위한 특별법")이 국회에서 합의되었고, 2015년이 되고서야 진상조사위원회가 출범하기는 했지만, 정말 참사의 진상을 제대로 조사할 수 있을지 많은 이들이 여전히 의심한다. 권력은 속성상 사태의 진상 조사를 원하지 않는다는 사실을 많은 이들이 느끼고 있다는 뜻이다.

8. 도덕적 인간과 텅 빈 국가

국제정치학자이자 기독교 윤리학자인 라인홀드 니버는 개인적 도덕성과 사회적 비도덕성을 구분한 적이 있다.[24] 개인적으로 도덕적이라고 해서 사회적으로 도덕적이 되는 것은 아니라는 말이다. 개인은 본성상 자신들과 비슷한 사람들에 대한 동류의식·공감·이해심을 갖고 있고, 다른 이들의 이해관계도 고려할 줄 안다는 점에서 도덕적일 수 있다. 하지만 몇 단계 개인들을 건너가면 이기적 충동이 중층적으로 결합되어 집단화하고, 이 집단 이기주의가 합리적 판단을 불가능하게 한다는 것이다.

국가 단계로 가면 이것은 더욱 적나라하게 드러나는데, 세월호 사건에 대해 많은 이들이 개인적으로는 안타까워하면서도 사회적 해결은커녕 혼란만이 연속되던 난국적 상황이 그것을 너무 잘 보여준다. 많은 개인들이, 여러 소집단에서 희생자들을 돕기 위한 자원봉사에 기꺼이 나서고, 국가에 해결책과 엄정한 책임을 물었지만, 결국 치유는커녕 더 큰 아픔으로 남고 말았다. 엄청난 죽음 앞에 안타까워하는 개인들의 '도덕성'에도 불구하고 국가는 '비도덕성'을 여지없이 드러내어 온 것이다.

이것은 개인들의 울부짖음을 연결 지어 울음을 멈추게 할 사회적 장치가 확보되어 있지 못한 탓이다. 가령 자살자가 많다는 것은 자살자가 기댈 사회적 의지처가 결핍되어 있다는 것을 의미한다. 참사에서 가족을 잃고 울부짖는 개인들의 희망과는 달리 이를 수습해야 할 국가는 '거대한 빈 틈', '공(空)-간(間)'으로 남는다. 사회 전체는 여전히 비도덕적으로 남고, 인간을 타자화하는 비인격적 권력만이 유지된다. 그래서 참사가 벌어져도 수습되지 않는다. 참사를 수습시키는 것은 시간이고 망각일 뿐, 제대로 된 책임자를 가리기는 구조적으로 힘들게 되어 있다. 비도덕적 사회, 텅 빈 국가를 유지시키는 책임의 보이지 않는 근간은 '생각' 없는 도덕이다. 권력의 이기성을 폭로하는 지난한 노력이 없다면 '세월호'는 지속될 것이다. 이제는 국가에 의존했던 소박한 기대를 내려놓아야 한다. 울부짖음에 공감하거나 책임질 줄 모르는 이들에게 권력을 준 이들도 보이지 않는 책임을 져야 한다.

물론 보이는 책임은 저만 아는 권력자들이 져야 한다. '세상을 넘어서는 배' 안에 영혼조차 갇혀버린 이들은 사회와 국가에 의한 '정책적 타살'이기도 하기에, 그 정책의 책임자는 반드시 가려내어야 한다.

그렇지만 양심적 책임은 모든 이가 져야 한다. 세상을 경제적 효율성과 성과주의로 몰아간 이들, 특히 종교의 이름을 내세우고서도 사회적 불평등에 눈감아온 이들의 양심적 책임이 크다. 이를 사회적 법정에까지 세울 수는 없지만, 양심의 법정에는 자발적으로 서야 한다. 그것이 은총의 가치를 외면해온 종교인들의 정체성을 회복하는 근간이다.

'세월호'와는 반대 방향으로 세상을 넘어야 한다. 사람들을 밀치며 저만 앞서 가려던 '팔꿈치 사회'[25]를 넘어 본연의 세상, 보편적 은총의 세계를 회복해야 한다. 이른바 '대의민주주의'를 통해 권력을 만들고 모아서 성립시켜놓은 근대국가의 허상을 철저하게 성찰하고, 작은 권력들을 아래로부터 주체적으로 재구성해내는 '사회적 초월'을 이루어야 한다. 한 사람, 하나의 생명 본연의 고귀한 가치를 고스란히 살려내야 하는 것이다. 그것이 이 시대에 어울리는 은총의 구체화이고 초월의 사회화이다. 그렇지 않으면 '세월호'는 다시 위태하게 운항하다가 또 가라앉겠기 때문이다.

법화경의 '불타는 집'의 비유를 통해 본 세월호 참사

김명희 _서강대학교 종교학과 강사

1. 들어가기

2014년 4월 16일 오전 8시 48분경 대한민국 전라남도 진도군 조도면 부근 해상에서 청해진해운 소속의 인천발 제주행 연안 여객선 세월호가 전복되어 침몰하였다. 4월 18일 세월호는 완전히 침몰하였고, 이 사고로 탑승 인원 476명 중 295명이 사망하고 9명이 실종되었다. 세월호 참사는 대한민국의 참사였고, 우리의 민낯을 그대로 드러낸 대사건이었다.

세월호 참사는 자본주의에 종속된 국가가 만들어 낸 비극이다. 무한경쟁, 규제 축소, 성과주의, 배금주의에 노예가 된 우리 사회가 부른 참사였다. 생명과 안전보다는 오직 돈만을 추구하며, 돈이면 다라는 오만과 탐욕이 만들어 낸 국민 참극이었다. 부정과 부패의 온상덩어리였던 세월호, 그 침몰은 예견된 재앙이었다. 그러나 누구도 그것을 인지(認知)하지 못했고 인지하려고 하지 않았다. 결국 지난 봄 세월호는 진도해상에서 수많은 목숨과 함께 침몰하고 말았다.

승객의 생명을 책임져야 할 선박직 선원과 해경, 정부, 국가가 보여준 구조작업은 무능 그 자체였다. 어느 누구도 세월호 승객들의 생명을 책임지고 구해내지 못했다. 오히려 아르바이트생이었던 임시직 직원과 사무직 승무원이 학생들의 구조를 돕다가 목숨을 잃었다. 또한 단원고 교사들의 희생적 구조로 그나마 몇몇의 어린 학생들의 목숨을 구할 수 있었다.

세월호 참사는 침몰에서부터 구조까지 부정 · 부패 · 무책임이 낳은 인재(人災)였다. 이러한 세월호 참사에서의 구조 활동과 비교되는 비유가 대승불교 경전인 법화경에서 발견된다. '불타는 집'의 비유가 세월호 참사와 유사한 구조를 담고 있다. 이 글에서는 '불타는 집'의 비유를 통해 세월호 참사의 근본 원인과 교훈을 고찰하고자 한다. 고통의 바다로부터 중생들을 건져낸 붓다의 구제법(救濟法)으로 세월호 구조의 문제점을 조명해 보고자 한다.

이 글은 먼저 '불타는 집'의 비유를 해석학적으로 분석한 후 세월호 참사와 비교할 것이다. 이를 통해 세월호 참사의 원인과 구조 방법을 비판적 시각에서 분석 · 조명할 것이다. 이후 앞의 분석을 토대로 세월호 참사가 주는 교훈을 성찰하고자 한다.

2. '불타는 집'의 비유

1) 구제(救濟)의 종교로서 불교

'불타는 집'의 비유는 법화경의 7개의 비유 중 하나다. 법화경은 기원전 200년에서 기원 후 200년 사이에 인도에서 기록된 경전이며, 그 중심 사상은 일승(一乘)사상(보살승, 독각승, 성문승의 통일)으로 종교의 융합과 일치를 추구한다. 반야경을 기반으로 한 초기 대승불교는 붓다가 되고자 하는 보살의 실천도(大乘)를 강조하였다. 때문에 연각(독각)승과 성문승으로는 성도(成道)가 불가능하다고 하면서, 두 승을 가리켜 소승이라고 폄칭하였다. 하지만 불타의 자비가 확대됨에 따라 소승을 통해서는 깨달음이 불가능하다는 문제를 해결할 필요가 생겼다. 그리하여 삼승 - 보살승, 독각승, 성문승 - 모두 성불의 길(방편)임을 보여주기 위해 성립된 것이 법화경의 방편품이다.[1] 7개의 비유들이 소승이나 대승 모두에게 붓다의 절대적인 자비와 은총이 주어진다는 것을 이야기하고 있다. 이때 법화경은 불교가 '해탈'의 종교이기보다는 '구제'(救濟)의 종교라는 것에 역점을 둔다. '불타는 집'의 비유에서도 중생의 구제를 목표로 삼고 있으며, 소승과 대승의 가르침 모두 '방편'으로 사용될 수 있음을 제시한다.

석가모니 붓다는 깨달음을 통해 고통을 극복하는 길을 알았다. 그것은 고통과 욕망, 생로병사의 곤경으로서의 '불타는 집'으로부터 구원과 해탈을 위한 길이며, 붓다가 법화경에서 설한 것처럼 깨달음과 붓다, 열반과 공(空)에 이르는 길이다. 고통을 극복하기 위한 길은 열반, 공(空), 깨달음, 완전한 지혜로 붓다의 세계가 목표하는 것이다.[2] 열반이란 욕망이 사라진 상태다. 재물, 음식, 성욕, 명예, 수면의 '다섯 가지 욕망'[五慾]과 탐욕, 증오와 분노, 어리석음의 '삼독'(三毒)을 근절하는 것이다. '불타는 집'에서도 중생들을 오욕과 삼독으로부터 구제하기 위해 애쓰는 붓다의 모습을 비유로 나타내고 있다. 욕망과 탐욕으로 불타는 고통의 세상에서 중생을 구제하는 것이 법화경이 추구하는 궁극적 목표다.

2) '불타는 집'의 비유

'불타는 집'의 비유[3]에서는 성문불(聲聞佛)과 연각불(緣覺佛)의 두 개의 승(乘)

과 보살승(菩薩乘) 사이의 긴장을 화해시키고 있다. 성문불과 연각불은 아라한을 이상으로 하는 소승의 두 개의 수레(乘)다. 보살승은 대승의 수레로서, 모든 사람을 이 세상의 고통으로부터 열반의 세계의 언덕으로 인도해 주는 수레다. '불타는 집'의 비유에서는 붓다가 '방편'으로서 삼승(三乘)을 사용하여 사람들을 불타는 집으로부터 구한다는 내용을 다루고 있다.

붓다는 법화경 제3장 「비유품」에서 '불타는 집'에 관한 비유를 설명한다. 그는 이 비유에서 아들들에게 두려움과 근심, 동정심과 자비심을 품은 아버지로 등장한다. 아버지는 놀이에 심취해 있어 자신의 말을 따르지 않는 자식들을 구하고자 한다. 그때 아버지는 자식들을 불타는 집으로부터 유인해 낼 '방편'을 생각해 낸다. 그는 각각의 아들들에게 놀이용 수레를 약속한다. 그 수레는 집 밖에 놓여 있으며, 아이들이 정말로 원하던 수레로서 양, 사슴, 황소가 끄는 수레다. 약속한 대로 아이들은 기뻐서 불타는 집에서 뛰어 나온다. 그리고 '구조'된다. 아버지는 그의 아이들을 구해 내어 그들의 생명을 지킬 수 있었던 것을 무한히 기뻐한다. 하지만 여기서 각각의 아들들이 얻은 수레는 흰색 황소가 이끄는 보석들로 장식된 값비싼 수레들로 모두 동일한 것이다. 모든 아들들이 똑 같은 방법으로 가장 아름다운 수레를 얻는다.[4]

이 비유에서 붓다는 자식을 둔 아버지처럼 인간들에게 동정심과 자비심을 느껴 그들을 욕정과 욕망, 생로병사(生老病死)하는 고통의 장소인 지상의 세상, 즉 불타는 집으로부터 구해 내어 고요함과 평화, 기쁨이 있는 모든 고통이 끝나는 열반으로 인도하고자 한다. 붓다에게는 생로병사의 끊임없는 고통을 극복함으로써 인간의 삶을 열반으로 인도하는 것이 핵심 과제다. 이것이 '불타는 집'의 비유가 전하는 실존적 메시지다.[5]

3. '불타는 집'의 비유를 통해 본 세월호 참사

'불타는 집'의 비유와 세월호 참사는 고통의 세상에서 '인간 구제' 혹은 '생명 구조'라는 동일한 목표를 추구하고 있다. 하지만 불타는 집의 비유에서는 생명 구조(救助)가 성공하지만 세월호에서는 그렇지 못했다. 불타는 집과 세월호 참사의 구조(構造)는 유사했지만 구조(救助)의 결과는 상반되었다. 전자의 결과가 '생명 살림'이었다면 후자는 '생명 죽임'이었다. 불타는 집의 비유와 세월호 참사의 비교 분석을 통해 침몰하는 세월호로부터 탑승객 476명 전원을 구해내지 못한 이유와 대한민국 사회의 구조적 문제점을 조명해 보고자 한다.

1) 불타는 집 - 침몰하는 세월호: 재난의 원인

(1) 불타는 집: 위험 불감증

우선 '불타는 집'의 비유에서 말하는 '불타는 집'이 무엇을 의미하는지 살펴보기로 한다.

> 어느 나라 어느 도시 어느 마을에 한 큰 장자(長者)가 있었다. 그는 늙었고 재물과 부는 헤아릴 수 없이 많았다. 그 장자는 많은 밭과 집들과 아주 다양한 노예와 하인들을 소유하고 있었다. 그의 집은 넓고 컸으나 문은 오직 하나뿐이었다. 그 안에는 다양한 사람들이 대단히 많이 있었다. 100명, 200명, 500명까지의 사람들이 그 안에 살고 있었다. 그 집의 홀과 방들은 부서졌고 낡았으며, 벽들은 갈라지고 대들보는 튀어나왔고, 천장과 용마루는 기울어 위험

하게 되었다. 그런데 갑자기 사방에서 동시에 불이 나서 온 집에 퍼졌다. 열, 스물 혹은 서른이나 되는 장자의 아들들은 바로 그때 그 집에 머물고 있었다. 장자는 곧 사면에서 큰 불이 일어나는 것을 보며 크게 놀라서 생각했다.

비록 나는 혼자 힘으로 이 불타는 건물의 문으로 온전히 빠져 나올 수 있지만, 그러나 모든 아들들은 이 불타는 집에서 매력적인 놀이에 깊이 빠져 즐기고 있다. 그들은 아무것도 깨닫지도 알지도 못하고, 놀라지도 두려워하지도 않는다. 불이 가까이 와 그들의 몸을 둘러싸서 극심한 고통이 덮치고 있지만 마음속에는 근심도 두려움도 없어 빠져 나오려고 애쓰지도 않는다.[6]

비유에 나오는 장자는 붓다 여래를 가리킨다. 그는 모든 세상의 아버지다. 오랫동안 자기 혼자 힘으로 두려움과 곤경과 근심과 현혹됨과 어둠을 극복한 아버지다. 그는 무한한 지혜와 힘을 얻었고 공포를 극복했다. 그는 강력하고 초월적인 힘과 지혜의 힘을 지니고 있으며, 지혜와 방편의 덕 안에서 완성되었다. 그는 스스로 삼계(三界)[7]의 무너져 가는 오래된 불타는 집에서 태어나 중생들을 생로병사로부터, 근심과 고통으로부터, 어리석음과 어둠으로부터 그리고 삼독(三毒)의 불로부터 해방시켰다.

'불타는 집'에서 '집'이란 세상을 의미한다. 인간이 살고 있는 실존의 세계다. 그런데 넓고 큰 이 '집'은 오래되어 홀과 방이 부서졌고, 벽들은 갈라지고, 대들보는 튀어나오고, 천장과 용마루는 기울어 위험하게 되었다. 낡은 집은 불완전하고 불안전한 인간세계를 가리킨다. 언젠가 사라질 실존의 세계다. 더욱이 이 큰 집에 문은 단 하나뿐이다. 위기의 순간에 구조의 문은 오직 하나다. 무상(無常)한 세계로부터 해탈할 수 있는 길 또한 오직 하나다. 즉 일승(一乘)뿐이다.

'불'은 생로병사와 삼독(三毒) - 감각적 쾌락과 욕망(貪), 증오와 성냄(瞋), 어리석음(痴) - 의 고통을 의미한다. 욕망과 집착으로부터 오는 고통이 '불'이다. 사람들은 태어나고 늙고 병들고 죽는 고통 속에서 살아간다. 그들은 다섯 가지 욕망(五欲), 즉 재물(財欲), 음식(食欲), 성(性欲), 명예(名譽欲), 수면(睡眠欲)과 이익에 대한 욕구로 온갖 고통을 경험한다. 이처럼 고(苦)의 원인은 불타는 욕망과 탐욕에 기인한다.

그러므로 '불타는 집'이란 '고통의 세상'을 의미한다. 인간의 탐욕스런 욕망에서 오는 고통의 세상이다. 고통의 불이 어떻게 일어나는가? 비유에서는 집이 오래되고 낡아 '어느 날 갑자기' 사방에서 동시에 불이 나서 온 집에 번졌다고 말한다. 인간의 의지와 무관하게 세상은 고통과 위험에 던져진다. 인간이 겪는 생로병사의 고통은 선험적으로 '주어진' 인간 삶의 조건이다. 무상(無常)한 세상 또한 인간에게 주어진 삶의 현장이다. 오래되고 낡은 집이 화재의 위험에 쉽게 노출되듯이 불완전한 인간 또한 고통과 죽음의 세계에서 벗어나지 못한다.

불타는 집에서 아이들은 위험을 모른 채 놀고 있다. 인간의 실존도 이와 같다. 고통과 욕망의 불타는 세상에 살면서 누구도 죽음의 위기를 인식하지 못한 채 살아간다. 모두가 '위험불감증' 속에서 실체 아닌 것을 실체로, 영원하지 않은 것을 영원한 것이라고 믿으며 살고 있다. 삼계(三界)의 불타는 집에서 이리저리 뛰어다니는 아이들처럼 인간은 생명의 위험을 깨닫지 못하며 욕망에 빠져 즐거워한다. 그들이 큰 고통을 만나도 고통을 위기 극복의 기회로 삼지 않는다. 불타는 집, 불타는 세상으로부터 빠져 나오기 위해 애쓰지 않는다. 그래서 아버지-붓다는 구제를 위해 방편을 사용하기로 결심한다. 위험불감증을 일깨울 구원의 방편이다.

(2) 침몰하는 세월호: 안전 불감증

청해진해운의 소유인 세월호(世越號, MV Sewol)는 2013년 1월 15일부터 인천과 제주를 잇는 항로에 투입돼 주 4회 왕복 운항하다, 2014년 4월 16일 진도군 해상에서 침몰하였다. 1994년 6월 일본 나가사키의 하야시카네 선거(林兼船渠)[8]에서 건조한 여객・화물 겸용선(RoPax, RORO passenger)으로, 일본 마루에이 페리사에서 '페리 나미노우에'(フェリーなみのうえ)라는 이름으로 18년 이상 가고시마 - 오키나와 나하 간을 운항하다가 2012년 10월 1일 운항을 끝으로 퇴역하였으며 직후에 청해진해운이 중고로 도입해 개수 작업을 거친 후 2013년 3월부터 인천-제주 항로에 투입하였다.

2014년 4월 22일 KBS를 통해 보도된 기사를 보면, 세월호의 복원성이 유지되는 화물적재량은 987톤이지만, 사고 당시 세월호는 적재량의 3.7배에 다다르는 3,608톤을 실었다. 또한 선박의 복원력을 위해 배 맨 밑에 평형수를 만재흘수선(滿載吃水線)이 수면에 닿을 때까지 채워 넣어야 하는 것이 원칙이나, 세월호는 정량의 평형수를 채우지 않았다. 과적으로 평형수 1000톤가량을 빼낸 세월호는 무게중심이 위를 향하고 있었다. '부력 중심'이 배의 복원력을 결정하는 중요한 요소인데 무게중심이 높아져 복원력을 잃은 세월호는 결국 좌측으로 침몰하고 말았다. 침몰한 세월호에는 제주도 수학여행을 위해 탑승한 안산 단원고 2학년 10개 학급 남녀학생 325명이 있었다. 이들중 250명이 사망하거나 실종되었다.

이렇듯 세월호는 청해진해운이 일본에서 구입한 시점에 이미 노후화된 배였다. '세월호'란 이름의 의미처럼 세상을 초월해 인간의 생명을 지켜주는 '구원의 방주'가 아닌, '죽음의 방주'가 되고 말았다. 낡은 배의 무리한 증축, 화물 과적과 관리 부실, 평형수의 부족, 부품의 노후화와 검사의 부실이

304명의 목숨을 앗아가는 대참사로 이어졌다. 한마디로 세월호 참사는 인간의 탐욕과 부주의가 빚은 인재(人災)였다. 이윤만을 극대화하려는 신자유주의 사회의 기업주의 양심 불량이 가져온 대형 참사였다.[9]

박창균은 세월호 참사 이면에는 물질주의, 특히 돈에 대한 탐욕이 숨어 있다고 하면서 "생명과 같은 목적적 가치가 돈을 위한 수단으로 전락했다"고 개탄한다.[10] 세월호 침몰의 직접적 원인이 된 폐선 구입부터 차량과 화물의 과적, 불법 증축 모두 돈에 대한 탐욕에서 비롯된 것이다. 인간의 생명보다 돈을 중시하는 세계관이 문제였다. 5월 20일 서울대 교수 시국선언은 "세월호 침몰에는 생명과 안전을 도외시하고 오직 돈만을 추구한 청해진 해운"과 "기업하기 좋은 나라 만들기를 위한 정부의 규제 완화 정책이 직접적인 원인으로 작용했다"고 개탄했다.[11]

돈의 욕망 속에 운항된 세월호는 결코 안전한 방주가 아니었다. 세월호의 침몰은 자연재난이 아닌 인적 재난이었다. 안전 불감증이 가져온 대참사였다. 신현우는 "우리에게 안전하게 보이는 것이 언제나 안전을 제공하지 않는다. 그러나 세상은 침몰하는 세월호 같으면서도 마치 안전한 것처럼 우리를 속인다"며 우리를 각성시킨다.[12]

(3) '불타는 집' 대 '침몰하는 세월호'

위에서 살펴본 바, '불타는 집'과 '침몰하는 세월호' 간에는 유사한 구조가 자리 잡고 있다. 다음은 둘의 비교 분석을 통해 세월호 참사 원인의 근본적 이유를 조명해 본다.

① 집과 배

'집'과 '배'는 인간이 거주하는 곳이다. 배 또한 바다 위의 집이다. 인간의 생명을 지켜주는 집, 집은 곧 삶의 터전이다. '불타는 집'의 비유에서 '집'은 '세상'이라고 일러준다.

인간의 생명을 지켜주어야 할 집과 배가 불타고, 침몰하였다. 화재와 침몰의 첫 번째 원인은 집과 배가 모두 오래되고 낡았다는 점이다. 비유에서 늙은 장자(長者)는 오래된 낡은 집을 가지고 있었다. 방들이 부서지고 벽들이 갈라지고 대들보가 튀어나오는 위험한 집이었다. 허물어져 가는 집이었기에 화재 위험에 무방비로 노출되어 있었다.

세월호 또한 건조된 지 30년이나 된 배였다. 선박의 방향을 잡고 충돌을 예방하는 필수 장치인 조타기와 레이더마저 부실했던 세월호는 '고장덩어리' 배였다.

인간 세상도 우리 사회도 낡고 부실한 집과 배와 같이 언제든 위험에 노출되어 있다.

② 불과 침몰

'불타는 집'의 비유에서 불은 생로병사(生老病死)와 삼독(三毒)의 고통을 뜻한다. 즉, 욕망과 탐욕의 불이다. 중생들은 태어나고 늙고 병들고 죽는 것을 통하여 근심과 고통 속에서 타 버린다. 그들은 재물, 음식, 성(性), 명예, 수면에 대한 욕망과 이익 추구로 수많은 고통을 겪는다. 또한 욕망과 목표에 대한 집착으로 현세에서뿐 아니라 후세에도 지옥, 축생, 아귀의 고통을 만난다. 욕망의 불로부터 오는 고통이다. 이 불은 비유에서처럼 인간의 의지와는 무관하게 어느 날 '갑자기' 일어난다. 이와 같이 인간도 태어나는 '순간'

생로병사 · 삼독의 세상에서 고통스러워하는 존재가 된다.

세월호의 침몰도 돈에 대한 탐욕이 불러온 결과다. 인간의 욕망과 탐욕은 삶의 고통을 일으킬 뿐 아니라 마침내 죽음에까지 이르게 한다. '불타는 집'의 화재가 인간(장자와 아들들)의 부주의가 아닌 집 자체의 낡고 오래된 '조건'에 의해 발생한 것처럼, 세월호 침몰도 승객들의 의지와 상관없이 배의 잘 못된 (인적 · 물적) 구조적 '조건' 때문에 일어난 참사다. 두 경우 모두 재난의 직접적 원인은 '아들들'과 '승객들'과는 무관하다. 하지만 사고의 근원적 배후에는 불교의 연기법(緣起法)에서 말하는 인과론의 원리가 작용한다.

위험에 노출된 집과 배의 이면엔 인간의 무지(無知, 無明)가 자리하고 있다. 낡고 오래된 집과 배가 가져올 위험에 대한 깨달음(지혜)이 없었던 것이다. 고통이 인간의 조건이라고 안주(安住)하기엔 무책임하다. 붓다는 일찍이 인간 존재의 조건인 고통을 극복한 '공즉시색(空卽是色)' '색즉시공(色卽是空)'의 삶을 '스스로' 깨우쳐 살지 않았던가! 법화경에서 붓다는 고통을 극복하는 법을 알지 못하는 무지한 중생들을 '자비로운 아버지'가 되어 구해 주고 있다. 불타는 집에서 아버지는 '혼자 힘으로' 빠져나올 수 있었지만 아들들은 그럴 만한 지혜와 능력이 없었다.[13] 그래서 아버지는 방편을 사용해 그를 믿어 준 아들들을 구조해 낸다. 여기서 우리는 구원의 은총을 베푸는 붓다의 모습을 보게 된다.

세월호의 침몰은 인재(人災)라고 할 수 있다. 오래된 낡은 배를 구입한 청해진해운과 과적 및 적재화물 관리 부실, 무리한 항행 등의 복합적인 원인이 작용하여 불러온 참사였다. 불타는 집의 비유와 다른 점이 있다면, 침몰하는 세월호에는 불타는 집에서와 같은 지혜로운 '아버지의 구조'가 없었다는 것이다. 선장과 선박직 직원들, 해경과 정부의 무능한 위기 대처는 수많은 목숨을 바다에 침몰시키고 말았다. 인간 생명과 인간 존엄이 실종된 신자유주의 시대의 물질만능주의가 불러온 대참사였다.

③ 위험 불감증과 안전 불감증

'불타는 집'의 비유에서는 아버지가 아이들에게 위험을 경고하지만 아이들은 매력적인 놀이에 빠져 노느라 곧 닥칠 재난을 감지하지 못한다. 아이들은 '위험 불감증'으로 불타는 집을 두려워하지 않는다.

세월호의 침몰은 안전 불감증이 가져온 참사였다. 일본에서 폐선인 세월호를 사들인 청해진해운사, 무리한 증축을 눈감아 준 선박 설비 안전 검사 기관인 한국선급, 무리한 과속 항행을 감행했던 선원들, 화물을 과적하고 평형수를 빼 버린 선장 등 모두가 안전 불감증의 주범들이다. 안전 불감증이 화근(禍根)이 되어 304명 사망 및 실종 이라는 초유의 참사를 맞게 되었다. 마치 불타는 집에서 아무것도 모른 채 놀고 있던 아이들처럼 즐거운 여행을 기대하며 항해하던 세월호의 승객들은 안전 불감증의 희생양이 되고 말았다.

④ 재난의 근본 원인

'불타는 집'과 '침몰하는 세월호'의 상호 비교를 통해서 볼 때 재난의 근본 원인은 인간의 욕망이다. '집'과 '배'라는 세상은 인간에게 주어진 실존의 현장이다. 그러나 이곳은 인간의 욕망과 탐욕으로 죽음의 터가 되어 버렸다. 이기주의와 물질주의가 판치는 이 '터'에서는 붓다의 보살행(혹은 利他行)은 사라지고 '오욕'(五慾)과 '삼독'(三毒)만이 고통을 양산한다. 이곳에서 인간들은 위험 불감증과 안전 불감증으로 죽음과 재앙을 깨닫지 못하며 살아간다.

'세월호'야말로 인간의 욕망이 최고조로 표출된 '재난호'였다. 낙후된 선박의 구입, 불법 증개축, 화물 과적 및 관리 부실, 무리한 과속 항해, 부품의 노후화, 검사 부실, 계약직 직원 고용, 선원 안전 교육 부재 등 인간의 물질적 욕망이 부른 불법(不法)과 불의(不義)의 '종합호'였다.

2) 참된 방편 - 거짓 방편: 구조(救助)

'불타는 집'과 '침몰하는 세월호'의 주요 쟁점은 '구조'(救助)에 있다. 불타는 집으로부터 아들들을 구해낸 아버지의 구조와 침몰하는 세월호로부터 승객들을 구해 내지 못한 세월호 선박직 선원들과 해경, 정부의 구조가 상반되게 나타난다. 불타는 집의 아버지가 사용한 구조 방법, 즉 방편(方便)과 침몰하는 세월호의 구조법의 차이는 무엇인가? 생명을 구한 참된 방편과 생명을 살리지 못한 거짓 방편의 근본 원인을 고찰해 보기로 한다.

(1) 참된 방편, 참된 구조

① 왜 방편이 필요한가?

'불타는 집'의 비유에서 장자(長者, 아버지)는 불타는 집 안에서 아무것도 모른 채 뛰어노는 아들들을 구하기 위해 '방편'을 사용하기로 결심한다. 장자는 왜 방편이 필요했을까? 첫째, 불타는 집안 놀이터에 완전히 사로잡혀 있는 아들들에게 불에 탈지도 모른다는 '무서운 사실을 알리기' 위해서다.

둘째, 이 집의 문은 하나밖에 없는 데다 좁고 낮기 때문에 구출이 힘들고 오래 걸려 '신속히' 구출할 필요가 있어서다. 장자는 아들들이 불에 타서 다치지 않기 위해서는 '시간에 맞춰 빨리' 집에서 나와야 한다고 생각한다. 한마디로 '골든타임'을 놓치지 않기 위해서다.

셋째, 아버지는 "빨리 나오라!"고 외치지만 아이들은 놀라거나 두려워하지 않을 뿐 아니라 나오려고 생각하지도 않는다. 그들은 '불'이 무엇이며 '집'이 무엇인지 알지 못한다. 그리고 아버지가 잃어버릴지도 모른다는 게 뭔지도 모른다. 그들은 오직 노느라 뛰어다니면서 아버지를 바라보지만 그것이 전부다. 이 집은 큰불에 타고 있기 때문에 만일 아들들이 즉시 나가지 못하면 어쩔 수 없이 타 죽게 될 것이라고 아버지는 생각한다. 마침내 그는 '방편'을 가지고 아들들을 재난에서 구해야겠다는 결심을 하게 된다. 이때 방편은 자식을 재난으로부터 구하기 위한 '최대 효과의 최후 수단'이다. 장자는 오직 방편만을 가지고 아들들을 불타는 집의 위험에서 해방시킨다.

넷째, 아버지는 각각의 아들들에게 적합한 방편을 사용해 구해낸다. 그는 아들들이 무척이나 갖고 싶어 하는 수레들을 각자의 기호에 맞게 준비해둔다. 양과 사슴, 황소가 끄는 다양한 수레를 문 밖에 대기시켜 둔다. 그리고 장자는 말한다. "너희들은 그것들을 가지고 놀 수 있다. 너희들은 이제 빨리이 불타는 집에서 나와야 한다. 나는 너희들 모두에게 원하는 것을 주고자 한다."[14] 그러자 자식들은 아버지가 이야기한 귀중한 물건들(수레들)에 대해 듣고는 너무나 좋아하는 것이었기에 서로 밀치면서 용감하고 신속하게 불타는 집에서 나온다.

이처럼 방편이 필요한 이유는 위험한 상황과 조건에 '맞춰' 구제할 수 있다는 점이다. 즉 '맞춤형 방편'을 통한 구조다. 붓다는 지혜와 방편을 가지고 중생들을 삼계의 불타는 집에서 해방시킨다. 장자의 마음으로 붓다는 중생의 여건과 능력에 맞게 성문승, 연각승, 보살승 등 다양한 방편을 사용한다. 중생들의 무지를 신속히 일깨워 평화와 기쁨을 얻게 하기 위해서다.

② 참된 방편이란?

수레를 얻기 위해 나온 아들들에게 장자는 그것과 완전히 똑같은 큰 수레를 준다. 비록 구조 전의 아들들에게는 기호에 따라 양, 사슴, 황소 수레 등 크고 작은 다양한 수레를 주겠다고 약속하지만, 불타는 집에서 나오자 아이들에게 모두 동일한 보석수레를 선물한다. 그때 붓다는 사리불에게 묻는다. 장자가 아들들에게 똑같이 귀중한 보석의 큰 수레를 준 것이 잘못된 것인가, 거짓된 것인가? 그러자 사리불은 대답한다.

> 아닙니다. 세존이시여! 이 장자는 불의 위험에 처해 있던 그의 아들들을 구해 냈고, 그들의 몸과 생명을 무사히 지켜 주었습니다. 이것은 허위와 거짓말이 아닙니다. (중략) 그는 아들들을 불타는 집으로부터 방편을 가지고 구해냈습니다. 세존이시여! 비록 이 장자가 아들들에게 가장 작은 수레를 한 번도 준 적이 없다고 할지라도 그가 잘못하거나 거짓말을 한 것은 아닙니다. (중략) 이 장자는 이런 생각을 갖고 있었습니다. '나는 방편을 가지고 이 아이들을 나오게 할 것이다.' 이러한 동기가 잘못되고 거짓인 것은 아닙니다. 장자가 그의 재물이 무한하다고 의식하면 할수록 더욱 더 그는 그의 아들들에게 충분히 선물하기를 원했고, 그래서 모두에게 똑같이 큰 수레를 선물하였던 것입니다."[15]

장자가 사용한 방편은 참된 방편이다. 그는 그 방편으로 불의 위험으로부터 아들들을 구해 내고, 그들의 몸과 생명을 안전히 지켜준다. 임시로 사용한 양, 사슴, 황소 수레는 아들들의 생명을 구한 '참된 방편'이다. 구조 후 '방편 수레'는 '보석 수레', 곧 '참된 수레'로 대체 된다. 참된 수단을 통해 참된 행복을 얻게 된 것이다. 즉 '참된 방편'은 '참된 행복'을 낳는다. 법화경이 말하는 붓다의 자비와 은총을 통한 참된 구원(해탈)의 성취다.

아들들의 구조는 장자(붓다)의 '자비의 마음'과 '실천적 행동'이 상호작용한 결과이다. 장자가 아들들을 불타는 집으로부터 구해 내고자 한 것이나 붓다가 중생들을 고통과 곤경으로부터 해방시키고자 한 것은 자식과 중생에 대한 자비의 마음에서 연유한다. 그러나 자식과 중생을 구하고자 하는 자비의 마음만으로는 구제(救濟)가 불가능하다. 그래서 장자와 붓다는 방편을 사용해 '즉시'(골든타임) 구제를 실천한다. 붓다는 방편을 사용하지 않은 채 신력(神力)과 지혜력만으로는 중생을 구할 수 없다고 강조한다. 다양한 중생들이 생로병사의 근심과 고통에서 아직 나오지 못하였기 때문에 붓다의 지혜를 이해하지 못한다는 것이다. 그래서 붓다는 중생들의 근기에 맞는 성문승, 벽지불승, 보살승의 방편을 사용한다. 장자 또한 위험에 처해 있는 아들들을 바라보면서 안타까운 마음만 갖고 있지 않다. 그는 세 종류의 장난감 수레들을 가지고 놀이에 빠져 있는 자식들이 불타는 집에서 '즉시' 앞다투어 나오게 한다.

이렇듯 방편은 자비를 실천하기 위한 수단 혹은 도구다. 장자와 붓다에게는 자비의 마음과 실천적 행동이 함께 있다. 장자와 붓다는 상황과 조건에 맞는 방편을 선택할 수 있는 지혜와 그것을 바르게 사용할 수 있는 능력이 있다. 참된 방편은 지혜와 자비심, 실천의 의지를 가진 장자와 붓다에게서 발견된다.

(2) 거짓 방편, 잘못된 구조

295명이 사망하고 9명이 실종된 세월호 참사는 인간의 탐욕과 안전 불감증이 불러온 인재(人災)였다. 하지만 침몰하는 배로부터 172명의 승객밖에 구하지 못한 참사의 이면에는 선장, 해경, 해양수산부, 해군, 정부, 국가의 '잘못된 구조'(救助)가 숨어 있었다.

세월호 참사의 잘못된 구조의 원인을 분석해 보자. 첫째, 직업 윤리 의식 부족으로 인한 선장과 승무원의 판단 미숙과 책임감 부족이다. 승객들을 선박에 두고, 먼저 탈출한 선박직 승무원들에 대하여 사회윤리적 책임이 거론되었다. 선박 내에서는 선장 등 선박직 승무원들이 항해와 승객 구조 임무 책임을 지닌 리더인데, 그들의 리더십 부재가 세월호의 침몰과 그 이후의 희생을 가져왔다는 것이다. 몇 가지 근거로, 충분히 탈출할 시간이 있었음에도(약 2시간) 승객들에게 '움직이면, 위험하니 가만히 있어라'는 방송을 되풀이하고 해경에 구조요청을 하는 것 외에는 별다른 유효 조치가 없었다는 점, 오히려 방송 지시의 합리성에 의문을 품고 구명조끼를 착용한 뒤, 탈출을 시도했던 승객들의 생존율이 높았다는 점, 선장 이준석 등 선박직 승무원들이 승객들을 뒤로 하고 먼저 탈출했다는 점을 든다. 인명 피해를 최소화할 수 있었음에도 불구하고 리더들의 판단 착오와 책임감 부재로 최악의 인재가 되고 말았다. 더욱이 세월호 선원들은 침몰 직전 자신들만 아는 통로를 이용해 배에서 탈출했다는 정황이 드러났다.

불타는 집의 비유에서의 장자가 보여주었던 구조의 책임과 노력을 선박직 승무원들에게서는 발견할 수 없었다. '가만히 있어라'는 잘못된 방송이 더 많은 인명피해를 발생시켰다. 세월호에 남아 있던 어린 학생들은 객실이 더 안전하다는 방송을 믿었다. 그러나 침몰하는 배에 남아 있는 것은 결코 안전하지 않았다. 어린 희생들은 순진하게 방송이 시키는 대로 하다가 목숨을 잃고 말았다.[16] 세월호 침몰은 거짓 방송, 거짓 방편이 낳은 대참사였다.

위험한 사실을 알려주어야 할 '참된 방편'이 실종되었던 것이다.

둘째, 구조 요청에 대한 즉각적인 대응이 미비하였다. 다시 말해 골든타임을 놓치고 말았다. 해경은 사고 현장에 가장 먼저 도착했으나, 세월호에 승선해 구조 활동을 벌이지 않았다. 세월호가 침몰할 때 승객들을 구한 것은 어부들이었다. 약 40여 척의 어선, 100여 명의 어부가 출동해 약 60명의 목숨을 구했다. 해경들은 매우 소극적인 자세로 구조에 임했다.[17] 해경의 대처 미숙으로 인한 구조의 지연이 있었다. 지휘 체계의 상황 전달과정에서 오랜 시간을 소모하였고, 체계적인 구조 시스템과 전문성도 미비하여 구조 대책이 늦어지는 결과를 초래했다. 이로 인해 사고 발생 시 구조 적기로 판명되는 골든타임을 놓쳐 사상자 수가 늘어나는 원인이 되었다. 첫 구조에서 구조팀(해경, 군, 소방 방재청 소재 헬기, 구급요원 등)은 161명을 구조했으며[18] 여승무원 1명이 사망하였다. 사고일로부터 2일이 경과된 4월 18일 오전 11시 50분 세월호는 완전히 수몰하였다. 해경은 긴급 구조 방법을 생각해 내지도 추진해 보지도 못했다. 세월호에 승선해 적극적 구조 활동을 벌이지도 않았다. 해경은 스스로 배에서 탈출한 승객들만 구조했을 뿐이다. 그들이 갖고 있는 장비와 구조 인력은 무의미했다. 구조 시스템과 체계도 없었다. 어떤 방편도 준비되지 않았고 당연히 사용되지도 않았다. 해경의 잘못된 구조로 304명의 생명을 구할 수 있는 골든타임을 놓쳐 버렸다.

셋째, 정부의 부실한 초동대응과 불통 구조가 문제였다. 4월 16일 이후 주요 신문 사설들을 살펴보면 세월호 참사의 책임을 정부, 대통령, 부패 공무원, 해경, 재난 대책 시스템 등 국가기구에 돌리고 있다.[19] 이도흠은 세월호 참사의 원인 중 하나를 정부와 국가기구의 불통 구조라고 지적한다. "소통도 없었다. 대통령은 불통을 원칙으로 포장하였고, 언론은 통제되고, 청와대, 총리실, 해수부, 안행부, 해경, 구조팀은 서로 먹통이었으며, 선원들은 가만 있으라는 방송만 일방적으로 내보냈다."[20] 세월호 침몰의 위기 순간에 국가와 정부, 해경의 불통 시스템으로 구조가 성공하지 못했다는 것이다. 국가도 정부도 침몰하는 세월호 속의 생명들을 구해내지 못했다. 위기 시 사용할 신속하고 정확한 맞춤형 방편을 갖고 있지 않았던 것이다.

(3) 참된 방편 대 거짓 방편

위의 분석을 토대로 '불타는 집'의 비유와 세월호 참사의 구조 활동(방편 활용)을 비교해 보면, '참된 방편' 대 '거짓 방편'의 대립 구도가 드러난다.

첫째, 세월호 참사에는 위기를 극복할 현명한 장자(長者)가 없었다. 불타는 집에서는 지혜로운 장자가 아들들을 불타는 집으로부터 구해냈다. 장자는 다양한 맞춤형 방편을 사용해 위험에 노출된 아들들을 골든타임에 구조해 냈다. 그가 사용한 방편은 아들들의 생명을 구한 '참된 방편'이었다.

세월호 구조에서는 장자와 같이 맞춤형 방편을 사용할 줄 아는 현명한 지도자가 없었다. 세월호의 선장은 배의 승객들의 안전과 구조의 책임을 포기한 채 '가만히 있어라'는 잘못된 지시만 남기고 혼자 탈출했다. 신고를 받고 출동한 해경도, 정부도, 대통령도 침몰하는 세월호에서 단 한 명의 승객도 구해 내지 못했다. 침몰하는 세월호의 승객들에게 위기의 사실을 알려주고 구해줄 장자와 같은 책임 있는 리더십과 지도자가 없었던 것이다.

대한민국의 내항선 선박직(선장·항해사·조타수·기관사 등)은 1년 이하 계약직으로 일하는 것이 대부분이며, 사고 당시 세월호 선장도 월 270만원의 1년 계약직이었다. 이에 직업적 안전성이 떨어지니 소속감이나 사명감을 기대하기가 애초에 어렵다는 지적을 받았고, 실제 선원에 대한 교육 관리도

열악했다. 청해진해운은 2013년 선원 교육 비용으로 54만 1천원을 썼을 뿐이다. 이는 같은 해 광고 선전비(2억 3천만원)나 접대비(6천 60만원)로 쓰인 금액과 비교해 볼 때 터무니없이 적은 액수다. 이러한 직원들에게 장자가 가졌던 위기 대처 능력은 기대할 수 없었다.

둘째, 신속한 구조의 부재다. 세월호 침몰의 위기에서 구조할 수 있는 시스템과 책임감 있는 리더의 부재로 방편을 사용할 수 없거나 잘못된 방편을 사용해 구조의 골든타임을 놓치고 말았다. 거짓 방편, 잘못된 방편으로는 침몰하는 배에서 아무도 구해낼 수 없었다. 불타는 집에서 자식들을 구하기 위해 적시(適時)에 사용된 방편은 '참된 방편'이었다. 반면에 세월호의 참극을 부른 거짓 방송과 잘못된 해경의 구조는 세월호 승객들의 생명을 전혀 지켜주지 못했다. 거짓 방편은 대참사를 낳고 말았다.

셋째, 참된 방편만이 참된 행복을 보장한다. 불타는 집의 장자가 위험에 처해 있는 아들들에게 '참된 방편'을 사용했을 때 불타는 집으로부터 아들들이 구조될 수 있었다. 이후 그들은 '보석 수레'를 받기까지 했다. 보석 수레란 대승(大乘)의 수레로서, 붓다와 같이 모두 멸도(滅度)와 해탈(解脫)을 얻게 되는 수레. 생로병사의 고통의 세계로부터 구제된 자만이 받게 되는 붓다의 최고의 선물이다. 침몰하는 세월호의 구조에는 참된 방편이 사용되지 않았다. 거짓 방송, 잘못된 구조 등 거짓 방편만이 난무했다. 그 결과는 304명의 희생이었다. 거짓 방편이 부른 대참사였다. 진정한 구조는 참된 방편으로만 가능하다. 방편이 참될 때 생명 지킴과 생명 살림이 보장된다.

참된 방편은 어디서 오는가? 지혜로운 구조자 - 개인, 지도자, 정부, 국가 등 - 만이 참된 방편을 인지(認知)하고 활용할 수 있다. 붓다나 장자와 같이 불법(佛法)과 정의(正義)를 깨달은 자만이, 그리고 그런 사회와 국가만이 생명을 구할 수 있다. 그런데 침몰하는 대한민국호(號)에는 참된 방편을 아는 자도 사용하는 자도 없었다.

4. 비유를 통해 본 세월호 참사의 교훈

'불타는 집'의 비유에서와 같이, 세월호 침몰은 신자유주의 시대에 살고 있는 인간의 탐욕과 부주의가 빚은 참사이자, 신자유주의적인 효율성과 이윤의 가치가 만들어 낸 사건이다. 세월호 참사는 자기 이익만 생각하는 생존사회의 한 단면을 보여준다.[21] 세월호 참사는 어느 한두 사람의 적극적 의지에 의해서가 아니라 많은 사람의 안일한 사고방식, 근무태만, 그리고 탐욕이 복합적으로 작용해서 발생한 것이었다.[22] 편법, 불법, 무책임은 국민 모두에게 해당된다.[23] 신현우는 '세월호 참사는 대한민국의 민낯을 드러내며 우리 사회의 총체적 부정부패를 폭로하는 사건'이라고 개탄한다.[24] 세월호 침몰은 물질만능주의가 팽배한 탐욕의 사회가 낳은 대참사였으며, 자신의 유익을 추구하는 인간이 얼마나 사악해질 수 있는지를 폭로하는 사건이었다.[25]

우리 사회에 만연해 있는 물질적 탐욕은 사회의 안전마저 망각하게 만든다. 무한성장, 과잉생산, 과잉소비가 인간의 행복을 가져온다는 잘못된 인식이 대한민국을 안전 불감증의 사회로 몰아넣었다. 또한 대참사의 위기에서 '참된 방편'(救助)을 사용할 수 없는 무능한 사회가 되고 말았다. 세월호 침몰 이후에도 안전 불감증으로 인한 사건 사고가 끊임없이 이어지고 있다.[26] 이것은 세월호 참사가 우리 모두의 책임이라는 증거다.

세월호 침몰 시 보여준 대한민국의 정부와 해경, 정치 지도자들의 무능한 리더십 또한 신자유주의 시대의 결과물이다. 오창룡은 위기와 불안에 적절하게 대처하지 못하는 국가의 무능 자체가 신자유주의 정치의 핵심이라고 밝힌다.[27] 신자유주의의 '불완전한' 국가 리더십을 분석했던 풀란차스(Nicos Poulantzas)도 신자유주의 국가를 '무너지는 땅 위에 지어진 거상 혹은 상처받은 야수'로 묘사한다. 그는 세월호 참사가 자본주의 국가의 모순적인 위기 대응 방식과 매우 닮았다고 지적한다.[28]

첫째, 신자유주의의 국가의 책임 축소다. 반복되는 위기에 대한 일관성 없는 대응, 근시안적 전략, 주먹구구식 대책 수립은 신자유주의시대 국가 리더십의 본성이다. 둘째, 우유부단한 리더십이 정치적 위기 회피의 한 전략이 될 수 있다. 위기 상황을 사적인 책임의 문제로 돌리고 시스템의 문제를 은폐하는 것이 신자유주의 국가 전략의 본질이다.

풀란차스의 이러한 통찰은 세월호 참사에 대한 대한민국의 무능한 위기 대응 능력과도 일치한다. 불타는 집의 비유에서의 장자가 갖고 있는 탁월한 리더십과 책임감을 세월호 참사라는 국가 위기관리 과정 속에서는 찾아볼 수 없었다. 세월호 참사는 무능한 리더십이 빚어낸 대한민국의 참사였다. 『위험 사회』(1986)의 저자 베크(Beck)는 조선일보와의 인터뷰("대한민국, 길을 묻다", 2014년 5월 21일)에서 '세월호 참사는 인류학적으로 쇼킹한 사건'이라면서 "한국 사회가 위험 사회를 넘어 '재앙사회'라는 오명을 쓰지 않기 위해서라도 전 국가적인 변화를 추구해야 하는 상황"이라고 충고한다. 그가 말한 위험사회에서는 같은 재앙을 반복하지 않기 위해 스스로를 성찰하지만, 재앙사회는 사고에도 불구하고 아무런 변화 없이 재앙이 반복되는 사회다. 세월호 참사 이후의 대한민국은 '불타는 집'의 장자와 같이 유능한 리더십과 강력한 책임감, 위기에 대처할 능력을 갖춘 대통령, 정부, 국가의 필요성을 절감한다. 그래야 재앙사회를 면할 수 있기 때문이다.

불교단체 로터스월드의 초청으로 방한한 세계적인 불교사상가 술락 시와락(시바락사, 81세) 박사는 불교역사문화기념관에서 한 강연에서 "세월호 희생자 가족들의 고통을 진지하게 함께 나눠야 한다. 그런 다음 같은 사건이 재발하지 않도록 조심스럽게 접근해 가야 한다"고 말한다. 그는 불교계가 늘 동체대비와 자비를 말하면서도 고통 받는 이들과 함께하는 행동엔 가장 더딘 것과 관련해 "엄마가 자기 자식을 구하기 위해 자기 몸을 던지듯이 고통 받는 중생을 위해 자신을 희생시키는 것이 불교이지만, 우리가 수행하고 가르친 것을 행동으로 옮기지 못하는 경향이 있다"고 비판한다. 술락 박사는 대한민국의 국민 모두가 세월호 유가족들의 고통에 동참할 것을 호소한다.

'불타는 집'의 장자가 아들들의 고통을 보고 자비심을 발휘해 그들을 구해낸 것처럼, 그리고 그들에게 최고의 보석 수레를 선물한 것처럼, 세월호 유족들의 고통에 우리 모두가 동참해야 할 것이다. 아버지가 자식을 구하는 심정으로, 그리고 최고의 선물을 주어 기쁨을 다시 찾아 준 것처럼, 세월호 유족들을 위로하고 기쁨과 평화를 되찾아 주는 일에 우리 모두가 힘써야 할 것이다. 장자(長者)가 그랬듯이 말과 마음만이 아닌 보석 수레라는 선물처럼 자비의 실천적 행동이 수반되어야 할 것이다.

5. 나가는 말

'세상을 초월한다'는 의미의 세월호는 인간의 탐욕과 욕망 앞에서 침몰하고 말았다. 295명 사망, 9명 실종이라는 세월호 참사! 이 비극의 가해자는 누구인가? 신(神)의 실수인가? 인간의 잘못인가? 세월호 참사를 접하는 종교인이라면 적어도 인간의 고통에 대해 고민하게 된다. 고통은 어디로부터 온 것인가?

법화경 '불타는 집'의 비유에서는 인간이 겪는 생로병사(生老病死)의 고통을 인간의 근본 조건이라고 말한다. 세상의 존재 자체가 고통덩어리인 셈이다. 그래서 비유에서는 처음부터 세상을 의미하는 '집'을 낡고 오래된 부실한 집으로 설정한다. 그리고 그 집을 태워 버린 '불(욕망)'은 '갑자기' 일어난 것으로 기술한다. 집이 오래되고 낡다 보니 화재의 위험이 언제나 도사리고 있다. 이것은 불완전한 자연이 갖는 연기적(緣起的) 이치다. 그렇기 때문에 '불타는 집'의 비유에서 중요한 것은 '집에 불을 누가 일으켰는가?'란 물음이 아니다. 불타는 집에서 아들들을 '어떻게 구해냈는가?'하는 점이다.

붓다는 인간 존재를 탐진치의 삼독(三毒)과 오욕(五慾) 속에 빠져 사는 욕망덩어리로 묘사하고 있다. 붓다의 관심은 중생을 '어떻게' 욕망과 고통의 세상으로부터 '구원'할 것인가에 맞춰져 있다. 해탈의 방법을 모르는 무지(無知)한 중생들을 위해 붓다는 각자의 근기(根基)에 맞는 '방편'을 사용해 구원의 길로 인도한다. 비유의 장자(長者)가 불타는 집으로부터 아들들을 구했듯이, 붓다 또한 고통의 세상으로부터 중생들을 구하려 애쓴다. 참된 방편은 참된 구조를 가능케 한다. 장자, 곧 붓다는 참된 방편을 알았던 진정한 구제자(救濟者)였다.

세월호는 '불타는 집'과 같이 인간의 탐욕과 물욕의 '불'(火)로 침몰하고 말았다. 세월호 참사가 불타는 집의 비유와 다른 점은 전적으로 '인재'(人災)였다는 것이다. 낡고 오래된 집에 화재가 있다는 사실을 알고 적시(適時)에 대응했던 장자처럼, 수명이 다한 세월호의 침몰을 예견했다면 구입하지도, 증축하지도, 과적하지도 않았을 것이고 사고 직후 신속한 구조작업에 나섰을 것이다. 그러나 세월호 구조자들은 생명을 살릴 수 있었던 골든타임을 놓치고 말았다. 불타는 집의 장자와 같은 지혜롭고 의(義)로운 선박직 승무원과 구조자가 있었다면 승객 전원의 생명을 지킬 수 있었을 것이다. 세월호의 어린 학생들은 물욕에 눈먼 어른들의 욕심으로 차디 찬 바다에 수장되어야 했다. 어른들의 욕심과 무책임 때문에 250명의 단원고 학생들이 사망하거나 실종되었다. 승객들에게 '가만히 있어라'는 지시만 내리고 혼자 탈출해 살아남은 선장, 구조하러 달려왔지만 세월호 주위만 맴돌았던 해경, 안전행정부와 청와대의 무능한 국가 재난 구조 시스템, 모두가 세월호 참사의 책임자였다. 세월호 참사는 참된 방편(구조)과 현명한 지도자의 부재, 그리고 안전 불감증이 낳은 인재(人災)였다.

가족을 잃은 304명의 유족과 실종자 가족들에게 대한민국의 국민 모두가 참사의 책임자다. 우리의 가정과 사회, 국가에 만연해 있는 안전 불감증, 부정부패, 물질만능주의! 이러한 부정의(不正義)한 적폐(積弊) 속에서도 아무런 저항 없이 안주하며 살고 있는 우리들! 잘못된 의식과 탐욕, 불의(不義)로부터 벗어나지 않는 한 제2, 제3의 세월호 참사는 계속 일어날 것이다. 국가와 정부, 사회의 지도자는 '불타는 집'의 현명한 장자와 같이 '참된 방편'을 사용할 줄 알아야 한다. 국가는 위기와 위험에 직면한 국민에게 생명을 살리고 지키는 '참된 구조자'가 되어야 한다. 우리 모두 물질주의와 안전 불감증의 바다로 침몰하는 사회로부터 생명과 안전을 지켜야 한다. 세월호 참사의 모든 유가족에게 깊은 위로의 마음을 표한다.

주석

세월호 참사, 실재의 침입 그리고 행위의 시민적 주체/ 전현식

1 Tony Myers, *Slavoj Žižek* (London: Routledge, 2003). p.26.
2 다음을 참조하라. 토니마이어스, 『누가 슬라보예 지젝을 미워하는가』, 박정수 옮김, (서울: 앨피, 2008), 53-65쪽.
3 앞의 책, 61쪽.
4 다음을 참조하라. 박민규, "눈먼자들의 국가," 『눈먼자들의 국가』, (파주: 문학동네, 2014), 50-57쪽.
5 http://0416.hani.co.kr/
6 민주사회를 위한 변호사 모임, 『416 세월호 민변의 기록』, (파주: 생각의 길, 2014), 165쪽.
7 Slavoj Žižek, *The Sublime Object of Ideology* (London: Verso, 2008), pp.29-30.
8 슬라보예 지젝, 『이데올기의 숭고한 대상』, 이수련 옮김, (서울: 새물결, 2013), 68쪽, 69쪽.
9 Tony Myers, p.67.
10 Slavoj Žižek, *The Sublime Object of Ideology*, p.30
11 Ferdinand de Saussure, *Course in General Linguistics*, translated by Wade Baskin (New York: McGraw-Hill, 1966), p.120-21.
12 Jacques Lacan, *The Four Fundamental Concepts of Psycho-Analysis* (Harmondsworth: Penguin, 1979), p.20.
13 Tony Myers, pp.74-75.
14 *Ibid.*, 76쪽.
15 Chuck Palahniuk, *Choke* (New York: Doubleday, 2001), 149; 토니마이어스, 59쪽에서 재인용.
16 Tony Myers, p.27.
17 Slavoj Žižek, *The Sublime Object of Ideology,* p.74.
18 세월호 참사의 10대 원인들에 대한 공신력있는 분석을 보려면 다음을 참조하라. 민주사회를 위한 변호사 모임, 『416세월호 민변의 기록』, 3장.
19 앞의 책, 2장.
20 Tony Myers, p.22.
21 토니마이어스, 141-142쪽.
22 Slavoj Žižek, *The Sublime Object of Ideology*, p.39.
23 *Ibid.*, 31쪽.
24 Ulrich Beck, *Risk Society: Toward a New Modernity* (London: Sage, 1992).
25 Slavoj Žižek, *The Ticklish Subject: The Absent Centre of Political Ontology* (London:

Verso, 1999), p.407.

26 토니마이어스, 113-115쪽.

27 다음을 참조하라. 전규찬, 「영원한 재난상태: 세월호 이후의 시간은 없다」, 『눈먼자들의 국가』, 160-64쪽.

28 토니마이어스 지음, 119-120쪽.

29 앞의 책, 82쪽.

30 Tony Myers, p.44.

31 토니마이어스, 84쪽.

아우슈비츠 '이후(以後)' 신학에서 세월호 '이후(以後)' 신학을 보다/ 이정배

1 한 문학가에 의하면 지난해 나찌 및 히틀러에 관한 책자가 의외로 많이 번역, 출간되었음을 적시했다. 우리 사회가 그와 유사해졌다는 반증이란 것이다. 한겨레신문(2015년 1월 1일)에 실린 장정일의 〈독서일기〉를 보라.

2 이 땅의 신학자들 편, 『곁에 머물다- 그 봄을 기억하는 사람들이 겨울 편지』, (기독교서회 2014), 125-127쪽. 여기서 구약신학자 김은규는 세월호 참사를 학살로서 규정한다. 논란의 여지가 많은 표현이나 국가에 대한 배신감을 이렇게 표현할 수밖에 없는 백성들 정서를 이해해야 할 것이다. 아우슈비츠 사건과 세월호를 비교한 필자의 발상도 이런 정서에서 비롯했다. 김애란 외, 『눈먼 자들의 국가』, (문학동네, 2014), 45-46쪽. 여기서도 박민규는 세월호 참사를 국가가 국민을 구조하지 못한 것이 아니라 구조하지 않은 사건이라 재차 강조했다.

3 민주사회를 위한 변호사 모임, 『4.16 세월호 민변의 기록』, (생각의 길, 2014), 2장 참고. 여기서 본 책은 세월호 참사 원인 규명에 대한 검찰 측 주장에 대한 강한 의혹을 제기하고 있다.

4 성정모, 『시장. 종교. 욕망』, 홍인식 역, (서해문고, 2014), 1장 논문 참조. 김동진, 『피케티 패닉』, (글항아리, 2014), 19. 이 책에서 저자는 『21세기 자본론』을 쓴 피케티의 말을 인용하여 이를 '초부유층의 사회 포획현상'이라 명명했다. 종교가 인간의 죄를 토대로 존재하듯이 경제는 약자들의 빚을 근거로 존재하는 유사성을 갖고 있다 할 것이다. 죄가 없어지지 않듯이 빚 역시 사라질 수 없는 것이 자본주의 구조이다. 우리나라의 경우 미래를 저당 잡힌 청년 빚쟁이들이 일백만을 넘는다 한다.

5 박노해, 『그러니 그대 사라지지 말아라』, (느린 걸음, 2010), 368-369쪽.

6 이는 교종께서 한국을 방문했을 때 이 땅의 교회들과 성직자들에게 하신 말씀 중 일부이다. 종교기관들의 수익사업 실상을 꼬집은 것이다.

7 필자가 학생들을 시켜 조사한 대략적인 결과에 의하면 소위 대형교회 중에서 부활절 설교에 세월호를 언급한 비율이 5%에도 이르지 못했다. 언급했더라도 거의 피상적 수준이었고 이후 오히려 세월호 참사, 유족들을 폄하, 왜곡하는 보수적 발언들이 언론에 노출되었다.

8 뉴스앤조이 이사라 기자가 쓴 기사 "내가 믿었던 신앙이 나를 배신했다"를 보라. 이 기

사는 세월호 희생자인 단원고 고 김주희 양의 어머니 이선미씨와의 인터뷰를 근거로 기술된 것이다. 독실한 기독교인이었던 이선미씨는 기독교인들에게 말이 아닌 행동으로서 기독교인 됨을 보여 줄 것을 호소하였다. 이외에도 신학을 공부한 예은이 엄마 박은희 전도사의 수차례 증언도 같은 내용을 담고 있다. 십자가를 버린 교회의 실상에 대한 그녀의 비판이 우리들 폐부를 찔렀다.

9 다행히도 NCCK 소속 신학자들에 의해 '세월호 以後 신학'이란 이름하에 신론(정의), 기독론(저항), 성령론(기억) 그리고 교회론(동행)을 주제로 단행본 책이 세월호 참사 1주기를 맞는 그 시점까지 출판될 예정이어서 기대가 크다. 이정배, "기독교의 하느님 나라-현재/미래, 차안/피안, 개인/전체의 이분법을 넘어", 『유토피아 인문학』, 최규홍 외, 석탑출판, 2013, 135-176쪽. 참조.

10 이은선, 이정배, 『묻는다, 이것이 공동체인가- 눈먼 국가, 귀먹은 교회, 세월호 以後의 우리들』, (동연, 2015). 참조. 본 책에서는 언론 문제를 비중 있게 다루지 않았기에 부제에서 뺐다.

11 각주 3에서 언급한 문학가들의 세월호 관련 문집 〈눈먼 자들의 국가〉 속 모든 글들이 바로 이 물음을 적시했다. 그들이 국가를 물었다면 우리 신학자들은 교회가 있었는가를 질문해야 할 것이다.

12 생명마당의 기획을 통해 두 차례 선보인 작은 교회 박람회, 그 속에서 선포된 '작은 교회가 희망이다'란 메시지가 이런 변화의 한 표증일 것이다.

13 테드.W. 제닝스, 『데리다를 읽는다/바울을 생각한다- 정의에 대하여』, 박성훈 역, (그린비, 2014), 참조. 여기서 데리다는 정의를 신적 차원으로 독해하며 이것이 법을 넘어서 있다고 강변한다. 그렇기에 정의를 위해서 범법자가 되는 것을 용납하고 장려한다.

14 G. 아감벤, 『아우슈비츠의 남은 자들』, 정문영 역, (새물결, 2012), 230-231쪽.

15 앞의 책, 231-232쪽.

16 여기서 아감벤은 아우슈비츠가 오늘날의 죽음의 수용소, 즉 혼수상태, 식물인간의 삶을 관리하는 생명정치 시스템을 닮았다고 보았다. 이는 대단히 중요한 통찰로서 우리 시대를 아우슈비츠와 연계하여 생각할 이유를 제공한다. 앞의 책, 230쪽 참조.

17 앞의 책, 235쪽.

18 이 경우 대표적 신학자가 올해 그의 죽음 70주년을 맞는 본회퍼 목사이다. '하느님 앞에서 하느님 없이'란 명제가 바로 이를 잘 보여준다.

19 이는 루터의 두 왕국설에 대한 비판이자 세속성 혹은 자연 자체를 부정하는 칼 바르트의 계시 신학과도 크게 논쟁하는 부분이다. 본 회퍼를 중심한 세속화 신학이 이점을 옳게 적사한다. E. 베트케, 『디트리히 본회퍼』, 김순현 역, (복있는 사람, 2007), 256. Theologische Realenzyclopaedia, Bd.7, Walter de Gruyter, 1989, 151-152쪽.

20 D. 죌레의 〈Stellvertreter〉에 대한 필자의 서평논문이 『신학과 세계』, (감리교 신학대학교, 1979)에 실려 있다.

21 이 경우 대표적 신학자로 민중 신학자 서남동을 들 수 있겠다.

22 J. Baptist Metz(Herg.), Christologie nach Auschwitz, Stellungnahmen im Amschluss an Thesen von Tiemo Rainer Peters, (Lit verlag 1998.)

23 이하 내용은 앞의 책, 2-5의 내용을 요약 발췌한 것이다.

24 W. 베냐민, 『역사의 개념에 대하여, 폭력 비판을 위하여, 초현실실주의외』, 베냐민 선집 5, 최사만 역, (도서출판 길, 2014), 37-45쪽.

25 각주 15번 참조.

26 문광훈, 『발터 베냐민-가면들의 병기창』, (한길사, 2014), 438쪽 참조.

27 유동식 교수는 유대교를 통해 신약성서의 예수가 전승될 수 있었듯 우리 미녹에겐 유불선 배경에서 예수가 이해될 수 있기를 바랐다. 도올 김용옥 같은 이는 더 나아가 구약성서 무용론까지 주장했었다.

28 한국 천주교 주교회의 편, 『복음의 기쁨』, (2014), 98. 158쪽. 갈라디아서 2장 10절 참조.

29 J. 리프킨, 『공감의 시대』, 이경남 역, (민음사, 2010), 특히 59-100쪽, 733-762쪽 참조.

30 여기서 우리는 海天 윤성범의 유교적 신학을 떠올릴 수 있다. 그는 〈中庸〉의 '誠者 天地道也, 誠之者 人之道也'의 말을 하느님(계시)과 효(믿음)이라 풀어냈다.

31 울리히 벡, 『자기만의 神』, 홍찬숙 역, (도서출판 길, 2013). 1장(11-36쪽) 아우슈비츠 희생자 에티 힐레줌의 일기 내용을 중심한 그의 경험은 성령론적 접근을 용이케 한다.

32 이은선, "세월호 참사, 神은 죽었다, 나의 내면의 神은 이렇게 말한다", 세월호 아픔에 함께하는 그리스도 여성토론회(2014년 11월 14일) 발표논문, 23-26쪽.

33 A. 네그리 외, 『다중』, 조정환 역, (세종서적, 2009); 이정배, "민족과 탈민족 논쟁의 시각에서 본 토착화 신학- A. 네그리의 『제국』과 『다중』의 비판적 독해를 중심으로", 『신학사상』 151집(2010 겨울), 151-201쪽. 문광훈, 앞의 책, 445-454쪽. 여기서 베냐민 역시도 인간의 자연적 덕성을 일정부분 강조했다. '마음문화'란 표현을 즐겨 쓴 것이 그 한 예가 될 것이다.

34 이정배, 『빈탕한데 맞혀놀이-多夕으로 세상을 읽다』, (동연, 2011), 1분 논문 세편 참조. 참여적 속죄론은 얼마 전 타계한 M. 보그의 핵심개념이다.

35 변증법적 역설이 신화적 사유를 버린 반면 전일적 사유는 신화적 세계상을 철학화 했기에 양자의 차이점은 너무도 분명해 보인다. 유사아 야스오, 『몸의 우주성』, 이정배, 이한영 공역, (모시는사람들, 2011). 서론 부분 참조.

세월호 참사, 국가, 그리고 책임과 돌봄의 윤리/ 곽호철

1 파커 J. 파머, 『비통한 자들을 위한 정치학: 왜 민주주의에서 마음이 중요한가』, 김찬호 옮김, (파주: 글항아리, 2012), 47쪽.

2 문영찬, 「세월호 학살과 한국 자본주의」, 『정세와 노동』, 103(2014/7): 24쪽.

3 문영찬, 위의 글, 28쪽.

4 김진우, 「교통사고론은 여권의 방패막이」, 『경향신문』, 2014.8.20. (http://news. khan.co.kr/kh_news/khan_art_view.html?artid=201408202203485&code=910402)

5 감사원, 「세월호 침몰사고 대응 및 연안여객선 안전관리·감독실태 결과 최종발표」, 『감사원보도자료』, 2014.10.10., 4-5쪽.

6 민주사회를 위한 변호사모임(민변), 『416세월호 민변의 기록』, (파주: 생각의 길, 2014), 27.

7 감사원, 위의 글, 5-9쪽.

8 감사원, 위의 글, 10쪽.

9 민변, 앞의 글, 17쪽.

10 감사원, 앞의 글, 10-11, 13-14쪽.

11 민변, 앞의 글, 18-19쪽.

12 최재용, 「현직 해양경찰청장도 경비艦 근무경력 '제로'」, 『조선일보』, 2014.05.16. (http://news.chosun.com/site/data/html_dir/2014/05/16/2014051600216. html?Dep0=twitter)

13 민변, 앞의 글, 137쪽.

14 민변, 위의 글, 80-81쪽.

15 수난구호법 제26조1항. (http://new.law.go.kr/법령/수난구호법)

16 민변, 앞의 글, 81쪽.

17 민변, 위의 글, 82, 84쪽.

18 감사원, 앞의 글, 15-16쪽.

19 민변, 앞의 글, 89-90쪽.

20 손제민, 「해외 학자 1074명 세월호 참사 성명 발표 "신자유주의 규제완화와 민주적 책임 결여가 근본문제"」, 『경향신문』, 2014.5.1. (http://news.khan.co.kr/kh_news/khan_art_view.html?artid=201405141023591).

21 조기원, 한승동, 「진짜 살인자는 선장이 아니라 신자유주의」, 『한겨레신문』, 2014. 4.29. (http://www.hani.co.kr/arti/international/international_general/635097.html).

22 김애란 외 공저, 『눈먼 자들의 국가』, (파주, 문학동네, 2014).

23 민변, 앞의 글, 30쪽.

24 우석훈, 『내릴 수 없는 배』, (서울: 웅진지식하우스, 2014), 83쪽.

25 박병률, 「규제완화 광풍 속에 세월호가 침몰했다」, 『경향신문』 2014.5.15. (http://news.khan.co.kr/kh_news/khan_art_view.html?artid=201405152202225&code=940202&s_code=ah468).

26 민변, 앞의 글, 76-77쪽.

27 http://www.index.go.kr/potal/main/EachDtlPageDetail.do?idx_cd=1621, 2009년부터 사고현황이 증가한 이유를 통계청에서는 "적극적인 해양사고 관리를 위해 사고의 개념을 확대"했기 때문이라고 하며 "선박 간 접촉 및 정박선박의 침수, 레저기구의 선박사고 등을 포함"했다고 한다.

28 투명사회를 위한 정보공개센터, 「여객선 해양 사고의 주요 원인은?」, 2014.04.25. (http://www.opengirok.or.kr/3831).

29 파커 J. 파머, 앞의 글, 138쪽.

30 E.E. 샤츠슈나이더, 『절반의 인민주권』, 현재호, 박수형 옮김, (서울: 후마니타스, 2008), 200쪽.

31 막스 베버, 『소명으로서의 정치중』, 박상훈 옮김, (서울: 폴리테이아, 2011), 109-110쪽.

32 이철희, 「세월호 참사가 한국 정치에 묻는다」, 『인물과사상』, 194 (2014/6): 106.

33 막스 베버, 앞의 글, 217쪽.

34 막스 베버, 위의 글, 230-231쪽.

35 막스 베버, 위의 글, 225쪽.

36 Benjamin Morton Friedman, "The Moral Consequences of Economic Growth," *Society*, 43.2 (January, 2006): pp.15-16.

37 John Rawls, "Kantian Constructivism in Moral Theory," *The Journal of Philosophy*, 1980, p.546.

38 Martha C. Nussbaum, "The Future of Feminist Liberalism," Proceedings and Addresses of the American Philosophical Association, 74.2(2000): p.55.

39 Alexis de Tocqueville, *Democracy in America Vol. 2*, (New York: Quill Pen Classics, 2008), 245.

40 조혜정, 「후기 근대적 위기와 '돌봄 국가'적 패러다임 전환을 위한 시론: '차가운 근대 cold modern'에서 '따뜻한 근대 warm modern'로」, 『사회과학론집』, 37.1(2006): 91쪽.

41 Eva Feder Kittay, "When Caring Is Just and Justice Is Caring: Justice and Mental Retardation," *Public Culture*, 13.3 (Fall 2001): p.568

42 Martha C. Nussbaum, "Long-Term Care and Social Justice: A Challenge to Conventional Ideas of the Social Contract," in *Ethical Choices in Long-Term Care: What Does Justice Require?*, (World Health Organization, 2002), p.31.

43 Joan Tronto, *Moral Boundaries: A Political Argument for an Ethic of Care* (New York: Routledge, 1993), p.103.

세월호 참사 이후 민낯을 드러낸 한국 개신교의 두 갈래/ 김경호

1 세월호 대응활동에서 가톨릭은 별도로 활동하였고 여기서는 개신교의 제단체들의 활동을 가능한 한 수집하였다. 개신교 활동은 전체 시민운동의 맥락과 함께하며 참여하는 단체들이 연대하는 방식으로 진행되었다.

2 시민사회단체의 활동에 대해서는 세월참사 국민대책회의 공동운영위원장인 최헌국 목사의 협력을 얻었다.

3 이문영 기자, '아이들의 갇혔던 말이 달린다', 〈한겨레21〉 제1011호. 5.12. *http://h21 hani co kr/arti/cover/cover general/37030 html.

4 광화문광장 1일 동조단식은 9월 30일까지 7,800명이, 온라인동조단식은 8월 31일까지 27,163명이 참여했다.

5 박재찬 기자 "세월호 아픔을 희망으로… 한국 교회 하나로 뭉친다" 〈국민일보〉 2014. 5. 7일자 http://news.kmib.co.kr/article/view.asp?arcid=0008301474&code=23111111&sid1=mis

6 "여러분 아시지만 한국은요, 정몽준 씨 아들이 (국민들이) 미개하다고 그랬잖아요. 그거 사실 잘못된 말이긴 하지만 틀린 말은 아니거든요. 아이답지 않은 말을 해 가지고 어려움을 겪고 있는데. (희생자 유가족들이 국무총리가 진도에 방문했을 때) 총리에게 물을 뿌리고, 인정사정이 없는 거야. 몰아치기 시작하는데…" (사랑의 교회 오정현 담임 목사 2014. 4. 27. 미국 남가주 사랑의 교회 순장반 간담회 발언 중에서)
  –"우리나라 국민들이 미개하다는 것까지는 잘 모르겠지만, 하여튼 국민들에게 문제가 있어요. 왜 문제가 있느냐, 보십시오. 이래서는 가나안 땅에 못 들어가요. 대한민국 국민들이, 무슨 이런 국민들이 다 있느냐 말이야. 특별히 좌파, 빨갱이, 종북말이야.…(중략) 아니, 세월호 사고 일어난 것을 좋아할 사람이 어디 있어. 세월호 사고 난 건 좌파, 종북자들만 좋아하더라고. 추도식 한다고 (거리로) 나와서 막 기뻐 뛰고 난리야. 왜? 이용할 재료가 생겼다고. 아니 추도식은 집 구석에서 슬픔으로 돌아가신 고인들에게 (해지), 광화문 네거리에서 광란 피우라고 그랬어? 돌아가신 ?은 애들한테 한 번 물어봐. (그 사람들이) 그렇게 하라고 했느냐 이말이야. 이게 국민 수준이냐는 말이야" (사랑제일교회 전광훈 목사 5.25. 주일설교, 한겨레신문 5.25.)
  –한국기독교총연합회 부회장 조광작 목사는 5월 20일 임원회의에서 "가난한 집 애들이 왜 배를 타고 제주도로 수학여행을 갔느냐"는 등 세월호 희생자와 유가족을 비하하는 듯한 발언으로 물의를 일으킨 뒤 부회장직을 사퇴했다.(국민일보) 그 외의 기록은 박득훈, "한국 교회는 자본주의로부터 해방되어야 한다"(본서 210쪽) 참조
7 이사야 기자, "한국 교회, 세월호 상처 아물도록 도와달라"〈국민일보〉 6.2. 기사 http://news.kmib.co.kr/article/view.asp?arcid=0922696438.
8 유종환 기자, "박근혜 대통령 대국민담화에 대한 한국 교회 엇갈린 반응",〈기독교한국신문〉5.21. www.cknews.co.kr/news/articleView.html?idxno=3657.
9 세월호의 아픔을 함께 하는 이 땅의 신학자들,『곁에 머물다-그 봄을 기억하는 사람들의 겨울편지』, (서울 : 대한기독교서회, 2014).
10 기장의 자료는 정의평화국 배성진 목사의 도움을 받았다.
11 이미경 기자, "세월호 朴이 책임져라-한신대생 삭발·단식 농성돌입"〈고발뉴스〉, 5.16. www.gobalnews.com/news/articleView.html?idxno=7431
12 에큐메니안, "기장, 대형교회 목회자들 망언 망동 회개하라"〈뉴스앤조이〉, 6.3. www.newsnjoy.or.kr〉교계
13 고수봉 기자, "고난받는 이웃과 함께, 수요연합배 격려와 위로의 눈물"〈에큐메니안〉, 9.24. https://ko-kr.facebook.com/ecumenian/posts/766338376756472 이사라 기자, "목사에게 상처받고 목사에게 위로받다"〈뉴스앤조이〉, 9.26. www.newsnjoy.or.kr〉교계
  송상원 기자, "고난받는 이웃과 함께",〈기독신문〉, 9.29. www.kidok.com〉교계〉일반
14 감리교 전체 활동에 대해서는 세월호 침몰 사고 감리교 대책위원회 송주일 간사에게 안산지역 활동에 대해서는 박인환 상임본부장에게 자료를 협조받았다.

15 권우성, 선대식 기자, "대학생들 '박근혜 퇴진' 청와대 앞마당 광화문 점거" 오마이뉴스 5.8. www.ohmynews.com/NWS_Web/View/at_pg.aspx?CNTN_CD.

16 김혜은 기자, "감리교비상시국기도회, 대한문광장에서 회개와 행동하는 신앙선언" 〈기독교타임즈〉, 5.19. www.kmctimes.com/news/articleView.html?idxno=37909.

17 예장 통합측 자료는 예장 총회 사회부 조상식님으로부터 협력받았다.

18 성공회 사제단의 활동내역은 정의평화사제단 총무인 김현호 신부에게 도움을 받았다.

19 이민창 기자, "성공회, 세월호 진상 규명 도보순례" 〈기독교연합신문〉, 9월 28일자 www.igoodnews.net/news/articleView.html?idxno=43427.

20 촛불교회 최헌국 목사로부터 자료를 협조받았다.

21 민주쟁취 기독교행동 집행위원장 정대일 박사로부터 자료를 협조받았다.

22 한국여신학자협의회 이은주 사무총장으로부터 자료를 협조받았다.

23 교회개혁실천연대 김애희 사무국장으로부터 자료를 협조받았다.

24 김규남 기자, "세월호법 촉구, 5대 종단 성직자 연합기도회" 〈한겨레신문〉, 9.1. www.hani.co.kr/arti/society/society_general/653775.html.

25 조혜진 기자, "세월호 희생자 숫자인 목회자 304인 밤새 특별법 촉구" 〈CBS노컷뉴스〉, 9.16. christian.nocutnews.co.kr/show.asp?idx=3003531.
   김도형 기자, "목회자 304인의 철야기도회를 통해 바라본 세월호" 〈오마이뉴스〉, 9.17. www.ohmynews.com/NWS_Web/View/at_pg.aspx?CNTN_CD.

26 방현섭 기자, "40여일 김홍술, 방현섭 목사 단식단 해단 연합예배" 〈뉴스앤넷〉, 10.6. www.newsnnet.com/news/articleView.html?idxno=2442.
   이은혜 기자, "의학적 단식 가능 기간 넘긴 김홍술, 방인성 목사" 〈뉴스앤조이〉, 9.30. www.newsnjoy.or.kr › 교계

27 동아일보, "세월호 자원봉사 문명수 목사 별세" 〈동아닷컴〉, 10.4. 기사 news.donga.com/3/03/20141003/66935011/1.

28 유영대, 백상현 기자, "세월호는 내 탓, 회초리기도회, 지켜주지 못해 미안하다" 〈국민일보〉, 5.15. 기사 http://news.kmib.co.kr/article/view.asp?arcid=0008326504&code=23111111&sid1=mis.

29 정경일, "애도, 기억, 저항: 세월호 안의 민중신학", 『사회적 영성』, (서울: 현암사, 2015), 129쪽.

30 아브라함 요수아 헤셸, 『예언자들』, 이현주 역, (서울: 도서출판 삼인, 2004), 36쪽.

유족들의 시위를 '종북세력'으로 설정하는 정치 지향성의 분석/ 김혜경

1 자세한 내용은 아래를 참조하기 바란다. http://www.pbc.co.kr/CMS/news/view_body.php?cid=534414&path=201410

2 *Romano Guardini, Das Ende der Neuzeit, Versuch zur Orientierung(German), 1965,* pp.30-31: 프란치스코, 『복음의 기쁨』, (한국천주교중앙협의회, 2014), 224항에서 인용.

3 들뢰즈는 '사고'와 구별되는 '사건'의 개념을 철학적으로 분석한다. G. Deleuze, *Logique du sens,* (Minuit, 1969), pp.68-69. '사고'란 사물의 상태가 시 · 공간적으로 유효화(effectuation)한 것이며, 사실(fait)에 관한 범주인 반면에, '사건'이란 어떤 사물의 상태나 사실을 다른 상태나 사실에 연관짓는 것으로서 '관념적'인 성격이 개입되는 범주라는 것이다. *G. Deleuze/ F. Guattari, Mille Plateaux,* (Minuit, 1980), p.235: 박민규, 「눈 먼 자들의 국가」, 김애란 외, 『눈 먼 자들의 국가. 세월호를 바라보는 작가의 눈』, (문학동네, 2014), 56-57쪽 참조.

4 후에 다이빙벨 투입의 실패도 해경이 방해했기 때문이라는 의혹이 제기된 바 있다 (〈오마이뉴스〉, 2014.10.30.): 지주형, 「세월호 참사의 정치사회학: 신자유주의의 환상과 현실」, 『경제와 사회』, 2014년 겨울호(통권 제104호), 22-23쪽에서 인용.

5 이와 관련하여 성공회대 김은규 신부는 세월호 사건을 '학살'이라고 규정했고, 진보 평론가 고민택은 '참사'가 아니라 '참살'로 규정하였다. 정부와 해경의 소극적인 구조 작업으로 충분히 구조할 수 있었음에도 불구하고 인명 구조에 결정적인 골든타임을 모두 놓침으로써 수많은 희생자를 내고 말았기 때문이다. 「세월호 참사 후 한국사회 정치지형 변화 가능성」, 『진보평론』 제61호, 2014년 가을호, 91쪽.

6 『신학대전』, II-II, q.104. a.6, ad 3um: Ed. Leon.9, 392: "정의의 질서가 요구하는 한 인간은 세속의 원리에 복종할 의무가 있다.": 교종청정의평화평의회, 『간추린 사회교리』(개정판), 한국천주교주교회의, 2012, 400쪽에서 인용.

7 〈세월호 참사 국정조사 파행과 특별법 제정에 대한 한국천주교주교회의 정의평화위원회의 입장〉(이하 '정평위 입장'으로 표기), 한국천주교주교회의 정의평화위원회 위원장 이용훈 주교, 2014.7.14., 6.

8 4월 20일 정몽준 당시 새누리당 서울시장 예비후보의 아들이 세월호 실종자 가족을 '미개하다'고 비난해 물의를 일으켰고, 안전행정부의 송영철 국장은 세월호 침몰 현장 상황실에서 기념 촬영을 해 결국 사직서를 썼으며, 22일에는 권은희 새누리당 국회의원이 실종자 가족을 선동꾼으로 몰고 가 공분을 샀다.

9 정희진, 2014-12-18, 『경향신문』, [정희진의 낯선 사이] 세월호가 안전사고인가:http://news.khan.co.kr/kh_news/khan_art_view.html?code=990100&artid=201412182117215

10 〈정평위 입장〉, 3.

11 〈KBS 보도국장 "세월호 희생자 교통사고 생각하면 많지 않다" 파문〉, 『한겨레신문』(인터넷 판) 2014년 5월 5일자 기사, http://hani.co.kr/arti/society/media/635632.html?_fr=mt1r; "[세월호 특별법 논란] '교통사고론'은 여권의 방패막이", 『경향신문』(인터넷 판) 2014년 8월 20일자 기사, http://news.khan.co.kr/kh_news/khan_art_view.html?artid=201408202203485&code=910402

12 미셸 푸코, 오르트망 역, 『안전, 영토, 인구』, 난장, 2011, 23-24쪽: 여기에서 푸코는 권력 유형을 세 가지로 구분했는데, 법전 체계, 규율 메커니즘, 안전장치가 그것이다. 그는 세 번째 권력 유형에 해당되는 안전장치를 '자유주의'의 특징적인 권력 메커니즘으로 보고 국가안보 이데올로기처럼 사회 구성원을 통제하는 주요 장치로 보았다.

13 한나 아렌트, 『인간의 조건』, 이진우·태정호 역, (한길사, 1996), 31쪽.

14 고민택, 「세월호 참사 후 한국사회 정치지형 변화 가능성」, 『진보평론』 제61호, 2014 년 가을호, 93쪽.

15 러시아 수학자 안드레이 마르코프가 1906년에 주장한 이론으로, 방금 일어난 사건이 다음에 일어날 사건의 확률에 영향을 미친다는 것.

16 최치원, 「한국에서 보수주의의 의미에 대한 하나의 해석」, 『시대와 철학』, 20(4), 200 9, 232쪽

17 최치원, 「세월호 참사 혹은 '물신화되고 … 무감각해진' 한국인의 보수주의적 삶에 대 한 정치철학적 소고」, 『경영컨설팅리뷰』 제5권 제2호, KNU경영컨설팅연구소, 2014 년 8월, 52쪽: 여기에서 그는 우리사회의 이런 측면을 '정치적으로나 사회적으로 미성 숙한 삶'이라고 규정하며 개탄하였다.

18 유시민, 『국가란 무엇인가』, (돌베개, 2011), 40-44쪽 참조.

19 '중립'과는 상관없이 정치에서 '중도' 혹은 '중도파'라는 것이 있다. 한국에서 중도파 정 치인들은 흔히 '회색분자(灰色分子)'로 몰려 흑(黑) 아니면 백(白)이라는 양자택일을 강요받는 경향이 있다. 그러나 애초에 '회색분자'라는 말은 정치적 무관심으로 인한 정치참여 포기자들을 이르는 말이며, '박쥐', '철새'라는 용어 등도 자신의 이익에 따라 정치적 신념을 바꾸는 이를 폄하하기 위한 발언이지 중도파 정치인들과는 무관하다. 중도주의 정치인들은 현실적이고, 제도적인 절차 안에서 대립하는 좌우 세력 간의 대 화를 모색하는 완충지대 역할을 하곤 한다.

20 〈종북주의〉, 위키 백과: 사전적 의미의 종북주의는 조선민주주의인민공화국의 집권 정당인 조선로동당과 그 지도자인 김일성, 김정일, 김정은 등을 추종하는 경향으로 2001년 사회당에서 처음으로 이 표현을 사용했다고 한다. http://ko.wikipedia.org/wi ki/%EC%A2%85%EB%B6%81%EC%A3%BC%EC%9D%98

21 〈아시아 경제〉 2014.04.21., [세월호 침몰]세월호 사고도 북한탓?… 난데없는 '종북 타 령' 눈살 http://view.asiae.co.kr/news/view.htm?idxno=2014042017502037563 참조.

22 〈인터넷뉴스 신문고〉 2014.04.16., [진도 여객선침몰] 데일리저널, 세월호 침몰 북한 소행 의심 주장(?) http://www.shinmoongo.net/sub_read.html?uid=55046 참조. 〈경 향신문〉, 2014.04.17., [여객선침몰 사고] 극우논객 "북한 소행일 수 있다" 주장, 누리 꾼 "왜 안 나오나 했다" 냉담 http://news.khan.co.kr/kh_news/khan_art_view.html?ar tid=201404171616211&code=940100

23 물론 보수와 진보를 구분하는 기준은 여러 가지가 있겠지만 여기에서는 국가의 기능 이나 권력의 작동 방식에 대한 견해를 중심으로 살펴본다. 유시민, 앞의 책, 186-189 쪽. 이 책에서 유시민은 우리 사회의 두 가지 이념 논리를 베블린의 견해에 따라서 설 명하고 있다. 소스타인 베블런, 『유한계급론』, 한성안 역, (지식을 만드는 지식, 2011), 95-135쪽 인용.

24 유시민, 앞의 책, 190-193쪽 참조.

25 조르조 아감벤, 앞의 책, 47-48쪽 참조. 그는 '권력 vs 벌거벗은 생명'을 중심축으로 서 양 사상사의 맹점을 해체하고 포스트모더니즘 이후 정치철학을 새롭게 정립하고자

하였다. 그는 미셸 푸코의 '생명정치'가 근대국가의 권력이 그 국민의 탄생에서 죽음까지 삶의 전 과정을 국가가 관리하여 생명을 유지시키고 구성 인구의 출생, 사망, 건강, 수명을 학교, 병원, 감옥, 군대, 보험 등의 형태로 관리한다고 말하면서도 정작 우리 시대의 대감금 현상인 유대인 수용소와 스탈린의 권력에 대해서는 아무런 언급을 하지 않는 것과 한나 아렌트가 '전체주의의 기원'을 탐구하지만 그것을 정치 철학과 연관하여 시대정신으로 사유하는 것이 아니라 '인간의 조건'으로 환원시키는 오류를 저지르고 말았다고 평하였다. 아감벤은 서양 사상사의 이런 맹점, 아포리아를 시작으로 서구의 지성사를 해체하는 한편, 추상적인 논의에서 벗어나 좀 더 실제적인 테러(9.11테러를 시작으로), 비정규직, (사회적) 배제(혹은 예외)가 일상이 된 모든 이의 생명을 장악하려는 글로벌 주권 권력의 등장과 그에 직면한 인류를 사유하고 있다. 이탈리아의 철학자이자 미학적 시각을 지닌 비평가로 떠오르고 있는 아감벤의 사유는 대단히 신학적이고 철학적이면서도 정치적인 특징을 지니고 있다. 그의 사유체계에서 두드러지는 점은 정치의 존재론적 지위 회복을 주장하고 있다는 점이다.

26 아감벤, 같은책, 55쪽.

27 최장집, 앞의 책, 27-38쪽 참조.

28 2014년 6월 21-27일까지 프란치스코 교종의 한국 방문을 앞두고 방한한 바티칸 정의평화평의회 차관 몬시뇰 마리오 토소 대주교는 6월 23일 명동대성당 꼬스트홀에서 가진 학술 심포지엄과 6월 26일 명동성당에서 가진 강연에서 '고강도 민주주의를 실현해야 한다'고 역설하였다. 그는 민주주의를 '고강도'와 '저강도'로 구분하여, 저강도 민주주의는 고차원적인 가난(심각한 가난)이 존재하며 발전 계획의 부재와 국제적인 참여 결여 현상을 보인다고 하였다. 그러나 고강도 민주주의는 포퓰리즘, 원조주의, 온정주의로 대변되는 대중 영합주의와 과두정치의 위험들을 극복하고 참여적이고 사회적인 민주주의를 국가적인 차원에서는 물론 국제적인 차원에서 지향하는 것을 말한다고 하였다. 민주주의와 자유의 미래는 특정 권력에 달려 있는 것이 아니라 시민, 기업가, 시민사회, 노조와 정당, 나아가서는 모든 인류의 공동책임이기 때문이다. 강연 자료 및 http://news1.kr/articles/?1736625 참조.

29 Michael Shrimpton, "*The Sewol Disaster*", in *Veterans Today*, 21 April 2014, http://www.veteranstoday.com/2014/04/21/the-sewol-disaster/

30 한나 아렌트, 『인간의 조건』, 이진우·태정호 역, (한길사, 1996), 38-39쪽 참조.

31 한나 아렌트, 같은책, 31쪽.

32 최장집, 앞의 책, 49-152쪽 참조.

33 고민택, 앞의글, 92쪽. 여기에서 '국가'는 현재 한국정치를 이끄는 집권여당과 같은 개념으로 사용된다. '국가'와 '권력'은 분명히 다른 두 가지 개념이지만 종종 세월호 참사가 일어난 시기의 정치권력이 우편향적인 권력구조 속에 있었기 때문에 '그 정부'와 '국가'를 동일한 개념으로 보는 것이다.

34 최원, 「멈춰진 세월, 멈춰진 국가: 신자유주의적 통치성과 폭력의 새로운 형상」, 『진보평론』 제61호, 2014년 가을호, 67-68쪽.

35 조르조 아감벤, 『호모 사케르: 주권 권력과 벌거벗은 생명』, 박진우 역, (새물결,

2008), 47-48쪽 참조. 생명정치를 가장 먼저 이야기했던 푸코는 전통 사회의 권력을 국가 권력에 의한 생사여탈권에 근거해서 만들어졌다고 하였다. 그러나 근대 사회의 새로운 권력은 그 국민의 탄생에서 죽음까지 삶의 전 과정을 국가가 관리하여 생명을 유지시키고 구성 인구의 출생, 사망, 건강, 수명을 여러 가지 형태로 관리하는 형태로 바뀌게 된다는 것이다. 이러한 근대적 국가 권력의 변화, 즉 생명 정치는 이제 학교, 병원, 감옥, 군대, 보험 등의 형태로 실현된다. 그의 이런 생명정치, 생명 권력에 대한 개념을 21세기에 들어와서 새로운 시각으로 탐구하고 있는 사람이 아감벤이다. 이와 관련하여 논문 김기홍, 「생명정치와 세월호의 아이들을 방치한 국가」, 『과학기술학연구』 14권 1호, (2014) 177-178쪽도 참조하면 좋겠다.

36 김기홍, 같은 논문, 182쪽.

37 에티엔 발리바르, 『대중들의 공포: 맑스 전과 후의 정치와 철학』, 최원 역, (도서출판 b, 2007), 57-58쪽.

38 최원, 앞의글, 68쪽.

39 헨리 데이빗 소로우, 『시민의 불복종』, 강승영 역, (이레, 1999), 9쪽: 유시민, 앞의 책, 69-70쪽에서 인용.

세월호 참사 언론 보도에 대한 기독교 문화 윤리적 비판/ 송용섭

1 전창해 외, "'곁에 있어 고마워'…세월호 참사후 달라진 풍속도," 〈연합뉴스〉, 2014년 4월 27일, http://www.yonhapnews.co.kr/society/2014/04/25/0701000000AKR20140425157800064.HTML

2 예를 들어, 40여 일간 단식한 김영오씨로 대표되는 유가족 및 정부 비판자들에 대한 정부의 초법적 감시, 2014년 5월에 터져나온 고양종합버스터미널 및 전남 장성 요양원 화재, 두달 뒤인 7월에 발생한 태백선 무궁화호 충돌사고, 10월의 성남 판교 야외 공연장 환풍구 붕괴 사건, 12월의 원전 내부문서 해킹 및 하청직원 질식사 사건 등을 경험한 한국 사회의 불안감은 세월호 참사를 겪은 이후에도 한동안 더욱 증대되고 말았다. 불안한 한국 사회에 대하여는 안종주, "'세월호 이후'가 더 불안하다," 〈프레시안〉, 2014년 12월 31일 기사 참조할 것. http://www.pressian.com/news/article.html?no=122854

3 김진오, "'이 나라를 떠나겠다'…어쩌다 이 지경까지," CBS 노컷뉴스, 2014년 10월 31일, http://m.nocutnews.co.kr/news/4170085.

4 국민안전처 홍보담당관실, "국민안전처 출범 후 첫 안전정책조정회의 개최," 2014년 12월 29일, http://www.mpss.go.kr/news/news_list_BD002.html

5 다양한 언론에서 해당 내용을 보도하였다. 이의 예는 다음과 같은 사이트 등에서 검색할 수 있다. 김훈기, "국민 80% '우리 사회 여전히 불안'…세월호 참사 극복 못해," 2014년 12월 29일, http://www.newsis.com/ar_detail/view.html?ar_id=NISX20141229_0013383438&cID=10305&pID=10300

6 한국교통연구원, 「세월호 사고 6개월 국민안전의식 변화 설문조사 결과」, 2014 · 10 · 16.

이준,「안전부담.비용수용 문화의 확산」,『미래정책 FOCUS』, 경제·인문사회연구회, 2014년 겨울호 Vol.3, 13에서 재인용.

7 *Ibid.*, 14쪽.

8 *Ibid.*, 14-15쪽.

9 찰스 테일러,『불안한 현대사회』, 송영배 옮김, (서울: 이학사), 2001.

10 *Ibid.*, 13쪽.

11 *Ibid.*, 13-14쪽. 테일러가 정의하는 도구적 이성이란, "우리가 주어진 목적을 성취하기 위한 수단을 어떻게 하면 가장 경제적으로 응용해 낼 수 있을까를 계산할 때 의지하게 되는 일종의 합리성이다."

12 *Ibid.*, 14쪽.

13 *Ibid.*, 19쪽.

14 *Ibid.*

15 *Ibid.*, 19-20쪽.

16 노암 촘스키,『촘스키, 누가 무엇으로 세상을 지배하는가』, 강주헌 옮김, (서울:시대의 창), 2002, 67쪽.

17 *Ibid.*

18 *Ibid.*, 69쪽.

19 *Ibid.*

20 *Ibid.*, 70쪽.

21 *Ibid.*, 149쪽.

22 노암 촘스키,『노암 촘스키의 미디어 컨트롤』, 박수철 옮김, (서울: 도서출판 모색, 2003), 11쪽.

23 *Ibid.*, 28쪽.

24 *Ibid.*

25 노암 촘스키·에드워드 허먼,『여론 조작: 매스미디어의 정치경제학』, 정경옥 옮김, (서울: 상지사, 2006).

26 *Ibid.*, 9-11쪽.

27 *Ibid.*, 75쪽.

28 *Ibid.*

29 *Ibid.*, 75-76쪽.

30 *Ibid.*, 76쪽.

31 *Ibid.*

32 *Ibid.*, 79쪽.

33 *Ibid.*, 88쪽.

34 *Ibid.*, 92쪽.

35 *Ibid.*, 95쪽.

36 Mark Fishman, *Manufacturing the News* (Austin: University of Texas Press, 1980), 144-145쪽. *Ibid.*, 96쪽에서 재인용.

37 *Ibid.*, 104쪽. "'플랙(flak)'은 언론의 표현이나 프로그램에 대한 부정적인 대응을 일컫는 말이다. 이는 편지, 전보, 전화, 탄원서, 소송, 의회의 연설이나 의안 등의 형태로, 혹은 불평, 위협, 극렬한 행동의 형태로 나타날 수 있다."

38 *Ibid.*, 105쪽.

39 *Ibid.*, 108-109쪽.

40 *Ibid.*, 112쪽. 뿐만 아니라, 촘스키는 종교 역시 강력한 여과장치로 여기고 있다. "반공주의라는 이데올로기와 종교는 강력한 여과장치이다."

41 김호성 외 7인, 『세월호 보도…저널리즘의 침몰: 재난보도의 문제점과 개선 방안』, (서울: 방송기자연합회, 2014).

42 *Ibid.*, 12-70쪽.

43 *Ibid.*, 215쪽.

44 *Ibid.*, 215-220쪽.

45 *Ibid.*, 12쪽.

46 *Ibid.*, 86쪽.

47 *Ibid.*

48 *Ibid.*, 14쪽.

49 *Ibid.*, 16쪽.

50 *Ibid.*, 18쪽.

51 *Ibid.*, 19쪽.

52 *Ibid.*

53 이상호와 안해룡, 『다이빙 벨』(영화), 서울: 아시아프레스, 2014. 또한, 이상호 기자는 그가 감독으로서 제작한 영화인 『다이빙 벨』의 인터뷰에서 유가족들이 언론에 대해 반감과 분노를 갖게 된 원인을 다음과 같이 분석한다. "유가족들은 사고발생 직후부터 계속 언론의 오보에 속았지요. 그리고 한 이틀 지나면서 아 언론이 구조하지 않는 정부와 책임지지 않는 청와대와 한패라는 것을 깨달은 거예요. 그러면서 자연발생적으로 언론, 거짓 언론 물러가라는 구호를 외칠 수 있게 되었습니다."

54 *Ibid.*

55 *Ibid.*

56 *Ibid.*

57 *Ibid.*, "(가족) 접안할 때 그쪽 배하고 저희 바지하고 묶어야 하잖아요. 그거 가지고 뭐라고 하더라고. (기자) 뭐라고 해요? (가족) 약간의 큰 소리가 좀 들렸어요. (기자) 언딘쪽은 이쪽 알파쪽에서 비협조해서 무산이 됐다고 자꾸 흘리는데, 그게 아니라 현장에서 보시기에는 그쪽에서… (가족) 언딘쪽이죠. (기자) 언딘쪽에서 고성하면서 묶는 것 자체를 방해한 거군요, 한마디로. (가족) 한마디로 이제 방해를 하면서, 여기 바지선을 끌고간 그 작은 배 선장들이 무슨 힘이 있습니까? 큰 소리 치면 으레 겁먹고 뺄 수 밖에 없는 입장인데."

58 *Ibid.*

59 김호성외 7인, 42쪽.

60 *Ibid*.

61 *Ibid*., 44-45쪽.

62 https://www.youtube.com/watch?v=UgCk0d1TgYU

63 *Ibid*.

64 김호성 외 7인, 57쪽.

65 촘스키, 『여론조작』, 484쪽.

66 이들의 대안에 대하여는, 촘스키, 『노암 촘스키의 미디어 컨트롤』, 42-43쪽, 『여론조 작』, 489-490쪽과 테일러, 142-153쪽을 보라.

67 촘스키, 『여론조작』, 490쪽.

68 테일러, 148쪽.

69 *Ibid*., 150쪽.

70 *Ibid*., 153쪽.

세월호 참사로 드러난 신자유주의의 야만적 얼굴/ 박숭인

1 chosun.com 사회, "[세월호 수사 결과] '무리한 증축·過積(과적)·운항 미숙이 세월호 침몰 직접 원인'"
http://news.chosun.com/site/data/html_dir/2014/10/07/2014100700231.html

2 〈세월호 참사〉 화물 3배 과적·평형수 부족…복원성 치명타(종합) l 연합뉴스 http://www.yonhapnews.co.kr/society/2014/04/22/0701000000AKR20140422140900...2015 -02-16

3 데이비드 하비, 임동근, 『신자유주의 세계화의 공간들』, 박훈태·박준 옮김, (서울: 문화과학사, 2008), 40쪽.

4 앞의 책, 41쪽.

5 장하성, 『한국 자본주의』, (성남: 헤이북스, 2014), 96쪽.

6 앞의 책, 126-127쪽.

7 사토 유시유키, 『신자유주의와 권력』, 김상운 옮김, (서울: 후마니타스, 2014), 19쪽.

8 앞의 책, 20쪽.

9 앞의 책, 37-38쪽.

10 앞의 책, 42쪽.

11 앞의 책, 43쪽.

12 앞의 책, 44쪽.

13 앞의 책 45-46쪽.

14 장하성, 『한국 자본주의』, 128쪽.

15 토마 피케티, 『21세기 자본』, 장경덕 외 옮김, (파주: 글항아리, 2014), 26쪽.

16 데이비드 하비, 앞의 책, 44쪽.

17 사토 요시유키, 앞의 책, 84-85쪽.

18 장하성, 앞의 책, 41쪽.

19 416 세월호 참사 시민기록위원회 작가기록단, 『금요일엔 돌아오렴』, (파주: 창비, 2015), 6쪽.

20 앞의 책, 59쪽.

21 "서강대 교수 52인 시국선언문", 오마이뉴스. http://www.ohmynews.com/nws_web/view/at_pg.aspx?CNTN_CD=A0002001153.

22 J. 몰트만, 『십자가에 달리신 하나님』, 김균진 옮김, (천안: 한국신학연구소, 1988), 7쪽.

세월호 이후의 경제를 위한 신학적 시론/ 신익상

1 "[여객선 침몰]단원고는 왜 배편을 수학여행 운송수단에 넣었나?," 〈아시아투데이〉, 2014.4.20.일자, http://www.asiatoday.co.kr/view.php?key=20140420010012146, 최종 접속일자 2014.12.1.

2 마이클 센델 『돈으로 살 수 없는 것들: 무엇이 가치를 결정하는가?』, 안기순 옮김, (서울: 와이즈베리, 2014), 36쪽.

3 이정전, 『시장은 정의로운가』, (파주: 김영사, 2012), 268쪽.

4 빅 데이터란 "통상 일반적인 데이터베이스, 소프트웨어로 관리가 어려운 대용량의 데이터를 의미하며 최근에는 대용량 데이터를 수집, 저장, 분석하기 위한 도구, 플랫폼, 분석기법 등을 포괄하는 용어로 변화하고 있"다(이성민 외, "빅데이터로 분석한 세월호 침몰사고," 「해양안전학회 학술발표대회 논문집」, 해양환경안전학회 2014년 춘계학술발표회(2014/6), 91쪽.

5 앞의 논문, 91-92.

6 최창현, "정부 관료제의 문제점 분석과 대책: 세월호 참사를 통해 본 국정관리력, 정치력, 그리고 기관신뢰 분석," 「한국공공관리학보」 28.3(2014/9), 69쪽.

7 AGAPE BD, 13-14. 참조; PWE2007, 13: WCC에서 작성·출판된 문서들은 편의상 약어를 사용해서 표시하도록 한다. 약어표는 본 논문 말미에 실었다. 본고에서 인용된 WCC의 문서들은 모두 WCC의 공식 홈페이지인 http://www.oikoumene.org/en에서 다운로드 받을 수 있다.

8 남아프리카 공화국의 성공회 대주교 데즈먼드 투투(Desmond Mpilo Tutu)는 우분투의 의미를 다음과 같이 설명한다. "우리나라에 전해 내려오는 격언 중에는 우분투라는 것이 있습니다. 그것은 인간이 갖추어야 할 기본 조건이지요. 인간은 혼자서는 살아갈 수 없는 존재라는 것이 바로 우분투의 핵심입니다. 우분투는 우리가 서로 얽혀 있다는 점을 강조합니다. 홀로 떨어져 있다면 진정한 의미에서 인간이라고 할 수 없고, 우분투라는 자질을 갖추어야만 비로소 관용을 갖춘 사람으로 인정받을 수 있습니다. 우리는 자신을 다른 사람과 상관없이 존재하는 개인으로 생각할 때가 많습니다. 그러나 우리는 사실 서로 이어져 있으며 우리가 하는 일 하나하나가 세상 전체에 영향을 미칩니다. 우리가 좋을 일을 하면 그것이 번져 나가 다른 곳에서도 좋은 일이 일어나게 만듭니다. 그러므로 그것은 인간 전체를 위하는 일이 됩니다."; "우분투(사상),"

〈위키백과〉, http://ko.wikipedia.org/wiki/%EC%9A%B0%EB%B6%84%ED%88%AC_ (%EC%82%AC%EC%83%81), 최종접속일자 2014.12.10.

9 PWE2007, 8쪽, 12쪽; UBT.

10 PWE2007, 9쪽.

11 PWE2007, 10-11쪽 참조.

12 EL2014, 1쪽.

13 EL2014, 2-4쪽. 참조.

14 *AGAPE BD*, 4쪽.

15 *AGAPE BD*, 7쪽.

16 *AGAPE BD*, 40쪽.

17 *AGAPE BD*, 41쪽.

18 RB2013, 88쪽; PWE2013, 8쪽.

19 RB2013, 85-86쪽; PWE2013, 5-6쪽.

20 이정전, 『시장은 정의로운가』(2012), 188-192쪽.

21 RB2013, 84-85쪽; PWE2013, 4-5쪽.

22 RB2013, 86쪽; PWE2013, 6쪽.

23 물론, 이 말은 세월호 참사의 원인이 경제적 이익을 우선적으로 고려한 단원고 학부모들의 배-항공편 수학여행 결정에 있다는 의미에서 한 것은 아니다. 다만, 시장사회는 삶의 모든 영역에서 결정의 기준으로 경제적 이득을 놓도록 강제하는 구조적 성격을 갖는다는 사실을 설명하고자 진술된 말이다.

24 마르셀 모스, 『증여론』, 이상률 옮김, (서울: 한길사, 2011); 조르조 아감벤, 『남겨진 시간』, 강승훈 옮김, (서울: 코나투스, 2011), 196-198쪽, 203-204쪽. 참조; 테드 w. 제닝스, 『데리다를 읽는다/바울을 생각한다』, 박성훈 옮김, (서울: 그린비, 2014), 170-206쪽.

25 저탄소 녹색성장 에너지가 될 요건은 두 가지이다. 하나는 '저탄소'이고, 다른 하나는 '재생가능성'이다. 핵에너지는 전자를 만족하지만 후자를 만족하지는 않는다. 따라서 핵에너지는 저탄소 녹색성장 에너지가 아니다.

26 리처드 호슬리 엮음, 『제국의 그림자 속에서: 신실한 저항의 역사로서 성서 새로보기』, 정연복 옮김, (고양: 한국기독교연구소, 2014), 130쪽, 155-158쪽. 참조: 당시의 성전은 로마제국에 조공이 흘러들어가는 중요한 통로이기도 했다.

한국 교회는 자본주의에서 해방되어야 한다/ 박득훈

1 이 글의 제목과 이어지는 글에서 한국개신교회를 관행상 대부분 한국 교회로 표기하였음을 양해해 주기 바란다.

2 이 표현은 칼 마르크스에게서 빌려온 것이다. Karl Marx, *'A Contribution to the Critique of Hegel's Philosophy of Law: Introduction,'* in Karl Marx, Frederick Engels: Collected Works, Vol. 3., (London: Lawrence and Wilshart, 1975-2005)m p.175.

Roland Boer, *In the Vale of Tears: On Marxism and Theology V* (Chicago: Haymarket Books, 2014), p.xii에서 재인용함.

3 이 단락은 조석민 외 7인 지음, 『세월호와 역사의 고통에 답하다』, (대장간, 2014)에 실린 박득훈, 「세월호 이후의 한국기독교, 자본주의 극복이 대안이다」, 99-103쪽을 조금 수정한 내용이다.

4 두 기준의 정당성에 대한 자세한 설명을 보려면 Clodovis Boff, *Theology and Praxis: Epistemological Foundations* (N.Y., Orbis Books, 1987), pp.57-60을 참조.

5 토마 피케티, 『21세기 자본』, 장경덕 옮김 (글항아리, 2014). 간략한 서평은 「한겨레」에 실린 유종일, [세상읽기] "21세기 자본론"을 참조.(http://www.hani.co.kr/arti/SERIES/56/634852.html).

6 이 단락은 비매품 논문집인 성서한국 엮음, 『세월호참사 이후 한국 교회의 성찰과 과제』, (성서한국, 2014)에 실린 박득훈, 「탐욕·야만·거짓으로 가득 찬 사회구조를 변혁해야 한다」, 43-44쪽에서 그대로 옮겼다.

7 최성규 목사, "유가족은 이제 광화문에서 나와라", 인터넷 신문 〈뉴스앤조이〉 (14.9.15) http://www.newsnjoy.or.kr/news/articleView.html?idxno=197503.

8 프란치스코 교종, "인간의 고통 앞에서 중립을 지킬 수는 없습니다", 『한겨레』 인터넷 판 (2014.8.19.). http://www.hani.co.kr/arti/society/religious/651943.html

9 마틴 루터, 『그리스도인의 자유/루터 생명의 말』, 추인해 옮김, (동서문화사, 2010).

10 「95개 조항」 반박문 중 제43조항; 가난한 자를 구제하고 궁핍한 자에게 꾸어주는 것이 면죄부를 사는 것보다 더 선한 일이라는 것을 그리스도인에게 가르쳐야 한다. 제45조항; 이웃의 괴로워하는 것을 보고는 본체만체 하면서도 면죄부를 사기 위해 돈을 바치는 사람은 교황의 면죄가 아니라 하나님의 진노를 사는 것임을 그리스도인들에게 가르쳐야 한다.[필자 번역]

11 〈성모승천 대축일 강론 전문〉, 『연합뉴스』 (2014. 8.15) http://www.yonhapnews.co.kr/bulletin/2014/08/15/0200000000AKR20140815033700005.HTML.

12 이에 대해 좀 더 자세히 살펴보려면 김진호, 『시민 K 교회를 나가다』, (현암사, 2012)를 참조. 특히 37-109쪽을 참조.

13 R.H.토니, 『종교와 자본주의의 발흥』, 김종철 옮김, (한길사, 1983), 221-222쪽. 주32).

14 David Lee and Haword Newby, *The Problem of Sociology* (London: Unwin Hyman, 1983/89), p.184.

15 막스 베버, 『프로테스탄티즘의 윤리와 자본주의 정신』, 박성수 옮김, (문예출판사, 1996), 69-70쪽. 토니, 『종교와 자본주의의 발흥』, 237쪽.

16 Max Weber, *The Protestant Ethics and the Spirit of Capitalism* (Unwin Hyman, 1930/1989), p.53[필자 번역]. 번역본은 베버, 『프로테스탄티즘의 윤리와 자본주의 정신』, 38쪽.

17 카를 마르크스, 『자본 I-1』, 강신준 옮김, (길, 2010), 206쪽.

18 앞의 책, 206쪽. 당시에 '황금'은 돈으로 사용되었다.

19 카를 마르크스 · 프리드리히 엥겔스, 『공산당 선언』, 권화연 옮김, (펭귄클래식코리아, 2010), 234쪽.

20 앞의 책, 247-248쪽.

21 허경회, 『새로운 밀레니엄』, 360-361쪽.

22 테리 이글턴, 『신을 옹호하다』, 강주헌 옮김, (모멘토, 2010), 58쪽.

23 상게서, 58쪽. 번역을 필자가 약간 수정했다.

24 프리드리히 A. 하이에크, 『법 · 입법 그리고 자유 II: 사회적 정의의 환상』, 민경국 옮김, (자유기업센터, 1997).

25 Bob Goudzwaard, *Globalization and the Kingdom of God* (Baker Books, 2001) pp.30-32.

26 장하준, 『그들이 말하지 않는 23가지』, 김희정 · 안세민 옮김, (부 · 키, 2010), 184-197쪽이 이를 잘 증명해 준다.

27 태어나서 죽을 때까지 한국사회가 얼마나 불평등한지를 실증적으로 확인하려면 새로운 사회를 여는 연구원, 『분노의 숫자: 국가가 숨기는 불평등에 관한 보고서』, (동녘, 2014)를 참조.

28 로날드 사이더, 『가난한 시대를 살아가는 부유한 그리스도인』, 한화룡 옮김, 박득훈 해설, (IVP, 2009), 13쪽.

29 존 F. 캐버너, 『소비사회를 사는 그리스도인』, 박세혁 옮김, (IBVP, 2011), 164-166쪽.

30 이에 대한 신학적 논증을 보려면 Marcus J. Borg, Conflict, *Holiness and Politics in the Teaching of Jesus* (Trinity Press, 1998), 특히 pp.156-212을 참조.

31 Douglas Jacobson & Rodney J. Sawatsky, *Gracious Christianity: Living the Love We Profess* (Baker Academic, 2006), pp.28-29. [필자 번역]

32 자크 엘룰, 『뒤틀려진 기독교』, 자크 엘룰 번역위원회 옮김, (대장간, 1998), 305-306쪽.

33 톰 라이트, 『마침내 드러난 하나님 나라』, 양혜원 옮김, (IVP, 2009), 187-188쪽

34 강신주, 『김수영을 위하여』, (천년의 상상, 2012), 186-187쪽.

35 이글턴, 『신을 옹호하다』, 58쪽.

36 강신주, 『김수영을 위하여』, 173쪽.

기억과 망각, 세월호 사건의 역사화의 과제/ 박종현

1 인터넷 위키백과에서 '한국의 해난사고'를 검색하면 대략 이상의 내용이 표로 나타난다.

2 지그문트 바우만, 『현대성과 홀로코스트』, 정일준 옮김, (서울: 새물결, 2013), 27-29쪽.

3 울리히 벡, 『위험사회』, 홍성태 옮김, (서울: 새물결, 2006), 100쪽.

4 지그문트 바우만, 『액체근대』, 이일수 옮김, (서울: 강, 2000), 89쪽.

5 울리히 벡, 『자기만의 신』, 홍찬숙 옮김, (서울: 길, 2014) 참조.

세월호 참사를 통해 돌아보는 기술문명/ 박일준

1 브린욜프슨 & 맥아피, 『제2의 기계시대』, 323쪽.

2 Giles Deleuze, *Bergsonism,* trans. by Hugh Tomlinson and Barbara Haberjam, (New York: Zone Books, 1991), p.16.

3 Martin Heidegger, *The Question Concerning Technology and Other Essays,* trans. by William Lovitt (New York: Harper Perennial, 1977), 3.

4 민주사회를 위한 변호사 모임(민변모임), 『416 세월호 민변의 기록』, (경기, 파주: 아름다운사람들, 2014), 9쪽.

5 한겨레신문, 「돈이 곧 매뉴얼이 된 한국사회」, 2014.5.14.; 민변, 『416 세월호 민변의 기록』, 26-27쪽.

6 민변, 『416 세월호 민변의 기록』, 131쪽.

7 앞의 책, 158쪽.

8 앞의 책, 159쪽.

9 박근혜 대통령의 국정 기조 중 하나인데, 정작 대통령 자신은 자신이 한 말이 이런 함의를 지니고 있다는 것을 알고 있었을까 하는 생각이 든다. 만일 이런 함의를 염두에 두고 그런 말을 창안한 것이라면, 대단히 영리하지만 비양심적인 대통령일 것이요, 만일 이런 함의를 모르고 썼다면, 인문학적 소양이 너무나 부족한 대통령이라고 해야 할 것이다.

10 민변, 『416 세월호 민변의 기록』, 64쪽.

11 민변, 『416 세월호 민변의 기록』, 83쪽.

12 에릭 브린욜프슨(Erik Brynjolfsson) & 앤드루 맥아피(Andrew McAfee), 『제2의 기계시대: 인간과 기계의 공생이 시작되다』(*The Second Machine Age: Work, Progress, and Prosperity in a Time of Brilliant Technologies*), 이한음 역, (서울: 청림출판, 2014), 11.

13 멈포드, 『기술과 문명』, 81쪽.

14 앞의 책, 89쪽.

15 앞의 책, 89쪽.

16 앞의 책, 231쪽.

17 앞의 책, 253쪽.

18 앞의 책, 270쪽.

19 앞의 책, 270쪽.

20 앞의 책, 270쪽.

21 앞의 책, 271쪽.

22 앞의 책, 13쪽.

23 브린욜프슨 & 맥아피, 『제2의 기계시대』, 83쪽; 91쪽.

24 앞의 책, 83쪽.

25 앞의 책, 84쪽.

26 Carl Shapiro and Hhal R. Varian, *Information Rules: A Strategic Guide to the Network Economy* (Boston, MA: Harvard Business School Press, 1998), 21.

27 브린욜프슨 & 맥아피, 『제2의 기계시대』, 89쪽.

28 앞의 책, 90쪽.

29 앞의 책, 92쪽.

30 앞의 책, 117쪽.

31 앞의 책, 139-140쪽.

32 A.N. Whitehead, *Science and the Modern World*, (New York: The Free Press, 1925), 58; "잘못 놓여진 구체성의 오류"는 "추상을 보편으로 오해하는 것"(mistaking the abstract for the concrete)을 의미하는데(*Ibid.*, 51), 우리의 추상적 개념 체계는 일상적인 사건들 속에 담지된 '환원불가능하고' '완고한' 사실을 있는 그대로 기술하지 못하기 때문에 발생하는 오류이다.

33 멈포드, 『기술과 문명』, 392쪽.

34 앞의 책, 392쪽.

35 앞의 책, 393쪽.

36 앞의 책, 393쪽.

37 앞의 책, 395쪽.

38 앞의 책, 396쪽.

39 앞의 책, 485쪽.

40 앞의 책, 485쪽.

41 앞의 책, 438쪽.

42 앞의 책, 438쪽.

43 앞의 책, 449-450쪽.

44 브린욜프슨 & 맥아피, 『제2의 기계시대』, 163쪽.

45 앞의 책, 163쪽.

46 앞의 책, 163쪽.

47 앞의 책, 167쪽.

48 앞의 책, 166쪽.

49 앞의 책, 166쪽.

50 앞의 책, 168쪽.

51 앞의 책, 169쪽.

52 앞의 책, 171쪽.

53 앞의 책, 173-174쪽.

54 앞의 책, 178쪽.

55 앞의 책, 179쪽.

56 앞의 책, 188-189쪽

57 앞의 책, 188쪽.

58 앞의 책, 189쪽.

59 앞의 책, 190쪽.

60 앞의 책, 196쪽.

61 앞의 책, 201쪽.

62 앞의 책, 205쪽.

63 앞의 책, 213쪽.

64 Daron Acemoglu and James A. Robinson, "*The Problem with U.S. Inequality*," Huffington Post, March 11, 2012, http://www.huffingtonpost.com/daron-acemoglu/us-ineuqality_b_1338118.html (Accessed August 13, 2013); 앞의 책, 218쪽에서 재인용.

65 프리드리히 니체(Friedrich Nietzsche), 『인간적인 너무나 인간적인 I』, 김미기 역, (책세상, 2001), 24-25쪽.

66 Alfred North Whitehead, *The Concept of Nature,* originally published in 1920 (New York: Cosimo, 2007), 27쪽.

67 멈포드, 『기술과 문명』, 18.

68 Bruno Latour, *We Have Never Been Modern,* trans. by Catherine Porter, (Cambridge, MA: Harvard University Press, 1993).

69 Bruno Latour, *Politics of Nature: How to Bring the Sciences into Democracy,* trans. by Catherine Porter. (Cambridge, MA: Harvard University Press, 2004).

70 멈포드, 『기술과 문명』, 503쪽.

71 앞의 책, 508쪽.

72 문종만, 「역자 해제: 거대기계, 거대 도시의 신화를 넘어 새로운 질서를 향하여」, 595쪽.

73 멈포드, 『기술과 문명』, 217쪽.

74 앞의 책, 568쪽.

75 앞의 책, 569쪽.

76 브린욜프슨 & 맥아피, 『제2의 기계시대』, 239쪽.

77 앞의 책, 243쪽.

78 앞의 책, 249쪽.

79 앞의 책, 307-309쪽; 불행히도 현재 한국에서는 공유경제의 한 예인 우버 택시가 법적으로 불법으로 규정되었다.

80 앞의 책, 323쪽.

81 앞의 책, 105쪽.

82 앞의 책, 106쪽.

83 앞의 책, 107쪽.

84 Heidegger, *The Question Concerning Technology and Other Essays,* p.4.

85 앞의 책, p.5.

86 앞의 책, p.11.

87 앞의 책, p.12.

88 앞의 책, p.19.

89 앞의 책, p.24.

90 앞의 책, p.28.

91 앞의 책, p.42.

92 앞의 책, p.44

93 앞의 책, p.34.

세월호 생존 청소년의 애도에 대한 목회상담적 접근/ 오화철

1 지그문트 프로이트, 「슬픔과 우울증」, 『정신분석학의 근본 개념』, 윤희기 옮김, (열린 책들, 2003), 239-265쪽.

2 프로이트는 최초에 리비도(libido)를 성 에너지로 이해했지만, 오늘날에 와서 성에너지는 인간심리에 중요한 영향을 주는 정신에너지로 볼 수 도 있음을 제안한다.

3 Granger E. Westberg, *Good Grief: A Faith-based Guide to Understanding and Healing*, (Minneapolis: Augsburg Books, 1971), p.21.

4 Margaret Kornfeld, *Cultivating wholeness: A guide to care and counseling in faith communities*, (New York: Continuum, 1998,) p.191.

5 필자가 임상목회교육(Clinical pastoral education)을 받기 위해서 2001년도 미국 테네시주에 있는 내쉬빌 육군보훈병원에서 봉사할 때, 확인할 수 있었던 것은 참전용사들 중에 상당수가 당뇨병을 앓고 있었는데, 담당의사들의 소견으로 볼 때, 그 중에 70%의 환자들이 해결되지 않은 감정(unresolved feeling), 즉 애도의 실패로 인해서 식사와 수면 습관의 변화를 경험했고, 그것이 당뇨병의 직간접적인 원인이 된다는 의견을 들은 적이 있다.

6 Peter Gay, *Freud: A Life for our Time*, (London: MacMillan, 1988), pp.392-393.

7 정석환, 『목회상담학연구』, (한국학술정보, 2002), 1-62쪽.

8 Heinz Kohut, *The Restoration of the Self*, (New York: International Universities Press, 1977), pp.10-32.

9 박종수, 『융심리학과 정서』, (학지사, 2013), 207쪽.

10 Paul Ornstein, *The Search for the Self : Selected Writings of Heinz Kohut Vol. 4.*, (New York: International Universities Press, 1978), p.670.

11 Heinz Kohut, *The Analysis of the Self*, (New York, International Universities Press, 1971), pp.50-55.

12 J.C. Jr. Glass, "Death, loss and grief among middle school children: Implication for the school counselors." *Elementary School Guidance and Counseling*, (1991), 26(2), pp.139-149

13 William J. Gorden, *Grief Counseling and Grief Therapy*, (Great Britain: Routledge, 1991), pp.10-16.

14 *Ibid.*, 139-149쪽.

15 최근에 만난 대학생 내담자도, 중학교 시절에 아버지가 교통사고를 당해서 병원에 심각한 상태로 누워있는 것을 봤는데, 그 당시의 기억과 이미지 너무 강렬하고 고통스러워서, 지금도 종종 갑자기 눈앞에 그 장면이 떠오른다고 고백했다. 종종 계단을 내려갈 때 올라갈 때 그런 극심한 과거의 기억이 떠오르면 계단을 올라가지 못하고 공포에 휩싸일 때가 있다고 한다.

16 필자는 2014년 4월 6일 세월호 침몰사고 발생 후 일주일 후에 안산에 조문을 다녀왔다. 친한 선배목사가 이번 사고로 딸을 잃은 아픔을 겪었기에 조문을 다녀왔는데, 그동안 다녀본 조문중에 가장 고통스런 조문이었다. 이유는 빈소마다 걸려있는 고등학생들의 영정사진을 보는 것이 너무나 마음이 아팠기 때문이었다. 선배목사께서는 네명의 딸중에서 이번에 둘째딸을 잃었는데, 내게 한 말은 다음과 같다. "지금 살아남은 가족들은 모두 좀비 같아, 살아도 사는 게 아니야" 그리고 선배목사의 장녀는 "지금도 동생이 금방 살아서 돌아올 것 같아요" 라는 말을 되풀이 했다.

17 최근 일본의 어느 교회는 돌아가신 교인들의 사진을 교회벽에 모두 걸어놓아서 교인들이 교회를 찾아올 때마다 망자의 얼굴을 보며 애도할 수 있는 공간을 만들기도 했다.

18 안산에 앞으로 추모공원을 만들어서 희생자의 넋을 기릴 예정으로 알고 있다. 동시에 학교 혹은 관공서에도 이러한 일상적인 애도의 공간이 적절하게 자리잡을 수 있는 방법을 연구할 필요가 있다.

19 Merle R. Jordan, *Taking on the gods: The task of the pastoral counselor*, (Nashville: Abingdon Press, 1986), pp.10-35.

20 권수영, 『기독[목회]상담, 어떻게 다른가요: 심리학과 신학의 만남』, (학지사, 2007), 5-15쪽.

21 안석모 외, 『목회상담이론입문』, (학지사, 2009), 20-35쪽.

22 어린이들도 적절한 애도를 하지 못할 경우 평생 동안 신앙생활의 장애를 겪는 경우가 많다고 한다. 예를 들어서, 갑작스런 사고로 아버지를 잃은 초등학생 아이에게는 아버지의 죽음을 객관적으로 설명해주는 것이 가장 바람직하다 (네 아버지는 어제 오후 이곳에서 교통사고를 당해서서 목숨을 잃으셨고, 저 묘지에 시신을 묻었다). 만약 종교지도자가 종종 아이들을 위로하려는 마음에 너의 아버지는 너무 좋은 분이라 하나님이 일찍 데려가셨다 등, 하나님, 천사, 천국 의 이미지를 위로하는 말에 잘못 사용하게 될 경우, 아이들은 평생 종교에 대한 두렵고 불편한 이미지를 갖게 된다. 그런 점에서 객관적으로 사실을 직면하고 애도하는 것은 아이와 성인에게 동일하게 적용된다.

23 미국에서도 한때 구타를 당하는 아내들이 가정을 떠나지 않고 끝까지 견디가 사망하는 사건들이 종종 있었다. 그 이유는 내가 구타를 견디면 가정을 지킬 수 있을지도 모른다는 비합리적 신념이 있기 때문이었다. 심한 구타를 당하면 신고를 해야 하고, 남편으로부터 보호 혹은 격리를 받아야 한다.

24 Nancy McWilliams, *The Psychoanalytic Diagnosis*, (New York: The Guilford Press, 1994), pp.270-286.

세월호 참사와 한국정치 그리고 포스트모던 유교 영성/ 이은선

1 KAIST 곽동기 박사,『세월호의 진실-누가 우리 아이들을 죽였나』, (도서출판 615, 2014), 111쪽.
2 416가족협의회 김홍구, 설 특별판, 〈진실을 인양하라〉, 2015.2.
3 이 글은 원래 2014년 5월 26일 교회여성정치토론회 〈교회여성과 정치〉에서 처음 읽었고, 2014년 7월의『기독교사상』에「세월호 참사와 한국정치 그리고 교회」라는 제목으로 발표한 것을 수정 보완하였다.
4 한나 아렌트,『전체주의의 기원』1, 이진우/박미애 옮김, (한길사, 2006), 317쪽.
5 N. 베르댜예프,『노예냐 자유냐』, 이신 역, (늘봄, 2015), 249쪽.
6 박노자, 〈한겨레〉 2014.5.14(수), 박노자의 한국, 안과 밖 "기업국가를 해체하라"
7 강민석 외,『노무현 상식, 혹은 희망』, (행복한 책읽기, 2009), 69쪽, 이은선,「사람의 아들 노무현 부활하다」,『한국 생물生物여성영성의 신학-종교·聖, 여성, 정치誠의 한 몸 짜기』, (도서출판 모시는사람들, 2011), 211쪽.
8 한나 아렌트, 같은 책, 280쪽.
9 박노자, 같은 글.
10 안토니오 네그리/마이클 하트,『공통체-자본과 국가 너머의 세상』, 정남영/윤영광 옮김, (사월의 책, 2014).
11 이은선,「함석헌 선생과 21세기 한국 교회」,『농촌과 목회』 2014년 봄호, 농촌과목회 편집위원회, 통권61, 27쪽,
12 N. 베르댜예프, 같은 책, 243쪽.
13 이신,『슐리어리즘과 靈의 신학』, 이은선·이경 엮음, (동연, 2011).
14 한나 아렌트, 같은 책, 297쪽.
15 Hannah Arendt, *The Origins of Totalianism*, (A Harvest/HBJ Book 1973), p.346-347, p.477.
16 한형조 외,『500년 공동체를 움직인 유교의 힘』, (글항아리, 2013), 32쪽.
17 한나 아렌트,『인간의 조건』, 이진우·태정호 옮김, (한길사, 2001), 237쪽.
18 이은선,「한나 아렌트 교육사상에서의 전통과 현대」,『생물권정치학 시대에서의 정치와 교육-한나 아렌트와 유교와의 대화 속에서』, (도서출판 모시는 사람들, 2013), 106쪽.
19 Hannah Arendt, *The Promise of Politics*, ed., Jerome Kohn, (Schocken Books, New York 2005), p.69.
20 Elisabeth Young-Bruehl, *Why Arendt Matters*, (New Haven & London: Yale University Press, 2006), p.52.
21 이은선 외,『종교 근본주의-비판과 대안』, (도서출판 모시는사람들, 2011), 141쪽 이하.
22 Hannah Arendt, *The Origins of Totalitarianism*, p.479.

23 한나 아렌트, 『인간의 조건』, 237쪽.

24 울리히 벡, 『자기만의 신』, 홍찬숙 옮김, (도서출판 길, 2013), 106쪽.

25 같은 책, 23쪽.

26 Hannah Arendt, *The Origins of Totalitarianism*, p.479.

27 이은선, 「종교문화적 다원성과 한국여성신학」, 『한국 생물生物여성영성의 신학-종교 · 聖, 여성, 정치誠의 한 몸 짜기』, (도서출판 모시는사람들, 2011), 29쪽 이하.

28 KAIST 곽동기 박사, 같은 책, 190쪽.

29 우혜란, "한국 여성 종교지도자들의 '카리스마' 연구", 서강대 종교연구소 엮음, 『한국 여성 종교인의 현실과 젠더 문제』, (동연, 2014), 345쪽 이하.

30 Charles Taylor, *A Secular Age*, (The Belknap Press of Harvard University Press, 2007), p.535.

31 이은선, 『잃어버린 초월을 찾아서-한국 유교의 종교적 성찰과 여성주의』, (도서출판 모시는사람들, 2009), 58쪽 이하.

32 이은선, 『한국 생물生物여성영성의 신학-종교 · 聖, 여성, 정치誠의 한 몸 짜기』, (도서출판 모시는사람들).

33 〈한겨레〉 2014.5.13, "한겨레 참사 인물 극과 극"

34 〈한겨레〉 2014.5.15, "이 시대 한국인이 읽어야 할 고전"

35 http:m.newsnjoy.or, 2014.05.21.

36 〈한겨레〉, 2014.05.09

37 M. Gandhi, *Mein Leben*, (Suhrkamp Taschenbuch Verlag, 1983), p.258, 이은선, 「마하트마 간디 사상의 포스트모더니즘적 조명-그의 비폭력운동의 동양적, 여성적, 교육적 성격에 관하여」, 『포스트모던 시대의 한국 여성신학』, (분도출판사, 1997), 336쪽.

권력의 자기 유지와 종교적 세상[世] 넘기[越]/ 이찬수

1 세월호 선사인 청해진해운의 실질적 소유자인 유병언이 지은 이름이라고 한다.

2 궁극적 '구원'을 강조하는 교단의 성향에 따라 외부인이 붙여놓은 이름이다. 세월호 사건으로 세간에 알려진 교단의 공식 명칭은 '기독교복음침례회'이다.

3 김진호, "한국 개신교 한 주류로서의 구원파", 「가톨릭뉴스지금여기」, 2014.10.30. http://www.catholicnews.co.kr/news/articleView.html?idxno=13461

4 발터 벤야민, "종교로서의 자본주의", 『발터벤야민선집5』, 최성만 역, (서울: 길, 2008), 124쪽.

5 이하의 내용은 이찬수, "재난: 자연의 타자화, 인간의 사물화", 「종교문화비평」 제26호, 한국종교문화비평학회, 2014, 203-217쪽의 요지를 추리고 본 단행본의 취지에 맞게 보완한 글이다.

6 조르조 아감벤, 『호모 사케르』, 박진우 옮김, (서울: 새물결, 2008), 156쪽.

7 앞의 책, 173쪽.

8 앞의 책, 61쪽.

9   조르조 아감벤, 『아우슈비츠의 남은 자들』, 정문영 옮김, (서울: 새물결, 2012), 73쪽.

10   조르조 아감벤, 『호모 사케르』, 175쪽 참조.

11   스티븐미슨, 『마음의 역사』, 윤소영 역, (서울: 영림카디널, 2001), 284-285쪽.

12   질 포모니에 · 마크 터너, 『우리는 어떻게 생각하는가』, 김동환 옮김, (서울: 지호, 2009), 38-69쪽.

13   한나 아렌트, 『예루살렘의 아이히만』, 김선욱 옮김, (파주: 한길사, 2006), 106쪽.

14   프리모 레비, 『이것이 인간인가』, 이현경 옮김, (파주: 돌베개, 2007), 297-298쪽.

15   이향준, 「쇼아: 익명의 아이히만은 어떻게 가능한가」, 조선대학교인문학연구원이미지연구소편, 『폭력 이미지 재난』, (서울: 앨피, 2012), 342쪽.

16   프리모 레비, 『이것이 인간인가』, 273쪽.

17   크리스토퍼 브라우닝, 『아주 평범한 사람들』, 이진모 옮김, (서울: 책과함께, 2010), 16쪽.

18   슬라보예 지젝, 『폭력이란 무엇인가』, 이현우 옮김, (서울: 난장이, 2011), 82쪽.

19   앞의 책, 83쪽.

20   앞의 책, 80쪽.

21   우석훈, 『내릴 수 없는 배』, (서울: 웅진지식하우스, 2014), 105-106쪽.

22   앞의 책, 105-129쪽.

23   앞의 책, 130, 180쪽.

24   라인홀드 니버, 『도덕적 인간과 비도덕적 사회』, 이한우 옮김, (서울: 문예출판사, 2004).

25   강수돌, 『팔꿈치사회』, (서울: 갈라파고스, 2013).

법화경의 '불타는 집'의 비유를 통해 본 세월호 참사/ 김명희

1   쯔가모또 게이쇼, 『법화경의 성립과 배경』, 이정수 역, (서울: 운주사, 2010), 5쪽.

2   마가레타 폰 보르직, 『영원한 보석: 그리스도의 세계로 읽는 법화경』, 김명희 옮김, (서울: 우리출판사, 2010), 27-29쪽.

3   불타는 집의 비유는 화택의 비유라고도 부른다. 본 논문에서는 필자가 번역한 마가레타 폰 보르직(Margareta von Borsig) 역저인 『영원한 보석. 그리스도교의 세계로 읽는 법화경 Juwel des Lebens』, (서울: 우리출판사, 2010)을 텍스트로 삼아 분석하였다.

4   위의 책, 47-48쪽.

5   위의 책, 48-50쪽.

6   위의 책, 53-54쪽.

7   삼계(三界): 욕망의 세계(欲界), 형상의 세계(色界), 형상이 없는 세계(無色界)

8   하야시카네 선거는 제2차 세계 대전 당시 군수 공장으로 다수의 조선인이 강제동원되었던 카와나미 공업(川南工業) 후카호리 조선소(深堀造船所)를 전신으로 1965년 설립된 일본의 조선회사이다. 일본 조선업계의 불황에 따른 경영 악화로 1992년 타이완의 에버그린 그룹(長榮集團)에 인수되어 초에이 조선(長榮造船)으로 개칭되었다가

2004년 다시 후쿠오카 조선(福岡造船)에 인수되어 현재는 후쿠오카 조선 나가사키 공장이 되었다(위키백과).

9 김형철, 「세월호의 교훈은 무엇인가?」, 『철학과 현실』 제102호, 2014, 63쪽.

10 박창균, 「키에르케고어의 관점에서 본 세월호 사건」, 『한국개혁신학』 43권, 2014, 93쪽.

11 오창룡, 「세월호 참사와 책임회피 정치: 신자유주의 국가권력의 무능 전략」, 『진보평론』 제61호, 2014, 41쪽.

12 신현우, 「공관복음서를 통하여 본 세월호 참사」, 『신학지남』 제81권 2집, 84쪽.

13 마가레타 폰 보르직, 앞의 책, 54쪽.

14 위의 책, 55-56쪽.

15 위의 책, 58쪽.

16 신현우, 앞의 글, 72-73쪽.

17 위의 글, 75쪽.

18 161명이 구조된 것은 구조팀이 침몰하는 배안에 들어가 구해낸 것이 아니다. 해경은 세월호로부터 탈출하는 사람들을 배 밖에서 구조선으로 인도해 낸 것뿐이다.

19 오창룡, 앞의 글, 40쪽.

20 이도흠, 「불량사회, 세월호 참사의 원인과 대안」, 2014년 8월 5일 인터넷 기사. (http://www.insight.co.kr/view.php?ArtNo=2390&MainCode=001)

21 신현우, 앞의 글, 70쪽.

22 김형철, 앞의 글, 66쪽.

23 박창균, 앞의 글, 89쪽.

24 신현우, 앞의 글, 82쪽.

25 위의 글, 69쪽.

26 이재창은 기사에서 지난 몇 달을 돌아보면 대한민국은 '사고공화국'이란 말이 과언이 아니라고 토로한다. 세월호 참사뿐 아니라 경주의 리조트 붕괴, 공장에서의 폭발사고, 고등학교의 화재, 지하철 사고는 모두 안전 불감증이 빚은 참사라는 것이다. 정부는 연일 안전을 강조하지만 사고는 끊임없이 이어지고 있으며, 국민의 불안은 고조에 다다르고 있다고 우려한다(이재창, 「안전 불감증에 빠진 대한민국」, 『한국경제』, 2014년 6월 16일 A38면).

27 오창룡, 앞의 글, 42쪽.

28 위의 글, 47-50쪽 참조.

찾아보기

세월호 이후 신학

등록 1994.7.1 제1-1071
1쇄 발행 2015년 4월 30일

기 획 한국문화신학회
지은이 전현식 이정배 김학철 곽호철 김경호 김혜경 송용섭 박숭인
　　　 신익상 박득훈 박종현 박일준 오화철 이은선 이찬수 김명희
펴낸이 박길수
편집인 소경희
편 집 조영준
관 리 위현정
디자인 이주향
펴낸곳 도서출판 모시는사람들
　　　 110-775 서울시 종로구 삼일대로 457(경운동 수운회관) 1207호
전 화 02-735-7173, 02-737-7173 / 팩스 02-730-7173

인 쇄 상지사P&B(031-955-3636)
배 본 문화유통북스(031-937-6100)
홈페이지 http://modl.tistory.com

값은 뒤표지에 있습니다.
ISBN 979-11-86502-00-6　　　　93230

이 도서의 국립중앙도서관 출판예정도서목록(CIP)은 서지정보유통지원시스템 홈페이지
(http://seoji.nl.go.kr)와 국가자료공동목록시스템(http://www.nl.go.kr/kolisnet)에서 이용하
실 수 있습니다.(CIP제어번호: 2015010593)